国家社科基金项目

张英父子与桐城文派的形成和发展

章建文 著

全国百佳图书出版单位
时代出版传媒股份有限公司
黄山书社

图书在版编目(CIP)数据

张英父子与桐城文派的形成和发展 / 章建文著.—合肥：黄山书社，2021.12

ISBN 978-7-5461-9976-4

Ⅰ.①张… Ⅱ.①章… Ⅲ.①张英(1637-1708) - 人物研究②张廷玉(1672-1755) - 人物研究③桐城派 - 文学流派研究 Ⅳ.①K827=49②I207.62

中国版本图书馆CIP数据核字(2022)第002295号

张英父子与桐城文派的形成和发展

ZHANG YING FUZI YU TONGCHENG WENPAI DE XINGCHENG HE FAZHAN

章建文 著

出 品 人 贾兴权
责任编辑 周振华
装帧设计 熙宇文化
责任印制 李 磊
出版发行 时代出版传媒股份有限公司(http://www.press-mart.com)
黄山书社(http://www.hspress.cn)
地址邮编 安徽省合肥市蜀山区翡翠路1118号出版传媒广场7层 230071
印 刷 安徽新华印刷股份有限公司
版 次 2021年12月第1版
印 次 2021年12月第1次印刷
开 本 700mm×1000mm 1/16
字 数 400千字
印 张 22.5
书 号 ISBN 978-7-5461-9976-4
定 价 88.00元

服务热线 0551-63533706

销售热线 0551-63533761

官方直营书店(https://hsss.tmall.com)

序

章建文教授的新著《张英父子与桐城文派的形成和发展》即将由黄山书社付梓刊行，他嘱我为该著写个序。从学术角度来讲，我是没有资格作这个序的，因为对于建文多年来一直孜孜不倦研究的明清两代皖江作家群，我毫无涉猎，而对于桐城派，我也只是一般性的了解，没有专门研究，因此很难在序中对他的这一项新的研究成果做出恰当的认识和评价。但是，我终于还是答应了，这是因为建文于2009—2010年在中国社会科学院文学研究所做了一年的高级访问学者，我是他访学期间的合作老师。就因为这个关系，这十来年里他一直尊我为老师，始终保持着联系，并且时有研究方面的交流，与我分享他在学术探求方面的收获。这些无不令我感动，因此便欣然答应了。

章建文长期在池州学院从教，在执教的同时于学术研究亦非常勤勉，并成绩斐然。建文的研究主要集中在明清两代皖江作家群这个领域，已经出版了《吴应箕研究》《吴应箕文集》（校点）几部学术著作，发表了诸如《明末清初皖江作家群论略》《明末清初尚朴的文学思潮》《从性情之正到性情之美——吴应箕的性情诗论》《古典文论范畴"洁"的文化考察》《论张英对桐城派的贡献》等数十篇论文，产生了一定学术影响。先后主持完成了"吴应箕文学思想研究""《楼山堂集》整理与研究""明末清初皖江作家群研究"三项安徽省的社科研究项目，而"桐城派视域下张英父子研究"则是他正在承担的国家社科基金项目。建文的科研成果还曾经多次获得过省、市级优秀科研成果奖。由此可见，他在科研和教学两个方面都相当用力，均取得了不俗的成绩，此正所谓天道酬勤者也，确实值得赞叹。

这部专著是章建文2014年申报立项的国家社科基金项目"桐城派视域下张

英父子研究”的最终研究成果。建文的这书稿，主体内容由九个专章组成，先从张英的家世和生平说起，继之又对张英的身份和文坛地位进行了考索和论定。从第三章到第八章，则次第对张英与桐城派古文理论体系构建、与桐城文派作家群、与方苞的关系以及张英父子在桐城文派创建方面之贡献和地位等问题进行讨论和阐述，最后一章即第九章专门对张英父子在清代散文史上的地位作了论析。全书结构整饬，问题意识突出，义理阐发与文献考辨结合得非常密切，言之有物，确实是一部精心结撰之作。后面的两种附录也具有重要的学术参考价值。凡此均可看出建文在研究和撰写过程中用心用力之程度。我个人认为，建文的这部专著具有重要的学术价值，确实是他多年研究明清时期皖江作家群的凝聚心血之作，亦是近年来清代散文和桐城派研究方面的一项重要成果。关于张英父子与桐城文派的关系，以往的研究中专门就此问题展开系统深入探讨的极为鲜见，建文的这项成果则正好弥补了这一空缺。首先，他的这一研究，不但拓展了桐城文派研究的学术空间，而且给桐城派研究提出了一系列需要进一步深究的问题，这些新的问题无疑可以激发桐城派研究的新的学术活力，产生一些新的学术生长点。其次，这项研究成果对于清代散文和清代文学理论批评研究而言，亦提供了一些新的思考点和具体的可供参鉴的学术见解。再次，皖江作家群是明清文学史上的一个相当重要、值得充分展示和深入研究的现象，所涉及的社会历史和经济文化方面的内容非常广泛，以往的研究无论是在宏观研究方面还是在个案考索方面都不是特别充分，而建文的这一研究成果虽然考察和阐述的主要对象集中在张英父子与桐城文派关系方面，但是在具体的分析阐述中视野相当开阔，涉及了明清时期散文史、文学批评史方面的许多重要人物、事件、理论问题，对于拓展、深化明清皖江作家群研究而言，亦可称功莫大焉，无疑可成为明清时期皖江作家群研究方面的一部扛鼎之作。当然，我也知道，仅仅依靠建文的这一部专著并不能涵盖和厘清张英父子与桐城文派关系的所有问题，书中所提出的一些学术见解和判断亦可能引起学界不同的看法。如果是这样，我个人认为这正好是建文以及该著的一件幸运之事，说明该著及书中之见引起了学界的关注，而学界同道就一些不同的学术见解进行讨论，则正是当前桐城派研究、清代散文史研究、清代文学理论批评研究学术拓展与深化所亟需的。

在多年的学术交往过程中，我深深地感受到章建文是一个非常素朴、笃实的学人，又是一个相当重情有义的人。心声心画，文如其人，他所撰写发表的多篇论文和出版的数部著作，亦如他本人那样，无不学风扎实、内容厚重，认真严谨，不事浮华,绝少雕琢,体现出一种端庄的学术气象,在浮夸学风弥漫的当下,这一点便显得尤为难能可贵。相信这部著作的面世,会引起学界相关研究领域学者的关注,并且对章建文的皖江作家群研究、清代散文及桐城文派研究有一个新的认识。

以上零散地写了一点自己的感想,谈了一些自己对建文其人和其作的体会。由于在开头便讲过的本人与章建文的研究领域不同之原因,因此关于该著的特点和学术方面的成就便只能浮光掠影地谈一点不成熟的意见,而更为中肯的认识与评价,则有待于这一研究领域的专家们来论定了。

是为序。

党圣元

2021 年 12 月 6 日于京西北寓所

目　录

导 言

百余年的桐城派研究，学术成果已非常丰硕，但遗憾的是，有一些基本问题争议较大，至今未达成共识，其中最迫切需要解决的争议问题莫过于“谁是桐城文派的创始人?”对于这一问题的回答，影响较大的目前主要有三种，即分别以方苞、姚鼐、戴名世为桐城文派的创始人。然而也有不少学者从立派条件、实践与影响等方面综合考察这三人，发出了不少疑问。也可能因此，学界不断向前追索，于是钱澄之、潘江等桐城古文名家又先后被学者列为桐城文派的创始人。可是这些学者的论证也难以让人信服。因为这关乎桐城文派的起点问题，确定不好，必然会妨碍对桐城文派的完整把握与深刻认识，直接影响到对与此相关的重要问题作出令人信服的论证与回答，如桐城文派地域传统与特点是什么、桐城文派是如何成为全国性流派的、桐城文派与清代统治者的关系、桐城文派与清代文坛主流的关系等问题的论证与回答就不尽如人意。要回答好桐城文派的起点问题，我们不能局限于姚鼐所构建的桐城文统或在此基础上的追索，也不能总在前辈的论说上打转转，只有回归历史，扩大视野，利用当下更为丰富的可供利用的史料资源、更为方便的检索方法、更为科学的研究方法的优势，从时代、学术与文学风气变迁之际着眼，以立派的条件、实践及其影响等标准来衡量，才能找到令人满意的答案。

文学流派，尤其是规模与影响都比较大的文学流派，往往产生于社会生活发生重大变革或变化之时。明清易代之后的一段时间内，文坛上主要有遗民、贰臣与新士人三股势力，因清政府当时的工作重心还没有转到文治方面，对他们采取的管理措施还比较少，不与清政府合作的遗民在当时文坛上有着比较大的影响力，也影响到贰臣与新士人，清政府并没有完全掌握文坛的话语主导权。然而随着时间的推移，清政权逐渐稳固，贰臣和遗民或死或老，他们在文坛上的话语权逐渐减弱。康熙十六年（1677）之后，康熙皇帝又开始采取一系列措施来加强朝廷在文坛上的话语主导权。如十六年（1677）设南书房，选张英充侍从、高士奇任书记，这不仅是加强皇权的需要，也是笼络汉人来加强文化建设的需要。十七年（1678）又将王士祯由部曹调入翰苑，并下诏明年（1679）开博学鸿词科，收天下之才归于翰苑，由此翰苑逐渐成为文坛中心之所在。有人认为“康熙十八年，是清朝历史的一个重要转折点，它上承顺治、康熙初年的战乱局面，下启康乾盛世的到来”。① 又有人认为“十七年清廷诏举博学鸿词，顾炎武等坚拒，而朱彝尊、赵执信于次年应试得官，象征着遗民们被挤到了社会的边缘。而康熙十八年后，文学思想的新趋向也便渐渐清晰起来”。② 而有人则明确指出“康熙十八年举行的博学鸿词科，可以说是一个大的转折点，此后，真正意义上的清朝文学才开始起步”。③ 这些论断是比较准确的。然而我们注意到在这个转折点之前，新士人张英以文学受知于康熙皇帝，任帝师之职，之后又充南书房侍从，是与康熙皇帝接触最频繁的词臣，深受康熙皇帝眷宠，对康熙皇帝的文学思想与文化政策的形成产生了直接而重要的影响。同时，张英对康熙皇帝的政治意图和文化策略的领会与理解相对于其他词臣要更为精准，也会更积极主动地去响应与贯彻落实。所以张英请假在籍的三年（1682—1685）里，因其翰林院学士兼礼部侍郎的身份，在与潘江、姚文燮、钱澄之、方中履等桐城古文家交流时，自然会引导桐城文坛顺应国家的需要，响应康熙的文化政策。特别是康熙二十二年（1683）秋，《龙眠古文一集》辑成付梓之际，编辑者请张英作序。（收入张集时名为《龙眠古文初集序》。）张英借作序之机，总结了桐城文学传统，确定了桐城文学纲领，指明了桐城文学的发展方向，宣告了桐城文派的成立。而康熙二十五年（1686）之后，张英长期掌礼乐文章之府，是康熙中期文坛的领导者与管理者以及康熙文化政策的执行者，肩负建设清代文学的职责与使命。这使他可以利用职务之便和权力之力，自觉不自觉地将发展桐城文派与履行岗位职责相结合，同时也因自身修养与康熙皇帝的眷宠而得到他周围文人的配合、响应与支持。可以说张英具备了立派的天时、地利、人和的条

---

① 赵刚：《康熙博学鸿词科与清初政治变迁》，《故宫博物院院刊》，1993 年第 1 期，第 90 页。

② 陈洪：《论清初文学思想的异趋与同归（上）》，《南开学报（哲学社会科学版）》，2004 年第 5 期，第 27 页。

③ 竹村则行著，陈娟、吴二林译：《康熙十八年博学鸿词科与清朝文学的起步》，《科举文献整理与研究：第八届科举制与科举学国际学术研讨会论文集》（武汉，2011 年 9 月），第 324 页。

件、动机与契机,而这些则是钱澄之、潘江、戴名世、方苞、姚鼐等桐城古文名家所不完全具备的。

文学流派是由一定数量并且有相近或相同风格的作家组成的作家群体,而作为一个自创的文学流派,其创始人或领袖的一个重要任务就是要利用自身的条件与优势来培养与聚拢属于自己流派的作家群体。一般来说,创始人或领袖可以利用自身的创作实绩、理论主张、人品与身份四个方面的优势来培养门生、吸引追随者、聚拢追随者、团结志同道合者。张英就是非常巧妙地利用了自身的条件与优势来创建桐城文派并取得了实实在在的成绩与影响的。首先,张英的古文得到了康熙皇帝与台阁大家普遍的赞誉,笔者也赞同江小角、杨怀志两先生对张英与桐城文派关系所作的判断:“将他的古文置于桐城派大家作品之列,毫不逊色……为文有霞光烟霭之致、风神脩远之韵,淡雅清新,实开桐城派文风之先河。”①其次,张英在桐城文学文化传统的基础上,以六经为根柢,以诸史为津梁,以先秦两汉之文为堂奥,以八家为门户,以实用为依归,以光伟余裕为风韵,构建了国家、地方、家庭立体的文论话语体系,与国家的意识形态互通互融互生,不仅具有较大的开放性与包容性,也具有较强的凝聚力与约束力。这一理论体系不仅对桐城派文论有奠基之功,对清代官方文学思想的形成也有奠基之功,影响深远。再次,张英勤慎谦和,淡泊名利,乐于奖掖、荐举后进,得到了康熙皇帝、同僚、朋友与故吏门生的广泛赞誉,有着较强的人格魅力和感召力。最后,我们来看他的身份(这里主要指官员的身份)。他的身份对桐城文派的创建有着至关重要的作用,因为他的身份使他的古文作品与理论主张得到了更广泛的接受与传播。他不仅担任了九年帝师,一直工作在康熙皇帝身边,深得康熙皇帝眷宠,还担任了八年多的翰林院掌院学士、十余年的管詹事府詹事事和九年多的礼部尚书,教习了三科庶吉士 126

① 江小角、杨怀志:《张英及其诗文述评》,《合肥工业大学学报(社会科学版)》,2013 年第 6 期,第 52 页。

人，在自己的岗位上培养与领导了一批善文之下属，①可以说康熙皇帝、太子以及皇子胤禛、庶吉士门生与一部分善文之下属都可视为张英所开创的桐城派的主要成员。同时，随着张英仕途的升迁，身份的变化，他在桐城文坛上的话语权也随之发生变化，特别是康熙二十一年（1682）请假回里之后，他对桐城文坛的凝聚与引领作用日益凸显，不仅聚拢潘江、姚文燮、钱澄之、方中履等桐城古文名家唱和交流，还吸纳戴名世、刘辉祖、方苞、周大璋等后进入其幕，入其门，并为他们的唱和交流与作品传播提供更多机会和更大的平台，使他们逐渐融入主流文坛。这些古文家与张英的儿子实际上都是以张英为中心的桐城文派的重要成员。

综合考察立派的条件、实践及其影响，即便以严格意义上的文学流派的标准②来衡量，“张英开创了桐城文派”也是完全能够成立的。纵观张英创建桐城文派的过程，我们注意到，他的《龙眠古文初集序》是因时而动，顺势而为，发出的开派之声是明确的，而他在建设桐城文派之时则多借力用力，悄无声息地将建设桐城文派融入岗位工作之中，在推进自己的岗位工作与建设清代文学的政治使命的同时，也确确实实地发展了桐城文派。

张廷玉奉守张氏家学，继承父亲的事业，执掌翰林院25年，领导文坛，将桐城文派推向了第一个发展高潮。与张英相比，他领导的桐城文派表现出三个新特点：一是在他执掌文柄与铨政期间，桐城籍文人（尤其是张氏文人）进入翰林院、台阁的人数大幅增多，桐城文派中桐城籍作家群体的主体地位更加凸显，“天下之文章，其在桐城乎”的盛况准确地说出现于他执掌文柄与铨政期间。二是以他为首的政治集团的形成与发展极大地推动了桐城文派的发展，而随着他的失势，桐

① 《御选古文渊鉴》选文近1400篇，其中公文至少有850篇。《古文雅正》选文236篇，其中公文至少有90篇。《龙眠古文一集》辑文24卷，其中公文有奏疏5卷、议策1卷等。从康熙、雍正时这三种古文选本目录中就可以很清楚地知道公文在选本中的比重，在当时古文名家的文集中，公文也大多占有相当大的比重，所以我们要对古文家公文写作予以应有的关注与重视。公文写作（包括代上司写作的文书）要依据上司的意图和喜好来进行写作，重要公文还须经上司的修改与润色。康熙时，翰林院翰林所撰拟之文也要经掌院修改与润色。清廷编纂各种典籍与史书之时，纂修人员所从事的各种文体的写作也要反映总裁的意图，也要经总裁审阅或修改。上之所好，下即成俗。因此，一个单位或部门内文人的公务写作或岗位写作往往会因他们长期处于同一个上司的领导之下而形成相近或相同的风格，进而形成他们主导性的写作风格。由此，我认为，一般来说，这种长期的上下级关系相比于师生关系、一般的唱和交流，对创作主体的影响要更大更深，更容易形成相近或相同的风格。

② “流派……必须具备如下的几个基本的条件和因素：一、必须有一位创作成就卓特、足为他人典范且个人具有较大凝聚力与号召力的领袖人物作为宗主；二、在这位领袖人物周围或在他身后曾经聚集过一个由若干创作实践十分活跃并各自有一定社会影响的追随者组成的作家群；三、这个作家群的成员们尽管各有自己的创作个性和艺术风采，但从群体形态上看却有着较为一致的审美倾向和相近的艺术风格。”（刘扬忠《唐宋词流派史》，福建人民出版社，1999年，第32页）

城古文名家相继离开朝廷,桐城文派也由此日渐衰微。三是文风在醇雅的基础上更趋典则。

总之,本书围绕桐城文派的创建与发展,通过对相关史料的梳理、比较与分析,一是还原了张英父子在桐城文派中应有的历史地位,即张英是桐城文派的开创者与奠基者,张廷玉是桐城文派的继承者与发展者,并厘清了张英父子与戴名世、方苞在桐城文派中的主从关系或主辅关系,进而阐明了张英父子在清代散文史上的地位与影响。二是厘清了桐城文派形成与发展的线索,明确了桐城文派发展的几个时间节点,即康熙二十二年(1683)秋,张英为《龙眠古文一集》作序,宣告了桐城文派成立;乾隆六年十二月(1742年1月)刘统勋上《劾张姚二姓疏》,此后桐城文派重要成员方苞、张廷璐、张廷瑑等桐城古文名家相继离开朝廷,宣告了桐城文派发展的第一个黄金期结束;乾隆十四年(1749)张廷玉予告,翌年乾隆皇帝即令姚范休致(当时只有49岁),桐城文人在朝中的环境进一步恶化,桐城文派衰微之势进一步加强。三是揭示了政治因素在桐城文派创建与发展过程中所起的关键作用,也比较全面地回答了桐城文派地域传统与特点是什么、桐城文派是如何成为全国性流派的、桐城文派与清代统治者的关系、桐城文派与清代文坛主流的关系等重要问题。

第一章　张英的家世与生平

张英(1638—1708),字敦复,号梦敦,又号乐圃、圃翁、澡青等,江南桐城人,官至文华殿大学士兼礼部尚书,谥文端。在经学、文学、书法等方面有很高的造诣,担任过《政治典训》《大清一统志》《礼记日讲解义》《渊鉴类函》《明史》等总裁官,奉旨编次过《北征方略》等,著有《文端集》《书经衷论》《易经衷论》《聪训斋语》《恒产琐言》《饭有十二合说》等。他不仅是一代名臣,也是杰出的教育家、经学家与文学家。张英出身桐城文化大族,是家学家风培育出来的张氏家族的杰出代表,也为张氏家族的鼎盛累积了坚实的家学基础、培育了良好的家庭文化环境。同时他又融合了桐城其他家族文化与自己的人生经验,并将之运用到讲筵与庶常馆的教学以及儿孙的教育之中,运用到翰林院、詹事府与礼部的文化管理之中,以自己的身份与文章学问使桐城文化融入国家的文化建设之中,是桐城地域文化与家族文化的杰出代表,是康熙时乃至清代文学和文化的杰出代表。

第一节　张英的家世

一、世系

张英家族是明代洪武、永乐年间从江西鄱阳经芜湖迁居桐城的。《张氏宗谱》说:“吾族之始迁也,源自豫章鄱阳,相传其地名瓦屑坝。其迁也,在洪、永年间。贵四公同弟贵五公自豫章迁于芜湖，自芜湖迁于桐之东北乡，地名土铜山，去城三十余里，因爱其风土朴茂，遂居焉。”①

经一世张贵四、二世张永贵、三世张铎、四世张鹏、五世张木的发展，家境富裕，六世张淳得以不问生产，专心科举，中隆庆戊辰（1568）进士，成为桐城张英家族第一位进士。八世张秉文、张秉贞先后于万历庚戌（1610）、崇祯辛未（1631）中进士，张英家族科举开始兴盛。入清后，八世张秉哲于顺治甲午（1654）中举人，九世张英于康熙癸卯（1663）中举人，丁未（1667）成进士，成为他的家族入清后的第一个进士，并官至大学士，张氏自此而再盛，十世达鼎盛。

曾祖父张淳（1540—1612），字希古，号怀琴，治《诗经》，少即有文名，隆庆丁卯（1567）举人，戊辰（1568）进士，授浙江金华府永康县知县，官至陕西布政使。有士维、士缙、士绣、士纲四子。《明史》《桐城县志》有传。《明史·列传·循吏》主要记载了张淳敏于断案：“隆庆二年进士。授永康知县。吏民素多奸黠，连告罢七令。淳至，日夜阅案牍。讼者数千人，剖决如流，吏民大骇服，讼浸减。凡赴控者，淳即示审期，两造如期至，片晷分析无留滞。乡民裹饭一包即可毕讼，因呼为‘张一包’，谓其敏断如包拯也……擢礼部主事，历郎中，谢病去。起建宁知府，进浙江副使……官终陕西布政。”②而《（康熙）桐城县志》则不仅称其敏于断案，还称其注重教化，勤政爱民，纯孝友爱，学主躬行，雅爱山林：“淳剖决如流，先教化，后刑名，举治行第一，例当得铨部，以忤江陵授仪制司主事……出守建宁，淳敦大简淡，不事苛细，人问之何不永康也？曰：祖与父母不同耳。擢湖广荆岳道副使，岁大祲，捐俸赈饥，活者数百万，寻请告归。淳事王母及庶母以孝闻，抚弟侄尤极友爱。雅志山林，不乐仕进，优游林下廿余年。为桐川会讲，学主躬行，不尚虚无。又习谙典故，郡邑有重务，必造请而行，于所不便，力为民请之。”③这里需要补充与强调的是：一是创“桐川会讲”或“桐川会馆”。据礼部右侍郎兼翰林院侍读学士同里叶灿《大中大夫陕西参政怀琴张先生行略》说：张淳“以耿楚侗、张甑山为师，罗近溪、孙月峰、刘芝阳、李汉峰、张洪阳为友，联桐川会馆，与方本庵、吴观我言学，大旨主于躬行，迩来学者肆为虚无之说，静言庸违，颇中晋醒，先生以救世也”。④ 张淳与方学渐（1540—1615，字达卿，号本庵）等人共联桐川会馆，然而学

① 张开枚等：《张氏宗谱》卷二十九《列传·一世二世》，民国二十二年铅印本。

② 张廷玉等：《明史》，中华书局，1974年，第7215—7217页。

③ 胡必选、王凝命等：《（康熙）桐城县志》卷四《仕绩》，江苏古籍出版社，1998年，第128页。

④ 张开枚等：《张氏宗谱》卷二十八《赠言》，民国二十二年铅印本。

界只关注到方学渐创桐川会馆，布衣振风教，实际上，张淳也是桐川会馆的创立者，与方学渐等人同振桐城风教。据叶灿《方明善先生行状》，"癸巳，先生应岁升廷，试毕，过大名……归后构桐川会馆，颜其堂曰'崇实'，中祀至圣，左庑祀甑山先生及吾乡省斋何先生"。[①] 方学渐应于癸巳（1593）或稍后创桐川会馆，而此时张淳已辞官归里，所以至少张淳作为桐川会馆的第一批主讲老师是可信的。方学渐与张淳同年岁，同出心学泰州学派张绪（号甑山）之门，又曾在里中结社论文。然张淳出身进士，有文名，有官誉，其讲学之影响是可想而知的，惜其没有著作存世，影响日衰，遂不如方学渐之名传之久远。二是垂训子孙。叶灿在张淳行略中说："居恒手不停批，曰：吾藉课子若孙耳。同时聆其教益擢伟科者六七人……居平谆谆垂训耕读之外，切勿充衙役坏损心术耳。范子若孙以俭素，御僮仆以严饬，历官居乡未闻以一过失尤先生者，检身闲家之法，故足述焉。"[②]张秉文即是在其祖父的教育下走上科举仕进之路的。所以，张淳不仅对张家良好家风的形成起到了肇基的作用，同时也与方学渐、吴应宾（1565—1634，字尚之，号观我）等人一道兴教倡学，为培育桐城良好的学风、文风、世风作出了重要贡献。

祖父张士维（1557—1623），字立甫，号恂所，治《诗经》，原配为同里齐之鸾孙女，以子秉文贵，封中宪大夫、抚州府知府，赠正议大夫、广东按察使。有五子三女，五子即秉文、秉成（继士缙为嗣）、秉正（殇）、秉彝、秉宪。张士维性俭约谦让，重读书养德，平生多隐德，族党里巷间皆以长者称之。《（道光）续修桐城县志·人物志·笃行》载："张士维……生平多隐德，不令人知，族党里巷间皆以长者称之。性俭约，虽席承华胄，无上人之色，恂恂然如不胜衣。"[③]大学士何如宠《赠正议大夫广东按察司使恂所张公同元配齐太恭人行状》说："公讳士维……五岁受书怀琴公，目数行下。十四补邑博士弟子，汲古绩学，淹通经史，为文章渊雅朗秀，试辄高等，士林称之……公屡困锁院，数益奇，文名益振。迨长君秉文登贤书，大参公已在告矣，始弃去举子业，曰：吾生平奉大人训，束修力学，而不能博一第以慰大人，今其在吾子乎。由是专意于性命之学，与同里叶曾城灿、方鲁岳大镇立桐川会馆，讲求正学，振起宗风，为桐人士倡……卒之日，士大夫及里巷细民莫不悲恸，如丧慈父母、失严师傅也。"[④]可见，张士维虽屡困科场，但文名甚盛，且能继承父

① 方昌翰：《桐城方氏七代遗书》，光绪十四年刻本。
② 张开枚等：《张氏宗谱》卷二十八《赠言》，民国二十二年铅印本。
③ 廖大闻、金鼎寿等：《（道光）续修桐城县志》，江苏古籍出版社，1998年，第591页。
④ 张开枚等：《张氏宗谱》卷二十八《赠言》，民国二十二年铅印本。

志，与叶灿、方大镇等人讲学于桐川会馆，讲求正学，继续为振起桐城宗风而努力。

伯父张秉文(1585—1639)，张士维长子，字含之，号钟阳，治《诗经》。万历己酉(1609)举人，庚戌(1610)进士，授归安知县。寻调徽州府教谕。壬子(1612)转国子监助教，甲寅(1614)迁户部主事。己未(1619)出知抚州府。历任江楚、闽粤司道，崇祯丙子(1636)擢山东左布政使。己卯(1639)于济南抗清殉难。崇祯追赠太常寺卿，建特祠，乾隆时谥忠节。《明史》《(康熙)桐城县志》有传。《龙眠风雅》收其诗27首。配方孟式，方大镇女，方以智姑母，有诗名，《龙眠风雅》收其诗42首。有四子三女，四子即克倬、克仔、克俑、佑。张佑有诗名，著《南汀诗集》，张英为之序。张秉文不仅以忠节名世，据叶灿《大中大夫陕西参政怀琴张先生行略》，"秉文与盛方伯子可藩同举于乡，乡人立万人旗，题曰：'张不张威，期秉文文明天下；盛有盛德，愿可藩藩屏王家。'"①张秉文、盛可藩中举在当时桐城产生了巨大的反响，这不仅反映了桐城士人对张、盛的高度认可，也反映了他们内心所寄寓在张、盛身上对振兴桐城的期待，这对张氏家族的影响无疑是深远的。张秉文的诗文也有盛名。《(康熙)桐城县志·忠节》说："张秉文……年少登第，文字尤为一时之俊云。"②钱谦益《山东左方伯赠太常正卿钟阳张公行状》说：张秉文"稍长就外傅，日诵数千言，为文孅秀渊雅。十三补博士弟子。己酉益攻制举业，始犹才思飙发，至此益刻意镞砺、简练为揣摩……筮仕归安令，公以繁剧力辞，愿就学舍，遂改徽州府教授，益肆力于诗古文辞，慨然以师道自任，倡明正学，为诸生先，所拔士皆先后登贤书……己未出守抚州府，公仁慈敦厚，廉静寡嗜欲，识治体，为政务崇宽大，所拔士如吴仲升堂、陈大士际泰、罗文止万藻、王清原化澄，文字皆一时之冠……诗歌清逸玄隽，与竟陵钟退庵、会稽陆景邺辈相唱和，有《楚草》《闽草》行于世"。③能继承父祖之志，倡明正学，注意简拔贤能，特别是对豫章派的形成起了一定的助推作用。

父亲张秉彝(1593—1667)，张士维四子，字孩之，号拙庵，治《诗经》。有文名，敦孝悌，乐林泉，张英在其行述中说："生而颖慧绝人，稍长就外傅，六经、子、史之书，靡不淹贯。为文一本经术，初不烦思索，伸纸立就。十五补博士弟子，精攻制举业，以廪例入南雍，名噪士林者三十余年。历成均岁久，考授别驾，未仕，优游林泉者又二十余年。生平孝友纯笃……己卯，钟阳公殉难山左。时兵燹充路，道

① 张开枚等：《张氏宗谱》卷二十八《赠言》，民国二十二年铅印本。
② 胡必选、王凝命等：《(康熙)桐城县志》卷五《忠节》，第149页。
③ 张开枚等：《张氏宗谱》卷二十八《赠言》，民国二十二年铅印本。

殣相望。先君走数千里外，扶三榇及藐孤归，经纪其丧……叔父坤庵公为大司马，捐馆京师，榇归里门，凡谕赐、祭葬诸大典，皆先君左右赞襄，一遵于礼。逾年，而叔父孝廉蔚庵公倏逝，先君亲为含饭，哀号达旦……生平多隐德，不以告人……晚年益精性命之学，宅后构一亭，莳花竹，列图书，课子孙诵读。晨夕居其中，时或往来别业，杖履蹁跹，被服都雅。居人比之洛社香山之老云。"①《桐旧集》收诗 1 首。有七子三女，七子即克俨、载、杰、嘉、英、夔、芳。

堂叔张秉贞（1607—1655），士绣子，字元之，号坤安，谥僖和，治《诗经》。天启丁卯（1627）举人，崇祯辛未（1631）进士，明时官至都察院右佥都御史，巡抚浙江。乙酉（1645）于杭州率众降清，起补礼部议制司郎中，官至刑部、兵部尚书。《龙眠风雅》收其诗 9 首。有茂稷、茂程、茂秩三子，有七女。茂稷有诗名，著有《芸圃诗集》，张英为之序。《（康熙）桐城县志·仕籍》载："张秉贞……除户部郎中，督临清仓，多惠政。稍迁本部饷司，以清慎闻。寻授蕲黄江防道……岁大祲，解橐金以赈乏……治狱持平，出死囚千人。"②霍达《大司马张公坤安先生行状》又说："祖若宗，世有隐德……内院范公疏云：'张某服官清慎，素性冲和，内外勤劳，口不言功伐。'盖得公之实矣。公早年邃于禅理，晚更嗜濂洛关闽之学，于《易通》等书、《太极图说》《正蒙》《西铭》诸作，多所发明。其所制古文词雄劲明快，出入八家，诗体追踪钱刘，尤长于奏议。岑文本所称'马君论事，援引事类，扬榷古今，举要删繁，会文切理，一字不可增减，听之靡靡，令人忘倦'，公之谓也。"③张秉贞主要在三个方面对张英家族产生了重要影响：一是于杭州率众降清。这使张氏家族在改朝换代的过程中平稳过渡，在桐城大族中受到的政治、经济等方面的冲击最小。同时张秉贞是入清后桐城第一位尚书，又仕途平稳，相对于其他桐城大族来说，这为张氏家族的兴盛最早积累了稳定的社会、政治等资源。他又因勤政爱民等原因，在很大程度上减少了其降清的负面影响。如果说张秉文抗清死节使张家得其名，那么张秉贞降清为官则使张家得其实，所以张英说："故荣命膺于既殁，声名留于政府，匪独家之祯，盖亦国之干已！"④"家之祯"显然是深受其惠的情感流露。二是为官清慎勤。大学士范文程称张秉贞清慎勤，后来康熙称张英清慎

① 张英：《先考诰赠光禄大夫文华殿大学士加二级前敕封文林郎内宏院庶吉士拙庵府君行述》，《张英全书》上册，安徽大学出版社，2013 年，第 432—434 页。

② 胡必选、王凝命等：《（康熙）桐城县志》卷四《仕绩》，第 141 页。

③ 张开枚等：《张氏宗谱》卷二十八《赠言》，民国二十二年铅印本。

④ 张开枚等：《张氏宗谱》卷二十九《列传·八世》，民国二十二年铅印本。

勤,可见其渊源有自。三是学风文风的转变。张淳出自耿定向(号楚侗)、张绪门下,崇尚心学,而张秉贞晚年"更嗜濂洛关闽之学",显然张秉贞是顺应了清初的学术潮流,改变了自己的学术祈向,由心学转向理学,或转向融两者之长。在文学上,虽张秉文简拔豫章名士就有喜好唐宋文之倾向,但张秉贞更明确地尊崇八家,特别是明快切理的简洁文风,对桐城文风的形成作出了积极的贡献。

堂叔张秉哲(1621—1662),士绸子,字浚之,号蔚庵,治《诗经》。明末入复社。有文名,与方孝标、姚文然、姚文焱、姚文燮等人在南京结"潜园十五子之会"。顺治甲午(1654)举人。张英在《张氏宗谱》其传中说:他"研贯经史,旁搜百家,为文典雅沉郁,力大而思深。十九补郡庠,逾年而食饩,试辄高等。虽数困棘闱,揣摩益力,文体遒上,穆然先秦两汉之遗。故为诸生时,海内已啧啧有文誉……叔著诗古文辞最富,遗稿藏于家"。①《龙眠风雅》收其诗 42 首。有四子四女,四子即洵、竑、仲华、芑。

二、兄弟

长兄张克俨(1615—1638),字子敬,治《诗经》,邑庠生。"幼颖悟,日诵千言。年十五补县学生,为文每一篇出,人争传诵……工诗,著有《古训堂诗》二卷"。②《桐旧集》收诗 4 首。

二兄张载(1616—1693),字容若,一字子容,号晋斋,别号桃村、湖上仲子,治《书经》,邑庠生。四十岁时弃举子业,隐居松湖。《桐旧集》收诗两首。顺治丙戌(1646)五月,张英母亲去世,易箦时命张载与张杰说:"尔长兄早世矣。幼弟甫九齿耳。佐大人以训弟,惟汝两人是视。"③张英早年从其学,与其感情深厚,《张英全书》中存有不少与张载唱酬的诗文。值得关注的是,不少篇目中提及二兄劝其引退。如"贻予书,辄劝以引退"。④ 又如"昨日北来雁,寄我湖上书。宛转数百字,劝我归田庐"。⑤

三兄张杰(1626—1704),字如三,号西渠,治《诗经》,廪贡生。顺治乙酉

① 张开枚等:《张氏宗谱》卷二十九《列传·八世》,民国二十二年铅印本。
② 廖大闻、金鼎寿等:《(道光)续修桐城县志》卷十六《人物志·文苑》,第 540 页。
③ 张杰:《家弟敦复制义序》,《四库禁毁书丛刊》集部第 173 册,北京出版社,1997 年,第 272 页。
④ 张英:《湖上先生传》,《张英全书》上册,第 398 页。
⑤ 张英:《拟古诗三章》其一,《张英全书》中册,第 63 页。

(1645)应童子试,学使极赏其文。顺治初与潘江、方来贡、许来惠、齐邦直、吴接云、张英等人共联瑟玉堂文会,又与潘江、许来惠、齐邦直、张英合刊《五子诗义》行世。康熙丙午(1666),科试高等,食饩。康熙丙辰(1676)与潘江、陈焯、刘鸿都、赵襄国、左国治、孙中凤等人联花会,追白居易洛下之游。康熙丙辰授苏州府学训导,丙寅(1686)告休归里,优游林下。著有《读史诗》《著义斋集》《家居琐言》等。《桐旧集》收诗8首。《(道光)桐城续修县志·人物志·宦迹》有传。陈焯序《著义斋诗》曰:"西渠先生自吴门归里,吟事益工,尝自托于香山、放翁之间。"①张英在其传中说:"乙酉就童子试,学使者极赏吾兄之文,拔冠一军……于是益肆力于制业之学,自六经、《左》《国》、子、《史》、两汉、八家之文,靡不搜探淹贯,为文洋洋洒洒,顷刻千言……壬午岁予致政归里,朝夕与吾兄相左右,或在城中,或往来龙眠双溪社坛……生平书无所不读,而尤长于史,每举一事,必洞悉源委,谈论娓娓不倦。少年举业之外,复工为诗,著《读史诗》《著义斋集》行于世。以所以教子孙者辑其语为一篇,名曰《家居琐言》,皆深切身心之要。"②张英早年从其学,与其感情最为深厚,《张英全书》中存有不少与张杰唱酬的诗文。

四兄张嘉(1630—1705),字子嘏,号西来,治《诗经》,监生。壬子(1672)赴北闱未售,部试高等,授职州司马,归而隐居湖上,与张载隐居之处相离不远,兄弟友爱。张英在其传中说:"五兄讳嘉……处乡里谦光醇厚,虽田夫野老皆待之以礼,盛德感人,人咸化之。每有所称贷,见人贫不能偿即折券,而全无德色。存心至厚,素不雌黄人物,而遇人有过则又正辞以匡之。惟素俭约,居恒蔬食布袍,绝无纨绮之习。奉先大人训,守先畴田亩惟谨……予致政归里,三兄、五兄皆七十余,每入城则一堂欢聚,共相友爱,予自念老年兄弟聚首甚难,同气怡乐,人皆羡之。"③

大弟张夔(1655—1703),字次皋,号一斋,治《诗经》,岁贡生。康熙丙寅(1686)授靖江县学训导,己巳(1689)升湖广黄州府蕲水县县丞,乙亥(1695)升直隶正定府平山县知县,戊寅(1698)调顺天府固安县知县,己卯(1699)调保定府清苑县知县,壬午(1702)升大名、广平两府管河同知。《(道光)桐城续修县志·人物志·宦迹》有传。

二弟张芳(1663—1734),字次兰,号秋圃,治《书经》,廪贡生。康熙戊寅

---

① 徐璈:《桐旧集》卷二十一,民国十六年景印原刻本。

② 张开枚等:《张氏宗谱》卷三十《列传·九世》,民国二十二年铅印本。

③ 张开枚等:《张氏宗谱》卷三十《列传·九世》,民国二十二年铅印本。

(1698)选授陕西咸阳县丞,己卯(1699)升盩厔县知县,甲申(1704)升西安、延安两府督捕同知,辛卯(1711)罢归。雍正甲辰(1724)大学士朱轼保举引见,特旨补授浙江严州府知府。庚戌(1730)奉特旨升太常寺少卿。旋请休致。《张氏宗谱》本传说:“雅尚气谊,重然诺,交游有急难,辄脱手赠千金,尤喜施惠乡里……初为盩厔令时,二曲李先生颙讲道自重,寻常不与人接,公下车即屏驺从访之,先生为延见。及迁去,亲为文送之,所称述皆实政云。”①

由上可知,在张英七兄弟中,只有张英由科甲入仕,自然肩负着张氏家族振兴的重任。尽管张英乐爱林泉,在仕途不顺的时候内心非常矛盾,引退之念常起,二兄张载也屡次劝其引退,然深受康熙眷宠,又岂能轻易引退?又,四世东川公张鹏将卒谓子琴川公张木曰:“吾地固非沃土,先人田庐坟墓之所在也,恐为势家所夺,其葬我于东园,庶其无觊覦乎?”②“大参公(张淳)甫十有七龄耳,席先人业,惴惴焉,惧为豪右所伺”③的情形如在目前;堂叔张秉哲早逝,其子受人欺凌之状:“南山踞豺狼,北山藏虎豹。不念旧时交,牙爪公然掉。”④所以,帝王之恩、保家之责与兴家之任都不容张英懈怠,于是张英在内心的矛盾与调适中继承与弘扬家风,与人为善,清慎为官,最终实现了张氏家族的振兴。

三、婚姻

据民国二十二年《张氏宗谱》等资料,以张英一支为中心,对张氏八世至十世的婚姻情况进行了梳理,现列为下表。

张氏		张氏的联姻对象			
姓名或行第	世次	姓氏姓名	生平与著述	父亲姓名	生平与著述
张秉文	八世	方孟式	著有《纫兰阁集》。	方大镇	万历十七年进士,官至大理寺少卿,著有《宁澹居奏议》《荷新义》等。

① 张开枚等:《张氏宗谱》卷三十一《列传·九世》,民国二十二年铅印本。
② 张开枚等:《张氏宗谱》卷二十九《列传·四世》,民国二十二年铅印本。
③ 张开枚等:《张氏宗谱》卷二十九《列传·五世》,民国二十二年铅印本。
④ 张洵:《哭仲弟七首有引》其三,潘江:《龙眠风雅全编》(九),黄山书社,2013年,第4296页。

续表

张氏		张氏的联姻对象			
姓名或行第	世次	姓氏姓名	生平与著述	父亲姓名	生平与著述
张秉贞	八世	吴氏	父授《毛诗》《孝经》《论语》，皆能晓大义。	吴应宠	吴道新父。《(道光)桐城续修县志·人物志·笃行》有传。
张秉哲	八世	方氏		方拱乾	崇祯元年进士，官至弘文院侍讲学士，著有《何陋居集》《甦庵集》等。
张士维长女	八世	吴道谦	以孝友谨厚称。《(康熙)桐城县志·义厚》有传。	吴应寰	何如宠、叶灿出其门，著有《韫待集》。《(康熙)桐城县志·儒林》有传。
张士维次女	八世	尹光莘	官守备。		
张士维三女	八世	何应璜	官至江西赣州知府。《(道光)桐城续修县志·人物志·宦迹》有传。	何如宠	万历二十六年进士，官至武英殿大学士。
张秉彝	八世	吴氏	幼娴姆教，通《毛诗》《孝经》《列女传》，晚年嗜禅寂。	吴应燿	文谊冠一时，声振胶庠。(张英《先妣诰赠一品夫人吴太君行略》)
张克俨	九世	姚氏		姚之蔺	万历十九年举人，著有《清晖堂集》。
张载	九世	倪氏		倪元善	户部司务。
张杰	九世	潘氏		潘映室	
张英	九世	姚含章	淹贯《毛诗》《通鉴》，旁及医药、方数、相卜之书，尤好禅学，著有《含章阁诗钞》。	姚孙森	天启四年副榜，官至龙泉学博，著有《可处堂集》。
张嘉	九世	李氏		李在公	好阴行善。《(康熙)桐城县志·义厚》有传。

续表

张氏		张氏的联姻对象			
姓名或行第	世次	姓氏姓名	生平与著述	父亲姓名	生平与著述
张夔	九世	刘氏		刘鸿都	顺治十一年拔贡，官至江西广昌知县。
张芳	九世	吴氏		吴德秀	
张秉文长女	九世	倪天弼	贡生，官至旌德县训导。	倪祚善	官至处州知府。
张秉文次女	九世	方其义	著有《时术堂遗诗》。	方孔炤	万历四十四年进士，官至右佥都御史，巡抚湖广，著有《周易时论合编》等。
张秉文三女	九世	姚文燕	顺治十八年进士，官至德安知县，著有《春草园诗文集》。	姚孙棐	崇祯十三年进士，官至兵部主事，著有《亦园集》。
张秉彝长女	九世	方谷	《(康熙)桐城县志·孝友》有传。诗文雅赡，《龙眠风雅》收诗一首。	方若洙	评定古今文数千卷，古文辞出入欧、苏，著有《闽津江瑟诸草》。《(康熙)桐城县志·儒林》有传。
张秉彝次女	九世	吴德音	文章多宗古法，名下士推为领袖。《(道光)桐城续修县志·人物志·文苑》有传。妻张履雪著有《履雪阁集》。	吴道谦	同上。
张秉彝三女	九世	吴沏		吴道新	天启七年举人，官至工部主事，著有《潜德居诗集》等。
张秉贞长女	九世	何采	顺治六年进士，官至侍读学士，著有《让村集》《南涧集》等。	何应璜	同上。
张秉贞次女	九世	刘余璜	怀宁人，迁桐城。刘辉祖、刘捷之父。《浮山志》收诗二首。	刘若宰	崇祯元年状元，官至左春坊左中允。

续表

张氏		张氏的联姻对象			
姓名或行第	世次	姓氏姓名	生平与著述	父亲姓名	生平与著述
张秉贞三女	九世	夏鼎	著有《明史外纪》《梓峰文集》等。	夏统春	湖广黄陂县丞。《(康熙)桐城县志·忠节》有传。
张秉贞四女	九世	方中履	著有《汗青阁全集》《古今释疑》等。妻张莹著有《友阁遗稿》。	方以智	崇祯十三年进士,翰林院检讨,著有《浮山文集》等。
张秉贞五女	九世	吴宏密	候选知县。	吴国琦	崇祯四年进士,官至兵部主事,博洽能文,湛于经术,著有《水香阁集》。
张秉贞六女	九世	姚文燕	同上。妻张姒谊著有《保艾阁诗集》。	姚孙棐	同上。
张秉贞七女	九世	胡弥弹	国子监司业。著有《石门诗文集》。	胡吴祚	邑诸生,著有《骈雅》。
张秉哲长女	九世	方骏发		方畿	顺治五年恩贡,官至汉中府同知,著有《四松斋集》。
张秉哲次女	九世	方琭	著有类书三十余卷。《(道光)桐城续修县志·人物志·文苑》有传。	方育盛	顺治十一年举人,著有《晋楚游草》《梼舟》《天目》等。
张秉哲三女	九世	方云良		方章钺	因顺治十四年中举事卷入科场案。
张秉哲四女	九世	齐恂	候选州同。	齐登辅	顺治十八年贡士,南安府同知。
张廷瓒	十世	吴氏	张英作有《祭冢妇封孺人吴氏诔词》。	吴德音	同上。
张廷玉	十世	姚氏	张英作有《二媳姚氏哀辞》。	姚文然	崇祯十六年进士,官至刑部尚书,著有《姚端恪公集》。

续表

张氏		张氏的联姻对象			
姓名或行第	世次	姓氏姓名	生平与著述	父亲姓名	生平与著述
张廷璐	十世	姚氏		姚文燕	同上。
张廷瑑	十世	姚氏		姚文荧	候选州同。
张廷瑑	十世	吴氏	吴冰持之女，襁褓中抚育于嗣父母吴子云夫妇，嗣父母先后去世时，她才十岁，又抚育于生父母。	吴子云	顺治十二年进士，官至河南学政。
张廷瓘	十世	方氏		方中履	同上。
张英长女	十世	姚士黉	康熙二十九年举人。张英作有《祭长婿孝廉姚东胶文》。	姚文焱	康熙八年举人，官至峡江知县，两聘浙江乡试同考，有《超玉轩诗集》。
张英次女	十世	吴骥	康熙三十八年副榜，官至中书舍人。	吴德音	同上。
张英三女	十世	姚士封	善诗古文词。《（道光）桐城续修县志·人物志·文苑》有传。妻张令仪著有《蠹窗集》《锦囊冰鉴》。	姚文熊	康熙六年进士，官至阶州知州。
张英四女	十世	吴同岱	官国子监学录。	吴兆熊	《浮山志》收诗二首。

浏览此表就会发现：

其一，张氏的联姻对象（侧室除外）均为同里望族，与吴氏、姚氏、方氏联姻次数较多，与吴氏联姻11次，与姚氏联姻9次，与方氏联姻9次，亲上加亲，还出现了5对中表婚：张英长女嫁吴德音的儿子吴骥、张英长子张廷瓒娶吴德音女、张英长女嫁姚士黉（姚孙森孙）、张秉哲次女与三女嫁方拱乾的两个孙子。

其二，张英家族中存在着较多的姻戚之间的异辈婚姻现象：八世张秉文与张秉哲为堂兄弟，而他们的妻子则是堂姑侄关系；张克俨与张英是胞兄弟，而他们的妻子也是堂姑侄关系；九世张秉文次女与张秉贞四女是堂姐妹，而她们的丈夫方其义与方中履是胞叔侄关系；张秉彝长女与张秉贞四女是堂姐妹，而她们的丈夫方谷与方中履是堂叔侄关系。

其三，张氏家族中出现了方孟式、姚含章、张履雪、张姒谊、张莹、张令仪等女性诗人。

由此可见，在明末桐城战乱频仍的背景下，张氏的联姻对象具有明显的封闭性，有较为固定的联姻对象，由此形成一个牢固的婚姻圈，进而结成相互攀缘、同气共荣的族群联盟，以此来防范宗族的外在危机，保障家族的生存与发展，巩固世家大族的社会地位。这种婚姻模式在清代仍被继承了下来，对桐城大族的婚姻关系产生了深远的影响，张英“保家莫如择友”①“择交者不败”②的家训实际上就是这种影响的一种反映。即便是张英长期在朝为官，有着非常广泛的联姻对象，也依然选择桐城大族作为子女的联姻对象。尽管姻戚之间的异辈婚是有违程朱理学的，但为了巩固婚姻联盟等现实的需要也不惜违反礼制，多少也带有其家学中的心学色彩。同时现实的需要与心学影响等方面也促成了女性教育水平的提高和女性诗人群的形成。

第二节　张英的家风

通过第一节的梳理可知，张氏家风实由六世张淳肇基，经七世张士维与八世张秉文、张秉贞、张秉彝等人的继承与发展，到九世时，张英集先世之大成，融桐城大族家风之精华与自己的人生经验，形成了极具特色的张氏家风，并得到了康熙、雍正、乾隆的称赞。康熙五十七年（1718）四月殿试，张廷璐被拔置一甲第二名，张廷玉谢恩时，康熙谕曰：“汝兄弟皆能如此，不愧家风矣。”③雍正十一年（1733）四月殿试，雍正拟置张若霭一甲第三名，谕曰：“此大学士张廷玉之子，策内议论确有识见，想其习睹习闻，禀承家训，得大臣忠君爱国之意，是以敷陈之言，切当恳挚

① 张英：《张英全书》上册，第536页。
② 张英：《张英全书》上册，第515页。
③ 张廷玉：《张廷玉全集》下册，安徽大学出版社，2015年，第376页。

如此。张廷玉佐朕多年，居心行事，比诸古人皋、夔、稷、契，信可无愧。且自伊父张英累世厚德，绳绳相继，宜其后人克肖，贤才蔚起，以副国家之用。”①乾隆十一年(1746)十一月，张若霭卒，乾隆听说后，特降谕旨：“内阁学士张若霭在内廷行走十余年，小心勤慎，能恪遵伊父大学士张廷玉家训，深望其将来尚可有成……”②《江南通志》称张氏家风为“江左第一家风”，③实至名归。

张氏家风主要包括“崇德操，尚实用，求和谐”的价值追求、“治《诗经》，研性命，奉醇谨”的家学传统、“敦孝悌，守勤俭；联巨族，好施济；持清慎，乐山林”的处世方式三个方面，张英在《聪训斋语》《恒产琐言》等家训家书中都有所强调与阐述。在此，我不想对张氏家风进行全面的阐述。张氏家族自张淳始，代不乏有文名者，因此，我只想对张氏家风中与文学有关的传统作一点的阐述。

一、治《诗经》的家学传统

据《张氏宗谱》，桐城张氏从六世张淳开始治《诗经》，七世张士维，八世张秉彝、张秉文、张秉贞、张秉哲，九世张英、张克俨、张杰、张夔、张嘉，均治《诗经》，显然，治《诗经》是张氏的家学传统。张英在《田间诗学序》中也说：“余家世治《毛诗》，自先大参公用《诗》起家，先世父太常公、季父大司马公皆受《诗》，以迄余之身及余之子，亦幸以《诗》弋获，故里中号余张氏《诗》有家学云。”④治《诗经》是为科举进身服务的，然而同时也由此形成了张氏家族以《诗》为教的家教传统。《毛诗序》说：“诗者，志之所之也，在心为志，发言为诗，情动于中而形于言……先王以是经夫妇，成孝敬，厚人伦，美教化，移风俗。”那么，《诗》教就不仅是应试教育，也是道德教育、情感教育、文学教育与审美教育。

“孔子曰：‘入其国，其教可知也。其为人也，温柔敦厚，《诗》教也……其为人也，温柔敦厚而不愚，则深于《诗》者也。’”⑤徐复观认为：“‘温柔敦厚’都是指诗人流注于诗中的感情来说的。诗人将其温柔敦厚的感情，发而为温厚敦厚的语言

---

① 张廷玉：《张廷玉全集》下册，第401—402页。
② 张廷玉：《张廷玉全集》下册，第452页。
③ 赵弘恩、黄之隽等：《江南通志》卷一百三十八《名贤》，影印《文渊阁四库全书》第511册，台湾商务印书馆，1986年，第68页。
④ 钱澄之：《田间诗学》，黄山书社，2005年，第3页。
⑤ 陈戍国：《礼记校注》，岳麓书社，2004年，第385页。

及语言的韵律,这便形成诗的温柔敦厚的性格。"①这是从文学创作的角度来说的,那么,从文学接受的角度来说,治《诗经》不仅可以培养温柔敦厚的情感,还可以学习表达温柔敦厚情感的语言技巧和风格。张英也说:"故圣制诸篇……渟泓蕴藉,得《诗》之厚……"②参照钱澄之在《姚经三诗序》中所说:"今之言诗者曰:'诗以温厚和平为教,彼慷慨激烈者非也。'迹其说,则诗似与强者相反,而弱者近之。不知夫和平之旨,固欲令强者俯而就焉,弱者跂而及焉。然吾谓,强者能至之,弱者不能至也。"③我们似乎可以这样理解,这种情感是基于"厚"之上的"渟泓蕴藉",这种情感是非常充沛与浓郁的,也是非常深沉与丰富的,然而主体善于节制,让鼓荡其间的强而有力的生命之气表现得含而不露、温柔和平。因此,从文学的角度来说,治《诗经》对创作主体的性情的培养与文学风格的形成有重要影响。对照张英的创作,无论是其情感还是其风格都充分地表现出温柔敦厚的特征,《四库全书总目提要》即如是说:"其散体诸文称心而出,不事粉饰。虽未能直追古人,而原本经术,词旨温厚,亦无忝于作者焉。"④在张英的讲筵等教育活动中也洋溢着文学的气息。这些无疑得益于家族的治《诗》传统及其所形成的《诗》教氛围。

二、联巨族的婚姻联盟

张淳父子与方学渐父子、吴应宾讲学桐川会馆,不仅振起了桐城风教,也因相互了解与相互认同为张氏与方氏、吴氏的联姻提供了条件与机会。桐城麻溪姚氏五世姚旭于明景泰二年(1451)中进士,姚氏科举始兴,明清之际姚氏科举大盛,张氏与姚氏的联姻逐渐增多。

张淳与方学渐虽都宗心学,然张淳以治《诗经》为基,开启了张氏《诗》学,方学渐以治《易经》为基,开启了方氏《易》学。吴应宾"通儒释,贯天人"。⑤ 麻溪姚氏既有治《书经》的,也有治《易经》的,也有治《春秋》的,从总体看其家学不专于一经。张氏、方氏、吴氏、姚氏是明清时期桐城文化大族,有自己的家学传统,有自

① 徐复观:《中国文学精神》,上海书店出版社,2006年,第44页。
② 张英:《御制文集恭跋》,《张英全书》上册,第388页。
③ 钱澄之:《田间文集》,黄山书社,1998年,第262页。
④ 张英:《张英全书》下册,第3页。
⑤ 马其昶:《桐城耆旧传》,黄山书社,2013年,第90页。

己的作家队伍与学术队伍,而且这些大族的女性多受到了较好的教育,有较高的文学文化素养。所以,这些大族的联姻不仅是出于现实的需要,也体现出对对方家学传统与家族文化的认同,同时这些大族的联姻也创造了两姓家庭成员之间更多交流的机会,还有就是女性的文学文化素养也成了夫家的母教资源。这些不仅加深了家学的渗透,也加速了大族的文化融合,促进了桐城地域文学文化的繁荣与文学文化传统的形成。

虽然桐城其他文化大族成员也有条件来整合桐城族群文化,传播桐城文化,使桐城文化大显于天下,然张英的优势更为突出,贡献最大。这除了张氏家族在改朝换代之时平稳过渡之外,张英治《诗经》的家学背景和长期从事文化教育与文化管理工作也是其突出的优势。《诗》相对于《易》《春秋》更具教化作用,对社会秩序更具建构性。康熙时《诗》教与当时文治的统治需要高度契合,而且在桐城名宦中只有张英长期从事讲筵、教习工作以及长期执掌翰林院、詹事府与礼部(任职情况见本书第二章第一节),即主要从事文化教育与文化管理工作。这一方面是康熙对张英知识体系认同的结果,也可以说是时代选择了张英,另一方面张英自然会以自身的家学资源与所熟悉的桐城文化资源为基础,吸纳当时先进的文化资源,来做好自己的文化教育与管理工作。那么,这些工作为张英提供了桐城其他文人所没有的机会与条件,能站在国家文学文化建设的高度更直接、更专业、更系统地对包括家学在内的桐城文学文化进行反思、整合与修正,来适应自己工作需要与国家文化建设的需要。随着张英的身份与地位的提高,逐渐凝聚了作家队伍与学术队伍,促进了桐城文学文化的发展。因此,我认为,文化大族的联姻不仅加速了桐城族群文化的整合,而且有利于张英在此基础上对它进行进一步整合与修正,使桐城文学文化走出一隅,融入国家的文化建设之中,同时也丰富与充实了桐城文化。

三、乐山林的生活方式

张淳"雅志山林,不乐仕进,优游林下廿余年",张秉彝"优游林泉者又二十余年",张载"四十岁时弃举子业,隐居松湖",张杰告休后优游林下二十余年,张嘉未仕隐居湖上,张英请假归葬与休致期间也多隐居桐城龙眠山。可见,张英家族几代人亲近自然,以山林为乐,形成了张英家族比较固化的一种生活方式。乐山林是一种淡泊名利的生活方式,这似乎与崇尚实用的价值追求相疏离,而实际上这种生活方式是不与人争，将自己投入宇宙大化之中，与天地同流，以山川钟灵之气荡涤心中的尘累，放松谨慎之身心，达到敬天保命之实用目的。所以，张氏乐山林的生活方式与其研性命的家学相结合实际上也就形成了一种知行结合的家教传统，张英就这样说过："放翁诗云：'游山如读书，浅深在所得。'故同一登临，视其人识解学问以为高下，苦乐不可得而强也。"①

对于张氏来说，山林培育了他们闲淡的心境，也使他们敏锐地感知到自然的生命律动，与之相契相合，这虽出之于养生之目的，但也直接为文学创作提供了表现对象、创作心境与情感体验等。然张英与其他文学家不同之处在于，张英在其家教传统的基础之上构建了更为全面的"长享其乐，实有其乐"的山林之乐的体系，将文章（文学）纳入这一体系之中，他说："予尝言享山林之乐者，必具四者而后能长享其乐，实有其乐，是以古今来不易觏也。四者维何？曰道德，曰文章，曰经济，曰福命……佳山胜水，茂林修竹，全恃我之性情识见取之。不然，一见而悦，数见而厌心生矣。或吟咏古人之篇章，或抒写性灵之所见，一字一句便可千秋相契，无言亦成妙谛。古人所谓'行到水穷处，坐看云起时'，又云'登东皋以舒啸，临清流而赋诗'，断非不解笔墨人所能领略，此非文章而何哉……四者有一不具，不足以享山林清福。故举世聪明才智之士，非无一知半见、略知山林趣味，而究竟不能身入其中，职此之故也。"②在赞叹其虑之周、其思之深、其言之精的同时，也让我们认识到文学已然成为张英追求快乐生活的一个要件，更让我们感受到张英和谐发展与持续发展的强烈意念，以及对诗意生活的追求与实践，极大地丰富了张氏家风的内涵。

综上，通过对张英家世的梳理归纳出张氏家风，不仅厘清了张氏家风的形成与发展的大致进程，也揭示出了张英家族代代相传的内在精神与价值取向，有助于我们更好地探讨张英崛起的原因。同时，由此我们认识到张英家族对桐城族群文化的融合与发展所作的努力与贡献。

① 张英：《聪训斋语》，《张英全书》上册，第 503 页。
② 张英：《聪训斋语》，《张英全书》上册，第 509—510 页。

第三节　张英的生平

作为一代名相，张英的生平事迹，正史、方志、家谱和一些野史等均有所记载，本节我主要依据相关史料，并结合张英的诗文，将张英一生划分为三个时期来阐述。为避免与下文相关章节重复，这里主要阐述张英心态变化的轨迹及其古文创作概况。

一、积极进取时期

（一）专心举业，师友切磋

崇祯十年十二月十六日（公历 1638 年 1 月 30 日），张英出生于桐城。十五年（1642），出就外傅，读四书五经，过目成诵，日记数千言。顺治十一年（1654）补博士弟子员。十四年（1657）科试食饩，自此试辄高等。然生来体弱，加之苦读，患病三年，至十七年（1660）始愈。十七年应乡试，不第，回乡途中作《庚子放后舟中赠信臣二首》，其中的“岂应我辈长贫贱，莫漫相逢说隐沦”“暂屈敢言同鹤胫，长愁只恐负蛾眉”，①真实地表达了自己不甘心于贫贱、不轻言于隐沦、不长愁于不遇的情怀。康熙二年（1663）再应乡试，中式。三年（1664）应礼闱，不第，作《放归》二首以抒不得志之慨。六年丁未（1667）再应礼闱，中式，作《丁未春释菜先师庙恭赋二十韵》简约而诗意地表达了自己的人生愿景：“平生怀盛事，此际惬心期。太学人才地，司成国子师。抡才皆董贾，结念在皋夔。事业辉麟阁，文章烂凤池。愿言崇圣训，持以报雍熙。”②

张英读书求学期间，先后奉教于祝祺、张载、张杰、齐邦直、潘江等师长，于六经、《左》《国》《庄》《骚》、子、《史》以及两汉唐宋之文，无不淹览。随兄张杰攻举子业，参与瑟玉堂文会，与同会成员潘江、齐邦直、许来惠、方来贡、吴接云、陈垣、

---

① 张英：《张英全书》中册，第 183 页。

② 张英：《张英全书》中册，第 207 页。

陈光等人相切磋，并与张杰、潘江、齐邦直、许来惠合刊《五子诗义》，在士子中影响较大，张英在康熙九年（1670）悼其师齐邦直时还曾自豪地说："迄今海内传，颇会诗人旨。"①

这一期间，张英还协助父亲编纂了《张氏宗谱》，创作了《一世贵四公二世永贵公传略》《三世铎公传》《四世东叟公东川公传》《五世琴川公传》《六世大参公张淳传》《七世张士维传》《张氏宗谱后序》等古文。

（二）回籍丁忧，畅游东南

康熙六年（1667）闰四月，张英选庶吉士，入庶常馆学习。十月二十四日，父卒，稍后起程回籍丁忧。丁忧期间，张英的文学活动主要有以下三个方面：

康熙七年（1668）春，张英回到故乡，守丧期间偶与张杰、潘江、方畿、许来惠、李雅等故乡文人交流唱和。

康熙七年（1668）冬，张英游池州，访石埭令姚子庄（字六康），晤友人任塾（字克家，号鹳峰，怀宁人，进士同年），探陵阳，登齐山。八年（1669）自春至冬，过南京，晤方文，游苏州，招同年，又与同年归孝仪游西湖，访越州，渡钱塘，客余杭。两次出游留下《冬日登齐山》《陵阳行》《越州怀古诗八首》《吴门竹枝词二十首》《将渡钱塘留别宋蓉庵即用前韵》《客余杭寒山旧庐》等诗篇，稀释了守丧的悲痛。

康熙八年（1669）秋冬，张英作《寄怀同馆诸子一百韵》，回忆在庶常馆与其他十四庶常读书、交流的情景以及以努力报效朝廷共勉："天子方爱才，邹枚重陪侍……联裾御道行，对席秋堂试。马衔庭草嘶，鸟语稀人吏。有时各垂帘，一编探微义。有时登堂上，琅琅听群议……浩然发长歌，愿言告同志。努力报清时，勋业予翘企。"②由此可见，张英虽在籍守丧，但念兹在兹的还是报效朝廷。

这一时期创作的古文较少，主要有《潘母吴夫人七十寿序》等。

（三）讲筵侍值，深受眷宠

康熙九年（1670）六月，张英起程赴京，重入庶常馆学习。十一年（1672）闰七月，散馆考试，钦定第二，授翰林院编修。十二年（1673）春，以编修充讲官，从此开始了他的帝师生涯。七月，充日讲起居注官。十五年（1676）迁左春坊左谕德，十六年（1677）二月迁翰林院侍读学士，十二月十七日，开始入值南书房。十九年（1680）四月，特擢翰林院学士，兼礼部侍郎。二十一年（1682）三月六日，起程归

① 张英：《怀贤诗（为业师齐古愚先生赋）》，《张英全书》中册，第39页。
② 张英：《张英全书》中册，第21—23页。

里，众多同僚、门生送别。

康熙十年(1671)作《馆中读书言志》，诗中有曰："琳琅探艺苑，六籍欣尚存。石碣何离奇，古字侵台痕。纵目涉沧海，振衣当昆仑。浩浩发胸次，借以度朝昏。渊默领微义，得意时忘言。常与古人处，因知吾道尊。诸家间旁搜，百川同一源。含英而咀华，如袭兰与荪。诵读惬素怀，皆藉涵濡恩。联袂登玉堂，方驾趋金门。匪赖贞洁操，纷华安足论。遭逢当圣代，咫尺邻九阍。愿言赞王化，元气日以敦。澹泊复宁静，撑拄流俗奔。昔人崇令德，矢志期勿谖。"①康熙十二年(1673)，二兄张载离京时，张英作《仲兄自南来留京师浃旬而归诗以送之四首》，其三有曰："我有远心终自慰，不教人为惜蹉跎。"②这些都充分表达了自己发奋苦读、力求报效的壮志。

虽然张英说"予自谕德后，即无意仕进，不止无竞进之心，且时以陨越为惧"，③一年后(即 1677 年)入值南书房，日侍康熙皇帝左右，"时以陨越为惧"更甚，然而张英因此更勤慎于职事，又精于职事，深得康熙眷宠，职位不时升迁，所以 1676 年后他所说的"无竞进之心"在这一时期虽有萌动，但不是他思想的主流，而更多的是勤慎工作，报答康熙的知遇之恩。正如康熙十七年(1678)作的《九日同说岩讱庵两前辈澹人近公直南书房限登字》诗的尾联所说："此身惟觉君恩重，欲遂岩耕苦未能。"④康熙二十一年(1682)正月或稍前张英的二兄张载来信劝其退隐："昨日北来雁，寄我湖上书。宛转数百字，劝我归田庐……十年滞京洛，尘土需衣裾。"⑤稍后张英即以葬父为由请假归里，南书房侍从一职告一段落，于是我仍将这一时期纳入为他积极进取的人生阶段之中。

这一时期是张英古文创作的重要时期，创作的古文主要有《南苑赋》《瀛台赐宴赏花赋》《喜雨赋》《璇玑玉衡赋》《圣学时敏颂》《升平颂并序》《谢御赐书籍表》《恭进易经参解表》《恭谢特擢翰林院学士兼礼部侍郎表》《岁终汇进讲章疏》《请假归葬疏》《太极图论》《山东通志序》《恭进易经参解序》《恭进书经衷论序》《潘木厓诗集序》《芸圃诗序》《保艾阁诗序》《封太夫人李年伯母寿序》《予告光禄大夫太子太保兵部尚书王公墓志铭》《光禄大夫内秘书院大学士前太保兼太子太保

① 张英：《张英全书》中册，第 47 页。
② 张英：《张英全书》中册，第 289 页。
③ 张英：《聪训斋语》，《张英全书》上册，第 522 页。
④ 张英：《张英全书》中册，第 323 页。
⑤ 张英：《拟古诗三章》，《张英全书》中册，第 63 页。

吏部尚书孙文定公墓志铭》《祭姚小山文》《祭方侍御邵村文》《祭大司寇姚端恪公文》《公祭诰封太夫人陈太君文》《祭诰封恭人何姑母文》《祭姚彦昭元配方孺人文》《徐母顾太夫人诔》等，同时在给康熙的讲论经史和与康熙讨论古文的过程中，形成了自己的文学思想（《书经衷论》与《御选古文渊鉴》等中有较充分的体现），并多次受康熙赞扬，奠定了张英在文坛上的地位。

二、纠结调适时期

（一）请假葬亲，优游唱和

虽是请假葬亲，但与前一时期的奔丧守丧时的心情已有很大的不同，这不仅是因为康熙在东巡时驻马道平安和大批同僚门生的送别，更是谨慎之心得以暂时的放松与乐爱林泉的夙愿得以实现，所以他回乡途中所作的《春归日舟中三首》《拟欧阳永叔归田四时乐即用原韵》《放歌》等都明确地表达了自己回归时的愉快心情。如《舟中书怀》就有对山林闲适生活的规划与想象：“此身已乞向林丘，飞札经营宅畔楼。良夜何堪闻击柝，芳时那合住扁舟。闲看儿女纾乡思，数捡图书慰旅愁。好与湖田兄弟约，取鱼尝稻订新秋。”①葬父之后，因病而续假，在里凡三年。在里期间，除了康熙二十三年（1684）十一月南京迎驾以外，多与潘江、姚文燮、李雅、左国材、左国治、钱澄之、陈焯、方中履、方中发等人唱和乡里，融入桐城文坛，写下了许多序、记等古文作品。闲居时还创作了大量闲适诗，如《游龙山五首》《夏日山居五首》《烹茶》《朝睡》《用懒》《幽居二首》《纳凉北轩》等，既有“中年万事不相关，惟见林峦一破颜。出处规模钱若水，诗篇枕藉白香山。五官用尽都成拙，百计输来未胜闲。陌上樵人时放担，听予高咏落花间”②的闲适自在，也有“鸣琴未到忘机处，对酒多惭独醒时”③的牵挂，《寄心亭诗》说得更明确：“追念畴昔恩，三载辞玉堂。俾我谢朱绂，纳此山中凉。昔人亦有言，芰荷以为裳。洁已卧丘壑，寄心在君王。当轩揭斯语，永佩期不忘。”④

这一时期的古文创作延续了讲筵侍值时期创作的激情，创作了比较多的古文作品，主要有《驾幸阙里赋》《赐金园赋》《恩赐宫纱谢表》《恩赐羊酒食物谢表》

① 张英：《张英全书》中册，第373页。

② 张英：《中年》，《张英全书》中册，第428页。

③ 张英：《自慨》，《张英全书》中册，第428—429页。

④ 张英：《张英全书》中册，第110—111页。

《恭谢天恩事》《龙眠古文初集序》《山足和尚一茎草诗序》《陈问斋杜意序》《古今释疑序》《木厓续集序》《田间诗学序》《友阁遗稿序》《内庭应制集序》《桐邑舆颂序》《方母潘夫人七十寿序》《大隐君黄桦岑公六十扶鸠序》《高氏重修谱序》《黄氏宗谱叙》《鹿城黄氏谱四修谱序》《赐金园记》《南轩记》《北轩记》《思过轩记》《重建应沙阁案山围墙记》《浮山华严寺斋僧田记》《祭冢妇封孺人吴氏诔词》等，其中就有不少是为同邑文人而作的。这些作品与他的身份相结合，凝聚了桐城文坛，确立了他在桐城文坛上的核心地位。特别是他的《龙眠古文初集序》确立了桐城文派的文学纲领，宣告了桐城文派的成立。

（二）内廷争斗，求退不得

康熙二十四年（1685）年七月，张英起程入都，补原官。二十五年（1686）三月，奉旨任翰林院掌院学士，仍兼礼部侍郎。十月，因记注舛错，降五级留任。十二月，升任兵部右侍郎。二十六年（1687）三月，刑部汉堂官缺员，康熙命张英署理。六月除礼部右侍郎。九月，兼管詹事府。二十七年（1688）二月，因吏部题张英等不理职事，躲避推诿，降五级留用。二十八年十二月，擢工部尚书。二十九年（1690）六月，兼翰林院掌院学士，并管詹事府事。七月，调礼部尚书，仍兼管翰林院、詹事府事。十月，因康熙舅父佟国纲祭文一事的牵连，革礼部尚书。三十三年（1694）三月，因任庶常馆教习期间教习不严，降三级留用。

这一时期，朝廷内部的权力斗争越来越激烈，张英无时无处不谨慎应对工作与人际关系，但岗位屡次变动，仕途又有起伏，致使身心交瘁，因此山林之思日益增强，有渐占上风之势："迨年五十以后，山林之思益迫，引退之念愈急。"①康熙二十六年（1687）五月，上疏乞假，不允。六月，除礼部右侍郎。与以前的一心报恩而有陨越之惧不同，此时他陷入了"文昌卿席已频登，报国酬知总未能"的痛苦。②稍后他又向妻兄姚文燮诉说了自己的身心的痛苦："自去年秋沉痼之疾顿发，绵延入春不痊……自春后时作时止，气体耗衰，日增月盛，乘间伺隙，以为陈乞之地绝不可得……天中节后，雪涕陈情，至再至三，不蒙俞可。此情此绪，不能上谅于圣明，其如之何哉！数日复归寓调治，门庭尽日如深山，止能饮粥睡觉，一无所为，故山云物结于梦想。"③于是他通过读白居易诗歌与道书等方式来调适自己，如康熙二十八年（1689）所作的《读白诗漫成三十韵》《香山集有何处难忘酒不如来饮酒

① 张英：《存诚堂诗集自序》，《张英全书》中册，第 3 页。

② 张英：《六月除礼部右侍郎仍兼学士》，《张英全书》中册，第 475 页。

③ 张英：《寄羹湖先生书》，《张英全书》上册，第 405 页。

各七章亦戏为万事归田好不如农圃乐各七章以拟之》《读白诗二首》《读道书二十韵》等诗中就透露了这样的信息。

这一时期的古文作品不多，主要有《至德宏仁颂》《南巡扈从纪略》《寄羹湖先生书》《龙眠风雅续集序》《陈检讨四六笺注序》《坦斋李公墓志铭》《奉直大夫工科掌印给事中孟起纪公墓志铭》等。

（三）仕途平稳，安心得法

虽然康熙三十三年(1694)三月，因教习不严而受罚，但四月张英又奉旨教习甲戌科庶吉士。三十六年(1697)七月，以衰病旷职上疏乞休，因康熙慰留而未成。① 三十八年(1699)十一月，授文华殿大学士，兼礼部尚书。四十年(1701)十月，再次以衰病日增上书乞休，获允。四十一年(1702)二月启程回桐城，大批同僚、门生送别，留下了大量赠行诗，门生查升将之辑为《辇下赠行诗》十卷，其中有不少赞其文学才华与功绩，多侧面多角度反映了张英在台阁文坛上的地位。

这一时期，张英仕途平稳，并有升迁，身心得到了调适，内心趋于平静。据《聪训斋语》所言："予自四十六七以来，讲求安心之法。凡喜怒、哀乐、劳苦、恐惧之事，只以五官四肢应之，中间有方寸之地，常时空空洞洞、朗朗惺惺，决不令之入，所以此地常觉宽绰洁净。予制为一城，将城门紧闭，时加防守，惟恐此数者阑入……十年来渐觉阑入之时少，不甚用力驱逐。然城外不免纷扰，主人居其中，尚无浑忘天真之乐。倘得归田遂初，见山时多，见人时少，空潭碧落，或庶几矣。"② 经过十年安心之法的修练，张英五十六七岁时(即1693年前后)内心基本达到了平静。康熙三十三年(1694)，张英在《寄叔兄西渠先生书》中说："此则一二年来又进一格，较之昔时急于求退，以致形神交困者，则差胜也。"③三十六年(1697)所作的《夜坐》更进一步描述了这种心境："书卷亦高阁，琴丝且什袭。心如澄潭月，趺坐数呼吸。"④三十八年(1699)所作的《香山集中有万事平分众所知何尝苦乐不相随惟余耽酒吟诗客但有乐事无苦时因广其意得六长句》，⑤实际上已超越了苦

① 张英《恳恩休致疏》题注下标"康熙三十七年"，有误。因文中有"臣今年六十一岁，何敢谓之甚老"，从语气上看，"六十一岁"应指虚岁，那么文中的"今年"即为康熙三十六年(1697)。又，《清实录》第五册《圣祖仁皇帝实录》卷一八四载：康熙三十六年"秋七月……礼部尚书兼管翰林院掌院学士、詹事府詹事张英以老乞休，慰留之。"(第969页)因此这篇疏作于康熙三十六年。

② 张英：《张英全书》上册，第515页。

③ 张英：《张英全书》上册，第404页。

④ 张英：《张英全书》下册，第192页。

⑤ 张英：《张英全书》下册，第239页。

乐或进退的困扰。四十一年(1702)韩菼的送别诗曰:“莫以公归始自今,西华赐第亦山林。罢朝一亩花开径,怀古千秋壁倚琴。日月天边真大隐,经纶事外镇闲吟。金丸珍木曾何惧,退后飞鸿远更深。”①真实地反映了这一时期张英的生活状态。他的门生陈至言则赞曰:“紫府仙人称第一,大罗上相本无双。”②

这一时期的古文作品主要有《至德仁明武颂》《圣武三临绝塞荡寇功成颂》《圣德勤民颂》《圣德仁民天锡万寿颂》《恳恩休致疏》《题为圣谟广运事》《请恩乞休事》《丁丑会试录序》《大中丞安溪李厚庵先生寿序》《诰授正议大夫巡抚安徽等处都察院右副都御史佟公墓志铭》《奉直大夫户部山西清吏司主事加一级房师即墨黄公墓志铭》等,还有《聪训斋语》的大部分章节作于这一时期。

三、休致安闲时期

康熙四十一年(1702)三月三日,张英抵里,受到了桐城父老乡亲的热烈欢迎:“亲串友朋暨阖邑耆庶郊迎数十里,黄童白叟环聚而观者数千人,皆藉藉叹息,以为有二疏遗风焉。”③其中“二疏遗风”是乡人对张英得皇帝之宠、同僚之慕、乡人之敬的高度赞誉。

(一)迎驾留驾,眷宠依然

休致期间,张英三次迎驾,二次留驾。这部分内容在此只作简单介绍,下章将详细论述。

康熙四十二年(1703)正月,康熙第四次南巡。二月,张英于淮安见驾。

康熙四十四年(1705)二月,康熙第五次南巡,张英渡黄河迎驾,四月二十四日,康熙驻跸江宁,张英奏请再留几日,康熙念老臣恳求谆切,答应再留一日。

康熙四十六年(1707)正月,康熙第六次南巡,二月二十三日,张英于淮安清江浦见驾。三月初九日,张英率江宁百姓跪奏恳请康熙多留数日,康熙曰:“朕原欲明日启行,因张英及众百姓谆请,留一日。后日往燕子矶,再留一日。”④

---

① 韩菼:《有怀堂诗稿》卷六,《清代诗文集汇编》第147册,上海古籍出版社,2010年,第56页。

② 陈至言:《菀青集·七言律诗四·相国桐城张夫子予告致政荣旋恭送四章(其一)》,《清代诗文集汇编》第195册,上海古籍出版社,2010年,第232页。

③ 张廷玉:《敦复府君行述》,张英:《张英全书》下册,第485页。

④ 张廷玉等:《圣祖仁皇帝实录》卷二二九,《清实录》第六册,第292页。

（二）课读儿孙，成果灿然

休致期间，儿子张廷璐、张廷瑑、张廷瓘和孙子张若霈、张若潭、张若震等在里读书，所以课读儿孙也是张英的一项重要活动：

> 余乞休园居，衰老谢宾客，与麋鹿渔樵为伍，每与子孙征引掌故、背诵古人诗篇以相娱乐。①
>
> 小儿夜课无灯火，乞得松肪自照书。②

虽然张英也聘请当时名师教导儿孙，但以张英当时学识、声望、讲筵与教习的经验以及多年与儿孙的朝夕相处，他对儿孙的影响是直接而深远的。张廷璐康熙四十一年（1702）中乡试副榜第一名，五十二年（1713）中举人，五十七年（1718）中进士。张廷瑑五十二年（1713）中举人，雍正元年（1723）中进士。张廷瓘（1683—1716）也工文，为名诸生，“先公致政归，弟方弱冠，状貌魁伟，岸然自异，操纸笔立成文章，为名诸生。先公益笃爱之……为文秀骨天成，复极研练追琢之工，一字未安，不轻易示人。喜为诗，闲淡有风致”。③ 张若霈康熙四十七年（1708）乡试第八十名。张若震（1696—1756）与张若潭（1695—1741）分别于雍正元年（1723）、二年（1724）中举。所以，我认为，这些科举成绩与张英的教育也是分不开的。

（三）卧游林泉，身心怡然

休致期间，张英卧游林泉的愿望得以实现，因没有政事的烦扰、人事的倾轧、皇恩的压力，放下了谨慎之心，身心得到了较好的调适，享受了自在自适、淡泊从容的快乐，写下大量闲适诗。如：

> 自适岩居趣，何妨信宿留。④
>
> 闲中乐事君知否，新摘莲房插满瓶。⑤
>
> 识得物情予亦乐，闲看凫雁浴清波。⑥

---

① 张英：《蠹窗学诗题辞》，《张英全书》上册，第 343 页。

② 张英：《阴雨竟日小溪不能渡》，《张英全书》下册，第 264 页。

③ 张开枚等：《张氏宗谱》卷三十一《列传·十世》，民国二十二年铅印本。

④ 张英：《赋得负杖阅岩耕》，《张英全书》下册，第 264 页。

⑤ 张英：《避暑三首》其一，《张英全书》下册，第 268 页。

⑥ 张英：《避暑三首》其二，《张英全书》下册，第 268 页。

老我独闲谁可伴，不须人渡落花溪。①

喜无人迹到，鸣鸟集高枝。间关弄好音，使我心自怡。静日步长廊，独乐良不疑。②

心澹一无营，喧寂任所投。我心如明月，浮云在下头。③

休致期间张英的古文创作比较旺盛，作品主要有《为恭请天恩事》《为恭请圣躬万安事》《陈氏宗谱二修序》《陈氏续修宗谱序》《重修江氏宗谱序》《金氏宗谱序》《许氏宗谱原序》《缪山汪氏族谱叙》《紫阳朱氏谱序》《黄华许方氏宗谱序》《四书朱子大全精言序》《梅东草堂诗序》《蠹窗学诗题辞》《御笔书双溪恭记》《癸未秋游浮山记》《祭吴文端公文》等，其中有不少是应乡人之请而写下的谱序，直接参与桐城地方文化建设，其影响自不待说。

① 张英：《幽栖》，《张英全书》下册，第 270 页。
② 张英：《独乐吟》，《张英全书》下册，第 279 页。
③ 张英：《泛舟》，《张英全书》下册，第 281 页。

第二章　张英的身份及其文坛地位

“每一个文学流派都有自己的盟主或代表作家。一个流派在文学史上的地位高低，就艺术追求的主动性而言，与其理论主张之间关系密切，但最终的评价指标则是其创作成就。以这个标尺来衡量，流派盟主或代表作家必须在创作上举足轻重，一方面其自身的成就足以为流派赢得声誉，另一方面其创作足以吸引众多的追随者。人们之所以关注流派盟主或代表作家，其原因就在于此。”①不过文以人重的情况也是存在的。清代官员、学者、作家集于一身的情况比较普遍，其中居高位者的影响不能忽视。戴名世上书礼部尚书韩菼时就说：“考文章升降之际，窃见夫文章之事，未有不上与下合而能至于极盛者也。上与下合而风气之权操之自上，上之人悬其令以倡率之，而下之人莫不奔走恐后而不敢有异议于其间。”②所以，我认为，作家不仅其创作与理论上的突出成就能吸引追随者，其高贵的人品、身份、地位等也能够吸引追随者，聚拢追随者，团结志同道合者，响应与践行其理论主张，趋近其风格。

张英以文学受知于康熙皇帝，在当时的文坛上也颇有文名，对此同僚给予了很高的评价。如赵士麟《笃素堂文集序》说：“凡雄文大册，黼黻制诰，多出燕许，况典章仪礼？则禘社宗庙、山川百神之典，觐享宴庆、礼乐律历、衣冠之制，远方朝贡、赏赉之仪，及宝册勋封、徽章鸿伐之文，一一论次撰述，使郁郁之盛远轶三五，而陋汉、唐、宋于不居焉。至于海内名山大川，释老之宫，王公墓隧之碑，得公文辞以为荣。片言只字，流传海内，咸知宝爱。文学德行，卓然名世，羽仪斯文，辉煌治

① 陈文新：《中国文学流派意识的发生和发展》，武汉大学出版社，2007 年，第 14 页。
② 戴名世：《再上韩慕庐大宗伯书》，《戴名世集》，中华书局，1986 年，第 8 页。

具，岂浅鲜哉！”①又如陈廷敬以“香山之挺出于长庆，苏陆之各擅于南北”②来类比张英在当时文坛上的地位。《四库全书总目提要》总结了他的风格特征：“其散体诸文称心而出，不事粉饰，虽未能直追古人，而原本经术，词旨温厚，亦无忝于作者焉。”③特别是他还有着符合时代需要的非常完整的文论体系（本书第三章详述。他的创作趣向与他的理论主张是一致的）。他的创作与理论主张当然能吸引追随者，聚拢追随者，团结志同道合者。然而作为生于桐城、长于桐城、学于桐城的桐城文人，作为帝师、馆师和执掌礼乐文章之府的高官，张英这些的身份使他的创作与理论主张更为突出，对组建与团结作家队伍有着非常重要的作用，甚或是关键性的作用。因此，我们有必要首先考察张英这些身份及其文坛地位，再来论述他的古文理论，考察他的追随者。

第一节　张英与康熙交往及其身份的赋予与确认

黄建军先生《康熙与清初文坛》“康熙与清初文人交往之影响”一节中主要考论了康熙与高士奇、王士祯、陈廷敬、朱彝尊、查慎行、方苞的交往与影响，只是在这一节的“余论”中提道：“其他文人如熊赐履、张英、汤斌、李光地、徐乾学、宋荦等与康熙也多有诗文交往，相互影响也不小。”“至于张英，作为最早与高士奇入值南书房的词臣，虽然其主要任务‘讲论经史’，但在讲论之余，张氏依然与高士奇一道，以诗文助康熙雅兴。其应制诗文之多，在高士奇、查慎行之外，难有比肩者。”④而在我看来，张英与康熙皇帝的交往与影响至少还有以下几个方面要予以关注与补充：

（一）在上述文人中，除了熊赐履、陈廷敬以外，张英是最早与康熙皇帝有近距离直接交往且交往最为频繁的文人：张英于康熙十二年（1673）担任日讲官，于这年四月十八日开始进讲。

---

① 张英：《张英全书》上册，第220页。

② 张英：《张英全书》上册，第216页。

③ 张英：《张英全书》下册，第3页。

④ 黄建军：《康熙与清初文坛》，中华书局，2011年，第160页、204页。

（二）康熙十二年（1673）至康熙二十一年（1682）是康熙帝20—29岁的时间段，康熙皇帝也就在这段时间里开始真正意义上的文学创作的，可以说这一时期是康熙皇帝文学思想形成的关键时期，而这个时间段里张英任日讲官、南书房侍从，是与康熙皇帝交往最为频密的词臣。虽然张英在这段时间的主要任务是讲论经史，然而他比较多地论及了文学问题，并与康熙皇帝有比较多的诗文交往，对康熙皇帝创作与批评的理念与趣向的引导作用不容忽视。

（三）在康熙二十五年（1686）至康熙四十一年（1702）这段时间里，张英担任了八余年的翰林院掌院学士、十余年的管詹事府詹事事、九余年的礼部尚书。一人同时绾三绶，执掌礼乐文章之府的时间之长，在上述词臣中没有人超过张英。①

所以，我认为有必要对张英与康熙皇帝的交往进行全面的梳理，厘清康熙皇帝对张英身份的赋予与确认，以更好地揭示张英对康熙皇帝文学思想与文学创作的影响以及为传播桐城文学思想所提供的优越的环境。

一、讲筵侍从期间（1667—1682）的交往

张英于康熙六年（1667）中进士，闰四月初九日选为庶吉士，习清书，十一月丁父忧归里。九年（1670）七月启程还朝，补原官，继续在庶常馆学习。检索《张英全书》，《辛亥元旦早朝恭赋三十韵》是最早的一首与康熙有关的诗文，因此我姑且将这首诗的创作日期定为张英与康熙交往开始的日期（康熙十年正月初一日）。

康熙十一年（1672）闰七月，庶常馆散馆考试，张英被钦定第二，授翰林院编修。康熙十二年（1673）四月十六日，康熙幸南苑，张英等人扈从，十八日与傅达礼、史鹤龄进讲《论语》“宰予昼寝”一章、“子曰吾未见刚者”一章，②从此张英开

① 在康熙朝担任过三职的只有张英与他的门生陈元龙，而陈元龙于康熙四十二年十月至四十三年四月任詹事府詹事、四十九年四月至五十年八月任翰林院掌院、六十年十二月至六十一年十二月任礼部尚书，不是同时担任三职，而且时间都不长。

② 康熙十二年癸丑三月“初九日己卯。进呈考试翰林官四十六卷，上命留览”（《康熙起居注》第一册，第87页）。康熙十二年“三月康熙幸南苑，命臣英偕同官臣史鹤龄扈从，于行宫进讲，诏献《南苑赋》”（张英《讲筵应制集序》，见《张英全书》上册，第317页）。张英《南苑赋》“序”开篇就说“康熙十有二年癸丑孟夏之吉日”，可见《南苑赋》作于癸丑四月。“癸丑分校南宫……诏试词臣于翰林院，试《河源考》《南苑赋》各一篇，《大阅恭纪诗》二十韵，府君名列第三”（《先考予告光禄大夫文华殿大学士兼礼部尚书谥文端敦复府君行述》，《张英全书》下册，第479页）。而据《康熙起居注》癸丑三月康熙没有幸南苑，四月十六日幸南苑，应是张英记错了。可见，康熙四月幸南苑，张英等人于行宫进讲之暇补作《南苑赋》，再与翰林官试卷一起评定的。

始了他为帝师的讲官生涯。七月，充日讲起居注官。康熙十六年十二月十七日，张英开始入值南书房。为了更全面地了解张英日讲与南书房侍从的情况，我根据中华书局 1984 年版《康熙起居注》①和张英《南书房记注》②对康熙十一年至十九年的日讲情况与康熙十六年至十九年的南书房侍从情况的记载进行了统计，现列两表作一对比。

康熙朝（张英入值南书房以前）日讲官日讲情况统计表（表一）

时间	日讲总次数	日讲官（日讲次数）	进讲内容（次数）
康熙十一年	23	傅达礼（20）、熊赐履（23）、史大成（23）、孙在丰（20）、杜臻（3）	《论语》（23）
康熙十二年	155	傅达礼（80）、熊赐履（122）、孙在丰（148）、史鹤龄（8）、张英（30）、李仙根（3）、喇沙里（75）	《论语》（146）、《大学》（9）
康熙十三年	30	熊赐履（22）、喇沙里（26）、孙在丰（27）、张英（8）	《中庸》（27）、《孟子》（3）
康熙十四年	48	喇沙里（47）、孙在丰（48）、张英（48）、傅达礼（1）	《孟子》（48）
康熙十五年	20	喇沙里（20）、孙在丰（10）、张英（20）、徐元文（9）	《通鉴纲目》（6）、《孟子》（14）
康熙十六年	79	喇沙里（79）、陈廷敬（79）、叶方蔼（67）、张英（62）	《孟子》（79）

① 康熙朝日讲始于康熙十年四月，而《康熙起居注》从康熙十年九月开始记载，十年九月至十二月未举日讲，所以本表从康熙十一年开始统计。康熙十一年从《论语·学而第一》"曾子曰：'慎终追远。'"一章开始进讲，这章之前《论语·学而第一》只有 8 章，也就是说康熙十年日讲只有 8 次，那么《论语》共讲 177 次。据康熙十一年前三次均为熊赐履、史大成、孙在丰三人进讲，那么，康熙十年的 8 次日讲也应为他们三人所讲。

② 张英：《南书房记注》，《张英全书》下册，第 343—476 页。现在所能见到的张英《南书房记注》记载了康熙十六年十二月十七日至康熙十九年康熙在南书房的活动情况。高士奇虽与张英同时入值南书房，但高士奇的主要工作是书写，不是备询。

续表

时间	日讲总次数	日讲官(日讲次数)	进讲内容(次数)
总计	355	孙在丰(253)、喇沙里(247)、张英(168)、熊赐履(167)、傅达礼(101)、陈廷敬(79)、叶方蔼(67)、史大成(23)、徐元文(9)、史鹤龄(8)、杜臻(3)、李仙根(3)	《论语》(169)、《大学》(9)、《中庸》(27)、《孟子》(144)、《通鉴纲目》(6)

《南书房记注》记载天数与日讲官日讲次数对照表(表二)

时间	日讲官(次数)	进讲内容(次数)	日讲总次数	《南书房记注》记载天数
康熙十六年十二月十七日至年底				13
康熙十七年	喇沙里(46)、陈廷敬(36)、叶方蔼(45)、张玉书(39)、牛钮(4)	《书经》(49)	49	156
康熙十八年	喇沙里(21)、叶方蔼(29)、张玉书(32)	《书经》(32)	32	176
康熙十九年	库勒纳(138)、叶方蔼(134)、张玉书(134)、牛钮(6)、常书(3)、常进(1)	《书经》(38)、《易经》(102)	140	216
总计	叶方蔼(208)、张玉书(205)、库勒纳(138)、喇沙里(67)、陈廷敬(36)、牛钮(10)、常书(3)、常进(1)	《书经》(119)、《易经》(102)	221	561

比较张英和其他词臣与康熙接触的次数,一是为了说明张英是从康熙始举日讲到康熙十九年近十年时间里与康熙交往最为频密的词臣,同时任南书房侍从期间,每天辰入酉出,与康熙相处的时间要长于日讲,心理学认为,交往的次数越多,时间越长,思想与情感就会越相近,越亲密。二是从宏观上给下文的张英与康熙交往的考论提供了一个语境,有助于我们准确地论述张英与康熙的关系。

(一)交往方式

从张英这一方来说,张英作为讲官与南书房侍从,他与康熙的交往方式主要有:一是撰写讲义,进呈御览。他分撰了《日讲四书解义》的部分内容,撰写了《易经衷论》《书经衷论》。二是进讲与讨论。表一表二对进讲的次数进行了统计，至于讨论，《南书房记注》中记载较多。三是为恭和、谢恩、颂圣、考试等创作诗文。据《张英全书》统计，这一时期张英创作的诗歌主要有《辛亥元旦早朝恭赋三十韵》《讲筵应制诗》53 首、《内庭应制诗》197 首，共 251 首；创作的文章主要有《南苑赋》《太极图论》《岁终汇进讲章疏》《喜雨赋》《璇玑玉衡赋》《圣学时敏颂》《升平颂》《谢御赐书籍表》《恭谢特擢翰林院学士兼礼部侍郎表（康熙十九年五月初七日）》《御制夏日登景山诗跋后》《恭进书经衷论序》《恭进易经参解序》《请假归葬疏》等 13 篇。

而从康熙一方来说，他与张英交往的方式，除了与张英在南书房讨论经史外，还有以下几种交往方式：

一是下谕旨。如下谕旨准予张英禁中乘马。《词林典故》载："禁中不得乘马，虽大臣亦必由特旨。康熙十七年，命侍读学士张英于禁中乘马，盖殊制也。"①又如《谕学士张英》："尔素性醇朴，侍从有年，朝夕讲筵，恪恭尽职。兹因尔父未葬，具疏请假，朕念人子至情，忠孝皆出一理，准假南还。特赐白金五百两，表里二十四，既旌尔之勤劳，兼资墓田之用，尔其钦悉朕惓惓至意。特谕。康熙二十一年二月十四日。"②

二是赐宅第。康熙十六年（1677）十一月十八日，康熙谕大学士勒德洪、明珠："着将侍讲学士张英在内供奉，张英着食正四品俸。其书写之事一人已足，应止令高士奇在内供奉，高士奇着加内阁中书衔，食正六品俸。伊等居住房屋，着交与内务府拨给。"③

三是赐御诗。如康熙十七年（1678）七月十八日，康熙书《御制夏日登景山诗》赐张英。

四是赐翰墨。如康熙十六年（1677）五月三十日，张英蒙赐御笔楷书"清慎勤"三大字、草书"格物"二大字、石刻及赵孟頫所书"不自弃文"石刻。十六年六月初五日，又蒙赐御笔书"存诚忠孝"四大字。

五是赐图书。如康熙十六年十二月，康熙赐张英、高士奇内府所藏《书经大

① 鄂尔泰、张廷玉：《词林典故》，傅璇琮、施纯德《翰学三书》（二），辽宁教育出版社，2003 年，第 140 页。

② 玄烨：《圣祖仁皇帝御制文集》，影印《文渊阁四库全书》第 1298 册，台湾商务印书馆，1986 年，第 130 页。

③ 中国第一历史档案馆整理：《康熙起居注》第一册，中华书局，1984 年，第 337 页。

全》《四书集注》《文献通考》。

六是赐物。如康熙十六年十二月二十七日,康熙赐张英猞狸外套一件、狐腋外套一件、羔裘一件。十七年(1678)四月二十八日,康熙赐张英人参一斤。

七是命宫廷画师为张英画肖像。康熙十八年(1679)六月,康熙命供奉周道为张英画像,康熙亲为指示,改易再三,务令宛肖,装潢成轴,以赐张英。张英《蒙恩命供奉臣周道写臣小像装潢成轴特赐恭纪二首》其一云:"三毫颊上频添取,多在天颜指顾时。"①

八是赐观诗文书画等。如康熙十六年十二月二十一日,蒙赐观内府所藏王羲之、怀素、颜真卿、蔡襄、黄庭坚、米芾、朱熹、赵孟頫、董其昌真迹,宋初拓《淳化阁帖》。又如十七年(1678)八月十八日,康熙以御制诗集赐讲官陈廷敬、叶方蔼、王士正、张英、高士奇同观。

九是赐宴与侍宴。如康熙二十年(1681)七月二十一日,康熙赐宴内阁、部院、翰詹、科道等于瀛台,命张英同内大臣主席。

(二)文学交往

张英与康熙的文学交往除了上文所述的康熙的御制诗文和张英的恭和、谢恩、颂圣之类的诗文之外,引起我关注的还有两个方面:

一是《南书房记注》从康熙十七年四月开始有康熙阅读古文的记载。且不论阅读古文是不是张英的建议,也不论古文阅读篇目是不是由张英开列,但康熙在南书房开始大量阅读古文这一清代文学史上重要的文学事件中,康熙与学问优长的张英交流古文学习心得,相互切磋,《南书房记注》是有记载的。从《御选古文渊鉴》的评论中也可以看出他们在文学思想上存在着惊人的相似之处。

二是张英还在与康熙讨论经史时涉及了不少文学批评与文学理论的问题。下面我们具体来讨论这一问题。

康熙十六年(1677)十一月二十三日,"四书"讲毕。但"四书"日讲中,只有《大学》张英一次未讲,而康熙十六年十二月十七日至二十一日,康熙在南书房复诵、亲讲《大学》,《南书房记注》记载了十九日张英与康熙讨论《大学》的情况。因此,张英或多或少地参与了"四书"日讲或讨论。

据《南书房记注》,康熙十七年至十九年(1678—1680),张英在南书房与康熙主要讨论《通鉴纲目》《书经》《易经》,同期日讲也在讲《书经》《易经》。就先后顺

① 张英:《张英全书》下册,第74页。

序来说，不管是《书经》还是《易经》，每次讨论与进讲的相同章节，康熙都是先在南书房与张英讨论之后再听讲官的日讲。而日讲《易经》康熙二十一年尚未讲完，所以康熙二十年（1681）至二十一年（1682）三月张英离京归里，张英在南书房与康熙主要讨论的还是《易经》。

弄清了张英在这一时期讲经论史的主要内容，我们再来看张英与康熙的讨论主要涉及了哪些文学批评与文学理论的问题。

其一，《南书房记注》中张英与康熙有不少从文学的视角来讨论《书经》《通鉴纲目》等记载。如康熙十七年（1678）七月初六日讨论了诏诰之体：

上复诵"无有远迩"七节，亲讲"今予将试以汝迁"六节，上曰："古人诏诰之体与后人迥别如此。"臣英对曰："《盘庚》三篇，语意近乎重复，但细味其言，犹见古人君民上下一体之谊。其诰诫臣民，如父之于子，反复不厌，必使其心开悟而后止。此盘庚所以为贤，而孔子亦有取于此书也。"①

又如康熙十七年（1678）八月初一日讨论了情感与风格：

上又曰："汤武之师，虽称应天顺人，然汤有惭德之惧。孔子有谓'武未尽善'之叹，孟子亦有'《武成》取二三策'之语，盖以其处时势之变也。"臣英对曰："先儒每疑《泰誓》为后人所附会，意盖谓其绝无含蓄，而近于不恭，视《汤誓》气象不同矣。苏轼亦有'武王非圣人'论，意亦指《泰誓》《武成》诸篇也。"②

又如康熙十七年十二月十三日讨论读史之法，论及了文字之"古雅"：

上召臣英至懋勤殿。上阅《通鉴纲目前编·周纪》二十三条。阅毕，上曰："《左》《史》中，如黄帝鼎湖乘龙及周穆王宴于瑶池之事，皆非正史所传，虽文章中尝采用之，不过资其华藻以新耳目，其实不足信也。"臣英对曰："诚如圣谕。臣愚窃以为读史有三，一则观其所纪之事，次则观古人论断其事之

① 张英：《张英全书》下册，第377页。
② 张英：《张英全书》下册，第382页。

事(按:后一'事'应为'是')非,三则观其文字之古雅,其不必留意者稍略之,则纲举而目张矣。"①

再如康熙十八年(1679)十一月初五日讨论了明季章疏"烦冗相尚"的问题:

上谓臣英等曰:"明孝宗时,如大学士徐溥《谏修炼服食疏》、大学士刘健《论天下事有重轻缓急疏》、礼部尚书傅瀚《论玉玺疏》,皆正大剀切,深识治体。又,行人司行人王雄《谏用将疏》,所言亦当。内臣何鼎以言事获罪,当日诸大臣力救之,惜未知其所言何事。其召阁臣面决机务,仅于弘治十年后一见耳。且明季章疏,以烦冗相尚,亦殊非政贵体要之意。"臣英等对曰:"伏闻圣谕,仰见读书论古之识卓越寻常也。"②

其二,康熙十六年十二月二十日,康熙赐张英《书经大全》等书,张英撰《谢御赐书籍表》谢恩,表中有说:"一经肇启唐虞,载传政传心之要;四子嗣兴邹鲁,备希贤希圣之资。洵文字之本根,尤道德之渊薮。"③由此,结合《南书房记注》的记载可知,张英已将《书经》当成文学作品来看待,引导康熙从文学的视角来阅读经史。后来他在《聪训斋语》中说:"《论语》文字,如化工肖物,简古浑沦而尽事情,平易涵蕴而不费辞,于《尚书》《毛诗》之外,别为一种;《大学》《中庸》之文,极闳阔精微而包罗万有;《孟子》则雄奇跌宕,变幻洋溢。秦汉以来,无有能此四种文字者。特以儒生习读而不察,遂不知其章法字法之妙也,当细心玩味之。"④由此推测,张英在为康熙讲《四书》时可能已将之作为文学经典来看待了,至少有这种倾向了。

其三,如果说《南书房记注》中记载的张英与康熙就文学问题的讨论还是零散的,不成体系的,那么张英进呈康熙的《易经衷论》则系统论述了阴阳、消长、刚

① 张英:《张英全书》下册,第389—390页。
② 张英:《张英全书》下册,第426—427页。
③ 张英:《张英全书》上册,第273页。
④ 张英:《张英全书》上册,第521—522页。

柔、进退之道，①这无疑也为文学创作与批评提供了思想基础，在论"贲"卦中又比较系统论述了文饰问题，等等；《书经衷论》则比较全面地论述了文统、文体、文法、情感与形象、风格等，可以说"以经学为文章"的思想在《书经衷论》中得到了比较全面的贯彻（下一章再作详细论述）。此外，就《书经》与《易经》的讲义来说，日讲官进呈的《书经讲义》与《易经讲义》均由日讲官分纂，再编辑而成，是纯经学话语，而张英所进呈的讲义《书经衷论》与《易经衷论》是张英一人编写，注意经学的文学解读，更容易形成系统而完整的体系，也能更多地保留自己的思想。

（三）交往成效

这一时期，康熙处在 20 岁至 29 岁这一年龄段，而这一年龄段是求知欲旺盛的时期，也是思想形成的关键期，同时也是张英与康熙交往最密切的时期。其交往的成效主要表现在以下三个方面：

其一，张英所纂讲义以及讲解深裨治理，启导圣心，得到了康熙的充分肯定。如康熙十六年（1677）九月初六日，康熙就"谕讲官喇沙里、陈廷敬、张英曰：'尔等每日进讲，启导朕心，甚有裨益。嗣后天气渐寒，特赐尔等貂皮各五十张，表里缎各二匹。'"②康熙十九年（1680）二月初七日，康熙又谕张英说："《书经》今已讲毕。尔历年所讲，《书》理明畅，克有裨益。"③四月初八日，康熙谕吏部："朕万几之暇，留心经史，虽逊志时敏，夙夜孜孜，而研究阐发，良资讲幄之功。日讲起居注各官俱以学行优长简备顾问，讲解明晰，奉职勤劳，所纂讲义典确精详，深裨治理。侍读学士张英供奉内廷，日侍左右，恪恭匪懈，勤慎可嘉。高士奇、杜讷学问淹通，居职勤慎，供奉有年，应授为翰林官。尔部俱一并从优议叙具奏，以后著益殚心职业，佐助典学，以副朕崇儒重道、稽古右文至意。"④在这段为帝师的时间里，因有比其他词臣更多的时间与机会，张英的学问（包括文学思想）与文学才华得以更充分地展现在康熙面前，并得到了康熙的肯定。可以说在康熙眼里，张英是一个优秀教师与文学侍从。

其二，张英与康熙交往密切，建立起了深厚的情谊。张英《内庭应制集序》

---

① 《南书房记注》载：康熙十九年四月十五日，康熙曰："《易》理虽变化无穷，而历观诸卦，实有一贯之义，大约审爻位之阴阳，辨刚柔之中正，而吉凶悔吝之数，即不外乎此矣。"张英对曰："诚如圣谕。孔子作《系辞》以赞《易》，反复详说，总不出阴阳、消长、刚柔、进退之道……"（《张英全书》下册，第 444 页）张英《恭进易经参解序》又对此进行了阐述。

② 张廷玉等：《圣祖仁皇帝实录》卷六九，《清实录》第四册，中华书局，1985 年，第 881 页。

③ 张英：《张英全书》下册，第 435 页。

④ 玄烨：《圣祖仁皇帝御制文集》，影印《文渊阁四库全书》第 1298 册，第 114—115 页。

云:"如臣者,侍从燕闲,趋承经席,陪奉密勿,前后近十载,细旃广厦之间,陈典谟,谈易象,博综前史,上自洪荒,下暨挽近。握丹铅于香案,听钟漏于华清。霁颜温语恒如家人父子,谓非遭逢之极则,恩遇之殊轨哉。时或著为诗篇,以纪述盛事,甫脱稿即陈于御座之侧,吮毫授简,成于俄顷者多有之。"①张英在《书经衷论》中反复论及了君臣的关系,可以说在张英眼里,"如家人父子"是君臣关系的理想境界。这种君臣关系无疑有助于张英深入理解康熙皇帝的意图并忠实地执行,为他以后的政府工作奠定了坚实的基础,有利于他在仕途上的发展,也有利于将他自己的思想转化为政府行为。

其三,康熙的讲官多只是在讲经论史时与康熙探求治道,而张英则除此之外,还在讲论经史之中融入了文学批评。相比于其他讲官,张英更重视对康熙进行文学教育,比较全面而系统地论述了文学的问题,完善了康熙的知识结构,对康熙的文学批评思想与创作趣向产生了影响:

> 康熙十二年八月……上御弘德殿,讲官进讲毕,谕讲官等曰:"文章以发挥义理、关系世道为贵,骚人词客,不过技艺之末,非朕之所贵也。"②
>
> 康熙十六年三月……上谕翰林院掌院学士喇沙里等:"治道首崇儒雅。前有旨,令翰林官将所作诗赋词章及真行草书不时进呈,后因吴逆反叛,军事倥偬,遂未进呈。今四方渐定,正宜振兴文教。翰林官有长于词赋及书法佳者令缮写陆续进呈。"③
>
> 康熙二十四年四月……上谕大学士等曰:"从来道德、文章原非二事,能文之士必先明理,而学道之人亦贵能文章。朕观周、程、张、朱诸子之书,虽主于明道,不尚词华,而其著作体裁简要,析理精深,何尝不文质灿然,令人神解意释?"④

由上面三则材料可知,康熙的文学观念随着时间的推移是有较大变化的。然康熙从重道不重文到关注文学再到文道并重的转变是在张英担任讲官之后发生的,特别是张英入值南书房之后,康熙文学观念发生了根本的变化,结合前文的论

① 张英:《张英全书》上册,第 319 页。
② 张廷玉等:《圣祖仁皇帝实录》卷四三,《清实录》第四册,第 572 页。
③ 张廷玉等:《圣祖仁皇帝实录》卷六六,《清实录》第四册,第 846 页。
④ 张廷玉等:《圣祖仁皇帝实录》卷一二〇,《清实录》第五册,第 263 页。

述，张英在讲经论史中融入文学教育应是康熙文学观念转变的重要原因之一。还必须注意的是，康熙皇帝在设立南书房之前文学创作不多，设立之后文学创作数量增速非常快，由此他的文学观念的转变对他的文学创作所产生的深远影响也是毋庸置疑的。

二、告假在籍期间（1682—1685）的交往

康熙二十一年(1682)三月初六日，张英起程归里，七月抵里。途中遇康熙圣寿(三月十八日)，作诗祝寿(即《归田纪恩诗二十首》其一)，又因展对御书、感念圣恩，作诗三首(即《归田纪恩诗二十首》其五、其六、其七)。

康熙二十一年五月十四日，张英蒙恩赐纱二端，康熙命编修杜讷赍付其子张廷瓒送回江南，张英作《恩赐宫纱谢表》与诗一首(即《归田纪恩诗二十首》其八)谢恩。表中有曰："伏念自膳服叨于禁近，如臣之被宠者独深；迨颁赉及于家居，似臣之蒙恩者益少……望层霄而虎拜，犹如身侍红云；处下里而蛩吟，敢冀词闻丹陛。"①

康熙二十一年九月初九日，御制升平嘉宴诗并序，勒石告成，拓本颁赐予宴诸臣，张英请假在籍，由张廷瓒代领，张英作《恭谢天恩事》与诗一首(即《归田纪恩诗二十首》其十三)谢恩。

康熙二十一年九月二十九日，康熙特命照张英现在学士品级赐恤致祭张英父亲张秉彝，其文有曰："尔子内廷供事，讲幄论思，敬慎勤劳，用称厥职，良由父教，宜贲纶章。"②张英作诗二首(即《归田纪恩诗二十首》其九、其十)纪恩，诗中有曰："一卷遗经训子孙，先臣耄耋晚承恩……身兼悲喜趋迎处，手把宫衣满泪痕。"③十二月，营葬事竣，拟还朝，适病，遂上疏续假。

康熙二十二年十二月二十三日，康熙赐张英羊二牵、酒二樽、鹿一、雉八、鲜鱼鹿尾各六，赍付张廷瓒。张英于次年春作《恩赐羊酒食物谢表》与诗一首(即《归田纪恩诗二十首》其十四)谢恩。表中有曰："计颁赉于内廷，正当雪候；迨邮传于寒谷，恰值春温。宸眷弥殷，臣衷益愧。乍闻而心惕，永念而涕零。"④

① 张英:《张英全书》上册，第276—277页。
② 张英:《张英全书》下册，第482页。
③ 张英:《张英全书》下册，第94页
④ 张英:《张英全书》上册，第278页。

康熙二十三年(1684)九月底,康熙离京南巡。十月十一日至十二日,康熙游泰山,张英闻之,作诗恭纪(即《归田纪恩诗二十首》其十五)。十一月初驾幸金陵,张英由桐城趋迎于秦淮,屡召至内阁与政府商榷公事,并作诗恭纪(即《归田纪恩诗二十首》其十七、其十八),诗中有曰:“时同旧侣趋前席,还沐新恩载后车。”①十一月中旬,康熙驾幸阙里,张英作诗文恭纪(即《归田纪恩诗二十首》其十六、《驾幸阙里赋》)。

康熙二十三年,赐金园建成,张英作《赐金园记》《赐金园赋》纪恩,记曰:“予以康熙二十一年壬戌二月请急于朝,为先大夫谋丘垄,天子念十年讲幄之劳,特降手敕,褒以敬慎勤劳,赐以白金文绮甚渥。予以赐金之半置墓田,庋其半将以谋山林数亩之地为憩息树艺之区,避烦嚣,休晚暮,志恩泽也……因以‘赐金’名园,濡笔而为之记,所以志圣主之恩,述良友之谊,示子孙于不忘耳。”②

康熙二十四年(1685)春,康熙召张廷瓒至内廷,询问张英何时起程还朝,并赐食南书房,张英闻之赋诗纪恩(即《归田纪恩诗二十首》其十九)。是年颁赐《易经讲义》(康熙二十年张英充《易经讲义》总裁官),张英赋诗纪恩(即《归田纪恩诗二十首》其二十),诗中有曰:“幸遇羲文今御极,余生何敢废丹铅。”③

康熙二十二年至康熙二十四年三年中的每年三月十八日,康熙圣寿日,张英均有诗祝寿(即《归田纪恩诗二十首》其二、其三、其四)。

综上所述,从交往方式来看,这一时期新增了赠恤与迎驾,而且交往不是单向的,而是互动的,既有回忆,也有谢恩、纪恩等,从中可知康熙对张英的深厚感情。从文学交往来看,张英创作的诗歌主要有《归田纪恩诗二十首》,文章主要有《恩赐宫纱谢表》《恭谢天恩事》《恩赐羊酒食物谢表》《驾幸阙里赋》《赐金园记》《赐金园赋》6 篇。从交往成效来看,张英虽远离京都,但康熙时时想起张英,屡有恩赐,两人仍保持着热络的交往。特别值得一提的是,康熙二十三年南巡是康熙第一次南巡,也是三藩之乱平定之后的南巡,有着重要的政治与文化目的,受到朝廷与社会各界的高度重视,此次钦命请假在家的张英于南京见驾,显然不同于随驾南巡的词臣(如高士奇),其时、其地、其场域等使其身上所具有的词臣代表与江南文人代表的身份得以凸现,所以此次召见具有非常重要的标志性的意义。

---

① 张英:《张英全书》下册,第 96 页。
② 张英:《张英全书》上册,第 370—371 页。
③ 张英:《张英全书》下册,第 97 页。

三、仕途起伏期间（1685—1694）的交往

康熙二十四(1685)年七月,张英起程入都,补原官,充日讲起居注官。康熙二十五(1686)正月十六日,扈从南苑看烟火,作《正月十六日扈从南苑看烟火二首》恭纪。三月二十一日,张英奉旨任翰林院掌院学士,仍兼礼部侍郎。四月十五日,奉旨教习庶吉士。从帝师到庶常馆馆师,张英的教师身份与教学能力又一次得到了康熙的认可。闰四月二十二日,康熙谕大学士等曰:"学士徐乾学、张英学问淹通,文章事务著留办理,以后开列巡抚,不必列名。"①张英执掌翰林院,其职责之一就是办理文学事务,那么,康熙又特下谕旨,从另一方面来看,是对张英文学才华的再一次肯定与强调。

然而此时朝廷内部的权力斗争越来越激烈,相互打击报复,牵连范围较广,官场与翰林院生态恶化,张英虽未参与其中,却也屡受牵连。

康熙二十五年(1686)八月二十七日,大学士觉罗勒德洪、明珠等请旨:翰林院等衙门题请将翰林官外转。明珠等奏曰:"臣等遵旨传问侍郎库勒纳、学士张英。据张英云,欲公同商议举出。据库勒纳云,不必商酌,各自纠举。因举乔莱为妄行,孙岳颁为不谨,毛升芳、徐釚、冯勖、杨作桢为不及。据张英称:乔莱能文,勤于办事,未闻有妄行处。孙岳颁向来勤于入署,近稍疏懒。徐釚较毛升芳等三人稍愈。"康熙曰:"库勒纳所举为当。张英乃一好人,但不能统辖翰林。即所撰《礼记》讲章不佳,并不诫饬编纂诸人。乔莱妄行,故张英畏惧之耳。"②九月三十日,库勒纳奏张英、德格勒记注舛错。康熙问大学士等曰:"此事尔等云何?曾问张英否?"明珠等奏曰:"观记注之事亦有舛错者,曾问张英。据英云:惶恐之甚,不能全记。"康熙曰:"朕知张英纪载不实,欲行穷诘,故发露耳。观此一事,则他事亦有错事可知矣。"康熙又召德格勒问曰:"尔何故全诿张英,致于错记?"德格勒奏曰:"臣极庸愚,止就臣所听者同张英记注耳。"康熙曰:"若张英谎记,尔亦随彼同记乎?"张英奏曰:"臣前侍直时,因天语严切,恐惧悚惶,不能悉记,错误之处是实,非有心遗漏。臣侍左右十余年,蒙皇上非常厚恩,若有心错记,死有余辜。"康熙又问大学士等曰:"圣人云:造次必于是,颠沛必于是。张英日在朕前,侍讲有

---

① 张廷玉等:《圣祖仁皇帝实录》卷一二六,《清实录》第五册,第340页。
② 中国第一历史档案馆整理:《康熙起居注》第二册,第1529页。

年，止此数语，诿云惶惧，不能记忆，可乎？”王熙等奏曰：“圣谕诚然。”勒德洪等奏曰：“此事如何完结？”康熙曰：“阅记注档册，非朕之事。尔等议奏。”①十月初二日，明珠等又奏曰：“臣等公议得张英、德格勒记注一事。记注事务殊关紧要，起居注官理应将上谕及臣下奏对语言，俱明白纪载，即一语，不可遗漏舛错。张英职司记注，不从实纪载，粉饰开写，殊属不合。应将张英、德格勒一并交与该部严加议处。张英等记注之事，交与该衙门改正。”康熙曰：“张英等着交与吏部，其记注着改正。”②十月十六日，吏部题张英、德格勒议革职降级。康熙曰：“张英原无甚不好处，但全无一定主意，随东逐西而已。因在内廷年久，着从宽免革职。德格勒亦从宽免调用。俱各降五级留任。侍读学士亦尚有责任之官，理宜争论，德格勒并无所言，故亦降级，以儆戒侍读学士等耳。”③

康熙二十五年十二月六日，张英升任兵部右侍郎。掌院缺，康熙曰：“掌院职任关系紧要，必得有主见之人，方可胜任。李光地学问虽不甚深知，其中却有定见。此缺着李光地补授。”康熙又曰：“张英人亦谨厚，但无主见，且怠惰。朕再三谆谕，并不肯细心体认文字。当日尚好，自此番来甚觉懒惰。如《礼记》讲章将来欲传于后世，岂可不斟酌精当。且《礼记》多汉儒傅会之说，翰林官不过照旧时解义敷衍词章，其中是非理宜自加体察。向来熊赐履屡言张英止属谨慎之人，其中却无主见。”④

康熙二十六年（1687）三月，刑部汉堂官缺员，康熙命张英署理，谕政府曰：“张英谨厚慈祥，朕所深知，必无滥枉杀人之事。”⑤四月二十六日，大学士觉罗勒德洪、明珠等请旨：翰林院题补日讲起居官归允肃给假员缺，开列侍讲学士沈上墉等。康熙曰：“讲官职任紧要，必得老成宿学之人，始可胜任。朕观此时讲官，迥不如前。以前讲官如史大成、宋德宜、徐元文、张玉书、张英、王鸿绪等，俱能好学，勤于办事，凡有撰述，必殚精竭虑，竞见所长。今则皆不肯读书，所撰讲章，惟图潦草塞责，并章旨亦未能明晰……这讲官员缺，尔等将可用之人问明翰林院具奏。”⑥五月十一日，康熙召陈廷敬、汤斌、徐乾学、耿介、高士奇、德格勒、孟亮揆、徐元梦、徐潮、徐嘉炎、熊赐瓒、励杜讷等至乾清宫内考试，康熙阅完诸臣试卷，谕曰：“朕政

① 中国第一历史档案馆整理：《康熙起居注》第二册，第1543页。
② 中国第一历史档案馆整理：《康熙起居注》第二册，第1544页。
③ 中国第一历史档案馆整理：《康熙起居注》第二册，第1548页。
④ 中国第一历史档案馆整理：《康熙起居注》第二册，第1570页。
⑤ 张英：《张英全书》下册，第482页。
⑥ 中国第一历史档案馆整理：《康熙起居注》第二册，第1621页。

事之暇，惟好读书，始与熊赐履讲论经史，有疑必问，乐此不疲。继而张英、陈廷敬等以次进讲，大有裨益。”①

康熙二十六年（1687）六月二十九日，张英由兵部右侍郎调礼部右侍郎兼翰林院学士。九月二十八日，大学士觉罗勒德洪、明珠等请旨：吏部题补詹事府正詹汤斌升任员缺，开列候补正詹王飏昌等。康熙曰：“詹事职任最为紧要。朕观张英为人谨慎，学问亦优，在内廷年久，所行并无不端，著以礼部侍郎兼管詹事府事。”②从此，张英担任起十余年太子老师。十一月初六日，奉旨充经筵讲官，再任帝师。

康熙二十七年（1688）二月十五日，吏部题礼部尚书张士甄，侍郎张英、王飏昌不理职事，躲避推诿，俱应降五级调用。康熙曰：“张士甄、张英、王飏昌等俱着从宽降五级留任。”③

康熙二十七年，“及太皇太后已安葬，皇上不肯剃头，大家求剃头。皇上着人来问：‘有奏折么？’徐健庵那时候就对着伊中堂，铺一张纸在石头上，草成写进。皇上问：‘是现做的这样快吗？’伊奏：‘是徐乾学在地上一笔写成的。’上夸其敏，又叫于振甲到宫门说：‘我左右动得笔的，是徐乾学、陈廷敬、李光地、张英、叶方蔼这几个人。这大文章，该是于成龙做，你为什么不做，叫徐乾学做呢？’他又奏：‘叫臣做，臣晓得什么？’”④又：“谒陵，徐东海撰祭文大称旨，上示于振甲言：‘陈廷敬、徐乾学、李光地、张英、高士奇做出此等文字，汝可识字否？汝汉军中有此几人？’于大窘，自认不识字，说汉军中那里有此等人。”⑤

康熙二十八年（1689）正月至三月，康熙第二次南巡，张英扈从，有《南巡扈从诗十八首》恭纪。闰三月初八日，举经筵，张英讲《书经》。五月二十七日，礼部右侍郎张英等以编纂《孝经衍义》告成进呈，受康熙赞许，颁赐群臣。十二月初六日，张英擢工部尚书，仍兼管詹事府詹事事。康熙二十九年（1690）六月二十日，张英兼翰林院掌院学士，并管詹事府。七月初一日，张英调礼部尚书，仍兼管翰林院、詹事府事，“入宏弼亮之谟，出典寅清之任，润色鸿业，黼藻升平，一时典礼仪制皆由斟酌裁定，而庙堂制诰之词播于遐陬、勒诸琬琰者，胥出府君之手”。⑥

① 中国第一历史档案馆整理：《康熙起居注》第二册，第1624—1625页。
② 中国第一历史档案馆整理：《康熙起居注》第二册，第1671页。
③ 中国第一历史档案馆整理：《康熙起居注》第二册，第1729页。
④ 李光地：《榕村语录榕村续语录》下，中华书局，1995年，第743—744页。
⑤ 李光地：《榕村语录榕村续语录》下，第732页。
⑥ 张英：《张英全书》下册，第483页。

康熙二十九年(1690)十月二十四日,张英又因翰林官杨瑄所撰写的康熙舅父佟国纲祭文一事的牵连,革礼部尚书,但仍管翰林院与詹事府。

康熙二十九年十二月初二日,钦命张英充日讲起居注官。康熙三十年(1691)六月十七日,钦命张英教习庶吉士。康熙三十一年(1692)十月二十三日,钦命升翰林院掌院学士张英为礼部尚书。二十八日,钦命礼部尚书张英仍兼翰林院掌院学士、詹事府詹事。

康熙三十三年(1694)三月十六日,康熙谕内阁:"此番考试庶吉士,观其所学甚劣,较曩时庶吉士迥然不及。此皆傅继祖等教习怠弛,不专心致志所致也。傅继祖等下吏部严察具奏。"①吏部议复,傅继祖、张英教习不严,均应革职。得旨,傅继祖降三级调用,张英降三级留用。四月二十五日,康熙又命张英教习甲戌科庶吉士。

综上所述,这段时间,张英除了侍值、扈从、讲筵等与康熙近距离接触的工作外,还要执掌礼部、翰林院与詹事府工作,工作要繁杂些,再加上政治生态的恶化,张英更加谨言慎行,涉及两人交往的诗文所存不多,主要有《内庭应制诗》(40首,含8首东宫应制)、《南巡扈从诗十八首》《七月十五日召于畅春园泛舟赐宴于渊鉴斋遏云亭复命至佩文斋恭赋八首》《奉和圣制咏金莲花诗》等诗60余首和文《至德宏仁颂》《南巡扈从纪略》两篇。这段时间,张英任职于兵部、刑部、工部、礼部等衙门,从康熙的角度来看,命张英到不同的衙门历练,一是由于党争让他暂时避开翰林院这个是非之地,二是有意培养他,但他身上的缺点与不足也在这一过程中充分地暴露出来。这段时间,张英三次降级,一次调离翰林院掌院,一次革礼部尚书,但总体来看还是处于上升状态。可见,康熙是一个明君,张英的过失与不足,在康熙眼里不会因党争攻击与牵连而放大,再就是他的忠纯,深得康熙的宠爱,有深厚的感情基础,所以康熙才屡下谕旨,使其转危为安,逢凶化吉。然而在这个过程中,康熙多以张英的学问与文学之长谕诸臣,帮其化解危机,所以,这些谕旨,实际上是肯定了张英的教育水平与文学才华,进一步确认了张英教育家与文学家的身份与地位。

---

① 玄烨:《圣祖仁皇帝御制文集》,影印《文渊阁四库全书》第1298册,第471页。

四、仕途平稳发展期间（1694—1701）的交往

康熙三十三年(1694)四月二十五日,张英奉旨教习甲戌科庶吉士。从此,张英在仕途上进入了平稳发展期。闰五月初五日,康熙赐张英御书“笃素堂”匾额及临米芾书一卷。

康熙三十四年(1695)四月初二日,张英蒙召赐宴畅春园。五月初四日,张廷瓒侍值内廷。六月二十日,张英奉召至畅春园,赐食于松韵轩,赐宴于渊鉴斋,宴毕观御书于佩文斋,赐御笔书扇并红白千叶莲各一瓶,同召者有陈廷敬、王鸿绪、顾藻、高士奇、励杜讷、胡会恩、史夔、孙岳颁、张廷瓒,“父子并沐殊恩,亦千古之罕遇也”。① 张英赋诗六首。②

康熙三十五年(1696),康熙赐张英《渊鉴斋法帖》二部、《古文渊鉴》二部。

康熙三十六年(1697)二月初六日,张英奉旨充会试正考官。七月,张英上《恳恩休致疏》,以老病乞休,康熙温语慰留。十月十二日,疏辞兼管翰林院掌院与詹事府詹事事,获得康熙同意。

康熙三十八年(1699)二月,康熙第三次南巡启銮,张英儿子张廷瓒扈从。十一月初五日,张英授文华殿大学士,兼礼部尚书,仍命兼经筵讲官。

康熙四十年(1701)十月,张英上《请恩乞休事》乞休,康熙谕曰:“卿才品优长,效力已久,及任机务,恪慎益励,文辞充练,倚眷方殷,览奏以衰病乞休,情辞恳切,著以原官致仕。”命下之日,张英随诣到畅春园谢恩,并以内城住宅请旨,康熙谕曰:“此屋原系赐汝者,今汝虽去,尚有两子在京,即令其居住,朕见伊等,与见汝同。”康熙问何时起身,张英对以次月下旬,康熙曰:“此时天气正寒,尔身多病,难于远涉,当于开春就道。”③

这一时期,在康熙眼里,能动得笔的,叶方蔼、徐乾学已分别于康熙二十一年、三十三年去世,李光地于康熙三十三年调顺天学政,高士奇则或在职修纂书籍,或在籍赋闲,所以文章之事,康熙所倚张英者多。后张英因体衰多病,二次上疏辞官。这一时期,与康熙交往的诗文主要有《御书笃素堂扁额特赐恭纪十韵》《恭赋无逸斋诗应令》《乙亥四月二日蒙召赐宴畅春园盖特旨也谩成四首》《乙亥六月二

① 张英:《张英全书》上册,第443—444页。
② 张英:《张英全书》下册,第148页。
③ 张英:《张英全书》下册,第484—485页。

十日奉召至畅春园赐食于松韵轩赐宴于渊鉴斋宴毕敬观御书于佩文斋赐御笔书扇并红白千叶莲各一瓶恭赋六章》《蒙赐御笔临米芾长幅恭纪》《蒙赐哈密瓜条味甘芬乃工部侍郎常绶携回者》《丁丑十月疏辞兼管翰林院詹事府得俞旨》《少宗伯韩慕庐蒙赐御书笃志经学匾额恭题于后》16 首和《至德仁明武颂》《圣武三临绝塞荡寇功成颂》《圣德勤民颂》《圣德仁民天锡万寿颂》《恳恩休致疏》《请恩乞休事》6 篇。这段时间,康熙对张英"倚眷方殷",可见已消除了前段时间不好印象,张英也作了 4 篇颂圣之文。应该说,张英与康熙交往的环境有极大的改善,康熙又将张英安排在合适的岗位上,张英的文学才能与执掌文章礼乐之府的领导能力与管理能力才得以充分的施展。

五、致仕以后(1701—1710)的交往

康熙四十一年(1702)正月初十日,康熙召张英,特恩赐宴于畅春园。十八日,张英复诣畅春园,奏闻归里之期,康熙谕兵部:"张英在内供奉效力年久,兹乞休回籍,著给与驿递夫马,听其足用,不必拘定数。"①又复命张廷玉随侍归里。三月初三日抵里,张英作《为恭谢天恩事》谢恩。

康熙四十二年(1703)正月十六日,康熙第四次南巡启銮。二月初五日,张英于淮安见驾。三月初二日,康熙赐张英御书匾额:"双溪""秋水轩""种花处"。张英随驾进京,叩祝万寿,于三月二十九日陛辞回里,康熙赐衣帽、靴袜、人参。四月二十九日抵里后作《为恭请圣躬万安事》谢恩。张廷玉说:"时庶吉士散馆届期,廷玉蒙御试清书一等第一,授翰林院检讨。天语嘉奖,并有'伊父为翰林院掌院多年,善于教习'之恩旨。"②这一次是康熙对张英是一位优秀教师的直接肯定。

康熙四十三年十二月,赐张英御制诗集一函,御书对联二副,松花砚一方,付张廷玉,遣人送回。对联为"白鸟忘机,看天外云卷云舒;青山不老,任庭前花落花开。""远处尘埃少,闲中岁月长。"③非常契合张英的性情。

康熙四十四年(1705)二月,张廷玉扈从康熙第五次南巡,张英渡黄河迎驾,康熙慰谕曰:"汝老年,只宜到江宁,何必渡河远来。"④赐观御制《皇船说》。三月

① 张英:《张英全书》下册,第 485 页。
② 张廷玉:《张廷玉全集》下册,2015 年,第 368 页。
③ 张英:《张英全书》下册,第 486 页。
④ 张英:《张英全书》下册,第 486 页。

二十日，赐张英御书“谦益堂”三大字匾额、“葆静”二大字匾额、对联二、手卷一。四月二十四日，康熙驻跸江宁，又赐御书二幅。张英奏曰：“臣忝任大学士，受恩最重，因年老乞休，今幸获睹天颜，祈俯念老臣依恋之意，再留数日。”①康熙念老臣恳求谆切，答应再留一日。闰四月初六日，张英恭送圣驾于扬州三汊河之东岸，“上在御舟遥见，温语慰劳，复呼廷玉曰：‘可善送汝父登舆。’”②

康熙四十六年（1707）正月，张廷玉扈从康熙第六次南巡，获准先期归里省亲。二月二十三日，御舟泊淮安清江浦，张廷玉随父见驾。二十七日，赐御书“世恩堂”匾额及对联、书籍、人参。三月初九日，张英率江宁百姓跪奏恳请康熙多留数日，康熙曰：“朕原欲明日启行，因张英及众百姓谆请，留一日。后日往燕子矶，再留一日。”③在扬州蒙赐松花石砚一方，玻璃水盛一具，砚有铭曰：“静寿之则，坚润之德。阅几研磨，惟一贞实。”康熙谕曰：“研铭系朕自制，特以赐尔。细玩当悉朕意。”张廷玉认为“盖以况府君之为人”④。四月二十九日，张英送驾于扬州瓦窑厂，张廷玉随侍，于舟中拜别其父。

康熙四十七年（1708）九月十七日，张英去世。康熙四十九年（1710）十月二十四日，康熙遣江南安徽宁池太庐凤滁和广等处承宣布政使马逸安谕祭，其文有曰：“尔张英禀性冲和，居心醇谨，早登甲第，即践清华，继侍起居，实殚勤慎。表典型于艺苑，播誉望于卿班。简置纶扉，用襄机务。宠而知戒，弥存翼翼之小心；公而忘私，咸美休休之大度。侍禁廷者垂三十年，守素履者常如一日。正资启沃，长佐升平。乃以衰病乞休，情词恳切，爰命原官致仕，乘传归乡。每当南幸而来迎时，垂存问以眷顾，备加锡赍，用示优隆。顷因尔室云殂，亟命尔子宣慰，讵意忽婴疢疾，遽至沦亡，深切哀恫，载稽典礼，赐以祭葬，谥曰‘文端’。”⑤

这段时间，虽然张英有奉旨见驾、随驾进京等与康熙的直接接触，也有康熙的赐物、赐书、赐翰墨等，但张英所存诗文较少，主要有《三月初二日蒙恩赐御书双溪秋水轩种花处匾额恭纪》《恭和御制赐高旻寺僧纪荫诗原韵应制》《恭赋南巡颂德诗》诗 3 首与《为恭请圣躬万安事》《御笔书双溪恭记》文 2 篇。康熙的谕祭之文虽是张英死后二年才致达其灵前，然这是康熙对张英一生的评价，祭葬与谥号是

① 张廷玉等：《圣祖仁皇帝实录》卷二二〇，《清实录》第六册，第 220 页。
② 张廷玉：《澄怀主人自订年谱》，《张廷玉全集》下册，第 369 页。
③ 张廷玉等：《圣祖仁皇帝实录》卷二二九，《清实录》第六册，第 292 页。
④ 张英：《张英全书》下册，第 487 页。
⑤ 张英：《张英全书》下册，第 511 页。

对张英的最高褒奖，所以我将张英与康熙的交往定于康熙四十九年结束。这段时间，张英致仕归里，康熙命其子张廷玉随侍；三次奉旨见驾，康熙两次命张廷玉扈从，使其父子相见。可见，康熙这样的安排，不仅展现了他对张英关爱之深，对张廷玉的仕途发展也产生了深远影响，为桐城张氏的鼎盛奠定了坚实的基础。就张英本人来说，尤其重要的是，张英三次见驾，两次江宁留驾，至少透露了以下几个方面的信息：一是张英准确地掌握了当时南巡的情况，认为有留驾的必要。二是两人感情之深厚，张英深知康熙之心思，有留驾之可能。三是张英具有艺苑代表与江南文人代表的身份（谕祭之文中“表典型于艺苑”就是对这一身份的确认），所以，从政治上来说，康熙是要考虑张英的留驾要求的。四是康熙答应张英的请求，是一种情感的表达，是一种莫大的恩赐，更是一种身份的确认。

六、小结

通过上述张英与康熙两人交往史料的梳理与论述，我们对两人的关系以及张英对康熙的影响有一个较清楚的认识。从张英的身份来看，我想从以下几个方面对他的身份与影响作必要的补充与总结。

（一）张英不仅担任过帝师，还奉旨担任过太子之师与三任庶常馆馆师。张英的经学家、文学家和教育家的身份，在与康熙皇帝的交往中，一次次得到康熙皇帝的确认，确立了张英在当时政坛与文坛的地位。特别是康熙四十九年谕祭之文中的“表典型于艺苑”，康熙皇帝以谕旨的形式对张英在文坛上的地位给予了定位。

（二）康熙皇帝六次南巡，张英有五次或扈从或迎驾，只有一次没有扈从或迎驾，但这一次其子张廷瓒在扈从之列，又两次江宁留驾，张英作为江南文人代表的身份，在康熙皇帝六次南巡中也一再得到康熙皇帝的确认，并不断强化。

（三）张英担任了9年多的礼部尚书、8年多的翰林院掌院学士和10余年的管詹事府詹事事，掌礼乐文章之府，是康熙中期文坛的领导者与管理者以及康熙文化政策的执行者。

（四）张英作为深受康熙皇帝眷宠的杰出的教育家、经学家、文学家、艺苑代表和江南文人代表，有着强大的辐射性影响：他的文学创作与文学思想对康熙皇帝文学思想的形成与定型产生了重大影响。同时他的思想（包括文学思想）通过他的学生康熙、太子以及皇子胤禛（即后来的雍正皇帝）和庶吉士进入国家的意识形态，又通过庶吉士散馆后担任学政与乡试会试考官等途经将他的思想从朝廷传播到地方（第五章将详论）。还有他的诗文，特别是文，由于得到康熙皇帝的赞赏，自然成为文人效仿的对象而得以广泛传播。由此，我认为，张英对清代由乱至治的政治进程中主流文学思想与文风的形成产生了重大影响。

总之，在张英与康熙皇帝交往的过程中，康熙皇帝在文学创作与文学思想上，特别是在古文创作与古文思想上，不断与张英趋近。这一过程中，康熙皇帝对张英身份的赋予与认同，实际上是他对张英人品、学问与文学的认同与赏识，这至少在一定程度上也是对桐城文学思想与文学趣向的认同、赏识与接受。张英也由此而获得文坛领袖的资质与岗位，产生了以张英为中心的巨大向心力与辐射效应。更进一步来说，康熙皇帝的眷宠及其赋予张英身份的同时也赋予了张英的职责与权力，这一方面为桐城地方文学文化队伍建设营造了良好的政策、话语等环境，有助于张英去引导、规范与推动桐城文学文化的发展，另一方面又奉旨培养与领导了以其门生为主体的文学文化建设的国家队，当然可以更好地以自己的思想（包含桐城文学文化思想）参与国家的文学文化建设，因此，在一定程度上，我们也可以说，张英实际上培养与领导了一支践行与推广桐城文学思想的重要力量。

第二节　张英在台阁文坛上的地位之考察

——以同僚送张英南归为例

同僚（包括亲友、门生）大规模送张英南归主要有两次，一次是康熙二十一年（1682）请假南归，一次是康熙四十一年（1702）休致南归。从送别诗的数量来看，后次要多于前次，据张廷玉《澄怀主人自订年谱》，查升汇辑张英休致南归同僚送别诗为《辇下赠行诗》十卷，数量之多，实属罕见，其文坛地位与影响也由此而知。然而从时间来看，后次虽可更准确地反映张英在文坛上的地位，但前次至为关键，因为前次处于盛世话语形成之时，也是桐城文派酝酿形成时期，所以在此选择前次来考察张英在当时台阁文坛上的地位。

康熙二十一年（1682）正月，张英具疏乞假葬父，获允。三月六日，张英起程南归，送别者与送别诗文较多，潘江《闻敦复宗伯归舟已泊维扬喜而有作》诗曰：

"方春闱出都，饯送倾京邑。有车几百辆，有马几百匹。赠言几何篇，赐书几何笈。闻君陛辞时，天颜喜动色。祝汝以平安，慰汝好眠食。文锦二十端，白金二十镒。中道更驰颁，雾縠衣两袭。"①可见，这场送别是一场参与人数众多的公共送别活动，也是一场规模较大的文学活动，实际上也是一场提升张英形象的公关活动。据目前我所搜集的资料，包括不在活动现场的高士奇等人，至少有24人参与了这场送别活动，并留下了至少59首诗文，张英亦赋《南归留别澹人侍讲近公编修》《登舟南归即事八首》等诗留别。下面我就以这24人59首送别诗文为例，在揭示其所具有的政治文化意义同时，进一步揭示这场送别活动对于张英的意义。

一、送别活动的语境考察

康熙二十年(1681)十一月十四日，奏报云南大捷，宣告历时八年的三藩之乱终被平定，康熙皇帝当日即启程祭告孝陵，群臣(包括张英)纷纷进呈升平颂表颂诗，朝廷沉浸于海内荡平的欢庆之中。稍后，张英即上疏请假归葬，疏中有说："窃臣一介竖儒，学殖谫陋，叨逢皇上右文之代，拔置词曹，旋擢讲幄，复蒙简命供奉内庭……十载侍从，深受特简之遇，猥膺超擢之荣。日近光华，仰承顾问。给庐内地，授餐大官，殊恩异数，叠至洊加。从来臣子遭遇，未有如臣今日之宠渥者也……今幸海内荡平，庙堂清宴，亦人子可以言情之时……伏乞皇上俯鉴愚悃，赐假南归，经营窀穸，俾臣父安得泉壤，臣从此竭犬马之力，捐顶踵之微，以报我皇上如天之恩，日正长也。"康熙有旨曰："准假前往安葬，事竣速回供职。"②

三藩平定，康熙以其成功祭告孝陵，而张英于"深受特简之遇，猥膺超擢之荣"之时请假葬父，其言外之意正如王鸿绪所说"功高衣绣返乡国"，③尤侗则将康熙祭祖陵与张英返墓庐并提："天子朝陵寝，先生返墓庐。九重推孝思，三径幸休居。"④所以，我认为，张英抓住了非常好的时机上疏请假，可谓"一表陈情重古今"，⑤不管他主观上有没有但客观上却是以其成功祭告父亲，然葬父因与祭陵具

① 潘江：《木厓续集》卷八，《清代诗文集汇编》第69册，第328页。

② 张英：《张英全书》上册，第279—280页。

③ 王鸿绪：《横云山人集》卷十三《送学士张梦敦前辈请假葬亲用李空同〈东山草堂歌〉原韵》，《清代诗文集汇编》第168册，上海古籍出版社，2010年，第209页。

④ 尤侗：《西堂诗集》之《于京集》卷四《送张敦复学士给假归葬二首》其二，《清代诗文集汇编》第65册，上海古籍出版社，2010年，第484页。

⑤ 汤斌：《送张敦复学士请假南归》，《汤斌集》，中州古籍出版社，2003年，第772页。

有同质同构性，能延伸与扩展祭陵活动的政治文化的影响，康熙准其假，实际上已将其纳入自己的政治文化语境中，在“孝”的基础上来彰显“忠”，施闰章就说：“大哉我皇言，忠孝无异辙！”①毛奇龄也说“移孝作忠畴得似，年来空愧接衣簪”，②方象瑛也说“忠孝只今谁并擅？送君南望不胜情”，③显然，康熙实现了自己的政治文化目的。

康熙二十一年（1682）春天，康熙宴群臣、祭祖陵两场重大的政治文化活动相继进行，由于参与主体的国家性质以及与送别张英的主体部分相同，话语间性为送别张英活动的话语置于了国家话语的宏大语境中提供了可能性。然而这种话语间性一旦形成，不仅使送别张英的活动成为国家话语的一部分，也使作为送别对象的张英在国家话语中的一个典范文臣形象更加彰显。

（一）康熙宴群臣

康熙二十一年正月十四日，康熙赐宴群臣，同群臣观灯，实为上年年底欢庆三藩平定活动的延续。宴毕，康熙召张玉书、陈廷敬、张英，谕曰：“每见汉唐以来，君臣协乐，有赓和之诗。今朕虽不敢效古先圣王，亦欲纪一时之盛，可仿柏梁体赋诗进览。”臣廷敬奏言：“臣等草野贱士，得睹天家景物，蒙圣恩深厚，真明良喜起之休。且百工熙，庶士康，皆君臣交儆之辞。此自是唐虞盛事，臣等身际休明，受恩愈深，但愧报称愈难。”臣玉书奏言：“诗体虽用柏梁，实则虞廷之盛典。”臣英奏言：“赓歌唐虞已然，不独汉唐为然。”于是廷敬等出宣旨。群臣奏曰：“臣等敢不歌咏太平，但恐不能赓扬圣德。”十五日，李霨、冯溥、魏象枢、徐元文、叶芳蔼、李光地、张玉书、陈廷敬、张英、王鸿绪、王士祯、高士奇、郭棻、徐乾学、孙在丰、归允肃、王顼龄、曹禾、潘耒、严绳孙等93人进赓和之诗九十三韵。康熙御制《升平嘉宴诗序》，序中有说：“于《书》见元首股肱赓扬喜起之盛，于《诗》见《鹿鸣》《天保》诸篇，未尝不慕古之君臣一德一心、相悦若斯之隆也……朕发端首倡，效柏梁体，班联递赓，用昭升平盛事，冀垂不朽云。”④诗则诏沈荃书之，又命刻石养心殿，勒石告成后又命拓本颁赐予宴诸臣。

虽然这场活动是歌功颂德和粉饰太平，诗歌本身的文学成就不高，但在康熙

---

① 施闰章：《张学士得假归葬》，《施愚山集》二，黄山书社，1992年，第271页。

② 毛奇龄：《西河文集·七言律诗七送张学士给假还里四首（其三）》，上海商务印书馆，1937年，第3026页。

③ 方象瑛：《送张敦复学士奉假南归》其二，《健松斋集》卷十九，《清代诗文集汇编》第128册，上海古籍出版社，2010年，第309页。

④ 中国第一历史档案馆整理：《康熙起居注》第一册，第808—811页。

精心组织的赐宴、观灯等活动之中，通过仿柏梁赋诗这一形式，当时的文坛精英将君臣和谐、盛世气象渲染得更加突出，也进一步增强了他们对于朝廷对于国家的认同感与归属感，所以通过上年年底群臣进呈升平颂表颂诗的铺垫，这场集体赋诗活动标志着太平盛世的国家话语语境的真正形成，其间洋溢着话语自信。这场活动在台阁中所产生巨大的舆论场，成为台阁文人一段时间里或显或隐的重要话题和文学表现的对象，如"八宇今乂安，海甸干戈歇。道合俨都俞，陈情容迫切"，①"升平才宴即抽簪，至孝原能格圣心"。② 同时也通过他们产生强大的凝聚力与辐射效应，不仅促进了台阁文坛在升平的欢庆中的融合和发展，也引导了当时文坛的文学发展走向。

（二）康熙祭祖陵

康熙二十一年二月十五日，康熙又以云南底定，海内荡平，率皇太子躬诣盛京，告祭永陵、福陵、昭陵。在京诸王、文武群臣于午门外跪送。明珠、张玉书、王士祯、孙在丰、高士奇等扈从，络绎二十余里。这次祭陵比祭孝陵规模要大得多，仪式要隆重得多，是一场非常隆重而规模宏大的政治活动。诸臣的送行活动实际上也是一场重要的文学活动，在京诸臣不仅有送驾诗文，如李霨《大驾谒陵恭纪二首》、冯溥《大驾谒陵恭纪次李坦园先生韵二首》、董讷《送驾谒祖陵恭纪》等，还有送别扈从诸臣诗文，如徐乾学、方象瑛等有赠张玉书、孙在丰等扈从诸臣诗文，高士奇在其《扈从东巡日录》中还专门收录了张英、徐乾学、陆棻、汪懋麟等 11 人 16 首送别他的诗词。然而在这场送行活动中，康熙在临行之前，驻马面谕张英："期尔途次平安。"③这个小插曲是作臣子的莫大恩宠，自然会引起诸臣的叹慕，可是在这一场合没有机会抒发，所以在稍后送别张英时不少同僚异口同声地抒发了叹慕之情：

临行宠渥自天申，温语丁宁属望频。④

六龙正东驰，跪送心百结。驻跸语移时，但见天颜悦。千官惊叹慕，礼数

① 施闰章：《张学士得假归葬》，《施愚山集》二，第 270—271 页。

② 汪懋麟：《送梦敦学士假归桐城》其四，《百尺梧桐阁遗稿》卷四，《清代诗文集汇编》第 151 册，上海古籍出版社，2010 年，第 575 页。

③ 张廷玉：《先考予告光禄大夫文华殿大学士兼礼部尚书谥文端敦复府君行述》，《张英全书》下册，第 482 页。

④ 徐乾学：《送张敦复学士四首》其三，《憺园文集》卷七，《清代诗文集汇编》第 124 册，上海古籍出版社，2010 年，第 349 页。

独殊绝。①

圣主临岐频慰藉，一时观感遍公卿。②

臣心缱绻长随辇，天语平安稳放船。（车驾东巡，公送之永定门外，面陈即日南归，上驻马慰谕之）。③

这种君臣临别互道平安的小插曲，在以成功祭告祖陵的语境中，君臣相得的形象得以显现，而君臣相得自然也成了升平盛世的一个表征。张英在这样的背景下，也就变得非常突出。一直在内廷供职的张英第一次在朝堂之外重大公共活动中得到了精彩的亮相，成为群臣羡慕与效仿的政治新星，也为同僚送他南归作了一定程度的铺垫。

综上，一系列的政治文化活动形成了歌颂升平盛世与君臣相得的话语惯性，加上这些活动参与者一部分也参与了送别张英的活动，这显然有利于延伸与强化这种话语惯性，为稍后的送别张英活动提供了话语环境与重要话题。

二、送别活动的主体考察

送别活动的社会效果及其影响与送别主体（说话者）有着直接的关系。送别主体不仅是说话者，送别主体本身也蕴含了丰富的意味，形成一种潜在的话语。送别主体的职级、地位与名望越高，越有助于提高活动的知名度，增强活动的号召力与向心力，他们的话语越容易形成某种倾向或导向；送别人数决定了送别的规模，而规模的大小与活动的影响广度有直接关系；送别主体的分布层面越广，越有助于扩大送别活动的社会影响的深度与广度；送别主体在仕途上、才学上越有发展潜力，越被时人所看好，就越有助于活动的开展，活动影响也越深远；送别主体与送别对象（受话者）的关系越紧密，主体精力与情感投入的程度就越高，也越有助于活动的开展。因此，考察送别主体有助于深入地了解与判断送别活动的社会效果及其影响。

---

① 施闰章：《张学士得假归葬》，《施愚山集》二，第 271 页。

② 高咏：《送张学士予假南还》其二，《遗山诗》卷三，《清代诗文集汇编》第 66 册，上海古籍出版社，2010 年，第 394 页。

③ 潘江：《张敦复姑父以宗伯学士请假归里送别舟中怅然有作》其一，《龙眠风雅全编》九，第4255 页。

送别者姓名（生卒年）	中进士年度	诗文集	送别诗文题名/体裁/篇数	送别时官职	累官官职
李霨（1625—1684）	顺治三年（1646）	心远堂集	送张敦复学士/七律/1首	保和殿大学士	保和殿大学士
冯溥（1609—1691）	顺治四年（1647）	佳山堂集	送张敦复学士给假归葬/七律/2首	文华殿大学士	文华殿大学士
魏象枢（1617—1687）	顺治三年（1646）	寒松堂集	送张敦复学士请假葬亲/七律/1首	刑部尚书	刑部尚书
徐元文（1634—1691）	顺治十六年（1659）	含经堂集	送张学士予假南还二首/七律/2首	左都御史	文华殿大学士
陈廷敬（1639—1712）	顺治十五年（1658）	午亭文编	送张敦复学士还桐城二首/七律/2首	翰林院掌院学士	文渊阁大学士
李光地（1642—1718）	康熙九年（1670）	榕村集	感别赋送张敦复假归/赋/1篇	内阁学士	文渊阁大学士
徐乾学（1631—1694）	康熙九年（1670）	憺园集	送张敦复学士四首/七律/4首、送张敦复学士请假还桐序/散文/1篇	左春坊左赞善	刑部尚书
汤斌（1627—1687）	顺治九年（1652）	汤子遗书	送张敦复学士请假南归/七律/1首	翰林院侍讲	工部尚书
王鸿绪（1645—1723）	康熙十二年（1673）	横云山人集	送学士张梦敦前辈请假葬亲用李空同《东山草堂歌》原韵/七古/1首	翰林院侍讲	户部尚书
郭棻（1622—1690）	顺治九年（1652）	学源堂集	张敦复学士假归皖城迁葬/七律/1首	翰林院侍讲	内阁学士
高士奇（1645—1704）		清吟堂集	张敦复学士请假归桐城赋诗言怀得一百八十字/五古/1首、敦复学士于三月六日南归是日扈从在奉天府赋诗遥送之/七绝/6首	翰林院侍讲	礼部侍郎
施闰章（1618—1683）	顺治六年（1649）	学余堂集	张学士得假归葬/五古/1首	翰林院侍讲	翰林院侍读
归允肃（1642—1689）	康熙十八年（1679）	归宫詹集	送张敦复学士给假南旋四首/七律/4首	翰林院修撰	少詹事

续表

送别者姓名（生卒年）	中进士年度	诗文集	送别诗文题名/体裁/篇数	送别时官职	累官官职
王顼龄（1642—1725）	康熙十五年（1676）	世恩堂诗集	送学士张敦复前辈给假葬亲/七律/4 首	翰林院编修	武英殿大学士
陆棻（1630—1699）	康熙六年（1667）	雅坪诗稿	送张东山学士暂归桐城①/五排/1 首	翰林院编修	内阁学士
方象瑛（1632—1702）	康熙六年（1667）	健松斋集	送张敦复学士奉假南归/七律/2 首	翰林院编修	翰林院侍讲
李澄中（1629—1700）		白云村集 卧象山房集	送学士张敦复先生假归枞阳/五律/1 首	翰林院检讨	翰林院侍读
尤侗（1618—1704）		西堂集	送张敦复学士给假归葬/五律/2 首	翰林院检讨	翰林院检讨
高咏（1622—1685）		遗山堂集	送张学士予假南还②/七律/2 首	翰林院检讨	翰林院检讨
毛奇龄（1623—1716）		西河文集	送张学士给假还里四首/七律/4 首	翰林院检讨	翰林院检讨
汪楫（1626—1689）		悔斋集	送龙眠先生假归/七古/1 首	翰林院检讨	翰林院检讨
徐釚（1636—1708）		南州草堂集	送张敦复学士赐假归葬/七律/1 首	翰林院检讨	翰林院检讨
汪懋麟（1639—1688）	康熙六年（1667）	百尺梧桐阁集	送梦敦学士假归桐城八首/七律/8 首	刑部主事	刑部主事
姚士堂（1639—1687）		云怡阁集	张敦复姑父以宗伯学士请假归里送别舟中怅然有作/七律/4 首	内阁撰文中书舍人	内阁撰文中书舍人

① 在陆棻生活的时代，桐城张英与诗中所写张东山生平经历相符：送别对象是桐城人，官职为学士，送别诗中又曰："蜚声双阙下，赐第五云边……起居真密勿，顾问独详研。宠渥心弥淡，乡遥梦屡牵。"（《雅坪诗稿》卷三十三，见《清代诗文集汇编》第 119 册，第 677 页）两人又是进士同年，所以，张东山是张英无疑。

② 高咏二首送别诗与徐元文二首送别诗只是字句稍有出入，标题、体裁、韵脚、内容都相同，是高咏代徐元文作，还是他们的诗集有误收，难以判定。

从送别主体的当时职位来看，主要有大学士、部院大臣与内阁、翰林院、詹事府官员，以翰林院官员为多。在当时的送别活动中，特别是在送别下级官员的活动中，两位大学士同时参与送别活动并赠之以诗的是非常少见的，当然，张英是康熙非常眷宠的侍臣。两位大学士的参与不仅提高了送别的规格，也产生巨大的号召力与凝聚力。

从送别主体的专长与影响来看，李霨诗“冲和雅正，不为叫嚣之音，亦不蹈纤仄之习……盖遭际盛时，故其诗有雍容太平之象，古人所谓台阁文章者，盖若是矣”，①是盛世之音实践者与垂范者；而冯溥对当时的文坛则有着更大的号召力与影响力，“尝率同馆官集万柳堂，大言宋诗之弊，谓开国全盛，自有气象，顿骛此佻凉鄙弇之习，无论诗格有升降，即国运盛杀，于此系之，不可不饬也。因庄颂皇上《元旦》并《远望西山积雪》二诗以示法……时侍讲施闰章、春坊徐乾学、检讨陈维崧辈皆俯首听命，且曰：‘近来风气日正，渐鲜时弊。’”②更是盛世之音的倡导者、推动者与实践者，特别是对博学鸿词科的门人产生了重要影响；魏象枢、李光地、汤斌以理学名世，推重程朱理学；陈廷敬、施闰章、高士奇、李澄中等诗文并擅，是当时诗文名家；李光地、徐乾学以文名世，多受康熙谕奖；王顼龄、陆棻、方象瑛、李澄中、尤侗、高咏、毛奇龄、汪楫、徐釚、汪懋麟等中博学鸿词，皆学行兼优、文词卓越之士；徐元文、陈廷敬、李光地、徐乾学、汤斌、王鸿绪、高士奇、郭棻、王顼龄等人在送别之后，仕途上有所升迁，其中有 4 人累官至大学士，3 人累官至尚书，从送别活动的当时看，这些送别主体无疑是有发展潜力的文臣，被当时官场、学界、文坛所看重。所以，这些名人的聚集也会形成巨大的引力场，与上述高官的影响叠加在一起，活动的向心力与凝聚力得到了进一步加强，也会产生强大的辐射能量。

从送别主体与送别对象的关系来看，冯溥是康熙丁未年(1667)会试副考官，张英于这年中进士，是张英的座主；陆棻、方象瑛、汪懋麟是张英丁未科进士同年；归允肃、王顼龄是张英癸卯科举人同年，交往频密，关系密切；李光地、徐乾学于康熙九年(1670)中进士，改庶吉士，入庶常馆学习，而张英因丁忧中断庶常馆学习，于康熙九年再回庶常馆继续学习，康熙十一年(1672)闰七月散馆与李、徐同时授官，所以张英与李光地、徐乾学有同学之谊；高士奇于康熙十六年十二月十七日(1678 年 1 月 9 日)同张英一道入值南书房，两人五年多朝夕相处，感情深厚；姚

① 永瑢等：《四库全书总目》卷一八一，中华书局，1960 年，第 1641 页。
② 毛奇龄：《西河文集 · 诗话五》，上海商务印书馆，1937 年，第 2185 页。

士堂是姚文然的儿子，是张英妻子的堂侄；等等。可见送别者中有不少与张英有着密切的关系，这使送别活动的应酬成分相对减少，增加了更多的情感成分。

综上，这些高官显宦与学界文坛名人参与送别活动不仅提高了活动的规格，也增强了活动本身向内的号召力与凝聚力，以及向外的强大的辐射力，正如徐元文所说“何独西京疏太傅，一时祖帐动公卿”。[①] 同时正是由于不少与张英关系密切的名人的参与，他们在送别活动中投入了比较多的精力与情感，每人至少作有2首诗或1篇文为张英送别，使本来具有礼仪性与应酬性的送别活动增添了更多的活力，弥漫了更浓的情谊。因此，他们的参与本身无形中也形成了一种潜在的话语。然而从送别对象来看，这场活动实际上也是张英的一场非常成功的重要公关活动，有助于提高他的美誉度、知名度与影响力。从更大的语境来看，正因为这场送别活动的专场性与公共性、这么多高官名人参与送别的高规格、“方春闻出都，饯送倾京邑。有车几百辆，有马几百匹”的大规模以及“父老聚观多叹息，相臣属和尽歌诗”[②]的深度投入，又与祭陵的时间相隔不长不短，不至于像康熙祭陵时诸臣送别张玉书、孙在丰、高士奇等人的活动一样被强大的国家话语所淹没，因而能更好地与康熙祭祖陵等活动形成对话关系而成为国家话语的一部分，又于送别康熙祭陵的庄重、严肃之外，增添了自由、活泼的话语气息，丰富了国家话语。

三、送别活动的诗文考察

诗文是话语信息的重要载体，是话语考察的核心内容。对送别诗文的考察包括对诗文形式与内容的考察。

诗文形式，在这里主要是指体裁与篇幅的长短。体裁与篇幅的长短可以考察说话者（送别诗作者）投入的精力，这不仅可以一定程度上反映出送别者对送别活动与送别对象重视的程度，也能反映说话者与受话者关系亲密的程度。这场送别活动的送别诗文至少有五古2首、七古2首、五律3首、七律43首、五排1首、七绝6首、赋1篇、散文1篇，形式多样。虽然送别者对诗文体裁各有擅长，但一般来说，律诗有一套固定的程式，短时间可以成型，相对于其他体裁投入的精力较

---

① 徐元文：《送张学士予假南还二首》其二，《含经堂集》卷八，《清代诗文集汇编》第132册，上海古籍出版社，2010年，第297页。

② 姚士堂：《张敦复姑父以宗伯学士请假归里送别舟中怅然有作》，潘江：《龙眠风雅全编》九，第4255页。

少，所以应酬场合文人多作律诗。上述所列的送别诗中，6 位送别者只作了 1 首律诗，其他送别者则采用律诗组诗、排律、绝句组诗、古诗、赋、散文等形式，篇幅较之 1 首律诗要长，话语时间延长了，投入创作的精力增加了，应酬成分相对减少了，这多少反映了送别者对送别对象有更多的友善、喜爱、倾慕、赞赏等情感，也反映出了他们对这场活动的重视。

至于诗文内容，通过对这 59 首送别诗文的解析，归结起来，不外乎以下几个方面：除了上文所论涉的盛世语境的渲染与场景规模的描写之外，主要有送别时地的交代、对送别对象品学功业的赞美、对送别对象深受眷宠的叹羡、沿途景物与归家生活的想象、早日回朝的期盼等方面的内容。相对来说，品学功业、深受眷宠与早日回朝三个方面最为突出，这三个方面集中反映了送别者心目中的张英形象，是提升张英誉望的关键，故下文对此作具体分析。

（一）品学功业的赞美

从人品方面看，除了上文所论及的同僚赞张英忠孝并擅之外，同僚还主要对他以下三个方面的品格给予了赞美：

一是赞其恪恭尽职，如：

> 鼌凌爽而趋跄，夕赐第焉游息。洵不懈而益恭，赞巍巍之乾德。①
>
> 不是趋承多敬慎，谁能早晚近丹枫？②

二是赞其甘贫乐道，如：

> 食甘藜藿衣甘粗，此乐讵易偕妻孥。时人皆曰先生迂，先生微笑还捋须。③
>
> 不言温室树，苦砥素丝节。④

---

① 李光地：《感别赋送张敦复假归》，《榕村续集》卷七，《清代诗文集汇编》第 160 册，上海古籍出版社，2010 年，第 618 页。

② 汪懋麟：《送梦敦学士假归桐城八首》其二，《百尺梧桐阁遗稿》卷四，《清代诗文集汇编》第 151 册，第 575 页。

③ 汪楫：《悔斋三集 · 京华诗 · 送龙眠先生假归》，《清代诗文集汇编》第 140 册，上海古籍出版社，2010 年，第 746 页。

④ 施闰章：施闰章《张学士得假归葬》，《施愚山集》二，第 270 页。

翘种学而好修，日孜孜其犹未足。①

三是羡其雅爱山林，如：

判先生之雅尚，邈独慕乎槃之宽。虽执经于帝者之前，每绘事于故山。②

永怀陟岵思，愿言归岩岫。③

如果说恪恭尽职是担任康熙侍从的基本要求，那么甘贫乐道、雅爱山林的品性在深受康熙宠爱的文臣中却比较少见，是张英突出的个性。所以，魏象枢说他："帝鉴久知人似玉，都人共信品如仙。"④

从才学方面看，除了总体上赞其"天生梁栋扶宸居，虞廷喜起皋夔趋"⑤等之外，同僚主要对以下两个方面进行称赞：

一是称其为钜儒大儒，如：

巨儒特简参密谋，公也经纶冠天禄。⑥

龙眠先生今大儒，身依日月心江湖。⑦

张英从康熙十二年（1673）起即在讲筵中为康熙讲"四书"等，接着又在任南书房侍从期间与康熙讨论《尚书》《易经》等。能为康熙谈经论道、经纶世务，必然是朝中的经学大家。同僚称其为钜儒大儒显然不是谀辞，而是实至名归，重要的是这不仅得到了同僚的认同，而且在人数众多的公共送别场合加以宣扬，实际上也确认了张英在经学界重要的地位。

二是赞其为文章巨手、诗歌名家，如：

---

① 李光地：《感别赋送张敦复假归》，《榕村续集》卷七，《清代诗文集汇编》第160册，第618页。

② 李光地：《感别赋送张敦复假归》，《榕村续集》卷七，《清代诗文集汇编》第160册，第618页。

③ 高士奇：《清吟堂全集》之《苑西集》卷三《张敦复学士请假归桐城赋诗言怀得一百八十字》，《清代诗文集汇编》第166册，上海古籍出版社，2010年，第397页。

④ 魏象枢：《寒松堂集》卷七《送张敦复学士请假葬亲》，《清代诗文集汇编》第60册，上海古籍出版社，2010年，第453页。

⑤ 王鸿绪：《横云山人集》卷十三，《清代诗文集汇编》第168册，第209页。

⑥ 王鸿绪：《横云山人集》卷十三《送学士张梦敦前辈请假葬亲用李空同〈东山草堂歌〉原韵》，《清代诗文集汇编》第168册，第209页。

⑦ 汪楫：《悔斋三集·京华诗·送龙眠先生假归》，《清代诗文集汇编》第140册，第746页。

燕公巨手曲江清，风度从来识老成。①
燕国文章藏禁苑，曲江丰度赏宸衷。②
经国文章留秘殿，瞻云涕泪见臣心。③
一时父子文章重，千古君臣宠眷优。④
文章严助陪游辇，经术桓荣重讲筵。⑤
时封密敕来三殿，每和新题播六宫。⑥
字出鸡林重，诗成凤阙传。⑦

康熙十六年(1677)十月二十日康熙谕大学士勒德洪、明珠："今欲于翰林内选择博学善书者二员，常侍左右，讲究文义。"二十二日，大学士李霨、杜立德、冯溥，学士项景襄、李天馥口奏，内阁会同翰林院议举张英等翰林五员。⑧ 十二月十七日，张英开始入值南书房。可见，早在四年前，张英就以博学与文才知名，得到了内阁与翰林院同僚的举荐，并得到了大学士与学士的认可。送别时，上至大学士下至翰林院检讨又在朝堂之外异口交赞张英为文章巨手，其诗也深受宫廷诗人喜爱，广为流传，沈德潜说："本朝应制诗共推文端，入词馆者，奉为枕中秘。"⑨因此，笔者认为，这些称赞不仅是对张英文学才华由衷的赞美，也是对他文坛地位的确认并由此昭告天下。由此可见，张英已基本具备了文坛领导者的能力与魅力，初步获得了当时主要文人的认可。

从功业方面看，张英从庶常馆散馆九个月后即为帝师，主要工作是进讲与备

① 冯溥：《佳山堂诗二集》卷五《送张敦复学士给假归葬》(其一)，《清代诗文集汇编》第29册，上海古籍出版社，2010年，第715页。

② 徐乾学：《憺园文集》卷七《送张敦复学士四首》(其二)，《清代诗文集汇编》第124册，第349页。

③ 汤斌：《送张敦复学士请假南归》，《汤斌集》，第772页。

④ 方象瑛：《健松斋集》卷十九《送张敦复学士奉假南归》(其一)，《清代诗文集汇编》第128册，第309页。

⑤ 王项龄：《送学士张敦复前辈给假葬亲》(其一)，《世恩堂诗集》卷七，《四库全书存目丛书补编》第5册，齐鲁书社，2001年，第72页。

⑥ 汪懋麟：《百尺梧桐阁遗稿》卷四《送梦敦学士假归桐城八首》(其二)，《清代诗文集汇编》第151册，第575页。

⑦ 陆棻：《雅坪诗稿》卷三十三《送张东山学士暂归桐城》，《清代诗文集汇编》第119册，上海古籍出版社，2010年，第677页。

⑧ 中国第一历史档案馆整理：《康熙起居注》第一册，第331—332页。

⑨ 沈德潜：《清诗别裁集》上，上海古籍出版社，2013年，第344页。

询,多次得康熙谕奖。熊赐履、孙在丰、徐元文、叶芳蔼、陈廷敬、张玉书等人都担任过康熙的老师,然张英担任帝师的时间最长,请假回里之前也最受康熙宠爱。同僚的称赞也无非从进讲与备询等方面起意,如:

帝心优渥倚名贤,内殿从容奏讲筵。晓色披衣趋玉漏,夜分归骑拥金莲。沾濡零露倾尧泽,拂拭熏风应舜弦。致主升平开泰运,扶摇鸾鹄绛霄旋。①

勋名有待成王佐,启沃无形实帝师。②

惟侍从之多功,盖庶几于陆贽。③

启心启沃的侍从之功、致主升平的王佐之勋,在同僚的心中是"庶几于陆贽"的,可见,在帝师之中难有出其右者。

(二)深受眷宠的叹美

考察张英入仕以来与康熙的交往,张英所受恩宠主要有赐宅禁城、谕准禁中乘马、赐衣赐物、赐宴侍宴、赐御诗、赐御书翰墨、赐图书、赐观内府书画等。送别诗文除了上文论及的康熙东巡时驻马道平安之外,送别同僚还从各自的角度论及了张英所受的这些恩宠,并表达了叹羡之情。如:

奎章睿藻辉东壁,文绮中金出尚方。④

曳履云霄尘世隔,赐居禁近宠光荣。官阶屡进推人望,启沃频闻惬圣情。⑤

舞凤赐题飞白札,流莺送出未央人。斑斓锦绮霞光灿,错落朱提宝气新。异数古今惊未有,千秋焜耀皖江滨。⑥

---

① 归允肃:《归宫詹集》卷四《送张敦复学士给假南旋四首》(其一),《清代诗文集汇编》第158册,上海古籍出版社,2010年,第439页。

② 汪懋麟:《百尺梧桐阁遗稿》卷四《送梦敦学士假归桐城八首》(其一),《清代诗文集汇编》第151册,第575页。

③ 李光地:《榕村续集》卷七《感别赋送张敦复假归》,《清代诗文集汇编》第160册,第618页。

④ 李霨:《心远堂诗二集》卷四《送张敦复学士(假归葬亲有御札银币之赐)》,《清代诗文集汇编》第97册,上海古籍出版社,2010年,第646页。

⑤ 冯溥:《佳山堂诗二集》卷五《送张敦复学士给假归葬》(其一),《清代诗文集汇编》第29册,第715页。

⑥ 徐乾学:《憺园文集》卷七《送张敦复学士四首》(其三),《清代诗文集汇编》第124册,第349页。

赐金出中币，草敕勤御札。①

帝初曰吁继曰俞，锡类不匮斯人徒。玳筵珍馔传天厨，饯以法酒倾玉壶。朱提累千二百铢，织成绣段颠倒铺。淋漓御笔摇珊瑚，字法羲献文典谟。臣载拜锡重山呼，陛下知臣臣不孤。封还赐第辞天衢，肃装戒仆毋踌躇。②

玉案是书皆共展，銮舆何地不相随。豊貂美膳寻常赐，特选拳毛内殿骑。③

珥笔谭经已七年，朝朝启沃圣人前。观灯大内银花簇，侍宴蓬池雪藕鲜。同列更谁齐礼数？归航肯许恋林泉。西华赐第闻扃护，留待青钱学士还。（公供奉内庭，赐第西华门内。归之日，仍谕所司封鐍以待还朝。）④

职位比张英低的徐乾学、施闰章、汪楫、汪懋麟、姚士堂等人对张英获恩宠表示叹慕是常态，是常情，而职位比张英要高得多、资历很深的大学士李霨、冯溥也对张英获赐居禁近、赐金赐绮、官阶屡进等恩宠发出叹羡，则可知这些恩宠堪称异数、殊遇。

（三）早日回朝的期盼

梳理 24 位送别者的诗文，李霨、冯溥、魏象枢、徐元文、徐乾学、汤斌、王鸿绪、郭棻、高士奇、施闰章、归允肃、王顼龄、陆棻、方象瑛、李澄中、尤侗、高咏、毛奇龄、徐釚、汪懋麟、姚士堂 21 人在诗中表达了期盼张英早日回朝。这些期盼主要从以下几个方面表现出来的：一是纯粹从同僚的角度期盼张英早日还朝，如："龙眠早协牛眠卜，还佩银鱼玉座旁。"⑤"模楷中朝谁得似？期君还旆马骎骎。"⑥二是从张英心系康熙与朝廷的角度期盼张英早日还朝，如："乡云垅树关情极，回首犹应

① 施闰章：《张学士得假归葬》，《施愚山集》二，第 271 页。

② 汪楫：《悔斋三集·京华诗·送龙眠先生假归》，《清代诗文集汇编》第 140 册，第 746—747 页。

③ 汪懋麟：《百尺梧桐阁遗稿》卷四《送梦敦学士假归桐城八首》（其一），《清代诗文集汇编》第 151 册，第 575 页。

④ 姚士堂：《张敦复姑父以宗伯学士请假归里送别舟中怅然有作》其二，潘江：《龙眠风雅全集》九，第 4255 页。

⑤ 李霨：《心远堂诗二集》卷四《送张敦复学士（假归葬亲有御札银币之赐）》，《清代诗文集汇编》第 97 册，第 646 页。

⑥ 汤斌：《送张敦复学士请假南归》，《汤斌集》，第 772 页。

恋玉除”[①]“悬知侍从心，犹梦依日月。”[②]三是从康熙皇帝的角度希望张英早日还朝，如：“前席暂虚应有待，莫烦圣念到龙眠。”[③]“幽赏固足佳，宸衷实怀旧。侧席待还镳，斯民藉仁寿。”[④]四是从君臣遇合的角度谏议张英莫恋山林，早日还朝，如：“明良会合绝代无，暂行岂赋归来乎？”[⑤]五是从张英事业发展与政府需要的角度期盼张英早日还朝，如：“玉佩朝天应不远，预开黄阁待回翔。”[⑥]“应见虚席前，重闻奏大篇。苍生黄阁望，风度自嶷然。”[⑦]等等。尽管这些期盼多少带有应酬的客套，但几乎所有的送别诗人都表达了期盼张英早日还朝，客套之中则饱含了同僚的普遍心声，这不仅是对张英品学的认同，更是对张英政治前途的一片看好。

综上，送别者对张英的赞美虽有自己的侧重，然而在同一场所，这些话语的受话对象不仅仅是张英，也包括在场所有送别者，所以这些话语虽不尽相同，但相互补充，相互丰富，共同形成更大的有机统一的送别话语。因此，通过这些话语及其间性，进一步加深了送别者对张英品学等方面的认识，有利于张英形象在他们心目中的重组，丰富与完善张英在自己心目中的形象，共同塑造了一个非常鲜明而突出的公众形象，产生巨大的辐射效应与传播效果。由此，这些话语不仅为所有送别者呈现了一个完整的张英形象，也会因送别这一盛事而成为官场、学界、文坛的美谈，从而传播开来，提高了张英的声望，初步确立了张英在官场、学界、文坛上的地位。基于这样的品学、地位与声望，里居三年，与同里文人唱和乡里、谈诗论文，凝聚与引导桐城文坛，对桐城文学产生了深远的影响；也基于此，康熙才命他长期担任礼部尚书、翰林院掌院学士、管詹事府詹事事，执掌礼乐文章之府。

四、小结

张鹏翮在为张英作的《清诰授光禄大夫经筵讲官文华殿大学士兼礼部尚书致

---

① 徐元文：《送张学士予假南还二首》（其一），《含经堂集》卷八，《清代诗文集汇编》第132册，第297页。

② 施闰章：《张学士得假归葬》，《施愚山集》二，第271页。

③ 魏象枢：《寒松堂全集》卷七《送张敦复学士请假葬亲》，《清代诗文集汇编》第60册，第453页。

④ 高士奇：《清吟堂全集》《苑西集》卷三《张敦复学士请假归桐城赋诗言怀得一百八十字》，《清代诗文集汇编》第166册，第397页。

⑤ 王鸿绪：《横云山人集》卷十三《送学士张梦敦前辈请假葬亲用李空同〈东山草堂歌〉原韵》，《清代诗文集汇编》第168册，第209页。

⑥ 王顼龄：《世恩堂诗集》卷七《送学士张敦复前辈给假葬亲》（其二），《四库全书存目丛书补编》第5册，第72页。

⑦ 陆棻：《雅坪诗稿》卷三十三《送张东山学士暂归桐城》，《清代诗文集汇编》第119册，第677页。

仕文端张公墓志铭》中说:“国运隆平,文明昌启。惟公学成,应时而起。”①旨哉斯言!张英请假归里时为翰林院学士兼礼部侍郎,已任帝师9年,学养在进讲以及在与康熙讨论过程中不断提高,深受康熙眷宠,同时他也深知康熙的所思所想,不论是被动地“应时而起”,还是主动地抓住机会,张英的请假归葬因与康熙皇帝的祭陵具有同质性而有一种对话的可能。而送别活动使这种可能变为了现实。不管这一活动是康熙授意的,还是同僚自发组织与参与的,由于其专场性、公共性、高规格、大规模,提升了话语的层次,已不仅仅是一般的同僚送别这么简单,这场活动已使张英的请假归葬的日常小事承康熙祭陵活动之余绪而进入到国家话语之中,彰显了忠孝,渲染了君臣相得的盛世气象。然而从张英的角度来看,张英不仅参与盛世气象的国家话语的构建,发挥了重要作用,还因这场送别活动的送别者在应酬的客套中极力地赞美张英的品学等优长,使张英的优长在公共场合得到了全面的呈现,所以说这场活动也是塑造张英完美形象的公关活动,初步确立了张英在官场、学界和文坛上的地位,为他以后的执掌礼乐文章之府与仕途发展奠定了重要的基础。同时对桐城文坛来说,这不仅提升了张英对桐城文坛的影响力,也为桐城文派的形成与发展营造了良好的人际环境。

① 张英:《张英全书》下册,第507页。

第三章 张英对桐城派古文理论体系的构建

细细研读《张英全书》等资料就会发现，张英关于古文的论述主要集中于《书经衷论》《御选古文渊鉴》《龙眠古文初集序》《聪训斋语》之中。

从张英古文理论产生的时间上来看，《书经衷论》形成于南书房备询之时，书稿于康熙二十一年（1682）进呈；《御选古文渊鉴》虽成书于康熙二十四年（1685）之后，但其中张英评语应多录自张英在南书房与康熙讨论古文时（1678—1682）的评文之语；《龙眠古文初集序》是康熙二十二年（1683）所作；《聪训斋语》作于康熙三十六年（1697）以后。时间先后比较清楚，由此我们不仅可以明了张英文论思想发展的轨迹，也可以很清楚地看出，张英的古文思想形成于康熙朝的文学文化建设逐步深入推进的过程之中，是从文化建设的角度来思考文学问题的。

从张英古文理论产生的具体语境来看，这些古文理论主张是他以不同的身份在国家、地域与家庭三种不同语境下对文学发表的看法，既有所不同，又有相同的价值取向与审美趣向，彼此相通相融，互补共存。总的来说，张英以桐城文学传统作为他整个文论体系的基石与核心，又能顺应时代的需要，一以贯之"裕"的审美追求，由此建构起了他的层次分明而又完整有机的文论思想体系。相比于桐城其他文人，他的文论思想更具有包容性与开放性，不仅具有国家话语的高度、气象与格局，还具有层次性，既有各自的侧重点、立足点与具体措施，又有贯穿其中的基本要求，更有利于凝聚广泛的共识，更有利于文学文化建设的分层推进。

从学术祈向来看，张英以程朱理学为宗，他曾说："自田何、京房而后，汉初各有师传；逮濂、洛、康节以来，宋儒始为定论。考亭《本义》之学，洵可奉为宗风；伊川《易传》之文，尤有资于治理。”①在《书经衷论》中又说：“古人文字博奥，立乎百世之下，以己意注之，安能尽合？亦惟断之于理而已。如‘复子明辟’，汉儒乃谓还政复辟……不知此‘复’字不过奉命营洛反命于王之辞，得宋儒之论定，遂一正从前之误。”②而他家学中又有心学的基因，可是张英能以有益身心国家之实学来统领理学与心学，因此，总体来说，他的古文理论体系建立在程朱理学的基础之上，汲取了心学的精华（主要表现在强调“修辞立诚”“气韵有余”的抒发真情与凸显个性、求乐自适等），以实用为依归，形成了“内而性命，外而经济”的文学价值取向。

从作为桐城籍的作家和帝师、馆师以及执掌礼乐文章之府的身份来看，张英的文论思想既是桐城文坛的主流文论思想，又是国家主流文论思想。也可以说，张英的古文理论一方面为桐城文坛注入具有时代需要的新鲜的文学思想，借为《龙眠古文初集》作序之机，总结了桐城文学传统，确立了桐城文学纲领，另一方面他又使桐城文学走出一隅，融入国家话语之中，植入意识形态之中，逐渐使桐城文派成为国家的文学主流。后来戴名世、方苞、张廷玉、刘大櫆、姚鼐等人无不在此基础上丰富、深化他的古文理论，发展了桐城文派。

第一节　经学语境下文学话语空间的构建与开拓

——以《书经衷论》为中心

据《康熙起居注》记载，经筵讲官进讲《书经》始于康熙十二年（1673）八月二十二日秋季经筵。只是经筵每岁两举，又不是全部讲《书经》，所以经筵所讲《书经》是不系统的。自康熙十七年（1678）二月二十日起，日讲官开始在弘德殿系统地进讲《书经》，康熙十九年（1680）四月十日讲毕，共讲 119 次。日讲讲毕后于康熙十九年四月进呈《日讲书经解义》。而据《南书房记注》记载，康熙十六年十二月二十三日（1678 年 1 月 15 日），康熙赐张英、高士奇《书经大全》《四书集注》

① 张英：《恭进易经参解序》，《张英全书》上册，第 271 页。
② 张英：《张英全书》上册，第 178 页。

《文献通考》等书,康熙十七年(1678)正月二十八日起康熙帝自己就开始在懋勤殿系统地讲习《书经》,并与张英等南书房侍从研习讨论。据我们统计,康熙在懋勤殿共亲讲、复诵《书经》273 次,康熙十九年(1680)二月七日《书经》讲毕后,又于二月二十八日开始温诵,共温诵 62 次。① 张英于康熙二十一年(1682)正月进呈了《书经衷论》(四卷 314 条),该书"颇类宋人讲义之体。其说多采录旧文而参以新义……平正通达,胜出支离蔓衍者多矣"。② 除此,我认为至少还有以下几点值得注意:

一是康熙花了两年多的时间与日讲官、南书房侍从研习揣摩以及复诵温诵《书经》,可见《书经》在康熙的习经活动中有着非常重要的地位。

二是康熙在懋勤殿亲讲并与张英等南书房侍从讨论后,再至弘德殿听日讲官进讲,而且懋勤殿讲习的次数要比弘德殿多一倍,所以笔者认为,懋勤殿亲讲并与张英等讨论的先入为主的影响是不容忽视的:康熙十九年(1680)二月初七日,康熙对张英说:"《书经》今已讲毕。尔历年所讲,《书》理明畅,克有裨益。"③

三是《日讲书经解义》与《书经衷论》对讲习内容进行了系统地整理,两书的进呈有助于康熙更好的消化与吸收,对康熙的影响无疑是深远的。

四是《书经衷论》是在《日讲书经解义》进呈一年多之后进呈,张英又是后者的参编者之一,对后者有充分的了解,他之所以还要在百忙中抽出时间整理出来并进呈给康熙皇帝,显然有着与后者不同的地方,可能在张英看来有着更大或者不同的价值。在我看来,最大的不同在于《书经衷论》在经学的语境中构建与开拓了文学的话语空间。

一、《书经衷论》之论"统"

康熙十六年十二月初八日,康熙在《日讲四书解义序》中就非常明确地将道统与治统合一,以儒家学说为治国之策。康熙十六年十二月二十日,张英在因皇帝赐《书经大全》等书而撰写的《谢御赐书籍表》中说:"一经肇启唐虞,载传政传心之要;四子嗣兴邹鲁,备希贤希圣之资。洵文字之本根,尤道德之渊薮。"④这几

① 张英:《张英全书》下册,第 343—476 页。
② 张英:《张英全书》上册,第 99 页。
③ 张英:《张英全书》下册,第 435 页。
④ 张英:《张英全书》上册,第 273 页。

句话不仅响应了康熙的训谕，也可以说是张英《书经衷论》论“统”之纲领。那么张英在《书经衷论》中又如何展开论“统”的呢？

（一）疏浚源头，明确《书经》为四统之源。（1）指出《书经》为治统之源：“《尧典》……此所以开万世之治统，冠三代之典谟，与天地并垂不朽也与。”①（2）指出《书经》为道统之源：“商自契为尧舜掌教民之事，传数百年而生汤，继世贤圣之君六七作，其臣如伊尹、仲虺、傅说、甘盘，又皆能发明先王之道。故凡后世所称道德学问之语，原始于《商书》者甚多。”②康熙十九年张英曾说：“《书经》所载……治统、道统之要兼备无遗矣。”③（3）指出《书经》为学统之源，张英说：“《尚书》中言仁、言爱敬、言诚、言孝、言日新、言典学、言鬼神，皆始见于《商书》，遂开圣学万世之统。孔门之垂训于世者，大略皆不外乎此。”④《书经衷论》中对此还展开了具体的论述，如“六经惟《尚书》最古，后世圣贤立论多本之。言心始于‘人心惟危，道心惟微’，言性始于‘若有恒性’，言志始于‘诗言志’，言学始于‘学于古训，乃有获’，后人因而扩充之以尽其蕴，如《大学》三纲领：明德则克明俊德之谓也；新民则平章百姓之谓也；‘止’字一见于《益稷》，一见于《太甲》……故曰六经者四书之渊源，四书者六经之门户。”⑤（4）对一直以来“文统自周始”的观点进行了驳斥：“尧舜之时，中天之时也。从前浑浑噩噩，熙熙攘攘，制作文章之事，待圣人而后兴，天时人事俱不能安于简朴，故尧曰‘文思’，舜曰‘文明’，禹曰‘文命’。三圣人不能违时而行邃古之事亦可知矣，岂至周而尚文哉？”⑥拈出“文思”“文明”“文命”，厘清了三代的文之统绪，将文统之源推进到尧。

（二）统是君臣共同构建的。从治的角度看，治是由君臣共同实现的，“君相相倚，为治者也”。⑦ 由此出发，统绪是在君臣互动中形成的，自然也在君臣对统绪的理解与互动中传承的。“日新之训始于《汤铭》，又见于仲虺，又见于伊尹之告太甲，然则日新之学，乃有商君臣之所世守服习者欤”⑧。傅说对君之言，“真能通彻治道本原，而为万世不磨之论……乃醇然大儒之言。后世《论》《孟》诸书论

---

① 张英：论《尧典》第一条，《张英全书》上册，第 101 页。
② 张英：论《洪范》第一条，《张英全书》上册，第 159 页。
③ 张英：《南书房记注》，《张英全书》下册，第 435 页。
④ 张英：论《太甲上中下》第五条，《张英全书》上册，第 136 页。
⑤ 张英：论《尧典》第九条，《张英全书》上册，第 103—104 页。
⑥ 张英：论《舜典》第三条，《张英全书》上册，第 105 页。
⑦ 张英：论《太甲上中下》第二条，《张英全书》上册，第 135 页。
⑧ 张英：论《咸有一德》第二条，《张英全书》上册，第 138—139 页。

学皆从此出,真古之善于立言者"①《恭进书经衷论序》又说:"臣窃惟人君之以道治天下,至尧、舜、禹、汤、文、武之盛而极矣;人臣之以道事其君,至皋、夔、伊、傅、旦、奭之盛而极矣。"②由此,我们似乎可以这样认为,张英是在表明君臣之间的互动所形成的体系不仅是三代统绪的现实基础,也是道、学、文的生成基础。这就一反过去将统归于君主之身或归于儒者之身或归于文人之身的片面性,统绪本身的复杂性和丰富性得以凸显,这也为康熙皇帝构建正统提供了可行的方法参考。

(三)四统合一,以治为归,有明显的实用目的。由上述可知,道统、治统、学统和文统在《书经》的世界里是合一的,但从张英的论述中,我们发现这四统是按照一定的逻辑纽结在一起的。张英《书经衷论》呈进对象是皇帝,目的是有功治道的,他在《书经衷论》中说:"尝言六经皆治世之书,独《诗》以吟咏性情,美刺贞慝,似于治道为泛。观教胄子而始之以典乐,曰'诗言志',观养民而终之以《九歌》,曰'俾勿坏',然后知《诗》之为教极深远也。"③结合前文,我们可以说,在四统合一的语境下,道、学、文是以治为旨归的。而道为治之经理,学又以探究道、传承道为目的,文又为载道之器,因此治、学、文又都是围绕道来展开的。

(四)在四统合一的语境中"文"的地位得到了提升。(1)"文"具体表现为典、谟、训、诰等形式的律令,是治理国家的工具:"圣贤典、谟、训、诰之言,乃人主之律令格式,循之则治,悖之则乱。"④(2)"文"是文教,是治理国家的一种方式:"尝言六经皆治世之书,独《诗》以吟咏性情,美刺贞慝,似于治道为泛。观教胄子而始之以典乐,曰'诗言志',观养民而终之以《九歌》,曰'俾勿坏',然后知《诗》之为教极深远也……故曰言治至于《诗》教始成矣。秦汉以来维持上下于法制禁令之中,仅仅无失耳。乖心戾气隐伏于人心,而不能上通天地之和,时时溢为灾沴水旱、背畔盗贼,而无太和元气者,职是故欤。"⑤"'诞敷文德,两阶舞羽',此圣人之以文德怀天下也。七旬苗格,适当其时耳,岂因格苗而始敷文德乎,置梗化之人于度外而不与之校?盛德之至也,如斗杓东指,天下皆春,苗民阻化之心冻融冰解且不自知,圣人宁有心乎?"⑥由(1)(2)可知,"文"是"治"不可或缺的组成部分。

① 张英:论《说命上中下》第二条,《张英全书》上册,第143页。
② 张英:《张英全书》上册,第97页。
③ 张英:论《大禹谟》第六条,《张英全书》上册,第111页。
④ 张英:论《伊训》第四条,《张英全书》上册,第134页。
⑤ 张英:论《大禹谟》第六条,《张英全书》上册,第111页。
⑥ 张英:论《大禹谟》第十六条,《张英全书》上册,第113页。

(3)由(1)(2)在历史发展过程中所形成的统绪。"文类、文体是作品群体间重要关系的一种表现,它把过去与现在的文学作品间的共同联系揭示出来,体现了作品与文学传统间的关系。"①张英显然意识到了这一点,所以在《书经衷论》中他指出了《书经》中典、谟、训、诰等"体"为后世相关文体之祖,从这一角度来看,"统"因"体"而成。

二、《书经衷论》之论文体

(一)体辨论

《书经》的文体分辨依据,历代学者进行了见仁见智的阐述,而张英《书经衷论》主要在对典、谟、贡三种文体进行分辨时提出了自己的分辨依据。他说:"典、谟为唐、虞、夏三代圣人之书,而实皆虞廷之书也。《尧典》成于虞史,《禹谟》陈于虞廷,故统称之为虞书。二典记尧舜为君之事,故称之为典,《禹谟》记大禹为人臣时之言,故称之为谟,而别《禹贡》之夏书,以明夏有天下之由也。"②这里区分的依据主要有:一是从历时性的角度,依据典、谟、贡生成的不同朝代,来区分典、谟与贡的不同;二是从共时性的角度,典、谟生成于虞,而依据文本记载的对象——言说者身份的不同,来区分典与谟的不同。

(二)体性论

《书经》是对君臣之言之事的记载,君之所以为君,臣之所以为臣,有礼法规定的与其身份相适应的行为规范和行为模式,"《大诰》《多士》《多方》大约皆周公之言,然周公不敢居也,不过奉王命出之耳,故皆用'王若曰'冠之"。③ 受此制约,君臣交流过程中有着与其身份相应的内容、方式、方法、语气等,在此基础上产生的文体,因礼法的相对稳定性,文体自然也具有相对稳定性,从这一角度看,"文"因"体"以成"统"。

> 篇中首二节告以率德改行之要,"皇天无亲"二节告以治乱初终之理,"懋乃攸绩"二节告以谨度守法之事,末复致其叮咛之意,古人文字极有体裁

① 方珊:《形式主义文论》,山东教育出版社,1994 年,第 140 页。

② 张英:论《大禹谟》第一条,《张英全书》上册,第 109—110 页。

③ 张英:论《多方》第五条,《张英全书》上册,第 189—190 页。

处，已开后人制诰之体矣。①

古来制诰之辞，必自述祖功宗德，而因以及其臣子之祖、父，必自言缵绪承业，而因教其臣以率祖之攸行，此立言之体也。②

《蔡仲之命》是周公册封乱臣蔡叔之子蔡仲的命文，《君牙》是周穆王任命君牙为大司徒的命文，而“命之为义，制性之本也。其在三代，事兼诰誓”。③ 因此张英立足“命”与“制诰”这两种文体的共性，揭示出受话者身份不同，言说内容也就不同。

十有二牧……圣人于庶官之事，皆各得其精微简易之理而直示之，词约义该，为后世官箴诰令之祖，所谓舜明于庶物者此也。④

《舜典》“十有二牧”一段是讲舜任命官员的，从文体上讲与后来的“命”无异，受话者都是言说者——舜的下属，这段论说除了赞颂舜“明于庶物”外，在张英意识当中也因为言说者与受话者有相当了解的关系、言说者与受话者对言说内容都十分清楚，因此言说者才采用了直接而简明的言说方式。

封国者称邑，不曰宋公之命，而曰微子之命，举故爵，示不臣也。篇中惟称汤之德与微子之贤及“与国咸休”之意，绝无一语及商纣之事，温厚恻怛，和平正大，可谓得词命之体矣。⑤

《微子之命》也是“命”体。为达笼络殷之余民和“示不臣”的政治目的，周公平武庚之乱后，命微子代武庚为殷后，奉其先祀。考虑到微子这一特殊受话对象(武王灭商后，释微子，复位如故)接受心理，文章没有采用直截了当的方式，而采用了称德称贤和举故爵的这种由远而近的方法，又回避商纣之事，以《微子之命》名篇，由此可见言说者的良苦用心。

---

① 张英：论《蔡仲之命》第四条，《张英全书》上册，第 187—188 页。
② 张英：论《君牙》第一条，《张英全书》上册，第 201 页。
③ 黄霖：《文心雕龙汇评》，世纪出版集团上海古籍出版社，2005 年，第 70 页。
④ 张英：论《舜典》第十九条，《张英全书》上册，第 109 页。
⑤ 张英：论《微子之命》第二条，《张英全书》上册，第 171 页。

从来誓师之词，如《甘誓》扈征皆言奉行天罚之意，声罪致讨，此天子之体也；若伯禽以方伯帅天子之师，则古所谓诸侯伐而不讨者，故但言师中之律而已，此诸侯之体也。盖其气象之大小绝不侔矣。①

“誓”是为誓师讨伐而写的，但天子、诸侯的职责、权限不同，天子可“声罪致讨”，诸侯“伐而不讨”，从而天子“皆言奉行天罚之意”，诸侯“但言师中之律”，言说内容不同，语气也有所不同，在此基础上君臣气象大小不侔也就顺理成章了。

总之，张英在论文体时，没有严格从一种文体的传承来进行阐述，主要从言说者与受话者身份及其相互关系来揭示文体的特性。言说者的身份不同，文章就有不同的言说内容、方式、方法、语气，言说者与受话者的关系也影响到言说内容、方式、方法、语气，所以在张英看来，言说者与受话者身份及其关系直接影响了文体内容、表现方法和风格等方面的特性（我姑将之称为“体性”）。

（三）体变论

这里的体变是指文体内容、风格等方面的历史变迁。如果说体性论重在论文体之常，那么这里重在论文体之变。钱穆说：“大凡文体之变，莫不以应一时之用，特为一种境界与情意而产生。”②所以从文体之变可观言说者对自己身份以及与受话者关系认知的变化，由此可观时代之变、人心之变。张英与康熙在南书房研习《书经》至进呈《书经衷论》这段时间，正值三藩之乱，誓、诰这两种文体与现实多有契合，所以张英花了较多的篇幅探讨了誓、诰两种文体。

三代誓师之辞，始见于禹征有苗。“反道败德”“天降之咎”，正所谓从逆凶也。奉辞伐罪者，以此誓众之辞，止于“一乃心力，其克有勋”而已。其与后世赏祖、戮社、孥戮、罔赦之辞，遂有今古之升降矣。③

“誓”就其内容来说，一要针对讨伐对象，揭其“反道败德”，以明“从逆凶也”；二要针对出征之师，提出要求与希望，鼓舞士气。而张英揭示了后一点的历史变迁，禹“其克有勋”只论赏，启“用命，赏于祖；弗用命，戮于社，予则孥戮汝”则赏罚

① 张英：论《费誓》第三条，《张英全书》上册，第209页。
② 钱穆：《中国文学论丛》，三联书店，2002年，第19页。
③ 张英：论《大禹谟》第十五条，《张英全书》上册，第113页。

并重，对此，张英则说："至曰'予则孥戮汝'，呜呼甚矣！"①汤"尔尚辅予一人，致天之罚，予其大赉汝。尔无不信，朕不食言。尔不从誓言，予则孥戳汝，罔有攸赦"（《汤誓》），虽也赏罚并重，但强调"罔有攸赦"，罚则比启时更严。张英于此看到了风俗气象的不同、世道人心的变迁，然而就其根本是言说者与受话者之间"信"的程度的变化。

> 《汤誓》者，成汤誓师于亳之辞也。其曰："非予小子，敢行称乱。"又曰："予畏上帝，不敢不正。"何其辞之恭也！故先儒谓汤之数桀也恭，武王之数纣也慢。今观《泰誓》之言，呜呼，何其尽哉！而所谓后世口实之惧亦且无之矣。君子以此论商周之际焉。②
>
> 汤数夏桀之罪无费辞，但曰"夏王率遏众力，卒割夏邑"而已。至《泰誓》之数纣，何其辞之尽也！既曰"焚炙忠良"矣，又曰"播弃犁老"，又曰"剥丧元良，贼虐谏辅"，殆亦近于复矣。《汤誓》犹有"非予小子敢行称乱"之言，武王直曰"取彼凶残，我伐用张"。牧野之师其与鸣条之役，气象盖大不侔矣。③

《汤誓》"恭"而简（"无费辞"），《泰誓》"慢""尽""复""直"。合而观之，从礼的角度来看，汤伐桀、武伐纣都是臣伐君，然汤之"恭"犹有臣子之礼，武之"慢"则无之；与之相应，汤之"无费辞"即为简而该，武则直而尽。由此，在张英看来，一是身份认同的变化是体变的根本原因，二是恭而简是臣伐君之"誓"的正体。

> 成汤既克夏，至于商，此时天下大定矣，而汤发为诰诫之言，以与天下更始者，栗栗危惧……呜呼！何其辞之戚哉。武王克商之后，遂无此等气象矣。卒至四方多事，殷顽不靖，而后发为《大诰》《多士》《多方》之言，较古人更为费辞矣。君子以此观商周之治乱焉。④
>
> 夏商文字简略，其治民之具皆不可得而见矣。每读周之八诰，如《多方》中所言，委曲详尽，反复开导，大约示以天命之不可妄干，援夏商以譬喻之，必

① 张英：论《甘誓》第三条，《张英全书》上册，第123页。
② 张英：论《汤誓》第一条，《张英全书》上册，第129页。
③ 张英：论《泰誓》第六条，《张英全书》上册，第153页。
④ 张英：论《汤诰》第三条，《张英全书》上册，第133页。

使之心志开明,诚意悦服而后止。①

武王没能继承商汤与天下更始之精神,无汤之"惧"与"戚",所以武之"诰"的受话者没有很好地接受"诰","卒至四方多事,殷顽不靖",后来周诰之"费辞"在这种语境中应该是由言说者与受话者之间的亲疏关系造成的,因此周诰要花更多的话语来反复开导,以消除受话者与言说者的心理隔阂。

三、《书经衷论》之论文法

(一)论字法

张英在《书经衷论》中围绕内容、情境与主旨对《书经》的一些篇目下字遣词之法进行了评述解说。张英主要从用字精简、以字立纲、化工之笔三个方面来评说《书经》字法之妙的。

用字精简,就是用字少而词义至赅至微至当。如:"养民曰'时',因乎天也。教民曰'敬'、曰'宽',因乎人也。制刑曰'明'、曰'允',信乎法也。工虞曰'若',所以顺万物之性也。典礼曰'寅'、曰'清',所以为事神祇之本也。典乐曰'永'、曰'依'、曰'和'、曰'谐'、曰'伦',《乐书》精语莫愈于此。出纳之司曰'惟允',而总之曰'钦'。圣人于庶官之事,皆各得其精微简易之理而直示之,词约义该,为后世官箴诰令之祖。"②这里所提的关键词是舜在任命官员作诰诫时所用,这些词能抓住各个官员的岗位特点及其履职要求,简明义赅,内涵丰富。又如:"不曰'万事',而曰'万几',盖朝堂之上一念之动,而四方治乱捷于影响。其发也,至微至隐;其应也,至大至速。故曰'几'。"③"'莅事惟烦','烦'字极有意味。古人云,天下之事当前,学者是应之以一定之理,不学者是应之以一己之才。理则万变而不尽,才则有时而或穷。故当事务纷至,但觉其烦扰而无措者,此欲应之以才,而不能应之以理也。"④这两条,张英不仅指出了"几"与"烦"字用得妙,还分析了妙在何处。

以字立纲,就是以字作为众目之纲,以字作为行文之线索。张英指出了《书

① 张英:论《多方》第一条,《张英全书》上册,第188页。
② 张英:论《舜典》第十九条,《张英全书》上册,第109页。
③ 张英:论《皋陶谟》第四条,《张英全书》上册,第115页。
④ 张英:论《周官》第四条,《张英全书》上册,第194页。

经》中关键字词对文章结构有着重要的意义。如:“史臣赞尧之德,首曰‘钦’,如万派之有源,众目之有纲,列宿之有枢极也。以之事天则曰‘钦若’,以之治民则曰‘敬’,授命治水之臣则曰‘往钦哉’,命观刑之女亦曰‘钦哉’。直以心源相示,更不别置一辞,可见此为内圣外王之要领也。”①郑康成曰:“敬事节用谓之钦。”②《尧典》是记尧的品德、政绩的,赞尧是一篇主旨,所以“钦”为一篇之纲,纲举目张,全篇由四个“钦”字分四段(事天治民为一段),这与张英在《尧典》第一条中对段落大意的条说是相符的。又如:“‘知恤’二字乃一篇之纲,惟其知恤,所以不得不慎也。”③“知恤”生一篇之议论,由此贯穿全篇而成为文章的脉络。

化工之笔。《书经衷论》中三次提及“化工之笔”:“治历之法只用‘期三百有六旬有六日’一句,不待分晰而朔虚气盈皆含蕴于其中矣。故下直接以闰月,定四时成岁,更不费辞细绎,真化工之笔。”④“‘象以典刑’一句……文止三十七字,而仁至义尽,曲折周详,不复不漏,后世刑书繁重,不能出其范围,洵化工之笔也。”⑤“‘皇天眷佑有商’,只此三语,便使伊尹欢欣拥戴之意千载如见。具此种忠爱真挚,而后放桐之举不为人所疑,真化工之笔也。”⑥“不费辞”条突出简练丰裕,“止三十七字”条强调言简意赅,“只三语”条则突出语约义丰,言外有象,言外有意,所以化工之笔是建立在字少意多的基础上的自然天成。

(二)论句法

善用比喻句。《尚书》有不少篇目运用了比喻句,《书经衷论》主要对《说命》与《君陈》篇作了阐述:“《说命》三篇中,君臣多罕譬之语,实开后人喻言之体。如所谓‘若金,用汝作砺’,是欲其磨砻德性也。‘若济巨川,用汝作舟楫’,是欲其弘济艰难也。‘若岁大旱,用汝作霖雨’,是欲其膏泽万民也。‘若作酒醴,尔惟曲糵;若作和羹,尔惟盐梅’,是欲其可否相济调燮机务也。‘股肱惟人’,是欲其君臣为一体也。取譬皆有意义,而明良相须之实尽于此矣……高宗以喻言启之,故傅说亦遂以喻言答之也。”⑦“股肱惟人”是暗喻,其他是明喻,“若作酒醴,尔惟曲糵;若作和羹,尔惟盐梅”则是博喻,这里指明了其喻义,可见其运用之妙。而“高

---

① 张英:论《尧典》第二条,《张英全书》上册,第101—102页。
② 孙星衍:《尚书古今文注疏》,中华书局,1986年,第4页。
③ 张英:论《立政》第五条,《张英全书》上册,第191页。
④ 张英:论《尧典》第七条,《张英全书》上册,第103页。
⑤ 张英:论《舜典》第十条,《张英全书》上册,第106—107页。
⑥ 张英:论《太甲上中下》第四条,《张英全书》上册,第136页。
⑦ 张英:论《说命上中下》第一条,《张英全书》上册,第142—143页。

宗以喻言启之,故傅说以喻言答之”言说方式则不但让我们看到了君臣对于治道之谙熟,而且还让我们看到了君臣之间的默契与和谐。又如:“‘尔惟风,下民惟草’‘违上所命,从厥攸好’,此皆治道之精语。风草之喻最得上下感应之理,可谓罕喻。”①风草之喻是暗喻,“最得上下感应之理,可谓罕喻”。旨哉斯言!后世儒者有广泛响应。

立警策之句。如:“然后知行师之道,以‘威克厥爱’为至切当也。古人片言居要,莫过如此。”②《胤征》末节全文为“呜呼!威克厥爱,允济;爱克厥威,允罔功。其尔众士,懋戒哉!”“居要”指“威克厥爱”句处在末节这一重要位置,而末节从正反两个方面对此予以强调,以引起受话者的注意,非常明确地表达了言说者的目的,所以这一句是全篇之警策。又如:“‘奠高山大川’五字,一篇之纲也。此下或言高山,或言大川,大略不出此二者。次言九州,条分缕析而言之也……‘九州攸同’以下,总言经理之大,文简而事该,言约而旨明,错综变化,章法字法真千古文字之宗。”③“奠高山大川”居一篇之首,下文就是围绕这句展开的。

错综与整齐。上文所引《禹贡》第一条中“错综变化”主要指句子长短不齐,而论《周官》第一条说:“通篇两大段,文字典重齐整,明白正大,乃后世制诰之权舆也。”④对照《周官》句式整齐,所以这里所说的“齐整”是指句式的。论《洪范》第十条“‘无偏无陂’一节乃有韵之语。”⑤对照《洪范》中的这一节,这里的有韵之语的句式也颇为齐整。但不论句式是错综还是整齐,都要有真气组织于其中,论《文侯之命》第三条说:“今文词语大约不尚整齐,抟挠往复之间,有真气组织于中,色泽古茂,如《吕刑》《文侯之命》迥异《周官》诸篇,文气不同。”⑥论《君奭》第二条又说:“总之,八诰篇中多长句,不可句读,若读断,反伤文气,并义理亦不明矣。”⑦

(三)论章法

虚实相生。张英在论《微子》第一条中对此进行了阐述:“《微子》一篇,乃微子与箕子、比干相与忧乱之词。今读其书,但著微子、箕子之言,岂比干无所言哉?

① 张英:论《君陈》第一条,《张英全书》上册,第195页。
② 张英:论《胤征》第四条,《张英全书》上册,第128页。
③ 张英:论《禹贡》第一条,《张英全书》上册,第119页。
④ 张英:《张英全书》上册,第194页。
⑤ 张英:《张英全书》上册,第163页。
⑥ 张英:《张英全书》上册,第208页。
⑦ 张英:《张英全书》上册,第186页。

盖比干之以谏而死,其义易明,其答微子之言,当自无异于箕子,故可以不复著也。箕子之谏与比干之谏自同,特比干死,而箕子偶不死耳。比干其初当亦无必死之心也。圣贤处人家国,必求其事之有济与其道之所安,不苟为一死以塞责,如后世荀息之所为也。大约其时箕子、比干于商为元臣,故以臣之道自处;微子于商为宗子,故以子之道自尽。臣之道莫大于救危亡,子之道莫大于存宗祀。比干非徇名,微子非避难。三人之心昭然如揭日月,故孔子曰:'殷有三仁',皆从此章'人自献于先王'看出也。"①实写微子、箕子,提及比干,却无所言,可谓虚提。这样写,从章法安排上来说,是为了避重复,从这种虚实安排中,读者看到了文章围绕忧乱这一主题表现出微子、箕子和比干各自不同的心理状态和处理方式,可谓虚实相生。

详略得当。张英在论《康诰》第五条中论及了"详略":"'明德谨罚'乃一篇之纲领。篇中言慎罚之事详,而言明德之事简。盖明德之事可以一言尽之,其大要在于法古。故'绍闻衣德言'数语尽之矣。慎罚之事不可以一言尽,其难在于得人情。故'敬明乃罚'以下十二节,反复而不已,其委曲详审,莫如'汝陈时臬事'一节,其切要莫如'文王之敬忌'一言,敬则钦恤之本,忌则哀矜之实。祥刑之道未有能愈斯语者。自'爽惟民'以下,又曰'我时其惟殷先哲王德,用康乂民''告汝德之说,于罚之行',皆专重德而不重罚,则二者虽并举,而武王之意更可见矣。"②这段论述不仅指出了"慎罚"部分详"明德"部分略,还分析了为什么这样安排。同时张英还论及了《康诰》将"明德"内容安排在开头与结尾,以结构平衡篇幅,突出"德"之重要,这样的结构安排可谓意味深长。

结意有余。《归震川先生论文章体则·结意有余则》说:"人于结末处多忽略,谓文之用工不在于尾,殊不知一篇命脉归束在此,须要言有尽而意无穷。"③张英非常关注《书经》中篇目的结尾,并对此进行归纳与总结。如:"《多士》之结语有'又曰:时予,乃或言尔攸居',《多方》结语亦有'又曰:时惟尔初,不克敬于和,则无我怨',古人于言之将终必反复叮咛,致其属望之意,所谓言有尽而意无穷。此等笔法皆与《无逸》篇末'周公曰:呜呼!嗣王其鉴于兹'同一格局也。《康诰》《蔡仲之命》皆用此体,益可无疑于《梓材》之末节矣。"④《书经》中的这些篇目为"命""诰"之体,是上对下的言说,其言之将终而反复叮咛,言者的谆谆之意、殷殷

① 张英:《张英全书》上册,第148—149页。
② 张英:《张英全书》上册,第173页。
③ 王水照:《历代文话》第二册,复旦大学出版社,2007年,第1735页。
④ 张英:论《周书·多方》第二条,《张英全书》上册,第188页。

之情溢于言外，缠绵恺切，回味无穷。

层次分明。《书经衷论》对段落层次的论述较多，主要从以下几方面来论述的：一是指出一些篇目段落层次的标志："《无逸》一篇凡七段文字，皆以'周公曰：呜呼'起之。"①"篇中凡五以'呜呼'引起，与《无逸》篇相类。"②论《多方》第四条论及段落时也以"王若曰""王曰"作为分段的标志。等等。二是梳理了不少篇目的段落层次，论《尧典》第一条、《舜典》第一条、《大禹谟》第二条、《禹贡》第一条、《五子之歌》第三条、《武成》第七条、《大诰》第一条、《康诰》第五条、《召诰》第二条、《无逸》第一条、《蔡仲之命》第四条、《多方》第四条、《周官》第一条、《顾命》第二条共十四篇论及了段落层次，占所论《书经》五十篇的28%。三是论述结构方式。如："《舜典》首节统论其德，'慎徽'以下言历试之事，'正月上日'以下言摄位之事，'月正元日'以下言在位之事，'舜生'一节统言帝之始终。"③这是总分总的结构方式；"此言其用功之次第，故先大而后小，《禹贡》言其成功之次第，故先小而后大，其实一也。"④这是按事之大小的顺序来安排结构的方法。"从'凡民自得罪'，是言寇攘奸宄之当刑，所谓元恶大憝也。进此，则不友不弟之刑，所以重人纪也。进此，则有弗念弗庸瘝厥君之刑，所以励臣工也。然君身者，臣民之表帅，故又有'惟君惟长'一段，所以重身教也。其立言之序如此。"⑤这是按递进的逻辑顺序安排结构的方法。

四、《书经衷论》之论"情感"与"形象"

张英《恭进书经衷论序》说："迄今相去数千载，当日之言论谋画、纲纪设施，与夫忠恳诚爱之心、谐弼绸缪之计，虽散见于六经，旁流于诸史，而弘纲巨节之所统会，则莫备于《尚书》，使后之人犹得于方策之中，想象唐虞三代之君臣，如见其形容，若聆其謦欬，不觉有时代旷远之隔者。"⑥"忠恳诚爱之心"论及了情感，而通过想象激活起来的"如见其形容，若聆其謦欬，不觉有时代旷远之隔"则论及了形象。实际上分析篇中人物的情感，也是为了彰显人物的形象。

---

① 张英：论《无逸》第一条，《张英全书》上册，第183页。
② 张英：论《立政》第五条，《张英全书》上册，第192页。
③ 张英：论《舜典》第一条，《张英全书》上册，第104页。
④ 张英：论《益稷》第二条，《张英全书》上册，第116页。
⑤ 张英：论《康诰》第四条，《张英全书》上册，第172—173页。
⑥ 张英：《张英全书》上册，第97页。

《书经衷论》中多次论及了"缠绵剀切"等情感，甚至在论《尚书》某一篇时集中分析了篇中人物的情感。如论《汤诰》：

虞夏言天，至上帝之称，始见于《汤誓》，曰："予畏上帝。"再见于《汤诰》，曰："惟皇上帝。"又曰："惟简在上帝之心。"……言天尚近于虚，至称为上帝则若实。有人尊居于上，有形声可见……

伊尹，耕莘之夫，汤三聘而起，尊之曰"聿求元圣"，以布告天下。古人之尊礼其臣者如此……

成汤既克夏，至于商，此时天下大定矣，而汤发为诰诫之言，以与天下更始者，栗栗危惧，上援天命，下结人心，中引己过，遑遑乎如将或失之。其言曰："其尔万方有罪，在予一人；予一人有罪，无以尔万方。"呜呼！何其辞之戚哉……

成汤作君作师之道，及保邦致治之谟，俱见于《汤诰》一篇，精微宏阔，剀挚敬慎，《商书》严肃，此篇有焉。①

《书经衷论》论《汤诰》凡四条。综观四条，第四条是对前三条的总结。第一条论敬天。第二条论敬贤臣。第三条论成汤诰诫天下诸侯时如坠深渊的恐惧和遑遑若失的不安与担忧。而这一敬慎之情又发于剀挚，洋溢于言说之中。成汤作为中国历史上第一位以臣伐君而取得天下的君主，他内心的恐惧与不安是以前的君主所没有的，在论同样以臣伐君的武王则指出其"慢"，没有了成汤之"惧"。所以张英为我们分析了成汤的心理，使一个非常有个性的开国之君的形象更加鲜明。

《书经衷论》有不少篇幅论及了《尚书》文本所带给我们的如见若聆的形象感，论《太甲上中下》第四条、《盘庚上中下》第六条、《无逸》第五条、《立政》第八条等直接提到。有些虽没有直接点明，但确在论述《尚书》篇目中的人物形象。《书经衷论》重点论述了成汤、伊尹、盘庚、周公等人物形象。论《盘庚》可谓集中论述了盘庚的形象，凡七条，除最后一条论及语言及风格外，都论及了盘庚形象。

故《盘庚》三篇之意，皆为有位者而发，其兼言民者，特并进于庭而连及

① 张英：《张英全书》上册，第132—133页。

之耳。且其人又皆世有功德于朝廷，为国家之旧臣，不可以刑格势驱，乃反复晓譬，征色发声，动之以先王，动之以乃祖乃父，动之以祸福，动之以刑罚，词愈复而意愈厚，必欲使之悦于从己而后已。嗟呼！三代而后，秦为弃灰徙木，法在必行，至刑加于太子之师傅而有所不恤。试与此参观而知王道、霸道之分途矣。

虽其中言刑罚处甚多，要不过见之空言，而非忍实用之也。自秦汉以后设为刑赏，不终朝而驱民之从己，宁若是之烦且重哉？圣人非不知此逸而彼劳，而宁为此，不为彼者，以赤子待其民，而不以仇雠待其民也。后世奉天之诏，武夫悍卒闻而洒涕，其犹有此风也欤！

首篇之“猷黜乃心”，正窥见群臣之至隐而发其覆也。

故《盘庚》中篇历历言鬼神以警动其臣民，真觉洋洋如在。其后高宗尤崇尚祭祀，有以也夫。

三篇之中，未迁之词严……将迁之词裕……既迁之词慰……一张一弛，或缓或急，古人其敢径情率意，以贵役贱，以智加愚乎？

要其文字之层峦叠嶂，往复留连，则所谓咳謦如闻，形影如见者也。①

第一条，前文已说，盘庚能抓住问题的关键，具有敏锐的政治洞察力，又以仁爱之心反复劝说旧臣，敏锐、虑深、仁爱的明君形象已呈现于我们面前。第二条虽也谈劝说，主要写出之以真心，发之以至诚，董之以刑罚，闻之以洒涕，与第一条重在说之以理不同，这一条则重在说之以情而不以为劳，恩威并施，于此剀挚、勤勉、威严的贤君形象已宛然在目。第三条“窥见至隐”是识，“发其覆”是胆，所以这条是论盘庚的识见深邃，又具有政治家的胆量、自信与魄力。第四条是说盘庚有着非常强的语言表达能力，能达到较好的说服效果，这为我们指引了盘庚是一位能言善道的君王形象的想象。第五条指出盘庚在迁都的三个阶段采用了三种语气予以劝说，盘庚因时而变的机智表露无遗。第六条是对前五条的总结，正是在前五条的分析中，我们才有“咳謦如闻，形影如见”盘庚形象。

在《书经衷论》中，张英不仅引导了我们对君的形象的想象，也引导了我们对臣的形象的想象，还引导了我们对君臣和谐场景的想象，历史在想象中成为现实，可见张英的目的是明显的，即是将治的场景具体化，让康熙于中更好地体验为治

① 张英:《张英全书》上册，第 140—142 页。

之道。然而于此我们也可看到张英充分地认识到文学想象的价值。

五、《书经衷论》之论风格

《书经》风格多样，“合观《尚书》所载誓师之词，禹之词温，《甘誓》之词简，《胤征》之词烦，《汤誓》之词惧，《泰誓》之词慢，《牧誓》之词谨，《费誓》之词小，诸侯之体也，《秦誓》之词惭，霸王之略也”。[①] 甚至一篇之中也有不同的风格，“三篇之中，未迁之词严……将迁之词裕……既迁之词慰”。[②] 张英《恭进书经衷论序》“由其文至古，其意至厚，其旨趣至弘远，流连往复，而可以不穷也”，从文、意、旨趣三个层面提出了“古”“厚”“弘远”三种美学风格，则是对《尚书》美学风格进行的总体概括。桐城方以智曾说：“治世之文，古以厚，其指远。”[③]张英在此倡导这三种美学风格不仅是对桐城文学思想的继承，并对此作出了自己的阐释，更是对治世的一种期待以及希望通过康熙来建设治世之文。

（一）古

“六经惟《尚书》最古”，所以《尚书》是“古”这一美学范畴生成的原生态的话语环境。张英在此基础上，以“古”为中心，以古奥、古茂、古雅、古穆等构建起风格体系，疏浚了源头，这不仅是建立统绪的现实的需要，也是对中国古代文学中的复古思想，特别是明代以来复古思想在新的历史条件下的进一步思考。

1.古奥

“古奥”一词在《书经衷论》中多次提到，与“奥”义相近的“佶屈聱牙”也多次提道：

> 篇中词句古奥，而大义则朗如指掌。[④]
>
> 《召诰》《洛诰》之文，周、召诰君之言也。缠绵恺切，蕴蓄深至。特其文古奥，非熟读静味则古人之精神不出。若能于熟诵之后，往复再四，遂觉古人微气深息，皆拂拂从言外遇之，真绝世文字也。[⑤]

---

① 张英：论《汤誓》第三条，《张英全书》上册，第129页。

② 张英：论《盘庚上中下》第五条，《张英全书》上册，第141页。

③ 方以智：《浮山文集前编》卷一《文论》，《四库禁毁书丛刊》集部第113册，北京出版社，1997年，第460页。

④ 张英：论《大诰》第一条，《张英全书》上册，第170页。

⑤ 张英：论《召诰》第四条，《张英全书》上册，第177—178页。

《立政》与《周官》二篇相较,《立政》自是纯古之文,《周官》则言从字顺,明白易晓。细思三代时,如《诗》如《易》,文皆古奥,如此言从字顺者亦少。《立政》诸篇虽佶屈聱牙,蹊径难寻,而意味深长,耐人绎玩,故愚每味《尚书》中今文远胜古文,今文真三代之宝典。①

文字之佶屈聱牙者,无过于《盘庚》三篇。今读其言,缠绵往复,味之愈永,意厚而思深,故不觉其言之复也。②

如《吕刑》《文侯之命》迥与《周官》诸篇文气不同,岂伏生所口授者尽皆佶屈聱牙,而平易之篇反不能记?③

从这些引文中,我们可以获得这样的认识:一是在《书经衷论》的语境中,“佶屈聱牙”与“古奥”同义;二是在古今文《尚书》的比较中,因今文《尚书》语言具有“古奥”的特征而赞“今文真三代之宝典”,张英推崇“古奥”可以想见。三是“古奥”不仅仅是因为年代久远而造成阅读时的难懂,而且有着非常丰富的审美内涵。从文本来看,《尚书》具有“词句古奥”“耐人绎玩”的特点,这就是说文本本身存在着吸引读者去阅读的东西,而“朗若指掌”的大义又指引着读者理解文本的方向,读者的阅读在不断激活大义的丰富性,古人之精神由此而得以显现。“迄今相去数千载,当日之言论谋画、纲纪设施,与夫忠恳诚爱之心、谐弼绸缪之计,虽散见于六经,旁流于诸史,而弘纲钜节之所统会,则莫备于《尚书》,使后之人犹得于方策之中,想象唐虞三代之君臣,如见其形容,若聆其謦欬,不觉有时代旷远之隔者”,④这虽没有像接受美学家伊瑟尔对文本的召唤结构表述的那么完整,却有着与他相同的思路。从阅读过程来看,张英不是以“古”为难,而是以“古”为美,不仅《尚书》篇目内容是审美对象,语言本身也成了审美的对象,要“熟诵之后,往复再四”“缠绵往复”。这样阅读过程延长了,审美体验也愈加丰富了,“味之愈永”“不觉其言之复”,这与西方形式主义所主张的陌生化有异曲同工之妙。“古”对于今天的读者来说是陌生的,需要花相对于“今”的对象更多的时间来阅读,阅读的过程被迫延长,然而阅读过程延长,审美享受也就被延长,也就会获得更多的审美享受。

---

① 张英:论《周官》第二条,《张英全书》上册,第194页。
② 张英:论《盘庚上中下》第七条,《张英全书》上册,第142页。
③ 张英:论《文侯之命》第三条,《张英全书》上册,第208页。
④ 张英:《恭进书经衷论序》,《张英全书》上册,第97页。

2.古茂

《书经衷论》有一处论及“古茂”：

> 今文词语大约不尚整齐，抟捖往复之间，有真气组织于中，色泽古茂，如《吕刑》《文侯之命》迥与《周官》诸篇文气不同，岂伏生所口授者尽皆佶屈聱牙，而平易之篇反不能记？①

此处“古茂”与“色泽”“真气”联在一起，可见，“古”主要指外在的色泽，如词语“不尚整齐”“抟捖往复”，具有古色古彩的特点，而“茂”主要指内在的真气，这种真气是灌注于“不尚整齐”“抟捖往复”的句子之间的，所以真气之茂在句子的层面上就是指气脉贯通，气流畅通，充满生机与活力。

3.古雅

《书经衷论》有一处论及“古雅”：

> 其言最为周密精微，意若不相属而脉络贯通，章法尤古雅有体。末节以“呜呼！嗣王其鉴于兹”收之，言有尽而意无穷，老臣之声容忾息千载如将见之。②

此处“古雅”是指章法得体。张英在《无逸》第一条中论析了章法，他说：“《无逸》一篇凡七段文字，皆以‘周公曰：呜呼’起之。首一段言君子以无逸为本，而其所以无逸者，在知稼穑之艰难也。第二段言商之贤君皆以无逸而致寿，其后嗣王以不知无逸而不克永年也。第三段言我周文王亦以无逸而致寿也。第四段言今王当以文王为法，而以商纣为戒也。第五段言诪张为幻之害。第六段言当勿听诪张之言，而以商三宗、文王为法也。第七段欲嗣王鉴于斯篇之意而不忘也。无逸是一篇之旨……末独举诪张为言者……诚能宽绰厥心……闻小人无根之说但如阳和之溃夫春冰，何嫌何疑何芥何蒂之有？所以消怨气而召和气，莫善于此。此周公所以特举以系于《无逸》之末欤！”③《无逸》是一篇诰体文，主旨是周公告诫成王不要贪图安逸，要以殷为鉴，效法文王勤劳节俭，勤勉为政。综合这几个方

---

① 张英：论《文侯之命》第三条，《张英全书》上册，第208页。

② 张英：论《无逸》第五条，《张英全书》上册，第185页。

③ 张英：论《无逸》第一条，《张英全书》上册，第183—184页。

面,我认为“古雅”有以下几个方面的内涵:“周密精微,意若不相属而脉络贯通”即为“古”;委曲详尽,反复开导,结语叮咛,报以期望,为老臣诚主之体,即“古”即“雅”(正);结意有余为章法之雅(含蓄)。

4.古穆

《书经衷论》有一处论及“古穆”:

> 其言古穆冲和,所谓大含元气,细入无间者也。①

《尧典》第一条就说“字字有太和元气”。② 在《书经衷论》开首二篇中论及“元气”,不仅指明了《尧典》《舜典》本身所具有的特点,也暗示了《尧典》《舜典》是《尚书》的“元气”之所在,对后面的篇章具有滋养、渗透、催生、温煦的作用。根据张英的表述,“古穆”显然是元气的一种存在状态。在这种语境下,我们再来理解“古穆”的内涵才能更接近其本质。“穆”从字典义来看,有多个义项,主要有恭敬、温和、美和端庄之意。“冲和”的意思是淡泊平和。张英则在此基础上赋予了“古穆冲和”新的内涵,他认为,“古穆”一方面表现出至大、包含、浑朴,另一方面又有着入于无间的至细、绵柔、精深,可见“古穆”是一种阴阳合一的浑朴境界。

总之,“古奥”主要是从字词层面揭示了《书经》的形式特点,“古茂”主要从句子层面指出了《书经》的气脉状态,“古雅”主要从章法层面论及了《书经》言说者的身份及其言说方式,那么,我们似乎可以这样认为,“古穆”主要从整体风貌层面上提出了《书经》的最高审美境界。由此,我们就可以很清楚地看到,张英以“古”为中心,以“古奥”“古茂”“古雅”“古穆”为架构建立起了立体的风格体系,而这完全是在“文”或形式的基础上构建起来的,或者说在文学话语中构建起来的,这显然已摆脱了经学话语的影响,将文学话语作为一个相对独立的话语体系来看待,这对构建相对独立的文统有着重要的意义。

(二)厚

“厚”这一范畴或风格在诗学与词学领域得到了较多的关注,对其阐述非常丰富,而在散文领域得到的关注则比较少。张英《恭进书经衷论序》指出了《尚书》“其意至厚”的风格特征。检索《书经衷论》,与“厚”组合的词主要有三个:

---

① 张英:论《舜典》第二条,《张英全书》上册,第105页。

② 张英:《张英全书》上册,第101页。

“意厚”“温厚”“忠厚”，但都没有做比较具体的阐述，所以只能结合具体语境来梳理“厚”的理论内涵。

张英在论《盘庚上中下》时二次提到“意厚”：

故《盘庚》三篇之意，皆为有位者而发，其兼言民者，特并进于庭而连及之耳。且其人又皆世有功德于朝廷，为国家之旧臣，不可以刑格势驱，乃反复晓譬，征色发声，动之以先王，动之以乃祖乃父，动之以祸福，动之以刑罚，词愈复而意愈厚，必欲使之悦于从己而后已。①

文字之佶屈聱牙者，无过于《盘庚》三篇。今读其言，缠绵往复，味之愈永，意厚而思深，故不觉其言之复也。②

由此，“意厚”内涵主要有以下三个方面：

一是立意深（厚）。《盘庚》三篇针对有位者而发，抓住了迁都问题的关键，思考深刻。

二是层次多（厚）。为了更好地说服特殊的对象，反复劝说，“动之以先王，动之以乃祖乃父，动之以祸福，动之以刑罚”，内容（意）有层次，有深度。

三是德之厚。盘庚作为君主可以采取强制措施而没有采取，却采取了反复劝说之方法，盘庚之宽厚仁爱溢于言外，所以张英说“词愈复而意愈厚”。

在论其他篇目时，张英还用了“忠厚”与“温厚”。如：“每读周之八诰，如《多方》中所言，委曲详尽，反复开导，大约示以天命之不可妄干，援夏商以譬喻之，必使之心志开明，诚意悦服而后止，所谓至于再，至于三，盖不啻其流涕痛哭而言之矣，终不忍驱之以威，胁之以势，惧之以刑。甚矣！周道之忠厚于八诰见之矣，安能复望此于秦汉以后哉？”③与论《盘庚》比较，两者表达的意思相同。周之八诰都是周公摄政时面对政治动荡而发布的，周公居臣之位而奉王命出之，恪守身份，尽忠职守，力挽狂澜，发言得体，所以张英称之曰“忠厚”。“先儒谓《牧誓》一篇严肃而温厚，与汤誓、诰相表里。盖谓其数商王之罪，但云‘惟妇言是用’‘惟四方之多罪逋逃’，崇长信使，‘俾暴虐于百姓’，未尝明言商纣之恶，故谓之温厚。”④《牧

① 张英：《张英全书》上册，第140页。
② 张英：《张英全书》上册，第142页。
③ 张英：论《多方》第一条，《张英全书》上册，第188页。
④ 张英：论《牧誓》第一条，《张英全书》上册，第154页。

誓》是武王伐纣的誓师之辞，与《汤誓》一样，都是臣伐君的誓师之辞，不忍尽其罪，所以称之为“温厚”。总之，不管是盘庚、周公还是武王，作为言说者或者作为创作主体，他们身上的品德也就通过与之相应的言说方式、方法和语气等方面表现出来，从文本的角度来看，文本也就反映了言说者或者创作主体的高尚的道德品质。

（三）弘远

“弘远”是对《尚书》旨趣特点的概括。旨趣即宗旨与意图，是文学创作的出发点与落脚点，是衡量文学作品价值的重要依据。

“弘”也作宏，即大，那么何谓“大”呢？张英在《御制文集恭跋》中说：“典重鸿硕，得《书》之大。”①“典”即标准、法则，是“道”的具体化；“重”即重大，《尚书》记载的是君臣之言之事，是国之大事；“鸿硕”即学之渊博。道、治、学这三者是文的内容，作为表现它们的“文”，除了内容之“大”外，还要与之相应的形式之“大”，如：“《洪范》一书，治天下大经大法备具于此……其言宏阔而精微，尧、舜、禹、汤不言之秘隐跃其中，信非浅学所能测也。”②

> 在位之事，询岳咨牧，行政之大者也；“咨四岳”以下，用人之大者也。百揆以纲之，纳言以维之，教养、兵刑、工虞、礼乐，灿然有章，秩然有序，慎简于其始，考绩于其终，一堂交让，君明臣良。其言古穆冲和，所谓大含元气，细入无间者也。③

这里除了说明内容之重大、语言之宏阔外，还包含了明君良臣之间良好的交流互动所形成的气氛包融一切、至大无边的特点。

旨趣“远”即含蓄、深长。《书经衷论》多次论及了“言有尽而意无穷”以及相近的观点。如：“《召诰》《洛诰》之文，周、召诰君之言也，缠绵恺切，蕴蓄深至，特其文古奥，非熟读静味则古人之精神不出。若能于熟诵之后，往复再四，遂觉古人微气深息，皆拂拂从言外遇之，真绝世文字也。”④“所谓言有尽而意无穷，此等笔

---

① 张英：《张英全书》上册，第 388 页。
② 张英：论《洪范》第二十条，《张英全书》上册，第 166 页。
③ 张英：论《舜典》第二条，《张英全书》上册，第 104—105 页。
④ 张英：论《召诰》第四条，《张英全书》上册，第 177—178 页。

法皆与《无逸》篇末周公曰‘呜呼！嗣王其鉴于兹’同一格局也。”[①]从这两条引文可知，含蓄一是通过“古奥”的语言来实现的，一是通过章法的安排来实现的。此外，从《尚书》为四统之源来看，影响之深远可以想见。

六、小结

综上所述，与《日讲书经解义》讲道论治的纯经学话语不同，《书经衷论》的“统会”“想象君臣之形容”等则不仅在经学语境中通过《书经》将道统、治统、学统与文统合一，而且比较全面系统地论述了《书经》的文学性，与张英同一时期和康熙帝南书房古文阅读方面的交流一起，开启了康熙帝的文学教育。从君臣的身份、言行想象其形容，唤醒了过去，融入了现在，情意化、形象化的文学话语得以凸显。这在经学家看来，是“据理臆测，至不足观”，[②]而实际上，这不仅使《书经》的经学话语更加生动化、具体化、现实化，丰富了经学的内涵，也有助于经学思想更好地落实。尤其让我们注意的是，张英在《书经》的经学语境中构建了相对独立的文学话语体系，进一步坐实了“以经学为文章”的理论命题，对康熙朝文统的构建提供了思想的指导。可以说，张英是在讲筵活动的经学语境中最积极开拓文学话语空间的大臣之一，这一文学话语无疑也会用到他后来的庶常馆教学中去，同时也为他以后的科举衡文与文学批评提供了基本的原则与方法。因此，既然《书经衷论》的接受对象主要是康熙皇帝，那么，它立足四统合一与君臣关系来论文学，就不仅是在经学语境下来论文学，也是在国家语境下来论文学，并通过康熙皇帝，参与了国家话语的建构，深刻地影响着清代的文学文化建设。

---

① 张英：论《多方》第二条，《张英全书》上册，第188页。

② 徐敬修：《国学常识》，广陵书社，2009年，第125页。

第二节 国家语境下个人话语与国家话语的对话与互融

——以《御选古文渊鉴》中张英的评语为中心

从文学批评的角度看,《御选古文渊鉴》是一个由御选、序、凡例、御批、先贤与诸臣评语、注释等构成的完整的选本批评话语体系。康熙皇帝作《御选古文渊鉴序》,倡明了选文的原则与标准等,韩菼与徐乾学又分别编制了《进呈古文渊鉴凡例折子》与《御选古文渊鉴凡例》,阐明《御选古文渊鉴》的编纂原则与体例等,而且每篇又都有康熙皇帝的御批置其首,作为编辑者徐乾学与审定者康熙皇帝也必然会根据自己的标准来选文定编,选定先贤与诸臣的评语一方面要与“序”“凡例”以及御批保持基本一致,另一方面又要各有侧重,各有特色,与御批相互补充。由此,《御选古文渊鉴》确立了师法对象、文章统绪、审美标准等,构建了一个丰富而多样、完整而有机的文学批评的国家话语体系,对后世产生了深远的影响。

《御选古文渊鉴》收有张英的136条评语,在参与评鉴的十二位大臣中只少于徐乾学与陈廷敬。研读这些评语,我们发现,这些评语也构建了一个由价值观、通变观与审美观组成的较为完整的话语体系,既与“序”“凡例”、康熙御批保持着基本一致性,又凸显了自己的侧重点与特色。所以,我们有必要对张英的评语进行深入的研究,以更好地认识张英在构建文学批评国家话语体系中的作用及其背后的文学史规律。

一、宗经尚用的价值观

康熙《御制古文渊鉴序》说:“书契以后,作者代兴,简册充盈,体制不一,约而论之,靡不根柢于群圣、权舆于六籍……朕留心典籍,因取古人之文,自春秋以迄于宋,择其辞义精纯,可以鼓吹六经者,汇为正集。即间有瑰丽之篇,要皆归于古雅，其绮章秀制弗能尽载者，则列之为别集。”①徐乾学《御选古文渊鉴凡例》又说：“乃赐御批，标诸篇首。微文奥义，昭揭万古。于以阐扬理道，则翼赞乎经籍；于以敷陈政事，则裨益夫治体。寻其旨趣，固足以启发神智；稽其故实，亦足以增长见闻。诚训世之要编，觉民之巨典。”②“根柢于群圣、权舆于六籍”即宗经，“翼赞乎经籍”“裨益夫治体”“启发神智”“增长见闻”即尚用。由此可见，《御制古文渊鉴》的“序”与“凡例”是要以“根柢于群圣、权舆于六籍”为路径，以“翼赞乎经籍”“裨益夫治体”“启发神智”“增长见闻”为具体内容，来实现“训世之要编，觉民之巨典”的现实目的。

“宗经尚用”是中国古代文论一个重要的传统。张英在《御制文集恭跋》中就“宗经”有较具体的论述：“伏睹圣人之学博而无所不该，而必以六经为根柢。故圣制诸篇，穷理极高深，得《易》之奥；典重鸿硕，得《书》之大；渟泓蕴藉，得《诗》之厚；褒贬谨严，得《春秋》之法；条理畅达，得《礼》之序。”③从内容与形式两个方面具体阐释了“宗经”的内涵。《御选古文渊鉴》以“宗经”作为选文与评文的基本价值标准，在具体批评时，诸臣评语又受篇幅限制，没有必要也不可能作深入阐述，因此相关评语多为印证这一标准。至于如何印证，由于批评的切入点与侧重点不一样而有自己的特点。下面我们从宗经的方式上来谈张英的宗经尚用价值观的表现形态。

（一）具体地指出其依何“经”以立义。如：

> 气既光昌，论复条达，从《礼运》《礼器》诸篇抉其精义而发为文章，宜其言之有本也。④
>
> 引《易》为论，深得阴阳、内外、消长、否泰之理，词气宽裕而意自诚恳。⑤
>
> 周子《通书》谓“仲由喜闻过，令名无穷焉”，仲虺赞汤亦曰“改过”，《论语》亦言“寡过未能”，则圣贤之所重可知，斯篇能阐发其义。⑥

---

① 玄烨、徐乾学等：《御选古文渊鉴》，影印《文渊阁四库全书》第1417册，台湾商务印书馆，1986年，第1—2页。

② 徐乾学：《憺园文集》卷三十五，《清代诗文集汇编》第124册，第710页。

③ 张英：《张英全书》上册，第388页。

④ 玄烨、徐乾学等：《御选古文渊鉴》卷五十，影印《文渊阁四库全书》第1418册，第434页。

⑤ 玄烨、徐乾学等：《御选古文渊鉴》卷五十一，影印《文渊阁四库全书》第1418册，第454页。

⑥ 玄烨、徐乾学等：《御选古文渊鉴》卷五十八，影印《文渊阁四库全书》第1418册，第642页。

抉《礼记》之精义发为文章，“引《易》为论”，阐发《书》中仲虺赞汤之言，都是直接而具体地指出其言之所本，这不仅印证了“宗经”这一价值标准，也从创作的角度指明了立义之方法，具有实用之价值。

（二）指出其源于“经”，但没有具体指明源于何“经”，而是从文章体貌上说明“宗经”的效果。如：

湛于经术，言成典型。①

湛于六籍之言，故典纯端雅，而无佻达繁缛之弊。②

出入经史，其言典醇浓缛，宏博渊雅，南丰之所擅长也。③

引经据典，古色纷披，商卣周鼎，非复耳目近玩。④

在张英看来，文章只有湛深经术，出入经史，才能达到“古”“典”“醇”，那么，换一角度来说，“古”“典”“醇”则是宗经的表现形态。如果将“古”“典”“醇”这三形态归类，“古”“醇”印证“宗经”，指向的是过去，而“典”印证“宗经”，除了指向过去，还指向现在和未来，有暗含作为现在与以后的文学典则之意。“古”“典”“醇”在康熙与诸臣的评语中出现的频率也较高，它们以国家话语的形式出现，具有鲜明的导向性，所以，它们已不仅是宗经的表现形态，同时“典”的强调也有以此构建示范的实用目的，《尚书·五子之歌》说：“有典有则，贻厥子孙。”徐乾学的“凡例”也说：“诚训世之要编，觉民之巨典。”

（三）揭示或强调文章中所蕴含的历史经验，可以说是依乎经而通乎理。这类评语较多，而且涉及面广。如论政治：“天下如大器，视乎所置之安危，汤武置天下于仁义礼乐，所谓措国于不倾之地也。”⑤论吏治：“论吏治以久任责成功，以治效核名实，允为经世之言。”⑥论军事：“先縠轻而寡谋，刚躁而愎，以致晋师败衄。”⑦论养民：“养民之泽，百姓怀之不忘，是即桐乡不忘朱邑之义也。”⑧论君臣

① 玄烨、徐乾学等：《御选古文渊鉴》卷三十四，影印《文渊阁四库全书》第1417册，第744页。
② 玄烨、徐乾学等：《御选古文渊鉴》卷五十四，影印《文渊阁四库全书》第1418册，第556页。
③ 玄烨、徐乾学等：《御选古文渊鉴》卷五十二，影印《文渊阁四库全书》第1418册，第514页。
④ 玄烨、徐乾学等：《御选古文渊鉴》卷六十四，影印《文渊阁四库全书》第1418册，第771页。
⑤ 玄烨、徐乾学等：《御选古文渊鉴》卷十一，影印《文渊阁四库全书》第1417册，第198页。
⑥ 玄烨、徐乾学等：《御选古文渊鉴》卷十九，影印《文渊阁四库全书》第1417册，第389页。
⑦ 玄烨、徐乾学等：《御选古文渊鉴》卷二，影印《文渊阁四库全书》第1417册，第37页。
⑧ 玄烨、徐乾学等：《御选古文渊鉴》卷四十八，影印《文渊阁四库全书》第1418册，第374页。

关系:"意主于伸君臣之义以激利人心,固南宋之要言,实古今之通论。"①等等。这些对历史经验的揭示与强调,多与巩固执政基础有关,多少带有张英在南书房与康熙讨论古文的特征:一方面具有论文论艺的特征,另一方面具有教育与劝谏的特征。

(四)依于经而切于情、事、理。刘勰《文心雕龙·宗经》说"文能宗经,体有六义",其中三义为"情深而不诡""事信而不诞""义贞而不回"。这不仅指出了宗经是内容雅正之需要,也道出了文章内容由情、事、理三个方面构成。而在张英看来,"情"不仅心之"情":"所言披沥胸次,捐祛城府,冀达舆情,于斯为切。"②也指物之"情":"先縠轻而寡谋,刚躁而愎,以致晋师败衄。《左传》数处摹写情状如画,诚《易》所谓'弟子舆尸'也。"③"盱衡古今地势,识解闳远,议论条畅,非迂阔而不切于事情者。"④"事"是事实,是现实,是事物之客观存在:"宣公论事之文,豁达剀至,真有唐一代之杰作也。"⑤"变纪传为编年,使十六代事粲如指掌,涑水真史家之总会也。崇奖扬扢,重以王言,足相辉映矣。"⑥"理"是事物运动之规律,是"经"理:"明于顺逆之理,达于时势之言,故能爽切不浮,足以耸听。"⑦由此,"情""事""理"显然是"物"在不同层面上的存在状态,那么,本之宗经尚用,文章就会"言之有物"。

二、承变相生的通变观

在《御选古文渊鉴》的"凡例"中,韩菼与徐乾学从宏观上论述了他们的文学史观。韩菼《进呈古文渊鉴凡例折子》表述了他的文学史观:

> 一、"春秋三传"已列于经,其在文家是为鼻祖。祭川先河,斯为知本。宋儒真德秀选《文章正宗》冠以《左传》,斯集盖仍其例。
>
> 一、三代以后,西汉文最近古,诏令犹有典诰遗则,奏疏班史所载,其亦精

① 玄烨、徐乾学等:《御选古文渊鉴》卷五十八,影印《文渊阁四库全书》第1418册,第637页。
② 玄烨、徐乾学等:《御选古文渊鉴》卷二十二,影印《文渊阁四库全书》第1417册,第450页。
③ 玄烨、徐乾学等:《御选古文渊鉴》卷二,影印《文渊阁四库全书》第1417册,第37页。
④ 玄烨、徐乾学等:《御选古文渊鉴》卷五十一,影印《文渊阁四库全书》第1418册,第475页。
⑤ 玄烨、徐乾学等:《御选古文渊鉴》卷三十三,影印《文渊阁四库全书》第1417册,第721页。
⑥ 玄烨、徐乾学等:《御选古文渊鉴》卷四十二,影印《文渊阁四库全书》第1418册,第181页。
⑦ 玄烨、徐乾学等:《御选古文渊鉴》卷四十一,影印《文渊阁四库全书》第1418册,第163页。

矣，登之十有八九。夫文沿时而必变，变而不能复其势也。东京、六朝、唐、宋、元、明递以降矣。要各成一代之文，弗可偏废也。其中八家于变之中有复古之力，盖时之善变者，世久尊信，自不可易，故采取特多。①

徐乾学《御选古文渊鉴凡例》也系统地论述了他的文学史观：

一、图书为文字之祖，历三古而更四圣，《诗》《书》《礼》《乐》《春秋》订自圣手，同于化工，垂教万禩，无可增损。左氏内外传而后，乃得而商略焉。丘明既亲受经孔子，而公羊、谷梁为子夏弟子，所以折衷微言，发挥大义，文章之古，亦莫过于此矣。至策士纵横，虽近权谲，特辞多雄辩可喜，亦为删其芜累，录其精要。

一、三代以降，惟两汉之文最为近古，朝廷诏策，臣僚章疏，皆非近代可比，故正集中录之为多。

一、魏晋以还，文胜于质，齐梁而下，理不胜辞，然其能者闳览博征，各自造极，每代各存数篇以见其源流正变。

一、唐之燕许，盖亦有意于大，复古而未之能逮，然其施于典册，勒诸金石，往往可采。至韩愈氏醇而能肆，以起衰为己任，柳宗元、李翱、皇甫湜之徒又从而和之，元和文体一变而返于六经。合以陆贽之奏疏剀切、杜牧之议论雄俊，有唐一代之文称伟观矣。

一、五代抢攘，文气衰弱。宋初杨、刘倡导西昆，风会愈以不振。迨穆修、柳开、尹洙始有意复古，至欧阳修推崇韩愈，其文为一代宗师，游其门者，翕然从之。明臣唐顺之、茅坤溯自韩、柳，合欧阳、三苏、临川、南丰为唐宋八大家，至今遵之，故搜采特备。

一、周、张、二程之书，解经论学，未尝以词章自名，而其义蕴深醇，夐非文人所及。朱熹集濂洛大成，为文复斟酌于昌黎、南丰之间，黜伯功，辨异学，自是言文章者，知以道德为根本。有元一代硕儒递相祖述，斯道大阐，皆其功也。第全书卷帙甚多，所存尚未什一。②

① 韩菼：《有怀堂文集》卷十一，《清代诗文集汇编》第147册，第165页。
② 徐乾学：《憺园文集》卷三十五，《清代诗文集汇编》第124册，第710—711页。

而在诸臣的评语中,只有张英比较全面地论述了他的文学史观,《御选古文渊鉴》共收录了 18 条评语。

时代	作者	作品标题	评语
战国	《战国策》	冯煖客孟尝君	叙冯煖奇,叙孟尝亦奇,以照应为波澜,龙门列传多本此。
汉代	刘彻	复策贤良制	西汉诏词以简洁胜,武帝三策尤渊邃于理。
	贾山	至言	极言竭论中独有温醇绵密之气。西汉文继《战国策》后,一变其嚣张谲辩,归于纯正,所以开一代之风气也。
	谷永	讼陈汤疏	前博引典故,至结束处皆收摄入正意,文势益振,两汉封事多用此法。
	贾让	治河奏	贾让虽陈三策,观其叙述有详略,命意亦多在中策耳,故后代率用之。
六朝	曹植	陈审举疏	以雄隽之笔写激楚之情,风格遂与两汉顿殊矣。
	干宝	晋纪总论	前言晋积累之浅,后言晋风俗之敝,中多名论。文气犹近两汉。
	萧子良	陈明政启	六朝论事之文较之两汉则逊其醇茂,若下视唐宋则犹为简质耳。
唐代	李世民	赐孝义高年粟帛诏	唐诏令较两汉虽繁简质文有异,而克己宏物,意不殊于文景,此谊主之所同也。
	李适	褒功臣诏	华赡是唐诏令所长,此特纬以古穆之气。
	魏徵	论治疏	好恶乃为治之本,故篇首重发斯义,娓娓特详。论德礼刑罚,其说多祖董、贾。而文则有汉唐人之别。
	陆贽	请罢兵状	首尾数千言,如飚举泉发,皆切中机要。宣公论事之文,豁达剀至,真有唐一代之杰作也。

续表

时代	作者	作品标题	评语
宋代	范百禄	对制科策	古采纷错，词意激昂，宋文之以丰骨胜者。
	苏轼	代张方平谏用兵书	伉爽淋漓，命意圆湛，而体格端重，词气丰裕，公文之似陆宣公者。
	曾巩	雅正辨	其言迂回澹折，绝去寻常畦径，有类于《公羊》《穀梁》《檀弓》《韩非子》之文。
	晁说之	元符三年应诏封事	文气排宕充裕，有千夫辟易之势，宋文之似唐文者。
	李纲	答诏问攻战守备措置绥怀之方	明快爽直，意存激劝，似陆宣公奏议诸篇。
	魏了翁	赵钥夫宗藩文类序	典醇浓缛，西京之雅音，班范之遗渠也。

由上表可知，张英的18条评语散落在《御选古文渊鉴》的各卷之中，不如韩、徐之论集中，但将这18条评语放在一起，我们发现，它也构成了一个比较完整的文学史话语体系。如果将这18条评语置于《御选古文渊鉴》的批评话语体系中，与徐乾学、韩菼相对照，我认为有以下几点值得关注：

（一）张英揭示了不同时代作品的继承关系。在18条评语中有11条涉及了作品的继承关系，主要从三个方面来论如何继承的：一是"意"的继承，如评唐李世民《赐孝义高年粟帛诏》："意不殊于文景"；二是"法"的继承，如评《战国策·冯煖客孟尝君》："叙冯煖奇，叙孟尝亦奇，以照应为波澜，龙门列传多本此"；三是"风格"的继承，如评宋李纲《答诏问攻战守备措置绥怀之方》："明快爽直，意存激劝，似陆宣公奏议诸篇"。这些评语强调了对前代文学作品学习的重要性以及如何学习的问题，对引导文学的时代风尚有着重要的意义。

（二）张英指出了文风转变的关键作家作品和时代文风的杰出代表。18条评语中论贾山与曹植两人作品时，将他们作品置于文风演变的历史语境中予以论述，视野宏阔，见微知著，定位准确，论述恰切。如对贾山《至言》的评论，唐顺之评曰："此文去战国未远，有奇气而不用绳墨。"①突出了《至言》对《战国策》的继承，没有论及《至言》中新的变化。而张英更多地关注了《至言》中新的变化，发现

① 玄烨、徐乾学等：《御选古文渊鉴》卷十一，影印《文渊阁四库全书》第1417册，第190页。

了其中“温醇绵密”“纯正”的新气象，认为它开启了一代新风，眼光敏锐而独到。对陆贽作品的评论则比徐乾学“凡例”的评价更高：“真有唐一代之杰作”，并从后人对其的模仿继承中论证了陆贽对后世的影响，如苏轼“公文之似陆宣公者”、李纲“似陆宣公奏议诸篇”。显然，张英的视野已超出了七子派与唐宋派的范围。康熙《阅史绪论·陆贽奏代李楚琳事》也有相类似的评价：“陆贽章奏甚多，莫不竭忠尽智，悉中机宜，此尤务全国体，深有合于王道，虽遭时不淑，其嘉谟硕画足为臣子进言之法。”①

（三）张英呼应了韩菼“凡例”中的“文沿时而必变，变而不能复其势”论断，与徐乾学对文学史的梳理明显不同，对每个时代的文学特点进行了简要概括，《战国策》的“奇”“嚣张谲变”——汉的“简洁”“醇茂”——六朝的“雄隽”“激楚”——唐的“华赡”“明爽”——宋的“丰骨”，将这些评语放在一起，我们发现，在徐乾学的“凡例”之外，张英又为我们梳理了一个比较清晰的文学风格演变史的线索，这样不仅可以与徐乾学的“凡例”相互补充，也有助于对韩菼“凡例”的深入理解。

（四）张英关注到了实用文体的发展演变，他多在对实用文体的评论中点出文学的时代特点，有强调“治”与“文”结合的意向及其对文学的时代风尚的引导作用。在《御选古文渊鉴》所构建的文统中极力地凸显了实用文体是文章统绪的有机组成部分，对全面认识文学的发展演变有着重要的意义。

总之，张英的18条评语，从微观的作品评论入手，将作家作品置于宏观的文学发展史中予以定位，梳理了实用文章的统绪，充实与丰富了韩愈以来的文统内容，并得到了徐乾学与康熙的认同，以国家话语的形式确立了新的文学史观，对后代的影响也就毋庸置疑。如果将这与他在《书经衷论》中关于文统（尧舜禹开启了文之统绪）的论述结合起来，可以看出在张英文论话语体系中有一个非常清晰而完整的文统。

三、气韵有余的审美观

“气韵有余”是张英康熙丙辰年（1676）在《潘木厓诗集序》中提出的审美思想：

① 玄烨：《圣祖仁皇帝御制文集》卷三十九，影印《文渊阁四库全书》第1298册，第695—696页。

少陵雄浑苍深，体兼众妙；香山排宕潇洒，自为一家。要皆不束缚于声律、比偶之中，独抒写其性情，务为极言竭论，穷变尽妍，凡所为忧乐欢戚之言，千古而下，犹如即乎其人、见乎其事而闻其声。此则杜与白旨趣之所以同，亦即蜀藻所以宗二家之意也。尝窃谓香山之诗务于尽，人固知之，而少陵亦未尝不务于尽也。少陵务于尽而不伤其涵蓄者，气有余也；香山务于尽而不伤其高淡者，韵有余也。子瞻、山谷皆力摹少陵而其后不得不入于香山者，才人握管，思以畅发其性情，类不乐为初唐诸子句镂字琢、比拟属对之工，而浩衍流畅，以务尽其才，故宋元以后之诗人大约不出此二家之法，少陵、香山之所以貌殊而致一者亦在此哉！①

"尽"是指尽意，这里论及了尽情、尽事，强调了尽情，虽没提"理"，当然也应包括"理"。然杜、白尽意则呈现出不同的状态：杜甫呈现为"雄浑苍深"的"气有余"之美，而白居易则呈现为"排宕潇洒"的"韵有余"之美。由此，"尽"是前提，是基本要求，"气有余""韵有余"是实现"尽"的过程中所呈现的状态；"气有余"主要呈现为浑厚涵蓄的情意之美，是一种内容之美，而"韵有余"则主要是表达中形成的潇洒高淡的态势之美，是一种形式之美，也是一种意态之美；"气有余""韵有余"是张英"裕"的审美理想的具体落实（见下文第五节）；张英崇白效白，更多地倾向于"韵有余"。张英的这一论诗思想，在论文中也有充分地体现。

（一）尽

《御选古文渊鉴》所存的张英的 136 条评语中，有 19 条评语有"尽"以及与"尽"相近的词语"极言竭论""达"和"至"。

"尽"情，如"谦冲谨抑，发于中诚，卓然明达之言。"②"所言披沥胸次，捐祛城府，冀达舆情，于斯为切。"③

"尽"事，如"论董贤事极详尽。'爱之适足以害之'，达识名言。"④"反复辨驳，所言皆有宋当日之弊，亦自详尽。"⑤

"尽"理，如"九品中正本乡举里选之遗意，但中正不能尽贤，则选举何由得

① 张英：《张英全书》上册，第 304—305 页。
② 玄烨、徐乾学等：《御选古文渊鉴》卷十七，影印《文渊阁四库全书》第 1417 册，第 339 页。
③ 玄烨、徐乾学等：《御选古文渊鉴》卷二十二，影印《文渊阁四库全书》第 1417 册，第 450 页。
④ 玄烨、徐乾学等：《御选古文渊鉴》卷十六，影印《文渊阁四库全书》第 1417 册，第 314—315 页。
⑤ 玄烨、徐乾学等：《御选古文渊鉴》卷五十四，影印《文渊阁四库全书》第 1418 册，第 553 页。

实，必然之势也。斯文櫽括殆尽。”①“明于顺逆之理，达于时势之言，故能爽切不浮，足以耸听。”②

这 19 条评语评论的对象是公务文书与政论，是应用文体。对于应用文体来说，将所涉的理、事、情表述清楚、充分、完整，是达到写作目的最基本的要求，其他文章也概莫能外。张英强调“尽”，就是强调“尽意”。他在《赵玉峰文集序》中就这样说：“一篇之中必先竖一义，而后纵横排宕，出经入史以畅明之，使人如入武夷九曲之溪，洞心骇目，屡变不穷，而究归于发挥一义而止。”③不管是以意御气，还是以气行意，张英非常重视意在文章中的基础地位与核心地位，这是他宗经尚用价值观的必然要求和具体实践。

（二）气有余

张英《陈问斋杜意序》说：“少陵生平以王佐自许，所处之时，治日少，乱日多，抱忧天悯人之情，发为沉郁顿挫之音，结轖于中而触发于外者，此少陵之意也……少陵处君臣朋友间，情致缠绵真挚；好规讽人过失，而要不失其温厚之旨；遇一草一物寥落不偶，必为之摹写其形状，而咏叹惋惜之：此少陵之意也。”④参照此处论杜，结合《御选古文渊鉴》中张英的评语，我认为“气有余”主要有以下三个方面的含义：

首先，“气有余”之“气”是一种真挚浓郁的情感，“气”从情出，这从“忧天悯人之情”“缠绵真挚”中可以看出。张英评司马相如《谏猎赋》说：“绵丽之文，复饶忠爱。”“饶”即有富足、多之意，与“有余”相近，那么，“饶忠爱”即有着深厚的忠爱之情。评朱熹《与王龟龄书》说：“舒徐委折，情文兼美，好贤之诚，诤友之义，爱国之心，济时之念，皆于此可见矣。”其中的“诚”“义”“心”“念”是内在的情感，用四字评价，见其情感之深浓与缠绵。评苏辙《再论分别邪正札子》说：“引《易》为论，深得阴阳、内外、消长、否泰之理，词气宽裕而意自诚恳。”“意自诚恳”即情自诚恳。评苏轼《策略五》说：“论西汉始末，具见要领。文则中边皆腴。”何为“中”？何为“边”？方以智说：“论伦无夺，娴于节奏，所谓边也。中间发抒蕴藉，造意无穷，所谓中也……词与意，皆边也。素心不俗，感物造端，存乎其人，千载如见者，

① 玄烨、徐乾学等：《御选古文渊鉴》卷十七，影印《文渊阁四库全书》第 1417 册，第 476 页。
② 玄烨、徐乾学等：《御选古文渊鉴》卷四十一，影印《文渊阁四库全书》第 1418 册，第 163 页。
③ 张英：《张英全书》上册，第 331 页。
④ 张英：《张英全书》上册，第 297 页。

中也……闻乐知德，因语识人，此几知否？”①方氏之“中”的意思与张英“凡所为忧乐欢戚之言，千古而下，犹如即乎其人、见乎其事而闻其声”这句话的意思是重叠的，“腴”即丰裕，那么，“中腴”即是说情感是真挚、雅正（不俗）的，也是丰裕的。

其次，“气有余”之“气”是一种温厚之情，这从“不失温厚之旨”可以看出。康熙评曾巩《福州上执书》说：“出入《风》《雅》之中，自有温柔敦厚之气，知其本乎性情者深也。”②这种“气”是出自《风》《雅》的，源自诗教的，如张英评贾山《至言》说：“极言竭论中独有温醇绵密之气。西汉文继《战国策》后，一变其嚣张谲辩，归于纯正，所以开一代之风气也。”评司马光《应诏论体要》说：“和平温密之中而具真挚淳庞之气，温公论事类如此，洵端人正士之篇也。”其中的两个“正”即体现了纯正的儒家之特征，不是那种“嚣张谲辩”之气，而是一种中和之气，是“发乎情，止乎礼义”之气。

再次，“气有余”是一种含蓄之美。在杜诗中表现为以顿挫之法来抒沉郁之情，以儒者的博大情怀来缓释结辖于中的情感，不任“气”一泄无余，是一种有节制的情感抒发，让人感受到“气”的充裕。张英《归孝仪制义序》说：“予观其气沉，其力锐，其色蔼然，其光黝然，及再拜启其笥箧而快读其制举之文，则如长江大河之奔注而涵育也，如珠光剑气之苍茫而温润也。”③使“奔注”之气“涵育”而不使过尽，使“苍茫”之气“温润”而不使过锐，这不仅体现了儒家的中和特征，也让我们体验到“气”的有余与充裕，更让我们感受到儒者情怀的博大与丰富。张英在《御选古文渊鉴》中的相关评语中主要从“简”与“余”对待立义的角度来展开的。如张英评欧阳修《五代史伶官传论》说：“叙唐庄宗处，倏而英俊，倏而衰飒，凭吊唏嘘，虽尺幅短章而有萦回无尽之意。”“唏嘘”是一种情感的表达，“无尽之意”包含着“情”。评常衮《大历四年大赦诏》说：“代言之文，简质中复蕴藉乃尔。”“蕴藉”即含蓄。

总之，在《御选古文渊鉴》张英的评语中，“气有余”主要指向情感，是对情感的真挚、浓郁、丰裕与含蓄的审美追求，也是儒家温柔敦厚的诗教传统在古文评论中的体现。在此语境下，创作与评论也必然是“发乎情，止乎礼义”，作品中的情感自然是“无邪”的，不俗的。由此可见，“气有余”是对情感本身的审美，因其浓

---

① 方以智：《通雅》，中国书店，1990 年，第 46 页。
② 玄烨、徐乾学等：《御选古文渊鉴》卷五十二，影印《文渊阁四库全书》第 1418 册，第 507 页。
③ 张英：《张英全书》上册，第 309 页。

郁而含蓄，审美的取向是内向的，是基本上不关注形式的，是对一种具有正能量而且充裕的生命力的欣赏与体验。

（三）韵有余

张英论白诗“韵有余”，是指其“排宕潇洒”“浩衍流畅”，由此，“韵有余”即韵之余，是语音语调、节奏韵律、意象组合、结构布局等形式因素所呈现出来的态势，是基于作品形式的形态之美。张英《聪训斋语》说：“人人各有一种英华光气，但须磨炼始出……但做出自己声光，如树将发花时，神壮气溢，觉与平时不同，则自然之机候也。”①主体“声光”从形式中的溢出，即是“韵有余”。可见，“韵有余”也是一种意态之美，生命之美。桐城后学方东树说：“韵者，态度风致也。如对名花，其可爱处，必在形色之外。”②清代道咸之间的孙麟趾《词径》说：“韵即态也，美人之行动，能令人销魂者，以其韵致胜也。”③方、孙两人给“韵”所作的界定可视为对张英“韵有余”的诠释。据此，检索《御选古文渊鉴》中张英的评语，与“韵有余”有关的评语主要有 13 条：

作者	作品标题	评语
《左传》	秦师自郑入滑	郑之辞杞子，意严而词婉，情迫而语闲，想见古人用笔之妙。
《战国策》	黄歇说秦王	词采络绎奔会，层折尽变，有波洄云扰之态。
驺忌子	驺忌子以鼓琴见齐威王	覆绎前说，略加点缀以成文，自觉铿然有余韵。
司马迁	孟子列传	夭矫排宕，卓荦不群，此龙门之所以自为千古也。
汉章帝	以肥田赋贫民诏	结撰简劲，而韵致宏长，音节弥古，洵为典册高文。
任城王澄	谏高祖幸豫	词尚简洁，而铿然余韵溢于行墨之表。
韩显宗	上时事书	意在区别四民，使伎作不与士类同处，其法本诸管子，亦渐摩风俗之一术。而行文特爽骏有致。
韩愈	答李翊书	波委云属，态致横溢，真昌黎之自状其文也。

① 张英：《张英全书》上册，第 534 页。

② 方东树：《昭昧詹言》，人民文学出版社，1961 年，第 29 页。

③ 唐圭璋：《词话丛编》，中华书局，1986 年，第 2556 页。

续表

作者	作品标题	评语
苏辙	隋论	引秦隋合论，大意与《过秦论》相类。文气灏衍宽平，有长江千里之势，亦复光芒肆映，不可逼视。
曾巩	寄欧阳舍人书	以畜道德而能文章归美欧阳公，足见作铭之不易。以此一义回旋转折，洒洒洋洋，极唱叹游咏之致，想见行文乐事。
张耒	敦俗伦	以廉让为善俗之本，文势复充裕条达而无拘迫之态。
王令	正命	援阴阳推步诸家，以证言命之妄，正与孟子“修身以俟之，所以立命”之说互相发明。文势亦累累如贯珠，流转不穷。
晁说之	元符三年应诏封事	文气排宕充裕，有千夫辟易之势，宋文之似唐文者。

这13条评语涉及先秦、汉、唐、宋等散文史上主要的朝代，一定程度上说明了“韵有余”是散文家普遍的审美追求。梳理这13条评语，我认为至少有以下四个方面值得关注：

其一，“韵有余”的审美客体主要有两个：一个是文本，是对文本形式所呈现的状态的审美，如：“词采络绎奔会，层折尽变，有波洄云扰之态。”“文气灏衍宽平，有长江千里之势，亦复光芒肆映，不可逼视。”一个是创作主体，是对创作主体创作状态的体验，当然这也是从阅读文本获得的体验，如“想见用笔之妙”“想见行文乐事”“行文特爽骏有致”，是对创作主体自如驾驭写作并具有极强的艺术表现力的欣赏。

其二，“韵有余”主要有这样几种审美形态：一是张力之美，有内容与形式之间的张力之美，如“意严而词婉，情迫而语闲，想见古人用笔之妙”。有言短与意长之间的张力之美，如“结撰简劲，而韵致宏长”。有形式的曲与畅之间的张力之美，如“夭矫排宕，卓荦不群”。二是力量之美，这虽是气裕的表现，但审美指向的是气在流动过程中所形成的“势”，如“长江千里之势”“千夫辟易之势”。三是畅达之美，如“文势复充裕条达而无拘迫之态”“文势亦累累如贯珠”。四是绵延之美，如“词采络绎奔会”“波委云属”“文气浩衍宽平”“铿然有余韵”。

其三，“韵有余”由“韵”之实走向了“态”之虚，突出了“韵”之“余”，评语中的

“溢”“无拘迫之态”等,既不离形式,又超越了形式。又,气是韵之体,韵是气之用,气与情弥漫于韵之中,巴恩施《艺术与情感》认为:“情感不可能完全存在于人们视为‘内容’的可感觉的范畴,而是弥漫于艺术作品的形式因素与美学因素之中。”①可见,“韵有余”不仅是一种虚实结合的形态之美,也是一种意态之美。

其四,“韵有余”是驾驭语言表情达意之“态”,是主体之“态”,其间洋溢着主体生命的气息:“张力”之中彰显了生命的丰富与弹性;“力量”之中彰显了生命的旺盛;“畅达”之中彰显了生命的舒展;“绵延”之中彰显了生命的生生不息。可见,张英的评语为我们揭示了主体的生命之美。而“畅达”在张英看来是生命的主旋律,贯穿各种形态的生命之中。如果从张英“条理畅达,得《礼》之序”的观念来看,张英所张扬的生命之美显然是基于《礼》之序的生命的舒展,这已开方苞“言有序”之先河。张英将言之序与礼之序联系起来,有着更为深刻的文化内涵。

总之,张英的“韵有余”突出了作者在表现对象的同时,也在表现自己,自己的精神、意态通过作品的形式而流溢出来。如果说在宗经尚用的语境下,“理”“气”更多的具有儒家集体的共性,那么,在张英看来,“韵”则具有更多的个性色彩,作者的生命状态也由此得以凸显,让读者于作品所洋溢的勃勃跃动的生命活力中体验作者的生命之美。由此可以看出,张英在古文创作及理论方面与王士祯的“神韵”诗学相呼应,共同构建了盛世文坛;从桐城文派的角度看,刘大櫆的“神气”说、姚鼐的“神妙”说也都可以看到张英“气韵有余”的影子。

四、小结

综上所述,《御选古文渊鉴》收录的张英评语,于文学批评的国家话语中构建了由价值观、通变观和审美观组成的批评体系。它一方面顺应康熙的旨意和政治的需要,细化与落实了宗经尚用的评文标准,一方面又彰显了自己的特色,尤其是,于儒者共性的道德追求中,于具体的创作过程中,释放生命的能量,舒展主体的生命,张扬了主体个性特色的形态之美、意态之美与生命之美。《御选古文渊鉴》作为清代第一部钦定古文选本为文人指定了师法对象,确立了“宗经尚用,精纯古雅”的评文标准,引导与规范了当时文风,促进了“醇雅”文风的形成,对后世文学文化产生了广泛而深远的影响。张英的个人话语一方面与国家话语有基本

① 苏珊·朗格:《情感与形式》,中国社会科学出版社,1986年,第70页。

的一致性,他在自己的话语中印证、诠释、细化与落实了文学批评国家话语的基本价值标准与要求,另一方面他又有着由宗经尚用的价值观、承变相生的通变观与气韵有余的审美观构成的较为系统的个人话语体系。张英的评语既凸显了其与康熙、先贤与诸臣的话语的不同,又在与国家话语互动、互补、互证与互融中,实现了个人话语与国家话语的互换与共生,成为国家话语体系的有机成分。这体现出,国家话语的构建具有非常明显的间性特征,正是这种间性实现了国家话语一致性与丰富性的统一。

第三节　地域语境下桐城文学传统的总结与期待

——以《龙眠古文初集序》为中心

“文学史发展到明清时代,一个最大的特征就是地域性特别显豁起来,对地域文学传统的意识也清晰地凸显出来。理论上表现为对乡贤代表的地域文学传统的理解和尊崇,创作上体现为对乡里先辈作家的接受和模仿,在批评上则呈现为对地域文学特征的自觉意识和强调。以地域文学为对象的文学选本……显示出强烈的以地域为视角和单位来搜集、遴选、编集、批评诗歌的自觉意识。”①桐城李雅、何永绍编辑的《龙眠古文一集》以及张英为该集所作的序文可以作为蒋寅先生这段话的一个典型例证。

对于清初文坛与桐城文坛,我想有以下四点还需强调:

一是桐城文化大族虽多为元末明初的移民,来自不同地方,文化上有差异,但经过有明一代的融合,尤其是桐城文化家族多联姻,文人交流频繁,文化融合程度高,清初桐城文学特征与传统已基本形成。古文创作又较为繁荣,出现了姚文然、方以智、程芳朝、方孝标、张英、潘江、姚文燮、钱澄之、江皋、方中履等名家。

二是康熙二十年(1681)十一月,三藩平定,康熙举办了一系列的欢庆活动,盛世气象初显,遗民的抗争意识此时已被时间与现实消磨殆尽,士人多表现出对国家的认同,遗民、贰臣、新士人等创作队伍已经融合,根本改变了明末以来文学

① 蒋寅:《清代诗学与地域文学传统的建构》,《中国社会科学》,2003 年第 5 期,第 166 页。

话语权在下的状况，翰林院、台阁已开始成为当时文坛的中心，所以建设好这个中心，开创、树立、引领符合统治需要的文坛主流文风，已是当时台阁文坛的政治使命。

三是张英在任帝师九余年后的康熙二十一年（1682）春请假归里，在里三年（1682—1685），多与潘江、姚文燮、钱澄之、方中履、李雅等人相唱和，融入桐城文坛，为他们写下了不少诗文，凝聚了桐城文坛，并为桐城文坛带来了国家文学文化建设的新要求。

四是康熙二十二年（1683）秋《龙眠古文一集》刻成，收录了桐城明代至清初93位作者335篇古文作品和吴道新、潘江、王凝命、张英为之所作的序，桐城文学特色因此得到进一步凝练，然张英翰林院学士兼礼部侍郎的身份所具有的号召力无疑会凝聚了桐城文坛，并将其引导到盛世的文学文化建设中去。

因此，《龙眠古文一集》的选编与刻印，不仅进一步凝练了桐城古文的特色，也为桐城文派立派提供了契机。而张英为之所作的《龙眠古文初集序》则总结了桐城文学传统，确立了桐城文学纲领，可以说是顺势而为，登高一呼，将当时活跃于桐城文坛的古文创作队伍更好地聚拢起来，顺应时代的要求，朝着更加明确的方向与目标前进，宣告了桐城文派的成立。何永绍的谢诗也多少透露了这些消息："黑头公辅古来稀，世掌丝纶不可几。燕许文章生气色，马班名字有光辉。龙眠典献谁曾识，寰海声华自此飞。谢得标题同琬琰，存斋冰雪尽珠玑。"①

一、桐城人文为何兴盛？

从目前的资料来看，关于桐城人文之盛的原因，最早对此进行较为全面阐述的是张英，其后姚鼐、方东树等人对此问题的阐述均未超越张英所论的范围。张英序文主要从"地灵之结聚""风气之蟠郁""先正之垂裕"三个方面论述了桐城人文之盛的原因，并在此基础上揭示了桐城文学文化的共同特色与地域传统。

（一）地灵之结聚

桐邑居大江之北，其地介吴楚；其县治倚龙眠山麓，岭岫绵亘，百泉奔汇；其山之秀异特出者，则又有二龙、浮渡、白云诸峰，雄奇崒嵂，峙于境内，平湖

① 潘江：《张学士敦复贻惠龙眠古文集序诗以谢之》，《龙眠风雅全编》八，第3539—3540页。

百里，潆回曲折而与之俱：其地灵之结聚，风气之蟠郁，洵江南之奥区也。生斯地者，类多光伟磊落之士……或以文学为时所推重，卓然有所表见，而不苟同于流俗。①

张英在此论述了地灵、风气孕育了光伟磊落之士。山川风土与创作主体的关系，古人多有论述，如“山川风土者，诗人性情之根柢”“诗人品格每肖其所处之地”。然张英请假在籍期间多次论及山川风土对于创作主体的影响，如：“今海内宗密之先生，盖五十余年矣……其生也，气运之所关键，山川灵秀之所结聚，累世家学之所师承，海内贤士大夫之所观摩渐染，以克成此始终之美，固其然也。”②《山足和尚一茎草诗序》也有论及。

就自然地理来说，桐城境内，有“岭岫绵亘”“雄奇崒嵂”之山，有“奔汇”之泉，有“潆回曲折”之百里平湖。《世说新语・言语》说：“其地坦而平，其水淡而清，其人廉而贞。”“其山嶉嵬以嵯峨，其水泙渫而扬波，其人磊砢而英多。”③生于斯、长于斯的桐城人受自然山水之感召，山之雄奇高峻，泉之奔涌汇聚，湖之清淡回曲，内化于已，长期累积，形成了光伟磊落的桐城人文风貌。怀宁方都秦序方孝标文集时说：“楼冈自立朝至今日，朝乾夕惕，其为忠信可格鱼豚者，久已信之海内，而吉人之辞白贲无饰，无一语吞剥《史》《汉》，依傍韩欧。而光明俊伟，自成一方子之文。故其德进业修，不骄不忧，而无愧于古大臣大儒之学者如此。”④可见，此处“光明俊伟”表现在文章中有“白贲无饰”的淡朴和“不骄不忧”的淡泊之义。而在曾国藩看来，“文章之道，以气象光明俊伟为最难而可贵。如久雨初晴，登高山而望旷野；如楼俯大江，独坐明窗净几之下，而可以远眺；如英雄侠士，裼裘而来，绝无龌龊猥鄙之态。此三者皆光明俊伟之象……阳明之文亦有光明俊伟之象，虽辞旨不甚渊雅，而其轩爽洞达，如与晓事人语，表里粲然，中边俱彻，固自不可几及也”。⑤ 又说：“细玩孟子光明俊伟之气，惟庄子与韩退之得其仿佛。近世如王阳明亦殊磊落，但文辞不如三子者之跌宕耳。”⑥这种“光明俊伟”气象除了峻朗、轩爽、洞达、旷远、洒脱的内涵外，还有磊落、跌宕之义。综上，“光明俊伟”有峻朗、

① 张英：《龙眠古文初集序》，《张英全书》上册，第298—299页。
② 张英：《方母潘夫人七十寿序》，《张英全书》上册，第345页。
③ 余嘉锡：《世说新语笺疏》，中华书局，1983年，第86页。
④ 方孝标：《钝斋二集序》，《方孝标文集》，黄山书社，2007年，第452页。
⑤ 曾国藩：《曾国藩全集・诗文》，岳麓书社，1994年，第554页。
⑥ 曾国藩：《曾国藩全集・日记》，第661页。

旷远、轩爽、洞达、洒脱、磊落、跌宕、淡朴、淡泊等内涵，[①]既有高远阔大的气势，又有平淡和婉的韵致，既通达明快，又淡朴蕴藉，这不仅符合桐城山水特点，也是桐城作家作品卓有表见、不同流俗的风貌特征。

（二）风气之蟠郁

张英请假在籍期间修成的《（康熙）桐城县志》卷二《风俗》说："桐介楚豫之间，俗尚劲朴，其君子多慷慨节烈之气，其里民犹不失唐魏俭勤之遗则。"[②]认为桐城介于楚、豫两个文化圈之间，彰显桐城文学文化有融合了南北文学文化的特点。而张英则认为桐城属于南方的吴楚文化圈："桐邑居大江之北，其地介吴楚"，显然，在张英看来，桐城之文更多地具有南方文化的底色。梳理相关史料可知，桐城深受吴、楚文化的影响，"地介吴楚""风气之蟠郁"可以说是张英对桐城人文之盛的地域文化成因的高度概括。

代表楚文化传统同时对明末清初桐城文人产生重大影响的主要有庄子、屈原（有楚文化传统的竟陵派对桐城的影响主要在诗歌上，在此不作阐述）。首先，桐城文人对庄子与屈原有广泛的接受，方以智《膝寓信笔》说："我祖廷尉公教人作文以辞顺意达为质，叔祖户部公时取《左》《国》《史》《汉》而咀嚼之，安石师传坚之阮公之指亦然，六经而下，《庄》《骚》适变，《史》《汉》叙事，八家衍之。"[③]程芳朝就以楚骚课婿："尚有谈经兴，关心婿郎儿。楚骚司马赋，汉史杜陵诗。"[④]马敬思《祝山如席上同钱饮光先生夜酌》说："熟读《离骚》夜雨残，床头《周易》共盘桓。"[⑤]张英也"自六经、《左》《国》以及《庄》《骚》、子、《史》、两汉、唐、宋之文，靡不搜探淹贯"。[⑥] 其次，方以智、钱澄之等人还有研究庄子、屈原的学术著作，如方以智的《药地炮庄》、钱澄之的《庄屈合诂》等。再次，桐城古文中有庄子、屈原的影子，如潘江之文就出入《庄》《骚》："论其古文词，盖出入《庄》《骚》，左龙门而右扶风，兄事韩、欧，弟畜介甫、子固，此为一枝笔，所谓《易》奇而法者也，但以为学

① 可参考赵园先生对"光明俊伟"的解读："魏晋人物所欣赏的光明俊伟，属于一种贵族气象，以其时发达的贵族文化为依据。那意境在日见平民化、'平均化'之后，因注定了不可复现而成永恒。那种彻底淘洗了'庸常'的纯净，不能不远于普通人（包括现代人）的经验。至于被魏晋人作为人格意境的'光明'，与今人所用'光明'，语义似有参差。那光明并不耀目。古代士夫更乐于陶醉其中的，是平远高旷清澄疏朗之境。"（赵园《阅读人世》，南京师范大学出版社，2012年，第261页）桐城派文章也有此境。

② 胡必选、王凝命等：《（康熙）桐城县志》，第66页。

③ 方以智：《膝寓信笔》，方昌翰《桐城方氏七代遗书》，光绪十四年刻本。

④ 潘江：《课婿》，《龙眠风雅全编》四，第1740页。

⑤ 潘江：《龙眠风雅全编》六，第2609页。

⑥ 张英：张廷玉《敦复府君行述》，《张英全书》下册，第478页。

眉山之疏宕,浅之乎窥潘子者也。"①钱澄之的文章也融合庄、屈:"《易》言精洁,《诗》言典雅,屈言恺恻,庄言高荡,所陶习者深矣。其为人如彼,其所学如此,皆本性达情,无所庸其支饰,故其为文,如泉之流,清莹可鉴,甘洁可饮,萦纡不滞以达于江海,使读之者目明而心开,吾甚乐观而亟有取焉。"②姚文燮之文有似庄子:"今乃见经三,读其文,凭空虚涌出,如几千里之鹏徙于南溟者九万里,其视他家,不啻蜩、莺鸠、蟪蛄、斥鷃不足以语于怒飞之翼,是以才傲也。"③李雅之文也似庄子:"先生能言人所不能言与所不敢言、不屑言,而皆足为磅礴雅驯之文……可惊可喜、可歌可泣之至情,无不油然以生,则直以为《庄子》可也,为《史记》可也,为《庄》即《史》《史》即《庄》亦无不可也。则知举世之拘拘以体言者,即谓之无文可也。"④

明末清初桐城受产于吴地的东林复社、古文家归有光等影响也较大,这里我只就归有光对桐城古文的影响作一阐述。方以智《文论》(作于1633年之前)说:"迄于嘉隆,济南、江东拔茅而前,而归、唐又以平衍达之,虽曰经学尚淹,可叹才难矣。"⑤对归有光的评价并不高。但入清后,钱澄之《陈椒峰文集序》说:"今之为大家之文者,岂能远追宋唐,直取法归震川而已。震川之文,虽本诸唐宋,而其能为唐宋者,则以其枕藉庄周、马迁之书,求其变化起伏之法,而得之于宋唐诸大家,故遂毕力于大家也。今之法震川者何如耶?"⑥《书有学集后》又说:"若谓取法于归太仆,太仆文根本六经,以欧曾之笔,演周程之理;若虞山,犹是词章之学也,其所引经,惟考据经文耳,未尝穷经理也。"⑦钱氏对归有光的评价是比较高的。而潘江更是盛赞归有光:"有明著作最权奇,熙甫文章尔止诗。淡处尽教耐思索,太羹元酒少人知。"⑧后来,潘江门生戴名世"得震川之书,有惬于心,余好之"。⑨ 张英三子张廷璐为文也以归有光为宗:"公生于京邸,幼端敏……沉酣经史子集,为

---

① 李雅:《木厓诗集序》,潘江:《木厓诗集》,《清代诗文集汇编》第69册,第4页。

② 唐甄:《田间文集序》,钱澄之:《田间文集》,第4页。

③ 李长祥:《无异堂文集序》,姚文燮:《无异堂文集》,《清代诗文集汇编》第106册,上海古籍出版社,2010年,第73页。

④ 姚文燮:《无异堂文集·李芥须先生文集序》,《清代诗文集汇编》第106册,第197页。

⑤ 方以智:《浮山文集前编》,《四库禁毁书丛刊》集部第113册,第460页。

⑥ 钱澄之:《田间文集》,第247页。

⑦ 钱澄之:《田间文集》,第399页。

⑧ 方文:《方嵞山诗集》下,黄山书社,2010年,第915页。

⑨ 戴名世:《戴名世集》,第419页。

文以震川为宗。”①方苞、周大璋等为文也取法归有光。可以说，取法归有光甚至成为桐城古文的一种取向。

“楚人之文，发挥有余，蕴藉不足。”②而吴地归有光之文则“淡处尽教耐思索”，含而不露。桐城之文既有畅达之楚风，又有淡朴之吴风，具有多样性，同时又调和吴、楚，具有融合性。后来湘乡派与阳湖派之所以承桐城文派之绪，在我看来，共同的地域历史文化基因应是其中的一个重要原因。

（三）先正之垂裕

> 予初入仕版时，每于岩廊宁会之间，得接见海内耆儒宿老，必召而进之曰：“而桐士也，端重严恪，不近纷华，不迩势利，虽历显仕，登津要，常欿然若韦素者，此桐城诸先正家学也。新进之士，于众中觇其气度，多不问而知其为桐之人。”予志斯语久矣。十余年来，兢兢无敢失坠。间尝窃叹寓内士大夫家，或一再传而止。吾里多阀阅，先后相望，或十数世，或数百年，蝉联不替，此皆由先达敦硕庞裕之气有以留之，而享之者或未之知也。
>
> 吾闻先正训子弟读书法，以六经为根源，以诸史为津梁，以先秦两汉之文为堂奥，以八家为门户，崇尚实学，周通博达，能不为制举业所缚束。涵濡既久，能振笔为古文词者，代有传人。朝堂之文昌明剀直，性理之文深醇奥衍，传记之文条理详赡，酬答赋赠之文温文尔雅。盖由先达之人往往安静恬裕，不汲汲于奔兢进取之途，不汶汶于声华靡丽之物，且幼而知所学习，故其为文皆有根据，不等于朝华而夕落也。③

在张英的序中，先正之垂裕包括言教与身教。言教主要体现在先正训子弟读书法之中，下文再详述。至于身教，就序中海内耆儒宿老所指之人来看，主要是顺治年间中进士的程芳朝、方孝标、方亨咸、何采、王大礽、吴弘安等人，也包括明末已有科名入清后入朝为官的张秉贞、方拱乾、姚文然等人。在海内耆儒宿老看来，桐城文人（即创作主体）有着共同的特征，即他们身处功名之中，既端重严恪，又淡泊名利。对张英影响较大的姚文然即如海内耆儒宿老所说：“其长西台也，以正

① 雷鋐：《清诰授通奉大夫礼部左侍郎加一级致仕张公神道碑铭》，张开枚等：《张氏宗谱》卷二八，民国二十二年铅印本。

② 袁中道：《淡成集叙》，《珂雪斋集》，上海古籍出版社，1989 年，第 485 页。

③ 张英：《龙眠古文初集序》，《张英全书》上册，第 299 页。

气作冰霜而树四知之标准……人生嗜好百端,公一无所涉。当退朝而却扫,惟匡床而布帷。"①张英妻兄姚文燮(顺治十六年进士)亦然,所以方孝标说:"向使经三于世俗之利欲少动于中,安能以荡荡之气载其浩浩之才哉?"②特别是他们中不少人为官一段时间后又辞官归隐。张英表兄何采顺治六年(24岁)中进士,改庶吉士,授编修,迁侍读学士,少年得志,然六年后即顺治十二年(1655)辞官归隐。王大礽顺治四年(1647)进士,授翰林院庶吉士,顺治八年(1651)升国史院编修。"官词苑,杜门读书,耻与时流奔竞,即宴游不一赴也……公余课艺,被其鉴许获隽秋闱者二十余人。归隐西园,托寄觞咏……"③吴弘安顺治九年(1652)进士,授翰林院庶吉士,"一时应制、馆课之作多为词垣传诵,以终养乞假奉父讳,遂息影林泉"。④ 入清后,虽有方以智、钱澄之、方文、左国棅兄弟等人坚守遗民之志,但大多士人或科举入仕,或被荐为官,然仍保有恬淡之心,不太为功名所累,为文多能据于理,虑于事,出于心,达于用,不为博取功名而有所改,所以张英说他们"安静恬裕,不汲汲于奔兢进取之途,不汶汶于声华靡丽之物,且幼而知所学习,故其为文皆有根据,不等于朝华而夕落也"。

综上,张英在分析桐城人文兴盛的原因时不仅从自然地理、人文地理与先正家学三个方面进行了论述,还涉及了自然山水、吴楚文化、端重韦素、入世出世等不同特点与取向的对立、相融和共处,这一定程度上彰显了桐城文学文化中的张力。所以,我认为,在张英看来,桐城文学文化本身所具有的张力也不断地为桐城人文发展提供生机与活力,促成了桐城人文的兴盛。

二、举什么旗?

"崇尚实学,周通博达"是张英在桐城崇学返古和清初对明代文学反思的背景下高举的文学大旗。"崇尚实学"是对明末复社的"兴复古学,务为有用"宗旨的继承与发展,具有极大的包容性与开放性,是桐城文派因时而变的根本思想保证,桐城后学所倡导的"经济"也渊源于此。而"周通博达"则是祛七子派饾饤、公安派浅俗、竟陵派寒瘦之病的良方。可见,这一文学大旗不仅符合时代潮流,也是

① 张英:《祭大司寇姚端恪公文》,《张英全书》上册,第408页。
② 方孝标:《姚经三文集序》,《方孝标文集》,第38页。
③ 潘江:《龙眠风雅全集》四,第1832页。
④ 潘江:《龙眠风雅全集》五,第2076页。

符合桐城文坛实际的，因此它自然会凝聚桐城文坛更多共识，团结更多的桐城文人，推动桐城文学的发展。

何为“实学”？桐城方以智是明清之际实学思潮的一个突出代表，对“实学”有丰富的论述，一言以蔽之，凡有资身心国家之学即为实学。周锋利《方以智“实学”观探微》对此有分析，并认为：“方以智的‘实学’是与明末理学与禅学的空疏虚窃之风相对立的范畴，提倡‘实学’的根本目的就是要经世致用。在虚实关系上，方以智认为虚实本一致，二者可以相资为用；他既反对禅学的掠虚守悟，同时也批评理学的拘胶滞实。就实学的内涵来看，它既包括律历音韵、医药物理等‘质测’之学，也包括象数易学、性命之学等‘通几’之论。”①方以智儿子方中通继承了这一实学观：“实学者何？内而性命，外而经济，有典礼制度之学，有象数律历之学，有音韵六书之学，有医学，有兵学，凡有资于身心国家者，举而谓之实学。”②桐城文人在未入仕、闲暇与归隐时，修身养性，释放困扰，追求身心宁静和谐；为官时又多能行礼乐、刑政、田赋、兵戎、河渠、平准等实学，也多能取得实绩。如姚文然，他儿子说：“先大夫早以文学知名……中年敦实学，晚益邃于性命天人之旨，视事暇则阐玩《周易》、四子书，多所发明，至于养生家言及诸家宗旨亦俱洞晰原委。”③张英也是如此，“当是时，滇黔寇贼未平……府君仰承德意，凡民生之利弊，年谷之丰歉，知无不言，皆蒙嘉纳，详载《南书房记注》中。”④为讲官与南书房侍从期间多建有资国家之言。而为官之暇，请假归里，晚年休致，重修身养性，多为性命之言，所以曾国藩说：“读张文端公《聪训斋语》、文和公《澄怀园语》，此老父子学问，亦以知命为第一义。”⑤

“周通博达”是“崇尚实学”理念落实在文章中的基本要求，也是桐城文学“光明俊伟”风貌在文章中的基本要求。而“朝堂之文昌明剀直，性理之文深醇奥衍，传记之文条理详赡，酬答赋赠之文温文尔雅”则是这一基本风貌在不同文类中的具体体现。“周通博达”，依据清初桐城文学的实际与张英的相关论述，可以分解为虑周、理通、学博、辞达。

① 周锋利：《方以智“实学”观探微》，《中国哲学史》，2012年第2期，第117页。

② 方中通：《陪古》卷一《古今释疑序》，《清代诗文集汇编》第133册，上海古籍出版社，2010年，第8页。

③ 姚文然：姚士暨、姚士堂：《显考端恪府君行述》，《姚端恪公文集》卷末，《清代诗文集汇编》第75册，上海古籍出版社，2010年，第553页。

④ 张廷玉：《敦复府君行述》，张英：《张英全书》下册，第480页。

⑤ 曾国藩：《曾国藩全集·日记》，第378页。

“虑周”即文章写作要考虑周全。梳理张英的相关论述，张英主要从三个方面论及了“虑周”：一是“理”要周至完备，如张英评李翱《答进士朱载言书》：“言文章以六经为渊源，以诸子为支派，设辩立论不拘一辙，可谓博而该矣。”①此处“该”主要指理的完备；二是“事”要周全无遗，如张英论《夏书·禹贡》第一条：“‘九州攸同’以下，总言经理之大，文简而事该，言约而旨明，错综变化，章法字法真千古文字之宗。”②又如张英评朱熹《建宁府崇安县学田记》：“经画周详，得古人既富方谷之义。”③三是“结构”要周密完整，如张英评苏辙《论民政策八》：“文体前后亦结构完密，无懈可窥。”④

“理通”即文章要以理贯通。一方面明理以致用，另一方面“理者，气之源也”⑤，理通则气通。脉络贯通，则可祛饾饤、寒瘦之病。如张英论《周书·召诰》第二条：“言似叠出而意则一贯，勤勤恳恳，如往如复，老臣诫主之诚如此。”⑥“意”在《召诰》中指天人合一之理。又如论《周书·无逸》第五条：“其言最为周密精微，意若不相属，而脉络贯通，章法尤古雅有体。”⑦此处的“脉络贯通”是在理通的基础上的气脉的贯通。后来张廷玉《古文雅正序》又说：“昔人之论古文也，其类有四，曰辞命，曰议论，曰论事，曰论理，究之辞命、议论、论事，莫不贯于理。惟贯于理，则内有以关乎身心意知之微，而外则以备乎天下国家之用。”⑧指出了文章“莫不贯于理”，更强调了文章贯于理对于身心国家的实用意义。

“学博”可以祛浅俗之病。周岐评方以智《七解》说：“才至此绝矣。然非密之之博学如此，又不见其才矣。此篇驰骋《左》《国》《史》《汉》，蕴藉骚雅，奴隶晋魏韩苏，而自行其意，岂世人所号古文能及哉……人无此才，无此学，而又不肯为其难者，宜乎其讲便易浅近法门耳。”⑨钱澄之也说：“非博学深思，穷理达变者，不可以语诗……是故博学穷理之事，乃所以辅吾之性情，而裕诗之源者也。”⑩诗如此，文何尝不如此？方孝标的门人邹祗谟为其作序时说：“谟常读其书，记、序、论诸

① 玄烨、徐乾学等：《御选古文渊鉴》卷三十八，影印《文渊阁四库全书》第1418册，第86页。
② 张英：《张英全书》上册，第119页。
③ 玄烨、徐乾学等：《御选古文渊鉴》卷六十一，影印《文渊阁四库全书》第1418册，第710页。
④ 玄烨、徐乾学等：《御选古文渊鉴》卷五十一，影印《文渊阁四库全书》第1418册，第475页。
⑤ 钱澄之：《田间文集》，第250页。
⑥ 张英：《张英全书》上册，第177页。
⑦ 张英：《张英全书》上册，第185页。
⑧ 张廷玉：《张廷玉全集》上册，第148页。
⑨ 方以智：《浮山文集前编》卷三，《四库禁毁书丛刊》集部第113册，第505页。
⑩ 钱澄之：《文灯岩诗集序》，《田间文集》，第256页。

篇，浩然渊然，精微变化……自非其服习之专，讲求之博，何能于文与道之间，两有所得，而遂能一以贯之之若是。"①桐城重学，博学者多，如方中通、方中履、潘江、姚文燮、张英等，为文博综经史，兼采秦汉、唐宋，自行其意，无公安派浅俗之病。

"辞达"，明末清初桐城文人有较多的论述。方拱乾说："子曰：'辞达而已矣。'善达者莫如江河，长江九曲，昆仑千折，自然波澜，岂一味顺衍乎？"②方以智在《文章薪火》中比较深入地论述了"达"，其中引用了其父方孔炤的《潜草》："好学者理明事正，辞自然达。"自己又说："学必悟而后能变化，悟必藏于学而后能善用，同人达辞之道亦然。通其故则不为所惑，不为所惑，则善用之皆药矣。学足识尽而用其才，行乎不得不行，止乎不得不止，秩叙变化，同时中节，知达之神者乎。不以辞害意，言近而指远，'吾无隐乎尔'，'造适不及笑'，知达之本者乎。"③钱澄之也说："《礼》曰：'词苟足以达，义之至也。'圣人曰：'词达而已矣。'达之之说，惟如其义而止。盖有少一语而失之晦，多一语而失之支者，此非读书穷理之至，未易以与于斯也。不读书，则词不足以给意；不穷理，则意不足以役词：是不达之一端也。"④张英请假在籍期间修成的《（康熙）桐城县志》又说："胡缵综《郡志》曰：'皖之山水明秀，故其人物忠，不敢愧于古。'又曰：'桐城文若胜于其质。'或曰：'桐城史乎。'予曰：'非也，桐城达。大抵江北风气近厚，故其习多类中州云。'"⑤由此可见，"达"是桐城文学共同的创作要求与创作取向，是光伟磊落风貌的基本要求。就"辞达"内涵来说，"辞达"不是仅达意而止，不是一味顺衍，而是曲折变化，"自然波澜"："行乎不得不行，止乎不得不止，秩叙变化，同时中节……不以辞害意，言近而指远"，这不仅渗透了庄骚之精神，也合乎儒家的伦理规范。后来钱澄之又增加了达于用："子曰：'词达而已矣。'夫达岂易言哉？曾巩曰：'古之为文者，必其明足以周天下之理，道足以适天下之用，智足以通难知之意，词足以发难显之言。'四者备而后达，而其文始为卓然有用之文。"⑥"虑周"就包含有达于用的要求。就"辞达"与"虑周""理通""学博"的关系来看，"虑周""理通""学博"是"辞达"的前提，"辞达"是"虑周""理通""学博"的落脚点，后三者都要通过"辞达"来实现。

---

① 方孝标：《钝斋文选序》，《方孝标文集》，第 460 页。

② 周亮工：《与李子发》，《尺牍新钞二集》，贝叶山房张氏藏版，1936 年，第 155—156 页。

③ 王运熙：《历代文话》第四册，第 3218—3219 页。

④ 钱澄之：《匏野集序》，《田间文集》，第 248 页。

⑤ 胡必选、王凝命等：《（康熙）桐城县志》卷二《风俗》，第 67 页。

⑥ 钱澄之：《赠徐健庵大司寇解任仍总理各馆序》，《田间文集》，第 324 页。

三、走什么路？

张英在序文中说："吾闻先正训子弟读书法，以六经为根源，以诸史为津梁，以先秦两汉之文为堂奥，以八家为门户，崇尚实学，周通博达，能不为制举业所缚束。涵濡既久，能振笔为古文词者，代有传人。"①这段话从先正家学（文学传统）出发分析了桐城人文兴盛的原因，重在论言教，明确了师法什么以及如何师法，实际上进一步明确或规范了桐城文学走宗经复古之路，或者说明确了桐城文学的统绪。而他"兢兢无敢失坠"先正家学，则表明了他以传承桐城文统自诫自勉。

"师法什么？"就明清之际桐城文坛来说，经历了师法六经、秦汉之文到向下扩展到唐宋八家之文的发展过程。方拱乾说："夫古文词何昉乎？原本六经尚矣，下此而祖祢《左》《国》，步趋班马，亦人人言之。然则就《左》《国》班马论，《国》不如《左》，班不如马，亦未易低昂也。又下此而群趋八家，以为凌班马而略《左》《国》，殊不知八大家之于古文词，犹之诗家元白于汉魏盛唐也……老夫所以愿子之先正体。正体者，原本六经，祖祢《左》《国》，步趋班马也。"②与明代七子派观点相近，唐宋八家则不是他的师法对象。方以智所受家教也是如此："总角时，祖父之训，诵经阅史，不呫哔制举义。年十五，十三经略能背讽，班史之书略能粗举。长益博览百家。"③（方以智《又寄尔公书》）可以说，"启祯之际桐城古文名家从总体上看，基本上倾向于师法秦汉，甚至可以说师法秦汉是当时桐城文坛的主流倾向"。④ 而后来方以智在《文章薪火》中论及唐宋八家时则说："韩昌黎振起八代之衰，为其单行，古文法也……退之有时生割，刻意形容，琢古磨石，未免乎痕。痕亦何累乎退之……去其痕而一以平行之，则欧曾也，苏则锋于立论而衍于驰骋。八家大同小异，要归雅驯。学者鼓箧，门从此入，至于尽变，更须开眼。"⑤通观《文章薪火》，方以智已将唐宋八家纳入其文章统绪之中，成为学习的对象。因此，在明末崇祯年间或稍后，桐城文坛秦汉派与唐宋派的师法壁垒已破。江股道序其师方孝标的《钝斋文选》时说："以故发为文章，理则六经、《语》《孟》之理，气则先秦

---

① 张英：《张英全书》上册，第 299 页。
② 周亮工：《尺牍新钞二集》，第 155—156 页。
③ 方以智：《浮山文集前编》卷八，《四库禁毁书丛刊》集部第 113 册，第 607 页。
④ 章建文：《论明末崇祯年间皖江散文思想的转变与影响》，《江海学刊》，2010 年第 4 期，第 180 页。
⑤ 王运熙：《历代文话》第四册，第 3210 页。

两汉、唐宋大家之气,气以命理,理以达气,而文与道合矣。”①方孝标之父方拱乾不屑师法的唐宋大家,在方孝标的文章中则已有唐宋大家的气象,他尤其推重朱熹之文,他说:“余好读朱子之书,携其文集以自随者,十数年于兹矣……若夫朱子,本既醇矣,末复斓然。其理则六经、《语》《孟》之理也,其气法则先秦两汉、唐宋大家之善者,亦无以过也。岂非合理学、文人而集其成者乎?”②师法范围的扩大为桐城文人思考调和秦汉派与唐宋派提供了历史契机,张英则在这些思考的基础上进行了总结与深化。

至于“如何师法”,张英则借先正训子弟读书法,强调了文学要以经学为基础,提出了经学与文学两个层面的学习路径,使桐城文学师法的路径更加清晰,更便于操作。

“以六经为根源,以诸史为津梁”这句话的重心在经学,是论治经的路径,诸史是通达六经的津梁。康熙十九年(1680)四月初八日张英在与康熙讨论经史时就曾说:“经以明理,史以征事,二者相为表里,而考鉴古今史学,尤为裨益。”③桐城文人幼诵经史,多先经后史,如方以智就说:“昔人谓胸中先有六经、《语》《孟》,然后读前史。史既治,则读诸子,是古人治心积学之方,往往有叙有要。”④也有从经史各自的特点论及了经史对于文学的意义,如钱澄之说:“本之六经,以研其精;稽之传注,以晰其微;博之诸史,以广其识;辅之百家,以尽其义。如是,而理得焉,而气至焉,而法亦备焉。”⑤然尚未见到张英之前桐城文人在教育的视野里论及经史关系的内在理路,而与方以智等桐城文人有较多交往的贵池吴应箕却有清晰的表述:“某少于经理亦有研究,尝泛览史传,于圣人微言奥义,因事而有感触。私谓廿一史者,六经之梯也,虽未能由源及流,溯流以穷源,此或亦读书之法耳。”⑥不管张英是借鉴吴应箕之论,还是得之桐城先正之口传或自己之归纳,然张英强调了六经为文学之根本,明确了经史关系,这对于凝聚桐城文坛的共识是有重要意义的。张英的儿子张廷玉继承了这一思想,对此有更进一步的阐述,他说:“故学者治经而外,急宜辅之以史。盖史之文,经之案也。圣人之言如神医立方,读者知

① 方孝标:《方孝标文集》,第458页。
② 方孝标:《朱子文钞序》,《方孝标文集》,第159—160页。
③ 张英:《南书房记注》,《张英全书》下册,第442页。
④ 王运熙:《历代文话》第四册,第3216页。《文章薪火》
⑤ 钱澄之:《江汉持澜序》,《田间文集》,第240页。
⑥ 吴应箕:《复杨维节国博书》,《吴应箕文集》,黄山书社,2017年,第240页。

其然，而不知其所以然。惟精于医者，因病而悟方，然后恍然于利害之未尝丝毫爽也。此史之所以案也。”①治经为“知其然”，读史为“知其所以然”，也就是从明理的角度对“以六经为根源，以诸史为津梁”的诠释。张舜徽对此语甚为赞赏：“此语异乎庸常，出诸清初权贵之口，尤不易觏。”②实际上此语源于家学，源于桐城文化。回过头来看张英这句话，“以诸史为津梁”显然是为了更好地明通六经之理，那么，从文学的视角看，结合前文所引方孝标师徒关于六经、先秦两汉、唐宋大家的论述，张英这句话不仅指明了治经的途径，实际上也内含了由经穷理，明经积理，也即写作前文章义理的学习与积累。

“以先秦两汉之文为堂奥，以八家为门户”这句话的重心在文学，是论在明六经之理的基础上学文的路径，主要指文章气法的学习与积累。那么，从义理与气法两方面进行学习与积累，涵濡既久，即能明理知言，能振笔为古文。张英这句话实际上就是明代唐宋派的主张，清初魏禧也有非常清楚的表达：“善为文者，以六经为寝庙，《左》《史》为堂奥，唐宋大家为门户。”③魏禧进一步理清了文章的统绪，确立了文学师古的三级目标，即以达到六经水准为最高目标、达到《左》《史》的水准为中级目标、达到唐宋大家水准为初级目标，明确了实现最高目标的途径。然张英的这句话，既在目标层次上与实现路径上和唐宋派、魏禧之论有相同或相近之处，又在六经与文学关系的问题上有所不同，虽然张英所说的先秦两汉之文中也含有六经，但张英先经而后文，又强调了六经是文学的根源，换言之，先有是理，后有是文，那么文即是在六经之理的基础上的演绎与发展起来的；另一方面，在这一基础上，文也有自己的统绪，所以他又强调从八家入门揣摩气法，以求登堂入室。这既暗示了文、道各有统绪，又意指了两者在文章中的融合。

结合上述分析，再对照桐城先正训子弟读书法与方苞的“义法”说、姚鼐的“义理、考据、辞章”三者兼收说，我们就会发现，方苞的“义法”说显然有桐城先正训子弟读书法的影子，姚鼐也继承了桐城先正训子弟读书法，并在新的历史条件下突出了“考据”（史），在张英、张廷玉的基础上丰富了它的内涵。由此可见，桐城文派虽然因时而变，但没有改变他们先辈所指引的道路。

---

① 张廷玉：《廿一史文钞序》，《张廷玉全集》上册，第163页。

② 张舜徽：《清人文集别录》，中华书局，1963年，第110页。

③ 魏禧：《答孔正叔》，《魏叔子文集》，中华书局，2003年，第360页。

四、实现什么目标?

张英在序文中论及编辑《龙眠古文初集》意义,实际上从接受与存史的角度指出了桐城文学追求的目标。

> 呜呼!"惟桑与梓,必恭敬止",奉先人之杯棬而口泽存焉,敬小物也,况兹经国之业,不朽之事,是乌可以不传乎哉!芥须、存斋惧先业之不彰,搜罗评定,为若干卷,梓而传之吾里数百年来之人文,阐幽光而发潜曜,甚盛事也。二公之意宁惟是文焉而已乎?俾吾里先正之子若孙,由昔人之文章,追溯其道德、学问、事功、经济、器度、识量,而发其尊祖敬宗之心,启其崇学返古之志。则是编也,又不仅桑梓恭敬之心、杯棬口泽之思而已也。海内之人,平昔仰止先正之音容者,今复得诵习其文章,而因以想象吾里山川、风气、人物、邑居之概,亦于是焉赖之。况今圣天子崇奖文章,纂修前史,是编所载足裨掌故而存国是,可以上佐金匮石室之藏,所关岂渺小也哉?①

这段话指出了文学追求的目标即是"传",立言传世,并从三个层次展开了阐述。第一个层次是在家庭层面上的"传"。这一层面上的"传"是建立在实学与返古的基础上的,"尊祖敬宗之心""崇学返古之志"则是从接受主体的角度夯实了"传"的基础。第二个层次是地域层面上的"传":因文而"想象吾里山川、风气、人物、邑居之概"。第三个层次是国家层面上的"传":"裨掌故而存国是",藏之金匮石室。这三个层次的"传"也即文学所追求的低、中、高三级目标。

先秦以来立言传世彰显的是个体生命的不朽,而张英所说海内之人因文想象家乡的"山川、风气、人物、邑居之概",目标指向乡邦人文,结合海内耆儒宿老所说"而桐士"之言,则重在彰显群体精神的不朽,这不仅流露出张英浓浓的桑梓之情,也流露出张英创桐城之名、创桐城之牌的流派意识。

张英的立言传世主要借于文章中的"道德、学问、事功、经济、器度、识量",即借于文章中所蕴含的有资身心国家之实学来实现的,正如方中德序其弟方中履《汗青阁文集》时说:"夫古之立言不朽者,褆躬其本也。学必期于适用,考究论述

① 张英:《龙眠古文初集序》,《张英全书》上册,第299—300页。

皆有关于当时得失之故，乃可传诸后世，非徒采色夸声以涂饰耳目为能事也。”①张英没有强调成一家之言、发前人所未发，而是重在适用。通观序文，他的意思是想通过文学加强家庭、地方与国家的文化建设，为现实政治服务，具有很强的现实性。

五、小结

综上，张英《龙眠古文初集序》不是一般的应酬之文，而是长期思考、精心结撰的文学论文，是张英古文理论体系的灵魂。它不仅自豪地赞叹了“肩背相望”“代有其人”的桐城人文之盛，并分析了桐城人文之盛的原因，还彰显了桐城作家作品所具有的共同地域文化传统与特色，这是桐城文学文化发展的基础与前提。更为重要的是，张英在桐城文学的基础上，融合了时代的需要与文学自身发展的要求，从指导思想上明确了桐城文学举什么旗、走什么路、达到什么目标等问题，比较好地解决了七子派、公安派与竟陵派存在的问题。可以说，这篇序清楚地回答了桐城文学从何处来、向何处去以及如何去三个根本性问题，为桐城文学发展指明了方向与途径，当然也为当时整个文坛的发展指明了方向与途径。同时，张英居里期间与潘江、姚文燮、钱澄之、方中履、李雅等人唱和，以他的身份与影响凝聚了古文创作队伍，扩大了共识，壮大了声势，使桐城文学逐渐走上了与国家政治文化需要相一致的道路。因此，在桐城地域文学特征与传统凸显的背景之下，以及古文创作队伍融合的形势之下，张英在桐城第一部古文选集付梓之际为之作序，总结了桐城文学思想，确立了桐城文学纲领，可以说是顺势登高一呼，希望桐城文人参与到国家的文化建设中去，实际上已开启了桐城文派。

---

① 方中履：《汗青阁文集·序》，方昌翰《桐城方氏七代遗书》，光绪十四年刻本。

第四节　家训语境下文学与人的和谐发展

——以《聪训斋语》为中心

张英非常注重对子弟的训导，写有《聪训斋语》《恒产琐言》《饭有十二合说》等家训来训导子弟。其子张廷玉称："廷玉自少服习先公庭训，于立身行己之道，兢兢绳检，罔敢逾越。"①其子孙后代人才辈出，与其家训不无关系，《聪训斋语》也因此而深得曾国藩的推重："吾教尔兄弟不在多书，但以圣祖之《庭训格言》、张公之《聪训斋语》二种为教，句句皆吾肺腑所欲言。"②

家训是读书人教诲其子孙后代如何安身立命、处世做官的教育读本。从人学角度来看，家训所要解决的是个人的生存与发展，乃至家庭和家族的生存与发展的问题。正如张英所说："父母之爱子，第一望其康宁，第二冀其成名，第三愿其保家。"③《聪训斋语》是张英晚年为训诫子孙所作的家训，主要从个人的康宁、内在的和谐和个人与后代的可持续发展等方面对子孙提出了具体要求。在这一语境中，张英有大量篇幅论及文学，比较系统地论述文学的功能、接受和创作。这种将文学置于人的生存与发展的人学语境和家庭教育语境中来进行论述，不仅具有现实的针对性，也有很强的操作性，无疑对家族文学乃至桐城文学产生深远的影响。

一、为何要习文作文？

前人在为何要习文作文时，多从经国之业、不朽之事这一宏观的社会学视角来进行论述，即使从微观视角论涉文学对于个人的意义，不仅较为零散，也不够深入。而张英《聪训斋语》在论为何要习文作文时，是将其置于微观的、具体的个人乃至家庭的生存与发展所必须具备的条件系统中来谈的，进而在此系统中给文学以功能定位。显然，这样来认识文学服务现实人生的功能要更具体，更深刻。

---

① 张廷玉：《张廷玉全集》下册，第 359 页。
② 曾国藩：《曾国藩全集 · 家书》，第 1220—1221 页。
③ 张英：《聪训斋语》，《张英全书》上册，第 519 页。

（一）立身之本

“制艺者，秀才立身之本。”①然而张英不仅从科举的角度提出的文学的重要功能，而且还从人的生存与发展的高度，提出了读书为文为立身之本。他说：“予之立训，更无多言，止有四语：读书者不贱，守田者不饥，积德者不倾，择交者不败。尝将四语律身训子，亦不用烦言夥说矣。虽至寒苦之人，但能读书为文，必使人钦敬，不敢忽视。其人德性亦必温和，行事决不颠倒，不在功名之得失，遇合之迟速也。”②他还说：“读书，固所以取科名，继家声，然亦使人敬重。今见贫贱之士，果胸中淹博，笔下氤氲，则自然进退安雅，言谈有味。即使迂腐不通方，亦可以教学授徒，为人师表。”③在此，“读书”与“为文”是连在一起的，张英认为人的生存与发展必须具有读书、守田、积德、择交四个基本条件，并以此告诫自己的子孙立身处事要注意的四个方面，并将“读书”置于首位，显而易见，是要突出读书为文的成人之基、立身之本的地位。

（二）养心之物

“书卷乃养心第一妙物。”书卷（文学）有利于人的精神的提升与完善。《聪训斋语》开篇就说：“圣贤领要之语曰：‘人心惟危，道心惟微。’危者，嗜欲之心，如堤之束水，其溃甚易，一溃则不可复收也；微者，理义之心，如帷之映灯，若隐若现，见之难而晦之易也。人心至灵至动，不可过劳，亦不可过逸，惟读书可以养之……书卷乃养心第一妙物。闲适无事之人，镇日不观书，则起居出入，身心无所栖泊，耳目无所安顿，势必心意颠倒，妄想生嗔，处逆境不乐，处顺境亦不乐。每见人栖栖皇皇，觉举动无不碍者，此必不读书之人也。”④此处“心”既指“人心”，也指“道心”，养心即是安顿人心，提升道心，求乐求明。

在《聪训斋语》中，张英花了大量篇幅来谈“乐”，追求高雅之乐，然而他在论“乐”时将文学作为一个致乐的条件展开了较充分的论述，他说：“予尝言享山林之乐者，必具四者而后能长享其乐，实有其乐。是以古今来不易觏也。四者维何？曰道德，曰文章，曰经济，曰福命……佳山胜水，茂林修竹，全恃我之情性识见取之。不然，一见而悦，数见而厌心生矣。或吟咏古人之篇章，或抒写性灵之所见，一字一句便可千秋相契，无言亦成妙谛。古人所谓：‘行到水穷处，坐看云起时。’

① 张英：《张英全书》上册，第532页。
② 张英：《张英全书》上册，第515页。
③ 张英：《张英全书》上册，第519页。
④ 张英：《张英全书》上册，第499页。

又云：‘登东皋以舒啸，临清流而赋诗。’断非不解笔墨人所能领略。此非文章而何哉……四者有一不具，不足以享山林清福。”①因为有文学修养，在阅读、赏景、创作活动中才能获得快乐，并将文学置于获得快乐的条件系统中来进行阐述，显得不偏不倚，有着较强的说服力。

可见，文章（文学）在寻找人生幸福（乐）过程中的具有无可替代的作用，具体来说有颐养性情、丰富见识、抒写性灵三个方面的作用。虽说前人对这三个方面都有论述，然而只有张英以人学的视角给予明确的定位，并在重视内在平衡与和谐的语境中，客观公允地论述文学对于“乐”的意义，更容易为一般人所接受。

（三）进身之具

科举时代，以文章取士，这是贫贱之士改变地位的唯一途径，然而对张英这样的官宦之家来说，是提升社会地位，获取社会尊重的现实需要。他明确提出：“至举业乃朝廷取士之具，三年开场大比，专视此为优劣。人若举业高华秀美，则人不敢轻视。”②“文章为荣世之业，士子进身之具。”③这显然是古代走向太平盛世时期，士子在当时文化政策的感召下积极进取心态的具体反映，也是明末清初桐城科举兴盛所形成的文化舆论的推力下的必然反映。

（四）保家之业

家训的目的不仅是要使子孙个体得到发展，还要使家庭乃至家族长盛不衰，那么又如何使自己的家庭乃至家族长盛不衰呢？张英说：“每见仕宦显赫之家，其老者或退或故，而其家索然者，其后无读书之人也；其家郁然者，其后有读书之人也。”④“思尽人子之责，报父祖之恩，致乡里之誉，贻后人之泽，惟有四事：一曰立品，二曰读书，三曰养身，四曰俭用。”⑤在《恒产琐言》也强调：“人家‘富贵’两字，暂时之荣宠耳。所恃以长子孙者，毕竟是‘耕读’两字。”⑥重视读书种子的培育，读书以延世，这也是桐城文化长盛不衰的关键。桐城方文有“庶几读书种，长留在乾坤”⑦“所愿熊罴梦，惟期豚犬牵。衰颜才足慰，书种但能延”⑧，桐城钱澄之也

① 张英：《张英全书》上册，第509—510页。
② 张英：《张英全书》上册，第519页。
③ 张英：《张英全书》上册，第528页。
④ 张英：《张英全书》上册，第519页。
⑤ 张英：《张英全书》上册，第518页。
⑥ 张英：《张英全书》上册，第490页。
⑦ 方文：《赠孙怀澧》，《方嵞山诗集》下，第636页。
⑧ 方文：《移居宋家园》，《方嵞山诗集》下，第517页。

有“吾意传家法，朝耕夜读书”①“稚孙教得留书种，穷子能专事笔耕。口腹所需于世少，算来无事可经营”。②

二、如何习文？

读书为文的功能，概括起来可分为内在的调适功能和外在的发展功能，这两种功能既有各自的价值追求，又相辅相存，共同促进人的和谐、可持续的发展。既然读书为文有如此之功能，那么在教育实践的语境中，接下来的话题必然是读什么和如何读的问题。

明清时期，应科举之需，以及明末以古文为时文的提倡，四书五经、先秦两汉之文和八家之文得到了士子广泛的阅读，优秀的时文当然也在阅读之列，张英说：“时文固不可不读，亦须择典雅醇正、理纯词裕、可历二三十年无弊者读之。若朝华夕落、浅陋无识、诡僻失礼、取悦一时者，安可以珠玉难换之岁月而读此无益之文？”③然而就养心方面来说，四书五经等儒家经典是养心之妙物，除此，张英还非常重视对白居易、苏轼、陆游等名家诗文的阅读，因为他们的诗文是他们内心情感的写照，负载着他们的人生体验和人生经验，有助于阅读者调节内心，超越现实的苦楚。他说：“从来拂意之事，自不读书者见之，似为我所独遭，极其难堪。不知古人拂意之事，有百倍于此者，特不细心体验耳。即如东坡先生，殁后遭逢高、孝，文字始出，名震千古，而当时之忧谗畏讥，困顿转徙潮、惠之间，苏过跣足涉水，居近牛栏，是何如境界！又如白香山之无嗣，陆放翁之忍饥，皆载在书卷。彼独非千载闻人，而所遇皆如此。诚一平心静观，则人间拂意之事，可以涣然冰释。若不读书，则但见我所遭甚苦，而无穷怨尤嗔忿之心烧灼不宁，其苦为何如耶！”④

至于如何读，张英提出了总的原则，即“读生文不如玩熟文，必以我之精神包乎此一篇之外，以我之心思入乎此一篇之中”。⑤ 熟文即是经典范文。重要的是，张英又根据年龄特点与文学特征将阅读内容作了具体的时间安排，并对不同书籍提出了具体阅读要求。

---

① 钱澄之：《水村即事示诸从子》，《田间诗集》，第 207 页。
② 钱澄之：《漫述口号》，《田间诗集》，第 168 页。
③ 张英：《张英全书》上册，第 527 页。
④ 张英：《张英全书》上册，第 499—500 页。
⑤ 张英：《张英全书》上册，第 529 页。

首先,我们来看张英是如何将前文所提到的必读书作具体的时间安排的。

凡读书,二十岁以前所读之书,与二十岁以后所读之书迥异。幼年知识未开,天真纯固,所读者虽久不温习,偶尔提起,尚可数行成诵。若壮年所读,经月则忘,必不能持久。故六经、秦汉之文,词语古奥,必须幼年读。长壮后虽倍蓰其功,终属影响。自八岁至二十岁,中间岁月无多,安可荒弃,或读不急之书?此时,时文固不可不读,亦须择典雅醇正、理纯词裕、可历二三十年无弊者读之。若朝华夕落、浅陋无识、诡僻失礼、取悦一时者,安可以珠玉难换之岁月而读此无益之文?何如诵得《左》《国》一两篇,及东西汉典贵华腴之文数篇,为终身受用之宝乎?且更可异者,幼龄入学之时,其父师必令其读《诗》《书》《易》《左传》《礼记》、两汉、八家文;及十八九,作制义应科举时,便束之高阁,全不温习。此何异衣中之珠不知探取,而向涂人乞浆乎?且幼年之所以读经书,本为壮年扩充才智,驱驾古人,使不寒俭,如畜钱待用者然。乃不知寻味其义蕴,而弁髦弃之,岂不大相刺谬乎?我愿汝曹将平昔已读经书视之如拱璧,一月之内必加温习。古人之书安可尽读?但我所已读者,决不可轻弃:得尺则尺,得寸则寸;毋贪多,毋贪名;但读得一篇,必求可以背诵,然后思通其义蕴,而运用之于手腕之下。如此,则才气自然发越。若曾读此书而全不能举其词,谓之画饼充饥;能举其词而不能运用,谓之食物不化。二者其去枵腹无异,汝辈于此,极宜猛省。①

唐诗如缎如锦,质厚而体重,文丽而丝密,温醇尔雅,朝堂之所服也。宋诗如纱如葛,轻疏纤朗,便娟适体,田野之所服也。中年作诗,断当宗唐律,若老年吟咏适意,阑入于宋,势所必至。②

前文所提的所读之书在这里被逐一安排在不同的年龄段中去阅读:少年时,读六经、秦汉文,稍长读八家文与时文;二十岁之后处于复习迎考阶段,以自己不断增长的见识,将少年时尚未理解的知识,通过反刍加以消化与提高,用于写作中;中年以后则多读白居易等唐名家的集子;老年可读苏轼、陆游等宋名家的集子。张英不仅列出了教学进度表,还进一步从人的成长规律和文学的特征两个方

① 张英:《张英全书》上册,第527页。
② 张英:《张英全书》上册,第501页。

面申述了如此安排的理由，以及强调阅读是为了应用的实用观。

其次，他将所读之书主要分为三类，对于不同阅读对象从文学的角度提出了不同的阅读要求。

对于四书五经这样的儒家经典，学习其中的儒家精神以养其心，是张英《聪训斋语》的题中应有之义，然而他也强调了从章法、字法等文学视角来进行阅读学习。他说："《论语》文字，如化工肖物，简古浑沦而尽事情，平易涵蕴而不费辞，于《尚书》《毛诗》之外，别为一种。《大学》《中庸》之文，极闳阔精微而包罗万有。《孟子》则雄奇跌宕，变幻洋溢。秦汉以来，无有能此四种文字者。特以儒生习读而不察，遂不知其章法字法之妙也，当细心玩味之。"①

对于时文范文的阅读，就选择什么样的时文、阅读的数量和消化吸收方面提出了具体的要求，他说："读文不必多，择其精纯条畅、有气局词华者，多则百篇，少则六十篇，神明与之浑化，始为有益。若贪多务博，过眼辄忘，及至作时，则彼此不相涉，落笔仍是故吾，所以思常窒而不灵，词常窘而不裕，意常枯而不润，记诵劳神，中无所得，则不熟不化之病也。学者患此弊最多。故能得力于简，则极是要诀。古人言'简练以为揣摩'，最是立言之妙，勿忽而不察也。"②

对于纯文学作品，重视文的学习，诗则次之，词则除苏、辛外不用看。"制艺者，秀才立身之本。根本固则人不敢轻，自宜专力攻之。余力及诗字，亦可怡情。"③"幼年当专攻举业，以为立身根本；诗且不必作，或可偶一为之；至诗余则断不可作，余生平未尝为此，亦不多看，苏、辛尚有豪气，余则靡靡，焉可近也！"④对于阅读白居易、苏轼、陆游等名家诗文作品，张英认为只凭片言只语把握作者的精神识见，往往失之偏颇，主张全面系统地阅读他们的诗文全集，他说："若古人终身精神识见尽在其文集中，乃其呕心刿肺而出之者。如白香山、苏长公之诗数千首，陆放翁之诗八十五卷。其人自少至老，仕宦之所历，游迹之所至，悲喜之情，怫愉之色，以至言貌、謦欬、饮食、起居、交游、酬酢，无一不寓其中。较之偶尔落笔，其可宝不且万倍哉！予怪世人于古人诗文集不知爱，而宝其片纸只字，为大惑也。"⑤因为全集全面记载了他们一生思想与情感的变化以及自己的应对与超越，

---

① 张英：《张英全书》上册，第521—522页。
② 张英：《张英全书》上册，第525—526页。
③ 张英：《张英全书》上册，第532页。
④ 张英：《张英全书》上册，第529页。
⑤ 张英：《张英全书》上册，第508页。

所以张英在阅读白居易、陆游诗文时，“皆细注其年月，知彼于何年引退，其衰健之迹皆可指”，①重视通过阅读全集，从作者的成长过程了解作者思想与情感发展变化的脉络，与他们进行了全面而深入的思想与情感的交流，以调节和提升自己的思想与情感，可以说这是张英最具特色的接受论思想。

三、如何作文？

张英《聪训斋语》中的文学创作论主要从心境论、格调论和尚圆论三个方面展开的。

心境论是论构思时内心的状态，然而在以追求人的生存与发展的语境下，构思时内心状态也必然与张英的养心以求静求明的内在追求相一致，所以“人心”之“静”与“道心”之“明”所融合成的平时的内心状态也就必然是构思时的内心状态。张英非常强调这种“静”与“明”，他说：“读文作文皆须宁神静气，目光炯然出文与题之上。最忌坠入云雾中，迷失出路……作文以握管之人为大将，以精熟墨卷百篇为练兵，以杂读时艺为散卒，以题为坚垒。若神明不爽朗，是大将先坠云雾中，安能制胜……读书人独宿是第一义，试自己省察，馆中独宿时，漏下二鼓，灭烛就枕，待日出早起，梦境清明，神酣气畅，以之读书则有益，以之作文必不潦草枯涩。真所谓一日胜两日也。”②这里主要强调了“明”的作用以及养“明”的方法，但需注意的是，“明”是建立在“气静”“气畅”之上，也可以说是建立在平静而运转不息的动静平衡的内心和谐状态之上的。张英甚至将这种“和”上升到本体论的高度，他说：“夫福非和不致，和非积不成。积之者深矣，然后形于巾帨，被于琴瑟，流于环珮，又以其诜诜揖揖之容，柔嘉静好之度，洋溢于吟咏篇章，遨游酬答之间，则夫诗者，殆和之积而不可掩，发而不自知者也。”③可见，在张英看来，文学创作是与养心修身联系在一起的，显然是有德者必有言的另一种表达，但张英注重的是内心的宁静与神明，以及从构思到表达过程的自然而流畅。

格调论是张英从练笔的角度提出的文学形式方面的要求。当然，他是在“书理透澈”的前提下提出的。“格调”为明七子所倡，但他们之间说法不一，也较模糊，张英再提“格调”并予以明确的界定，与七子的内涵也有很大的不同。他说：

① 张英：《张英全书》上册，第500页。
② 张英：《张英全书》上册，第533—534页。
③ 张英：《保艾阁诗序》，《张英全书》上册，第333—334页。

“一题入手,先讲求书理极透澈,然后布格遣词,须语语有着落,勿作影响语,勿作艰涩语,勿作累赘语,勿作雷同语。凡文中鲜亮出色之句,谓之调,调有高卑;疏密相间,繁简得宜处,谓之格。此等处最宜理会。”①“格”指结构。而“调”则指语言,这段引文之后的“前后竖义之浅深,词调之华美”句就将“调”与“词”连用。张英非常重视语言表达:一是要有“鲜亮出色之句”,使文章生色,也如他所说:“凡物之殊异者,必有光华发越于外,况文章为荣世之业,士子进身之具乎!非有光彩,安能动人?”二是要“语语有着落”,即强调语言表达要求确实的根据;三是要“勿作影响语,勿作艰涩语,勿作累赘语,勿作雷同语”,即是说语言表达要切实、平易、简洁、新颖。

尚圆论是就艺术风格而言的,在《聪训斋语》中有两小节论及“圆”:“天体至圆,故生其中者,无一不肖其体……万事做到极精妙处,无有不圆者。圣人之德,古今之至文法帖,以至一艺一术,必极圆而后登峰造极。裕亲王曾畅言其旨,适与予论相合。偶论及科场文,想必到圆处始佳……余尝观四时之旋运,寒暑之循环,生息之相因,无非圆转。”②“闱中之文,得以数言概之,曰:理明词畅,气足机圆。”③这两段,张英主要表达了两个意思:(一)“圆”主要有体圆、生息相因之圆和机圆三种存在形态。体圆,主要指语言的自然流畅和结构完整圆密;机圆,主要指理义的贴切、完备;生息相因之圆,虽然谈的不是文学,但就文学来说,我认为它是指贯注于文中的情感或生命精神是生生不已,流转不息的。实际上,前文所提的“气畅”也可理解为“气圆”,只不过张英没有直接说出来罢了。(二)“圆”是张英所追求的艺术境界。显然,只有将三种形态的“圆”完美融合,才是张英所追求的浑化无迹的圆融境界。结合前文的论述,张英的“圆”与“和”是紧密相连的,前文我已说,“和”具有本体性,而“圆”则具有具象性,从某种意义上说,“圆”是“和”的一种思维方式和表现形态,而“和”则是“圆”的内在依据,张英《聪训斋语》可以说就是以此为原则来展开对人的和谐而可持续发展的论述的。

四、小结

《聪训斋语》作为一种家训,在论述时,包括在论述文学时,是不追求标新立

① 张英:《张英全书》上册,第 528 页。
② 张英:《张英全书》上册,第 507 页。
③ 张英:《张英全书》上册,第 528 页。

异的,而是更多地用反复验证的经验来训导子孙,因此,从某种意义上说,张英在论文学时,也就不重独抒己见,然而他在论述时还是表现出了自己的特色。我认为《聪训斋语》的特色表现在以下几个方面:

(一)张英将宏观人学视域下的文学思想成果进一步细化,有效地融合了人的成长规律与文学特征,比较充分地论述了文学为何与文学何为,具有很强的实践性与操作性,也为我们从微观的人学视角研究文学提供了研究的经验。

(二)在人学的视域下,张英以人的生存与发展为中心构建了社会生态系统,并在这一系统中来论述文学的功能、接受与创作,既圆通,又圆融,让人容易接受他的思想。

(三)作为一代名臣和桐城名宦,是时代与桐城效仿的榜样,《聪训斋语》无疑起到呈现与引领了时代与地域的风尚的作用。

当然,《聪训斋语》是一种家训,虽然不是专论文学的,但是我们从中不但可以看出张英对文学的基本立场与观点,有助于我们进一步了解其文学思想,而且对于当今文学教育仍然有着启示与借鉴的意义。

第五节　“裕”:贯穿于文论话语中的审美理想

明末清初王夫之在《诗广传》中开始以“裕”论诗,从性情论与诗教论的角度提出了“裕于情”的理论命题。桐城文学家中,张英之前也有人以“裕”和与之相近的“有余”论文,如方孝标作于康熙五年(1666)前后的《姚经三文集序》就有“盖无私则气有余,气有余则才裕而心乐。有私则气不足,气不足则才窘而心忧”①之论。钱澄之《姚经三诗序》说:“故夫花之光、水之波、云之峰、剑之锋,皆物之有余于质,以出而见奇者,皆强之为也。彼弱者恶能文!”②但都没有成为一个文论范畴。张英在康熙十五年(1676)为同邑潘江《木厓集》作序时曾说:“性复恬裕闲远,善于缘情写物。”③此后在《书经衷论》《御选古文渊鉴》《龙眠古文初集序》《聪

① 方孝标:《方孝标文集》,第38页。
② 钱澄之:《田间文集》,第262页。
③ 张英:《张英全书》上册,第305页。

训斋语》中评文论文时多次使用“裕”,外延不断拓展,内涵逐渐丰富,于是成为张英评文论文一个重要范畴。也可以说,“裕”是张英顺应时代的要求与台阁之需要,在“简”“雅”“春容”“温厚”的基础上,对桐城文学特征的发掘和引导而提出一个重要的文学批评范畴。

一、“裕”的内涵

为了方便论述,我将张英作品中含“裕”的文句检索出来罗列如下:

性复恬裕闲远,善于缘情写物,又于香山为近。①

三篇之中,未迁之词严……将迁之词裕……既迁之词慰。②

吾里多阀阅,先后相望,或十数世,或数百年,蝉联不替。此皆由先达敦硕庞裕之气有以留之,而享之者或未之知也……盖由先达之人往往安静恬裕……故其为文皆有根据,不等于朝华而夕落也。③

予窃以为宫羽之调适……此皆非可以作而致,强而能也,恒视乎其人之性情焉。故德性欲其宽平广大,清和恬裕……然后寄之于心手,托之于徽弦,有纯古淡泊之音,无促节繁弦之病。④

兼内外交养以立说,是论学术醇正处。大约曾文多平易质实,而义理自裕。⑤

良由其见理既明而养气素裕故也。⑥

从此肆力于古学,博其识,裕其气,拓其才,尽发山川之灵,振起先贤之绪,当不仅为制义之名世云尔也。⑦

汉之极盛则有董子、贾子之文,唐之极盛则有许公、燕公之诗,类皆典硕

---

① 张英:《潘木厓诗集序》,《张英全书》上册,第305页。

② 张英:《书经衷论》论《盘庚上中下》第五条,《张英全书》上册,第141页。

③ 张英:《龙眠古文初集序》,《张英全书》上册,第299页。

④ 张英:《徽言秘旨序》,《张英全书》上册,第331—332页。

⑤ 玄烨、徐乾学等:评曾巩《熙宁转对疏》,《御选古文渊鉴》卷五十二,影印《文渊阁四库全书》第1418册,第495—496页。

⑥ 玄烨、徐乾学等:评朱熹《辛丑延和奏札二》,《御选古文渊鉴》卷五十九,影印《文渊阁四库全书》第1418册,第656页。

⑦ 张英:《左长玉制义序》,《张英全书》上册,第341页。

敦重，足以养国家长裕之气，以蕴藏涵蓄其所不尽，断非末季文人之所能及者。①

文气排宕充裕，有千夫辟易之势，宋文之似唐文者。②

以廉让为善俗之本，文势复充裕条达而无拘迫之态。③

词气宽裕而意自诚恳。④

伉爽淋漓，命意圆湛，而体格端重，词气丰裕，公文之似陆宣公者。⑤

思常窒而不灵，词常窘而不裕，意常枯而不润，记诵劳神，中无所得，则不熟不化之病也。⑥

自八岁至二十岁……时文固不可不读，亦须择典雅醇正、理纯词裕、可历二三十年无弊者读之。⑦

汝曹能如此用功，则笔下自然充裕，无补缉、寒涩、支离、冗泛、草率之态。⑧

由上可知，张英从五个维度论及了“裕”：一是性之“裕”。二是理之“裕”。三是气之“裕”，有风气之气，如“此皆由先达敦硕庞裕之气有以留之而享之者”“足以养国家长裕之气”；有主体之气，如果说前面的性之“裕”重在养成之状态，那么这里“裕”重在养，如“养气素裕故也”“博其识，裕其气，拓其才”；有文本之气，如“文气排宕充裕”“文势复充裕条达而无拘迫之态”“词气宽裕而意自诚恳”。四是词之“裕”，如果说词气侧重的是词之整体，那么这里则侧重词之个体，如“词常窘而不裕”。五是笔下之“裕”，指行文之状态，如“笔下自然充裕”。虽然我们弄清了“裕”的外延，但因张英没有对“裕”的内涵进行具体阐述，我们还必须综合“裕”的字典意义和张英论“裕”的具体语境等方面来考察“裕”的内涵，才能对“裕”这

① 张英：《补岩居近科程墨选序》，《张英全书》上册，第303页。

② 玄烨、徐乾学等：评晁说之《元符三年应诏封事》，《御选古文渊鉴》卷五十六，影印《文渊阁四库全书》第1418册，第593页。

③ 玄烨、徐乾学等：评张耒《敦俗伦》，《御选古文渊鉴》卷五十五，影印《文渊阁四库全书》第1418册，第573页。

④ 玄烨、徐乾学等：评苏辙《再论分别邪正札子》，《御选古文渊鉴》卷五十一，影印《文渊阁四库全书》第1418册，第454页。

⑤ 玄烨、徐乾学等：评苏轼《代张方平谏用兵书》，《御选古文渊鉴》卷四十九，影印《文渊阁四库全书》第1418册，第405页。

⑥ 张英：《聪训斋语》，《张英全书》上册，第526页。

⑦ 张英：《聪训斋语》，《张英全书》上册，第527页。

⑧ 张英：《聪训斋语》，《张英全书》上册，第529页。

一范畴有更深刻的认识。

从字义上看,《说文·衣部》:"裕,衣物饶也。"段玉裁注:"引申为凡宽足之偁。"《广雅·释诂四》:"裕,容也。"王念孙疏证:"裕为宽容之容。"《新书·道术》"包众容易谓之裕,反裕为褊。"[①]"容易"即不难,由此,贾谊之"裕"即有从容、轻松不费力之义,与之相反的"褊"则有狭小、急躁之义。王夫之从诗教论出发在"裕"中植入了中和思想,丰富了"裕"的内涵。他说:"书曰:'若德裕乃身',裕者,忧乐之度也。是故杜甫之忧国,忧之以眉,吾不知其果忧否也。"[②]又说:"情已盈而姑戢之以不损其度。故广之云者,非中枵而旁大之谓也,不舍此而通彼之谓也,方遽而能以暇之谓也,故曰广也。广则可以裕于死生之际矣。"[③]王夫之认为达到"裕"须从性与情的关系上把握好"度",一是"情已盈而姑戢之以不损其度",即对已盈之情要进行约束,使之收敛,不使其损其"度",强调对情调节的原则;二是性与情都要充裕,"不舍此而通彼",强调两者互通互济的要求;三是"方遽而能以暇",即是说不仅要能调节好急躁、慌张,使归之于静,还要有余裕,强调"裕"所达之境界。那么,作为文论范畴,张英"裕"的内涵又具体表现在哪些方面呢?

就上文所列引文来看,张英在用"恬裕""庞裕""长裕""丰裕""宽裕""充裕"等论文时,"裕"有宽足之义,"文势复充裕条达而无拘迫之态"中"裕"还有从容之义。仅此,"裕"还不足以成为张英论文的一个重要范畴。为此,我们梳理了张英所用的与"裕"相对的概念,发现张英之"裕"除宽足之义外还有着丰富的内涵。

其一,张英在《聪训斋语》中通过一系列与"裕"相对的概念为我们呈现了"裕"的状态:"汝曹能如此用功,则笔下自然充裕,无补缉、寒涩、支离、冗泛、草率之态。""补缉、寒涩、支离、冗泛、草率"与"充裕"相对,由此我们认为"裕"有自然、流畅、完浑、简洁、谨慎[④]之义,并且前四者须通过深入思考、精心构思才能达到。

其二,"裕"又与"躁"相对,通过"躁"也可以认识"裕"的内涵。张英虽没有对"裕"进行具体阐述,但他对"躁"有较充分的阐述:

---

① 汉语大字典编辑委员会:《汉语大字典》(6),湖北长江出版集团等,2010年,第3298页。

② 王夫之:《诗广传·卫风》,《诗广传》,中华书局,1964年,第32页。

③ 王夫之:《诗广传·周南》,《诗广传》,第4页。

④ 黄钺《二十四画品》"精勤"云:"谨则有余,粗则未到。了然于胸,殚神竭智。"(沈子丞《历代论画名著汇编》,文物出版社,1982年,第509—510页)

夫躁而获者，或凭其才思之飙发，锋锷之犀利，以取悦于一时。经有识者按之，其气必不能沉，其力必不能厚，其识必不能精，其格律必不能完浑，其理解必不能纯粹……己酉春，遇孝仪于吴门……予观其气沉，其力锐，其色蔼然，其光黝然，及再拜，启其笥箧，而快读其制举之文，则如长江大河之奔注而涵育也，如珠光剑气之苍茫而温润也，如千门万户之闳敞而清庙明堂之钜丽也，才识明通而不伤于浅，榘矱先正而不失之拘，力大而思深，理纯而法备。如此，弁冕南宫，黼藻文治，真能自成一家之文，绝非小儒曲学摭拾饾饤之可望其项背者。①

这里"躁"表现出的是"飙发"与"犀利"，因其一泄无余而不能长久。与之相反，归孝仪因息游读书，气得以沉、力得以厚，识得以明，才得以通，从而使其文中长江大河奔注之势以涵养化育来作一定的缓和，如珠光剑气之苍茫以温和柔润来作一定的柔化，不使其一泄无余。张英在评《左传·晏子谏诛祝史》时说"极言竭论，词采典蔚，转折抟捖处弥见古隽峭拔"，②"抟"即将东西揉弄成球形，"捖"有刮摩与打击之意，这句有助于我们对上文的理解。乾隆时安徽当涂黄钺《二十四画品》"苍润"云："气厚则苍，神和乃润。""圆浑"云："圆斯气裕，浑则神全。和光熙融，物华涓妍。欲造苍润，斯途其先。"③是说要达"苍润"之境须经"圆浑"之途。而致"圆浑"，"转折抟捖"显然是一种手段。"圆浑"是一种真体内充而又温和柔润、刚柔相济而不至于过度的气裕神全的境界，这与王夫之对"裕"的阐述是一致的。由此，我们认为"沉""厚""明通""不拘"是"裕"在主体层面上的呈现，而"完浑""圆浑""苍润"则是"裕"在文本层面上的呈现。这种"圆浑"的自足状态与主体"恬裕"所具有的淡泊自足的心境是一致，所以，张英之"裕"所追求的是人与文一致的高度"圆浑"。

其三，"裕"与"简"相对，张英比较强调"简"之"裕"，"故能得力于简，则极是要诀。古人言'简炼以为揣摩'，最是立言之妙，勿忽而不察也。"对待立义丰富"裕"的内涵："虽尺幅短章而有萦回无尽之意。"④"章法虽简而义蕴自深，归美仁

① 张英：《归孝仪制义序》，《张英全书》上册，第308—309页。

② 玄烨、徐乾学等：《御选古文渊鉴》卷四，影印《文渊阁四库全书》第1417册，第68页。

③ 沈子丞：《历代论画名著汇编》，第509—510页。

④ 玄烨、徐乾学等：评欧阳修《五代史伶官传论》，《御选古文渊鉴》卷四十五，影印《文渊阁四库全书》第1418册，第278页。

宗可谓取法于近。”①“词尚简洁，而铿然余韵溢于行墨之表。”②由此可知，相对于“简”，“裕”则表现出“萦回无尽”“义蕴自深”“铿然余韵”等形态。

二、“裕”与“雅驯”

有学者认为：“从桐城文人文法理论的发展来看，方以智提出的‘雅驯’文法标准，是后来桐城派的不易准则”，③然而未对一观点展开充分论述。评价既然这么高，我们有必要将“雅驯”的内涵与影响阐述清楚。

方以智在明末所作的《文论》与《文章薪火》中均论及“雅驯”：“其时儒者多明圣人之指微矣，然于出词气颇不雅驯，安见不可以秦汉之法达其辞也……是诸体者立，文人益泛骛难赡，其为愈多，其文愈卑。要之，能不离雅驯者，近是恶难言也。”④“去其痕而一以平行之，则欧曾也，苏则锋于立论而衍于驰骋。八家大同小异，要归雅驯。学者鼓箧，门从此入，至于尽变，更须开眼。”⑤从《文章薪火》看，方以智重在论文之变，而“雅驯”只是文章入门的基本要求。那么何为“雅驯”呢？

> 一远鄙倍，返诸大雅，以绎先王之则，明当世之务，岂不庶几儒者哉？即曰壮夫不为，破碎大道，吾不信也。故吾尝曰：竱本于经，练要于史，修辞于汉，析理于宋，文从古法，诗从正始。而好学在乎定志，词达在乎辨雅。雅辨也，虽仲尼亦引之升堂矣。⑥
>
> 太史公云：“文不雅驯，荐绅先生难言之。”“雅驯”二字，千古论文之要诀也。雅对鄙俚而言，如禅经、坊曲、语录、邸抄，皆窜入文字中，是词不雅也。高者宗异端虚无寂灭之教，卑者袭策士纵横捭阖之论，是意不雅也。驯者，贴服之谓，对生强而言，如长言谰语，冗散而无味，艰深苦涩，佶屈而难通，是字法、句法不驯也。论一段则血脉不贯，论一篇则首尾横决，甚或顺逆倒置，曲

① 玄烨、徐乾学等：评范祖禹《迩英留对札子》，《御选古文渊鉴》卷五十五，影印《文渊阁四库全书》第1418册，第566页。

② 玄烨、徐乾学等：评任城王澄《谏高祖幸豫州》，《御选古文渊鉴》卷二十七，影印《文渊阁四库全书》第1417册，第560页。

③ 陆德海：《明清文法理论》，上海古籍出版社，2007年，第208页。

④ 方以智：《文论》，《浮山文集前编》卷一，《四库禁毁书丛刊》集部第113册，第459—460页。

⑤ 王水照：《文章薪火》，《历代文话》第四册，第3210页。

⑥ 方以智：《文论》，《浮山文集前编》卷一，《四库禁毁书丛刊》集部第113册，第460页。

直失伦，是股法、章法不驯也。苟欲其雅驯兼至，断非出经入史而熟习秦汉八家之文者不能。①

综合两段论述，“雅”是相对于“鄙倍”与“鄙俚”而言的，“绎先王之则，明当世之务”等强调了“雅”的内涵、要求与目的。而“竱本于经，练要于史，修辞于汉，析理于宋，文从古法，诗从正始”“苟欲其雅驯兼至，断非出经入史而熟习秦汉八家之文者不能”则从创作准备上指出了致“雅”的途径。“驯”是相对于“生强”而言的，并从字法、句法、股法、章法上提出要求，驯化“生强”以达“贴服”。“驯”就是要求语言上简洁有据、平易畅通、辞达有味，结构上先后有序、意脉贯通、完整无缺，强调的是体之“驯”。方以智则说：“孟坚整严之中亦能错落，范史因东京平对而顺载之，伯喈则喜比偶矣。趣至六朝，尚丽掞藻，势也。徐庾始娴，唐宋遂为别体。吾取其流爽者。”②突出“流爽”，含有畅达之意。由此，“驯”是一种状态，具有一定的审美意义。实际上，这里的“驯”也是一种手段，是驯化“生强”的手段。既然“驯”作为一种手段，那么要以什么标准、规范来“驯”呢？又要达到什么目的呢？在此语境下显然是“雅”，即以经史与秦汉八家之文来“驯”，以达“理”“体”之“雅”的目的。

可见，“雅驯”是以儒者的身份提出的学问文章的入门之径与入门之法，其所针对的“鄙”“俚”“倍”，实际上是针对明初以来文坛上“陋”“俗”“虚”③的弊病而提出的基本准则。既然如此，“雅驯”无疑也是桐城文论的立论基础和“不易准则”，因此不能将“雅驯”作为桐城文派具有自己理论个性的理论主张。

首先，张英在《龙眠古文初集序》中所说“吾闻先正训子弟读书法，以六经为根源，以诸史为津梁，以先秦两汉之文为堂奥，以八家为门户，崇尚实学，周通博达，能不为制举业所缚束”，显然继承了方以智的观点，但与方以智不同的是，方氏是从儒者角度提出的，而张英则从桐城先正读书之法来论学问文章的入门之径，突出了桐城地域的特点。而“朝堂之文昌明剀直，性理之文深醇奥衍，传记之文条

① 邱嘉穗：《东山草堂迩言》，《东山草堂迩言》卷六，《四库全书存目丛书》集部第259册，齐鲁书社，1997年，第367页。

② 王水照：《历代文话》第四册，第3210页。

③ “余尝发愤叹息，前明三百年学问文章不能远追汉唐及宋元者，其故盖有三焉：一坏于洪武十七年甲子定制，以八股时文取士，其失也陋；再坏于李梦阳倡复古学而不原本六艺，其失也俗；三坏于王守仁讲致良知之学而至以读书为禁，其失也虚。”（阎若璩《潜邱札记》卷一，影印《文渊阁四库全书》第859册，台湾商务印书馆，1983年，第407页）

理详赡，酬答赋赠之文温文尔雅”虽然是论桐城各体文章之风格，却暗含有桐城文章之合“体”（或曰“贴服”）之意。因此，我认为张英“裕”立论基础是“雅驯”，而且“裕”内涵要更为丰富，比“雅驯”的要求要高，已超越“雅驯”而成为更高层次的美学追求。

其次，张英为桐城第一部古文选集所作的《龙眠古文初集序》在探究桐城之文代有传人的原因时归纳出桐城之人之文“裕”的特点，是符合实际的。方以智说：“吾祖父相传中和正论，汝等勉之。澹泊真实其本也，闲雅潇洒其度也，枕籍今古、征举咏歌其饮食也。”①又如张英老师祝祺，潘江在其小传中说：“会开科取士之初，四方行卷胫翼罕通，山如辄出其宿构，蒙他人姓字流布国门，选家竞采掇之，奉为风气鹄的。其文舂容大雅，虽新贵名流或不逮也。”②再如程芳朝，潘江在其小传中说：“公雅志经世，不求工于声律，然间一兴寄，舂容大雅，得殿阁之体。”③程氏在《金文通公集序》中说：“夫古有儒者，其人中正而和平，其气优柔而不迫，其为言也，醇而肆，真而不漓，能使读者感动，岂非其积乎中者，深乎其深？”④陈其年评姚文燮《追荐长山夫子》又说：“四六文字如此流利沉着，弄丸手也。”⑤钱澄之评姚文燮《薙簏吟自序》说：“黄子久画富春山居，方盈丈而有江山万里之势，且烟云水石诸妙毕备，心足以载之，而手足以运之也。”⑥“闲雅潇洒”“舂容大雅”“优柔不迫”“流利沉着”“方盈丈而有江山万里之势”等都有“裕”的内涵。桐城文人多精于《易》，重于变，“裕”是张英对桐城地域文学文化本身特点的挖掘，又是张英力图引导桐城文人在新的时代环境中积极追求的新的美学趣向。

结合上述，我认为，从“雅驯”的角度来看，“裕”是在“雅驯”基础上构建起来的文论范畴，它比“雅驯”的内涵要丰富，外延要广阔；从“裕”本身这一角度来看，康熙宠臣张英从五个维度构建了“裕”的理论框架，突出了桐城之人之文的个性，又暗合了康熙时期政治、社会之需要，无疑对规范与引导桐城之文乃至天下之文有着深远的影响。

---

① 方以智：《读书类略提语》，《通雅》，第 35 页。
② 潘江：《龙眠风雅全编》五，第 2327 页。
③ 潘江：《龙眠风雅全编》四，第 1732 页。
④ 金之俊：《金文通公集》，《续修四库全书》第 1392 册，上海古籍出版社，2002 年，第 599 页。
⑤ 姚文燮：《无异堂文集》卷四，《清代诗文集汇编》第 106 册，第 127 页。
⑥ 姚文燮：《无异堂文集》卷一，《清代诗文集汇编》第 106 册，第 88 页。

三、“裕”与“雅洁”

“雅洁是由方苞文论总纲义法论衍生的一条具体的古文写作要求，它将前人有关行文简洁与语言雅正的作文经验和追求合而为一，并且提出了更加严格的限制。”而且“雅”与“洁”有各自的要求。① 从时间上看，张英之“裕”处于方以智的“雅驯”与方苞的“雅洁”之间，我们已论述了张英“裕”对“雅驯”的继承，那么对“雅洁”是否有影响呢？既然桐城文学有“裕”的特点，那么后来的桐城文学家应该有所继承。方以智、张英、方苞之“雅”一脉相承，而且前文对“雅”已有阐述，因此下文我主要从“洁”入手来阐述“裕”在桐城文论中的意义。

《说文·糸部》释“絜”为“麻一耑也”，段玉裁注曰：“一耑犹一束也。耑，头也，束之必齐其首，故曰耑……絜，束也，是知絜为束也。束之必围之，故引申之围度曰絜。束之则不椒曼，故又引申为潔净。俗作洁。经典作絜。”②《说文·玉部》又云：“锐廉而不忮，絜之方也”，段玉裁注曰：“絜，取圜转之义，凡度直曰度，围度曰絜。”③《楚辞·卜居》中“宁廉洁正直以自清乎？将突梯滑稽，如脂如韦，以絜楹乎？”知“絜”的“顺滑”义即从“圜转”引申而来。《说文·水部》释“清”为：“朖也，澄水之貌。”段玉裁注曰：“朖者，明也。澄而后明，故云澄水之貌。引伸之，凡洁曰清。凡人洁之亦曰清，同瀞。”④朱熹注《中庸》第十六章“使天下之人齐明盛服，以承祭祀”一句也说：“明，犹洁也。”⑤故“洁”有澄明之意，可引申为纯而不杂。

“洁”（絜）在桐城文派文论中主要有“束”与“朗”这两个基本义项及其引申义项。

姚文然作于1651年的《顺天乡试录序（代）》说：“取多士文而翻阅之，才宁敛毋纵，气宁静毋嚣，辞宁饬毋支，虽言人人殊，其斤斤焉不敢悖圣言、忤功令之心则一也。”⑥钱澄之作于1687年的《毛会侯文序》也说：“故其理实，其气平，其法雅

① 王运熙、顾易生：《中国文学批评史新编》下卷，复旦大学出版社，2010年，第221—222页。
② 段玉裁：《说文解字注》，上海古籍出版社，1981年，第661页。
③ 段玉裁：《说文解字注》，第10页。
④ 段玉裁：《说文解字注》，第550页。
⑤ 朱熹：《朱子全书》第六册，上海古籍出版社，2002年，第41页。
⑥ 姚文然：《姚端恪公文集》卷十三，《清代诗文集汇编》第75册，第283页。

饬,其词和豫,盖学韩而得欧者也。”①“敛”“饬”有“束”义,“宁饬毋支”有简洁之义,“雅饬”即合体合法,典雅谨严,有雅洁之义。而戴名世则明确地提出了“莫质于素,而本然之洁,纤尘不染,而采色无不受焉”。② 这种“本然之洁”在创作中又表现为:“一心注其思,万虑屏其杂,直以置身于埃壒之表,用其想于空旷之间,游其神于文字之外,如是而后能不为世人之言。”③所以这种“本然之洁”是一种纯洁。方苞则说:“盖所记之事,必与其人之规模相称,乃得体要。子厚以洁称太史,非独辞无芜累也,明于义法,而所载之事不杂,故其气体为最洁也。”④“韩退之云:‘汉朝人无不能为文。’今观其书、疏、吏牍,类皆雅饬可诵。兹所录仅五十余篇,盖以辨古文气体,必至严乃不杂也……古文气体,所贵清澄无滓。澄清之极,自然发其光精,则《左传》《史记》之瑰丽浓郁是也。”⑤可见,清初以来,桐城文学思想中“束”的思想一以贯之。方苞之“洁”除了词的“简洁”之外,还有气体的纯洁与澄明之义。由此,我认为,如果说张英以“转折抟捖”之“束”达“洁”之“圜转”,那么方苞则以“束”达“洁”之“澄明”,可知,张英之“裕”与方苞之“洁”是“洁”这一范畴的不同状态的呈现,方法相同,标准不同,效果相异,而且我们还注意到,“规模相称,乃得体要”有“驯”的“贴服”之义,而“雅饬”又继承了钱澄之的观点。

刘声木说钱澄之“论诗文精妙,实开桐城诸老之先河,至当而不可易,洵后世学人之龟鉴。”⑥我认为,此论有商榷之处。钱澄之作于1670年的《江汉持澜序》说:“夫文之澜,气为之也……夫气之为澜者,非恃其一往之气,奔溃而不可御,而遂至诡于法也,是浮气也,是狂澜也。凡气之一往奔溃而不可御者,非有余于气,不足于气者之事也。”⑦与张英“长江大河之奔注而涵育也”异曲同工。而钱澄之作于1687年的《毛会侯文序》中“其法雅饬,其词和豫”,尤其是“豫”所表现的安闲,又与张英的“裕”非常接近。钱澄之与张英的不同在于张英是在论桐城文学时论及桐城文学之“裕”,⑧并以“裕”为中心构建了一个完整的结构体系,而钱氏没有在论桐城文学时直接论及上述观点,也没有形成自己的核心文论范畴,而且

① 钱澄之:《田间文集》,第251页。
② 戴名世:《章泰占稿序》,《戴名世集》,第69页。
③ 戴名世:《与刘言洁书》,《戴名世集》,第5页。
④ 方苞:《史记评语·绛侯周勃世家》,《方苞集》,上海古籍出版社,1983年,第853页。
⑤ 方苞:《古文约选序例(代)》,《方苞集》,第614页。
⑥ 钱澄之:《苌楚斋三笔》,《所知录》,第260页。
⑦ 钱澄之:《田间文集》,第239页。
⑧ 顺治时桐城进士程芳朝、王大礽、何采、吴弘安以及张英老师祝祺等人均有这一特点。

钱澄之1651年回乡之后，其遗民心理的转变还经历了漫长的时间，转变期间，新士人纷纷登上文坛，吴弘安、姚文燮、张英等人相继中进士，新士人逐渐成了桐城文学的代表，桐城文坛的话语权也悄然发生变化。在这种背景下，钱澄之晚年的思想逐渐向新士人靠近。当然，我不否认张英在归纳桐城文学特点时有吸收钱澄之观点的可能，但以张英当时的地位以及他为桐城第一部文选《龙眠古文一集》所作的序，对桐城文学特色的彰显所起的作用以及对桐城文学所起的引领与规范作用，是钱澄之所不能比的。

四、小结

综上所述，"裕"是张英论文的重要范畴，是张英在新的社会环境中对桐城文学特色的挖掘和对桐城文学的审美期待。从桐城文学思想发展的角度我还想对以下三个方面再作一说明：

（一）桐城文人多以儒者身份论文，强调以"雅"为标准，在桐城文论中一以贯之。易代之后，与清政府科举政策相一致，成为桐城文学发展的坚实基础。

（二）桐城文论从"驯"到"裕"再到"洁"，突出创作主体的作用，强调主体对"理""气""体""辞"的雅化与驯化、柔化与圆化、纯化与洁化，主体在这一过程中形态、意态也得到了呈现。

（三）从桐城文论的发展过程来看，相对来说，"驯"是基本要求，而"裕"与"洁"是在"驯"之上的高层次的要求。"裕"与"洁"的共同之处在于"束"，然而"裕"突出的是有余与从容，更契合文学创作的审美要求，"洁"突出的是纯洁与明朗，更契合文章的实用要求，审美要求相对弱化。后来刘大櫆的"简"论则增强了文学的审美因素："凡文笔老则简，意真则简，辞切则简，理当则简，味淡则简，气蕴则简，品贵则简，神远而含藏不尽则简，故简为文章尽境。"①"笔老"的从容，"味淡"的淡泊，"含藏不尽"的丰富，虽然与张英所论的侧重点不同，却与张英的"简""裕"有着相同的审美要求。

总之，张英构建了以"裕"论文的理论框架，为文人勾画了一幅余裕的为人为文的理想蓝图，对桐城派产生了深远的影响。

---

① 王水照：《论文偶记》卷二〇，《历代文话》第四册，第4112页。

第四章　张英与桐城文派作家群（一）

——以桐城文坛为中心

张英生于桐城，长于桐城，学于桐城，休致后又归于桐城，是深受桐城文学文化浸染的官至一品的桐城籍教育家、经学家、文学家。他入仕后，特别是担任帝师期间，因讲筵与侍从备询之需要，总结并修正了自身的桐城文学思想，形成了自己的更具时代特点的桐城文学思想，并反哺桐城文坛，以其身份与地位影响了桐城文坛。随官位的升迁，影响越来越大。这不仅凝聚与培养了桐城籍作家队伍，使他们的创作趣向与审美趣向在某些方面不断趋近趋同，加快了桐城文坛顺应时代的步伐，而且还与桐城其他文人一道传播桐城文学，使桐城文学走出一隅，开创了桐城文学的新天地与新时代。

第一节　张英与桐城文人的交往

一、奉师长之教

顺治丙戌(1646)五月，张英母亲去世，易箦时命仲兄张载与叔兄张杰说："尔长兄早世矣。幼弟甫九齿耳。佐大人以训弟，惟汝两人是视。"①《张英全书》中存

① 张杰:《家弟敦复制义序》,《四库禁毁书丛刊》集部第 173 册，第 272 页。

录了数量较多的与他们酬答的诗文,可见出他们感情非常深厚。他们不仅对张英的《书经》《诗经》等经学的学习产生了较大影响,也对张英乐山林与求快乐等人生观产生了较大影响。张英除受家学家风熏染与父兄之教外,还受过桐城祝祺、齐邦直、姚文然、潘江等师长的教诲,对他的人生观、价值观、世界观以及经学观、文学观产生了较大的影响。

(一)祝祺

祝祺(1608—约1666),字山如,号朴巢,别号古桐。"顺治乙酉,年三十有八,始补诸生第一,时论允惬,而犹嗛其遇之迟也。会开科取士之初,四方行卷胫翼罕通,山如辄出其宿构,蒙他人姓字流布国门,选家竞采掇之,奉为风气鹄的。其文春容大雅,虽新贵名流或不逮也。既,又刊其《小题雅宗》行世,艺林购致,以为先辈神品,在庆历诸名家之间,沾丐后学,不可胜纪……生徒从游者众,至僦舍以次讲肄焉。所镌《朴巢诗》前后集,博奥萧远,有张文昌、王仲初之风。晚著《竹窗迂话》,有功世道,未卒业而没。"①身后南山案发,受波及,祝氏家谱留其序而阙其世纪,其集也遭禁毁,现存《朴巢诗集》八卷、《续集》一卷。《(康熙)安庆府志》《(康熙)桐城县志》有传。

崇祯癸未(1643),张英于南京执经祝祺,此后"无日不从先生游"。② 祝祺《朴巢诗集》《续集》中收有《九日同项于磐汪亦传姚彦昭周信臣张梦敦饮爽园之漱石亭》(二首)、《新春张梦敦招同吴式昭马一公姚彦昭经三集远峰亭二首》《落叶(和张梦敦韵)》《题张梦敦远峰别业》(二首)、《秋日过梦敦远峰亭时周信臣马一公叶咸一何截若先后咸集酒间限韵漫成二律》《人日方退谷马一公张梦敦同集朴巢》《同张梦敦东园玩菊》等与张英相关的诗篇,其中有二首论及了张英的诗,《题张梦敦远峰别业》其二有曰:"诵子龙眠访友诗,懒禅不与世情宜。"③《同张梦敦东园玩菊》有曰:"晚香宜我性,清艳斗君诗。"④指出了张英诗歌具有禅意与清艳的特征。

《张英全书》中没有留存张英与祝祺交往方面的诗文,现仅见一篇存于《朴巢诗集》中的《朴巢诗集序》。序文中不仅交代了他于崇祯癸未(1643)执经祝氏,此后"无日不从先生游",还比较详细地论述了祝氏之诗的三变:"癸甲之交,先生方

① 潘江:《龙眠风雅全编》五,第2327页。
② 张英:《朴巢诗集序》,《四库禁毁书丛刊》第145册,北京出版社,1997年,第438页。
③ 祝祺:《朴巢诗集》卷五,《四库禁毁书丛刊》第145册,第489页。
④ 祝祺:《朴巢续集》,《四库禁毁书丛刊》第145册,第514页。

避乱白门，四方诸名士鹄立，无不推先生为骚坛主，雨花、桃叶之间，挂诗瓢于酒楼，六代风烟，一时生色，尔时先生方志在豪放，其为诗云绮霞丽，惊艳一世。其后兵革频仍，大江南北委诸草莱，尔时先生方志在忧悯，其诗如《建康》《猛虎》诸行，至今读之，不啻与《花门》《彭衙》同一唏嘘也。年来闭门息静，酒一尊，香一炉，琴一张，种一焦一桐，庭径萧然，绿阴啼鸟，先生于其中，颓然自远，尔时方志在恬退，其诗复淡以幽，玄以隽。合而传之，无不与渊明、少陵、太白、香山诸君子先后同工，岂非先生之志不愧古人，而先生之才亦不愧古人！故其声其律上接建安，高揖沈谢，直窥三百篇堂奥，有以哉！"①

《山如祝先生记》有曰："吾桐炙先生之教发籍而筮仕者不鲜，相国张文端公受业于先生之门，经纶展布，得力于先生者为尤甚。先生著有诗文，文端公序以行世。先生悲天悯人，痌瘝在抱，其胞与之怀，虽未能见之行事，而文端公为我朝定国元勋，其相业光昭天壤，天下之苍生得安衽席，先生之魂魄自可大慰于九原矣。"②除此之外，张英在以下三个方面受祝祺影响较深：

其一，张英长期从祝祺游，祝祺安分恬退的人生态度与息静自乐的生活方式对张英浸染甚多。

其二，张英诗歌先学陶渊明，后学白居易，受祝祺的影响较为明显。

其三，祝祺颓然自远的生命状态、春容大雅的文学风貌，与张英的"裕"的审美理想是一致的，可见，张英的"裕"审美理想是渊源有自的。

（二）齐邦直

齐邦直（1618—1670），字古愚，同人私谥端述。"性朴质嗜学，文章出之沉静，行谊寓于浑全，时人目为宫墙鲁子敬。顺治甲午登副榜，名绅俊彦多出其门。著有《诗义》《论策》行世。"③潘江《端述先生齐古愚墓志铭》有更详细的叙述："二十八游乡校，文名籍甚。弟子从者日益众。拥皋比，陈说经书，音吐弘亮，殷动墙壁。质疑问难，随口而应，如环之无端。文不中绳，随资点窜，靡不厌酬群心。而又严立课程，诸里中少年素称覂驾跋扈，必威以夏楚，或既婚冠犹遭觵挞。每群儿杂处喧噱哄堂，闻古愚履屐声辄头面发赤，噤不敢出言。一时师席端严，望若畏垒，久之生徒成市，有赁屋僦舍以居者。平生酷耆唐宋大家之文，手抄口读，从颂洛诵，声溢街衢，虽奏厕不辍，至朱黄断烂、点画漫漶不少休。其为文，贯穿古今，

① 张英：《朴巢诗集序》，《四库禁毁书丛刊》第145册，第438页。
② 祝柏友等：《皖桐祝氏宗谱》卷六，嘉庆二十年木活字本。
③ 胡必选、王凝命等：《（康熙）桐城县志》卷五《人物・儒林》，第170页。

一点笔飒飒如春蚕之食叶。”[①]潘江《龙眠风雅》“张克伟”小传又说:“古愚不能诗,其制义、古文辞自是一代名手,予安敢点窜他作,以诬良友?故因子亮而附著于此。”[②]《(康熙)安庆府志》《(康熙)桐城县志》有传。

顺治初,齐邦直与同邑潘江、许来惠、张杰、方来贡、陈垣、吴接云、张英等十数子共联瑟玉堂文会。张英入会之初,年纪尚轻,受齐邦直、潘江等人提携较多。后来,齐邦直又与潘江、许来惠、张杰、张英合刻《五子诗义》。张英与齐邦直品文论诗,交流较多,但存世资料较少,现仅见张英《怀贤诗为业师齐古愚先生赋》一首诗,诗曰:“为文尚气魄,汗漫常自喜。不合有司度,三十犹尔尔。敛彼惊异才,屈首就恒轨。百篇熟昌黎,千回读《左》《史》。落笔如春蚕,转盼倏盈纸。射石堪没羽,气可搏犀兕。文场比幽燕,抉目无坚垒。甲午秣陵秋,已中浮图矢。虽不获祖龙,留侯讵云耻。棘闱多崄巇,既收旋复委。归来益磅礴,骚经穷四始。弘丽发庙谟,幽细写物理。有时鸣钟镛,有时撷兰芷。潘岳与许询,挥毫各相视。既予弟与兄,龙眠五子是。迄今海内传,颇会诗人旨。”[③]主要对齐邦直为文的师法对象、风格特征、《五子诗义》的影响进行评价。齐氏“酷耆唐宋大家之文”,又熟读《左》《史》,“发庙谟”“写物理”之重实用,在张英的文章中都可以看到他的影响。

(三)姚文然

姚文然(1620—1678),字若侯,号龙怀,谥端恪。崇祯癸未(1643)进士。顺治丁亥(1647)授国史院庶吉士,寻改礼科给事中。顺治戊子(1648)主试山东乡试,“衡文一以典雅正大为宗……一时知名之士皆入彀”。[④] 癸巳(1653)丁母忧,乙未(1655)服阕,旋请假归里,癸卯(1663)丁父忧,丙午(1666)服阕,闲居乡里长达十余年。康熙癸丑(1673)奉旨为会试副考官,“以正文体、遴真儒为己任”。[⑤]康熙丙辰(1676)年擢刑部尚书。著有《姚端恪公集》四十八卷。潘江《姚端恪公文集序》说:“以予观公古文辞,如序、记、书、启诸作,皆卓然成一家言,而其最大者莫如历官诸奏疏及《白云语录》……公之诗亦近乎永叔之诗,其文之通达治体,

① 潘江:《木厓文集》卷二,《清代诗文集汇编》第69册,第610—611页。

② 潘江:《龙眠风雅全编》五,第2219页。

③ 张英:《张英全书》中册,第38—39页。

④ 姚士塈、姚士堂:《皇清诰授光禄大夫刑部尚书加一级显考端恪府君行述》,《清代诗文集汇编》第75册,第543页。

⑤ 姚士塈、姚士堂:《皇清诰授光禄大夫刑部尚书加一级显考端恪府君行述》,《清代诗文集汇编》第75册,第545页。

晓畅事情，则全乎永叔之文也。”①姚氏门生徐秉义《姚端恪公文集序》也说：“故读前后奏疏及《白云语录》……故虽安澜平野，亦见突兀峥嵘，鱼龙变化，以其文为有物之文，其斯为文之至乎。”②李雅、何永绍《龙眠古文一集》收录其文 33 篇（收录方以智文 14 篇，程芳朝文 9 篇），姚琅《（康熙）安庆府志・艺文》收录其文 11 篇，张楷《（康熙）安庆府志・艺文志》与胡必选《（康熙）桐城县志・艺文志》均收录其文 9 篇，李祖陶《国朝文录》收录其文二卷，由此可见，他是顺治与康熙初期桐城最有影响的古文作家之一。

姚文然是张英妻子的堂兄，张英《祭大司寇姚端恪公文》说：“矧予之奉教于公也，楷模覆翼二十余年矣……天子闻公疾笃，屡动色而其咨。英方侍从于讲幄，获传恩命于龙墀。床头执手，凄然泪下，谓臣今已矣，犹伏枕而涟洏。呜呼哀哉！洵斯民之不幸，亦天道之无知。不止累世兼孳之托，廿年骨肉之爱。此心惨戚而不可支，所最恸者，我公之既往也，茫茫身世，更将谁则而谁师？”③可见两人感情深厚。《张英全集》收有《寄都谏姚龙怀先生》《姚龙怀先生自黄门擢副宪赋赠二首》《姚龙怀先生自副宪晋少司寇赋赠二首》诗 5 首和《祭大司寇姚端恪公文》1 篇，《聪训斋语》中多次提及姚文然。综合相关资料，姚文然对张英的影响主要有以下两个方面：

其一，曾国藩说：“读张文端公《聪训斋语》、文和公《澄怀园语》，此老父子学问，亦以知命为第一义。”④张廷玉《澄怀园语》说：“昔我文端公时时以知命之学训子孙，宴闲之时，则诵《论语》曰：‘不知命，无以为君子也。’……先兄宫詹公习闻庭训，是以主试山左即以‘不知命’一节为题。惜乎！能觉悟之人少也。”⑤然而张英“知命”人生观的形成与姚文然有莫大的关系：“《论语》云：‘不知命，无以为君子。’考亭注：‘不知命，则见利必趋，见害必避，而无以为君子。’予少奉教于姚端恪公，服膺斯语。每遇疑难踌蹰之事，辄依据此言，稍有把握。”⑥“曩时，姚端恪公每为余言：当细玩‘不知命，无以为君子’章。朱注最透，言‘不知命，则见利必趋，见害必避，而无以为君子矣。’‘为’字甚有力。知命是一事，为君子是一事。

① 潘江：《木厓文集》卷一，《清代诗文集汇编》第 69 册，第 568—569 页。
② 姚文然：《姚端恪公全集》，《清代诗文集汇编》第 75 册，第 132 页。
③ 张英：《张英全书》上册，第 407—408 页。
④ 曾国藩：《曾国藩全集・日记》，第 378 页。
⑤ 张廷玉：《张廷玉全集》上册，第 318—319 页。
⑥ 张英：《张英全书》上册，第 512 页。

既知命不能违,则尽有不必趋之利,尽有不必避之害,而为忠、为孝、为廉、为让绰有余地矣。小人固不当取怨于他,至于大节目亦不可诡随。得失荣辱不必太认真,是亦知命之大端也。”①由此可知,姚文然不仅对“不知命,无以为君子”有深刻的体悟,而且对张英产生了深远的影响,张英始终奉之为处世之法宝、训子之箴言。

其二,姚文然为文“通达治体,晓畅事情”“安澜平野”,如太和元气,流行充满,张英文章风格与此非常接近,张英《龙眠古文初集序》中所表达的“崇尚实学,周通博达……朝堂之文昌明剀直……酬答赋赠之文温文尔雅”②与此也是一脉相承的。

(四)潘江

潘江是清初桐城文坛盟主,张英与他交往的时间长,留存的诗文多,不仅相互影响大,而且对桐城文坛影响深远,因此有必要对他们的交往作重点论述。

潘江(1619—1702),初名大璋,字蜀藻,号木厓,又号耐翁。崇祯己巳(1629),潘江应童子试,补博士弟子,合郡传诵其文,目以圣童,同里姚康尝曰“任重致远者必此儿”,张秉文、吴应宾尤啧啧称异。③ 崇祯壬午(1642),避乱于南京,与同里文人举闻鸡堂文会以文学相切劘,又与复社诸子以名节学问相镞砥。顺治乙酉(1645),回桐城。戊子(1648)始举社事,主坛坫。壬辰(1652)、癸巳(1653)之交倡长庆体,救里人诗弊。辛卯(1651)、甲午(1654)乡试,皆名列前茅,然傥得复失。顺治丙申(1656)冬,潘江游河南梁园,访里人何应珏司理,获其分俸。丁酉(1657)暮春回里。己亥(1659)秋,赴秦中吴正治按察使之幕。庚子(1660)夏,游徐州,谒李世洽观察,访王吉士州守。庚子秋,因生计入里人方兆及济宁幕,辛丑(1661)夏归里。康熙癸卯(1663)夏,游毗陵,访毕淄湄司理。甲辰(1664)冬,应何应珏太守之邀抵黄州,入黄州幕。丙午(1666)冬,再游济宁,访方兆及。己酉(1669),游太学,不久闻妻病危,未及闱试而归里。辛亥(1671),赴部授职,儿仁树又殁,离京归里。甲寅(1674),再往吴门不果,溯江州,访刘淑甫榷部。从顺治丙申至康熙甲寅近二十年间,潘江游历齐、鲁、秦、豫、京、吴、楚,与海内文人酬酢。康熙丙辰(1676),潘江与同里陈焯、刘鸿都、赵襄国、张杰、左国治、孙中凤追香山洛下之游,始举花会。同时也开始了他二十余年优游乡里、以著述吟咏自娱

① 张英:《张英全书》上册,第537页。
② 张英:《张英全书》上册,第299页。
③ 潘江:《木厓文集》,《清代诗文集汇编》第69册,第622页。

的生活。潘江现存诗文集有《木厓集》二十七卷、《木厓续集》二十八卷、《木厓文集》二卷，辑有桐城诗歌选集《龙眠风雅》六十四卷、《龙眠风雅续集》二十八卷。

1.潘江在桐城文坛上的地位

（1）潘江诗文创作成绩突出

除前文已列潘江五十七卷诗文集外，潘江为编《龙眠风雅》《龙眠风雅续集》撰写了550余位作者的小传，如单独结集也有二三十卷之多，加上已佚的《六经蠡测》《诗韵尤雅》等，可谓著作等身，时人给予了较高的评价。

光廷瑛《读龙眠风雅》特别论及了集中的小传创作及其意义："小传写生流玉屑，披吟满目触琳琅。里门创举惟斯集，海内应同石室藏。"①

李雅《木厓诗集序》对潘江的各体文学成就进行较为具体的论析："其制艺原本经术，根极理要，丹黄墨牍房稿，澥内读书人奉为指南无论。论其古文词，盖出入《庄》《骚》，左龙门而右扶风，兄事韩、欧，弟畜介甫、子固，此为一枝笔，所谓《易》奇而法者也，但以为学眉山之疏宕，浅之乎窥潘子者也。再论其风雅乐府，生平所长，古题今题，即离变化，绝类李茶陵，不似北地、信阳之印板鼓吹横吹诸曲；至于即席即景即事赠送酬答，掀髯便就，乂手辄成，如阵马风樯，驰骤于汉魏齐梁初盛中晚之际：此又一枝笔，所谓《诗》正而葩者也，但以为学香山之真率，浅之乎窥潘子者也。潘子之为潘子若此，宁独诗与笔合伯仲沈休文？诗在笔先，笔在诗先，颉颃杜子美、李太白也耶。"②强调了潘江复古中创新的特点。

钱澄之、戴名世等人则论述了潘江在桐城文坛上的地位。钱氏作于康熙丙辰（1676）前后的《木厓诗集序》说："吾乡潘蜀藻，天下士也，以诗文称于世者三十余年。凡吾乡论名士必推蜀藻，而四方称吾乡之名士亦必首推蜀藻。予之知蜀藻，盖知之于四方之士也，垂老始与交。读其诗与文，因以渐习其为人，然后知四方之誉果不虚。"③戴名世《木厓续集序》说："吾师木厓先生言语下笔妙天下，当数十年来海内学者绝响。先生岿然抱独守残，振音于空谷之中，其俯仰慷慨见之于文章诗歌，既已流传天下矣。"④作为门人的戴名世有阿私溢美之嫌，相对来说，钱澄之的论述则较为客观公允。

（2）潘江长期主盟桐城文坛

① 潘江：《龙眠风雅全编》十，第4559页。
② 潘江：《木厓集》，《清代诗文集汇编》第69册，第4页。
③ 潘江：《木厓集》，《清代诗文集汇编》第69册，第3页。
④ 潘江：《木厓续集》，《清代诗文集汇编》第69册，第262页。

除诗文创作以外，潘江还通过诗文评点、组织社集、编辑《龙眠风雅》《龙眠风雅续集》，一直使自己处于桐城文坛的核心，与同时的方以智、钱澄之、方文、方孝标等桐城名人相比，虽也有游幕、游学与出访，但时间都不长，且康熙丙辰（1676）以后开始里居生活，居住在桐城的时间比较长，与桐城各类文人保持着较为紧密的关系，长期经营着桐城文坛，是顺治与康熙前、中期桐城文坛领袖。

潘江《诗正》《文聚》诸选自己称“谬为四方称赏”，[①]张廷玉也称潘江、张英等人合刊的《五子诗艺》（也称《五子诗义》）“至今脍炙人口，习《葩经》者奉为津梁焉”。[②] 他还与里人组织了闻鸡堂文会、射蛟台文会、瑟玉堂文会、汐社、花会等文会诗社，这与诗文选评结合，助力桐城科举，凝聚了桐城文坛，为培育与发展本土文学文化作出了自己的贡献。

特别值得关注的是《龙眠风雅》《龙眠风雅续集》编辑。《龙眠风雅》的编辑从顺治戊子（1648）开始，至康熙戊午（1678）完成，历时 31 年。《龙眠风雅续集》于康熙辛未（1691）完成。两集共历时 44 年。《龙眠风雅》每卷均有一外地文人和一同里文人或门人婿甥参，潘江共组织了 64 位外地文人与 59 位同里文人或门人婿甥参，又组织了外甥与儿子共 10 人编校以及门人 21 人参定。《龙眠风雅续集》潘江组织了门人 20 人编次。除去 64 位外地文人，两集共组织了近 100 位同里文人或门人婿甥参与了编选工作。由此，马其昶说他“主盟坛席者三十余年”[③]是据《龙眠风雅》得出的观点。不过，我认为，两集编辑的这 44 年间实际上逐渐形成了一个以潘江为核心的文人群体。这样的优势有利于他融合与提炼桐城文学思想，引领桐城文学风尚。

（3）潘江对桐城文坛的影响广泛而深远

壬辰、癸巳之交，潘江为矫里人诗弊，倡长庆体，与方文、钱澄之、祝祺、张杰、马孝思等人一起掀起了崇白之风，后又与张杰等人追香山洛下之游举花会，经十余年不辍，对桐城诗风文风与文人的人生态度产生了深远的影响。与潘江同时的里人何永绍《木厓续集序》从影响时间之长、范围之广、程度之深三个方面对潘江的影响进行了论述：

木厓先生以诗古文名海内二三十年，海内文人学士沾丐残膏剩馥，虽细

---

① 潘江：《木厓续集》卷二，《清代诗文集汇编》第 69 册，第 279 页。

② 张英：《敦复府君行述》，《张英全书》下册，第 478 页。

③ 马其昶：《桐城耆旧传》，黄山书社，2013 年，第 219 页。

至孺妇里巷鲜不知其名，诵其篇章，解其音义，有如长庆会昌中人晓然于唐之白香山者，盖先生一香山后身也。①

何永绍写这篇序时，已编辑出版了《龙眠古文一集》，应有较开阔的视野，非常熟悉当时文坛的主要动态，所以他的论述应该说基本上是客观的。

潘江虽不以古文名世，但对桐城古文也产生了一定的影响。《木厓先生传》（作者佚名）从奖掖后学的角度论述了潘江对桐城古文的影响：

其间著作授徒，弟子益进，同里戴编修名世实传其学。编修初为古文，时人无知者，先生一见奇之，以为有司马迁、韩愈之风。编修感先生知，益奋于学，先生更发藏书资之，编修遂以文名天下。②

方宗诚（1818—1888）《桐城文录序》从桐城文学发展史的角度给潘江进行了定位，但评价不高：

田间同时遗老之文多散轶矣。其有存者，文事虽未工，亦往往足以埤学识，广国闻，惜不得尽见之也。今附录方位白、方素伯、陈涤岑、潘木厓、钱雁湖、杨嘉树文一卷。③

缪荃孙（1844—1919）《重刊木厓文集序》从桐城文派发展的角度论述了潘江的影响，评价则很高：

近世之言散体文者必曰桐城，师桐城者必曰方望溪侍郎，一传而刘，三传而姚，凡读书人无不知之。然方氏之友，文名相颉颃者，曰戴潜虚，而潜虚则师事潘蜀藻先生。先生有《木厓集》二卷，荃孙受而读之，然后知桐城之渊源有自也……桐城自前明以来，田间编修之经术，孩未中丞之文学，密之阁学之淹雅，皆能各自成家。先生承师友之观摩，加以身世之阅历，精神一贯，气象

---

① 潘江：《木厓续集》，《清代诗文集汇编》第69册，第259页。

② 潘江：《木厓文集》，《清代诗文集汇编》第69册，第622页。

③ 舒芜、陈迩冬、周绍良、王利器：《中国近代文论选》上，人民文学出版社，1981年，第94页。

万千,遂以开潜虚之俊逸,而望溪以之集大成者也。①

不过,我认为,至少"望溪以之集大成者也"中"以之"值得商榷,潘江对戴名世的影响固然存在,但影响有多大还有待进一步深入研究。

2.张英与潘江交往述略

(1)张英少奉教于潘江

张英《潘木厓诗集序》说:"英获与蜀藻交,在二十年前。是时蜀藻以诗文负盛名,为诸生祭酒。英甫束发,补博士弟子员。蜀藻挈之坛坫,教之为诗文,朝夕奉余诲。"②张廷玉《敦复府君行述》说:张英"甲午应童子试,学使者山左蓝公润深加赏识,拔置府庠第四,补博士弟子员。"③由此,张英与潘江的交往当始于顺治甲午(1654),当时张英只有18岁,作为诸生祭酒的潘江对张英是有教育、提携之功的。

(2)联文会,评诗文

潘江《龙眠风雅续集》"吴接云"小传说:"顺治初,与亲朋方中谕来贡、许绥人来惠、齐古愚邦直、张如三杰、敦复英及予,十数子共联文会。"④《龙眠风雅续集》"许来惠"小传又说:"顺治初,与同学方中谕来贡、陈子垣垣、吴燕士接云辈为瑟玉堂会课。"⑤但瑟玉堂文会始于何时具体时间不详。张英《张杰传》说:"五月,先母不幸见背,兄哀毁骨立,予时方九岁,先君命从学焉。于是益肆力于制业之学,自六经、《左》《史》、两汉、八家之文,靡不蒐探淹贯,为文洋洋洒洒,顷刻千言。与里中名隽立瑟玉堂文会。复与予同读书于石门僧舍。"⑥根据行文判断,瑟玉堂文会应在到石门僧舍读书之前。又,张廷玉《敦复府君行述》说"辛卯从三先伯读书石门僧舍"。⑦ 由此,瑟玉堂文会应始于辛卯年(1651)之前,潘江为创始会员,为诸生祭酒,而张英与潘江交往始于甲午,那么,张英最早可能在甲午年(1654)入会。

潘江《耐翁六十自寿诗次磬叟一百四韵并答磬叟见赠之作》云:"(庚子夏游

---

① 潘江:《木厓文集》,《清代诗文集汇编》第69册,第563页。
② 张英:《张英全书》上册,第304页。
③ 张英:《张英全书》下册,第478页。
④ 潘江:《龙眠风雅全编》八,第3650页。
⑤ 潘江:《龙眠风雅全编》九,第4461页。
⑥ 张开枚等:《张氏宗谱》卷三十,民国二十二年铅印本。
⑦ 张英:《张英全书》下册,第478页。

徐州，谒观察李溉林先生，兼访王吉士州守）……葩坛张鼓吹，艺苑总纲维。匪赖千钧力，宁扶八代衰。（《诗正》《文聚》诸选谬为四方称赏，许子绥人、齐子古愚、张子如三、敦复实欣助之）……（辛丑入方蛟峰观察济宁幕中）”①（括号内为作者自注）但潘江《谒至圣林庙记》又说：“庚子秋予以饥驱入幕佐方子蛟峰治兵济上。”②可见，庚子（1660）秋到辛丑（1661），潘江都在济宁。而张英作于康熙辛未年（1691）的《龙眠风雅续集序》说：“回思三十年前与吾辈丹黄错互，点定《文聚》《诗正》诸书。”③综上，《诗正》《文聚》成于庚子、辛丑年间，两书得到了张英等人的帮助，采录了张英等人的评点。

张英家族以治《诗经》名乡里，张英、张杰兄弟曾与潘江等人一起切磋《诗经》，合刊《五子诗义》。《五子诗义》稿本形成的时间应后于《诗正》成书时间（1660—1661），早于丁未（1667，张英中进士）。潘江《盛珍示张觐文为序五子诗义行世赋谢》作于癸丑（1673）前后，由此，《五子诗义》应在癸丑前后刊行。这至张廷玉作《敦复府君行述》已有三十余年，习《葩经》者仍“奉为津梁”，可见其影响之深远。

（3）诗文交往频密

《张英全书》中，与潘江有关的诗文最早的是己亥（1659）或庚子（1660）所作的《松声阁》。而潘江诗文集中，与张英有关的诗文最早的是《寄同学许绥人陈季白叶远思齐念修倪南荫齐秋浦黄陶村刘尔雅张如三齐古愚吴弼士张梦敦从祖彦升诸子》，作于庚子。两人从甲午年开始交往，但他们现存的诗文集中，己亥前无诗文留存，如果从己亥算起，至潘江壬午（1702）去世，四十余年间，张英与潘江诗文交往频密，留存了比较多的诗文作品。据此，张、潘两人的交往大致可以细分为五个阶段：

第一个阶段自张、潘结交起至张英回里丁忧止（1654—1667）。这一时期，《张英全书》中只有《松声阁》诗与潘江有关，而潘江诗文集中至少有《芜阴舟中喜得张梦敦捷音即送其南下》《闻张梦敦春闱落第诗以寄慰》《张梦敦新授庶常赋寄志喜》（二首）4 首诗与张英有关。《芜阴舟中喜得张梦敦捷音即送其南下》诗中有云：“献赋同归里，扬舲羡此行。一帆秋水下，百里暮潮平。遇主名方重，登仙舟

---

① 潘江：《木厓续集》卷二，《清代诗文集汇编》第 69 册，第 279 页。
② 潘江：《木厓文集》卷二，《清代诗文集汇编》第 69 册，第 591 页。
③ 潘江：《龙眠风雅全编》七，第 5 页。

倍轻。临岐吾怅别,君自急南征。”①有羡慕,有祝愿,有怅惘,情感非常真挚。《张梦敦新授庶常赋寄志喜》诗中有云:“盛世文章堪报主,高堂山水尚怡情。期君好展丝纶手,莫负深源旧日名。”②祝贺、期许之情溢于言表。这一阶段,张英主要致力于科举,作为亦师亦友的潘江在诗中主要表达了对张英的关爱、劝勉、祝贺与期许之情意。

第二个阶段自回里丁忧起至服满入朝止(1667—1670)。这一阶段,张英回里丁忧,与潘江多有诗文交往。从存诗看,主要是山水唱和与相互劝勉之作:张英有《重九后十日木厓招同四松芥须伊蒿叔兄如三集九松分得地字》《四秋诗四首(同四松木厓三兄作)》《语菊二首(同四松木厓三兄作)》等诗,潘江有同题、同作诗留存,为闲适之作。己酉(1669),潘江偕子游太学,张英作五古《送木厓偕长君务滋入成均》为他们送行,充分肯定了潘江之才,表达了对潘江的期盼与祝愿。不久潘江闻妻病危,未及闱试而归里,张英又作《闻木厓以六月自都还兼有悼亡之戚诗以怀之三首》,表达了惋惜与伤感之情。康熙庚戌(1670)六月张英启程赴京,潘江作七古《送张梦敦庶常还朝》为之送行,诗中有曰:“君昔雄文艺苑推,洛阳纸价轰如雷。承明洊登看起草,光芒万丈凌三台。芸窗与我同铅椠,鸡林一出传月旦。行看锁院秉文衡,水镜南宫倬云汉。往年爱日思庭闱,只今接武夔龙时。从此一心报天子,扬显永锡方自兹。到时秋雨直秘阁,四库图书恣搜索。明年我亦入长安,看君燕许新著作。”③诗中充满了勉励与期望。

第三个阶段自张英入朝起至乞假抵里止(1670—1682)。张英入朝后继续庶常馆学习,康熙十一年(1672)闰七月,散馆授翰林院编修。康熙十二年(1673)四月十六日,张英等人扈从康熙幸南苑,十八日进讲,从此开始了他为帝师的讲官生涯,逐渐获得康熙宠爱,至乞假时已官礼部侍郎。这十余年间,因庶常馆学习与考试以及讲筵的需要,张英广泛涉猎经、史与文学,是其思想形成的时期。值得注意的是,辛酉(1681),张英四十五岁,这一年是他一生思想的转折点。这一年他至少有《读白乐天诗六首》《读白乐天四十五岁诗》《读白诗》《读白氏集》《江南忆十首》19 首读白诗、拟白诗之作,诗中透露了退隐之念。特别是《康熙辛酉十二月十六日予四十五生日率尔书怀遂成四百五十字》一诗,则比较充分地表达了他的退

① 潘江:《木厓集》卷十三,《清代诗文集汇编》第 69 册,第 134 页。
② 潘江:《木厓集》卷二十,《清代诗文集汇编》第 69 册,第 195 页。
③ 潘江:《木厓集》卷十,《清代诗文集汇编》第 69 册,第 103 页。

隐之思。稍后他就上疏乞假，获允。潘江有《闻敦复宗伯归舟已泊维扬喜而有作》等诗对张英的退隐之思进行了劝谏。这一阶段，张英为潘江母亲《松声阁三集》与潘江《木厓集》作过序文。潘江六十寿辰，张英有《寄木厓》诗祝寿。潘江存诗主要有《留别姚龙怀都谏张敦复编修》《寄寿张敦复宫谕四十初度三十韵》《送彦升家族祖赴京廷试兼寄姚司寇龙怀张学士敦复二首》《邸抄至得张卣臣捷音赋寄兼柬敦复学士》《闻敦复学士蒙恩予假归营先兆舟已遄发喜赋七首》《闻敦复宗伯归舟已泊维扬喜而有作》等。

第四个阶段自张英抵里至启程归朝止（1682—1685）。张英乞假是为父经营窀穸，事竣后，因病推迟还朝，与潘江等友人优游山水，唱和乡里。这一阶段，张英所存诗文主要有《过木厓河墅二首》《腊月八日眠樵木厓霜鹤过山庄小饮二左留宿》《木厓续集序》等诗文。潘江存诗较多，主要有《久不登敦复远峰亭于其归也过谈永日漫成二绝》《姚羹湖开化招同越楼东岑敦复集泳园》《正月十四日敦复宗伯招同西渠芸圃玉叔我思入龙眠山庄看梅限齐字三十韵》《上元日同西渠敦复诸君由龙眠山庄游九峰庵因赴左霜鹤之招次前韵》《三月晦日同越楼橘亭澡青过东来石门山庄次壁间羹湖韵四首》《敦复学士过访携梨见饷云得自龙眠山庄者》《敦复宗伯致其仲兄湖上先生之意期同往看芙蓉予以病不克远赴赋此寄答》《严庶华招王恕行明府张敦复方丹皋邓田功方素伯方有怀姚玉青绥仲履若江少文方东来诸子集石门山庄有感》《敦复宗伯见过》《澡青学士闻予医药乏葠乞邻贻赠》《浴鹤诗兼柬敦复宗伯二首》《赐金园春山八咏次韵和澡青宗伯八首》《敦复宗伯属予稽放翁诗何年始入剑南稿中按放翁生乙巳其诗登稿以壬辰始盖行年已四十有八矣赋答二首》《张玉叔招同羹湖丹皋敦复东来禾客松皋方东游碧峰山房观披雪洞瀑布以风月无边庭草交翠八字为韵予得风字》《赐金园雨中同两衡看荷花歌柬张学士》《归朝欢（送敦复学士假满还朝）》《郊送敦复后归卧山房听雨怅然有怀》（4首）等33首，比较全面地反映了张英三年里与潘江等友人优游山水、唱和乡里的闲适生活。

第五个阶段自张英启程归朝起至休致抵里止（1685—1702，张英休致抵里这一年，潘江去世）。这一时期，张英担任了九年多的礼部尚书、八年多的翰林院掌院学士、十余年的管詹事府詹事事。一人同时绾三绶，在康熙朝只有他一人，执掌礼乐文章之府的时间在康熙朝很少有人超过他。张英现存有《寄木厓》《寄木厓八十生日》祝寿诗2首与《龙眠风雅续集序》文1篇。潘江现存有《寄怀张敦复学士新拜少司马兼摄大司寇三首》《寄怀张敦复学士特晋大宗伯并答来书中见问之意二首》《张敦复宗伯寄高丽纸廿幅》《张澡青掌院闻予岁馑苦饥敕家人送稻百六十斛》《张敦复大宗伯远贻椒茧赋谢》《河墅真乐篇寄敦复宗伯》《张衡臣自京归里其尊甫宗伯公惠贻书问远慰衰癃兼寄白葛一端赋谢》《寄寿张大宗伯六十(四首)》《张大宗伯复赠秫十石为酿具却谢》《宗伯书至极羡河墅海棠之盛甲于诸园》《口号仿长庆体寄敦复相君》等17首诗,主要有两类:一类为劝勉之作,如《寄怀张敦复学士新拜少司马兼摄大司寇三首》,诗中有云"君年正是酬恩日,莫羡家园旧隐沦",①劝其不要隐退。一类是答谢之作,张英对潘江多有生活上的关照,上列存诗多属此类。

3.张潘交往的文学史意义

通过上文的梳理可知,虽然张英所存诗文较少,但潘江存诗较多,不仅反映了两人交往时间长、密度大、感情深,而且从潘江的劝勉诗中可以看出,他能及时了解张英的思想情感的波动,并予以劝慰,也可说明他们感情深。而两人感情之深在很大程度上则可以说明两人思想的相互接受与融合的程度之高。那么,在这种语境下,我们再从他们的身份考察其文学活动与文学传播,可以更好地揭示他们交往的文学史意义。

(1)壬辰、癸巳之交,潘江倡长庆体,稍后张英与之游,潘江等人所掀起的崇白之风对刚踏入文坛的张英的影响应该说是深刻的。丙辰年潘江又追香山洛下之游举花会,经十余年不辍。那么,张英四十五岁所作的读白诗、拟白诗之作应该是往日积累的激活的结果,也应该是受故乡花会触动的结果。这些不仅对其诗风产生了影响,也对其人生态度产生了影响。潘江针对张英的归隐之思进行奉劝时也以白居易为例说事,如张英乞假归里时,潘江作《闻敦复宗伯归舟已泊维扬喜而有作》,诗中有曰:

昔有韦表微,行年将五十。永怀松竹居,一归不复出。又有韩见素,尸禄嫉贪墨。年甫四十八,致政还乡国。高躅追二疏,中年尤难得。达哉白乐天,起家尉盩厔。历官数十年,分司已七秩。悬车且逾期,挂冠犹弗力。当其谪江州,四十有六七。仕路已多年,宦味岂未悉。匡庐况名山,司马匪猥职。不知湓浦舟,何故青衫湿。视彼韦与韩,谁得复谁失。我友宗伯公,未艾思隐逸。上书请急归,猿鹤萦胸臆。问其年几何,正白江州日……倡予复和汝,所

① 潘江:《木厓续集》卷十七,《清代诗文集汇编》第69册,第406页。

言惟稼穑。差胜白乐天，垂老方休息。未知韦与韩，畴能分甲乙。①

又如潘江在《四轩图记》中的劝说，便渗透了白居易的人生哲学：

今夫人寄兴丘壑，骄语石隐，或不幸摈于朝廷，屏居林下，非不岸然自诩其林泉之乐，顾其悲愤怼怨之私，未尝一日忘轩冕也。若公之宅衷恬定，官愈尊而家愈贫，位愈高而心愈下，虽日侍广厦细旃之侧，陟降乎金华之穹殿崇阶，出入乎建章之千门万户，吾以为犹之乎四轩也。何则？其所以乐者自在也，何必四轩？吾愿公存其心，不必徇其迹，可也。②

当然，张英没能辞去官职有多方面的原因，然而他读书以养心，宅衷恬定，为官为政，清慎勤廉，淡看仕途起伏，深得康熙厚爱，同时他又居轩冕而思皋壤，为诗为文，称心而出，形成了台阁、山林兼而有之的独特诗文风格，显然有对白居易的接受。由此可见，潘江所倡导的崇白之风与以白居易为例来劝说对张英的创作心态与审美趣向以及人生态度是有一定的影响的。

(2)康熙庚戌(1670)二月之前，除七个月左右的京城庶常馆学习外，张英多居在桐城，多从潘江游，一直随潘江处于桐城文坛的中心，接受桐城文学的滋养，联文会，刊诗义，丰富了桐城文学的内涵，也为他以后的讲筵、教习与衡文奠定了思想基础。张英丁忧期间所作的《送木厓偕长君务滋入成均》诗中有曰："文字摹大家，韩欧同规程。古风久沦弃，力为流俗撑。浩浩写胸次，意匠无经营。赋诗耽杜白，历落倾珠琼。丹黄海内书，月旦操其评。脉望食余字，皆得分时荣。嗟予樗栎材，相远奚莛楹。"③"摹仿大家，规程韩欧，抒写胸次"既是对潘江文学思想的概括，也是自己所追慕与期待的。张英期望潘江以此改变天下文风没有实现，自然会成为自己努力的方向。

(3)康熙庚戌(1670)二月至壬戌(1682)三月这段时间，张英结束了庶常馆的学习，授编修，后充日讲起居注官，任翰林院侍讲学士、南书房侍从、侍读学士、翰林院学士兼礼部侍郎，深得康熙眷宠。康熙癸丑(1673)开始为康熙讲《四书》《通

① 潘江：《木厓续集》卷八，《清代诗文集汇编》第69册，第328页。
② 潘江：《木厓文集》卷二，《清代诗文集汇编》第69册，第597页。
③ 张英：《张英全书》中册，第28页。

鉴纲目》,康熙丁巳十二月十七日(1678 年 1 月 9 日)开始入值南书房,在此后四年里张英与康熙讨论了《书经》《易经》和古文等,并撰写了《书经衷论》《易经衷论》进呈康熙。这段时间,为了适应讲筵的需要,张英必然会对自身的桐城文学思想作出某种程度的修正,融合折衷,并将之用到讲筵之中。张英在《书经衷论》和与康熙的古文讨论中广泛地论及了文学的问题,从中可以看出,他已形成了自己的比较系统的文学思想。这段时间形成的思想不仅影响了康熙,也会落实到他以后执掌翰林院与礼部的工作中,落实到庶常馆教习和科举衡文中,也会落实到自己的创作中,这无疑会对朝廷文学产生影响(这部分下文将详细论述),还通过与潘江等桐城名士的交流,特别是告假在籍的三年(1682—1685)时间里通过潘江等人反馈给桐城文坛,加速桐城文学顺应朝廷需要与吸收朝廷文学思想的步伐。张英告假在籍期间所作的《木厓续集序》云:“盖潘子学有本原,词尚体要。向与吾党二三子同事丹黄,沾丐后学,数踏省门不收,则以其全力注之诗古文辞,以为娱老消愁之具……至其诗品之高,则刘后村所谓‘惟放翁记问足以贯通,力量足以驱使,才思足以发越,气魄足以陵暴’,虽与之颉颃并轨焉可也。昔惟放翁,今则耐翁,世不乏知言者,予岂阿所好而云然哉?”[①]这虽论的是诗,文又何尝不如此。“学有本原,词尚体要”正是朝廷所提倡的,而“记问足以贯通,力量足以驱使,才思足以发越,气魄足以陵暴”既是潘江诗文的特征,也是张英致力追求的。作为康熙宠臣礼部侍郎张英在此予以强调,引导和强化这个创作取向的意味就不言而喻,这对桐城文学的发展是有着规范意义的。

综上所述,张潘两人的交往有着重要的文学史意义。从小处看,他们都是接受桐城文学滋养成长起来的文人,也是桐城文学建设的参与者,他们的交往丰富了桐城文学的内涵,对他们的思想与人生产生了深远的影响。从大处看,两人的交往一方面张英将桐城文学思想(包括潘江的文学思想)带进朝廷,与讲筵相结合,形成自己的思想,落实到自己的工作与创作中,对朝廷文学产生影响;另一方面张英又将自己在讲筵过程中形成的文学思想以及朝廷文学动态带到桐城,并通过潘江等人传播开来,加速桐城文学顺应朝廷需要与吸收朝廷文学思想的步伐。可见,两人的交往加速与加深了两种文学思想的融合,而这两种文学思想的融合又为桐城文派的形成奠定了重要的思想基础。

---

① 潘江:《木厓续集》,《清代诗文集汇编》第 69 册,第 258—259 页。

二、聚同辈之志

在桐城同辈(包括忘年交)之中,张英与周孚先、方畿、姚文焱、姚文燮、姚文燕、钱澄之、陈焯、李雅、何永绍、左国棅、左国材、左国治、刘鸿都、陈式、何采、陈垣、方逢月、吴子云、吴接云、方亨咸、方中履、江皋、赵助国①等有较多的交往,这里也应包括亦师亦友的潘江、张载、张杰等。特别是张英请假归里之后,随着学养的提升与身份的变化,对桐城文坛影响不断增强,基本形成了以张英为核心的作家群体,并为桐城文坛带了国家文学文化建设的新气象与新要求。

康熙二十年(1681)或稍后,亦即张英请假离京前,他在《补岩居近科程墨选序》中说:"从来世运,当太平之日,朝野清宴,民物恬安,则其文应之,亦必有鸿庞醇厚、邕和宽博之气。上以此求,下以此应,不谋而合……汉之极盛,则有董子、贾子之文;唐之极盛,则有许公、燕公之诗。类皆典硕敦重,足以养国家长裕之气,以蕴藏涵蓄其所不尽,断非末季文人之所能及者。噫!文章关乎世运,可不慎哉……夫天地之气嘘吸之于两间,贯注之于万类,而后宣泄之于文章诗赋。当今海内荡定,祲氛廓清,天地太和之气絪蕴融结,则一时文章之士必争趋于昌明俊伟,颢博端凝,以应国家之盛,如董、贾、燕、许诸人者。"②已表现出了非常强的重塑"昌明俊伟,颢博端凝"盛世文风的使命意识。回里后与姚文燮等人交流唱和,自然会落实于其中。钱澄之在为张、姚所作的《两园和诗引》中引姚文燮之语"吾欲以是揽龙眠人才之盛,而以吾诗为嚆矢也",③,即可见张英在落实过程中得到了姚文燮等桐城文人的认同与响应,并争为"嚆矢"。张英在请假在籍期间创作的《龙眠古文初集序》《木厓续集序》《田间诗学序》《陈问斋杜意序》《古今释疑序》《高氏重修谱序》《方母潘夫人七十寿序》《大隐君黄桦岑公六十扶鸠序》《桐邑舆颂序》《内廷应制集序》《赐金园记》《恩赐宫纱谢表》等文章,自然也就成了新时代龙眠古文之"嚆矢"。由此看来,张英与姚文燮等人已有较强的开宗立派的意识了,进而,似乎可以认为,他们已将创立桐城派作为塑造时代需要的新文风的一个具体措施。

---

① "赵助国,字以匡,县学生,博闻强识,嗜诗古文辞……老益绝意仕进,日与潘木厓、张文端、江大参诸公徜徉龙眠山水间,著有《甓园集》。"〔《(道光)续修桐城县志》,第549页〕

② 张英:《张英全书》上册,第303页。

③ 钱澄之:《田间文集》,第304页。

考察张英与桐城同辈文人的交往,大致可以厘清以张英为核心的桐城文坛古文创作群体的状况,进而了解桐城派形成时期的创作群体的构成、创作与影响等基本情况,因此选择上述交往对象中文名较大者述论如下:

(一)方畿

方畿(1602—1673),字奕于,一字少游,号还青,别号岳梦,晚年慕五柳先生之风又自号四松。顺治六年(1649)恩贡生,顺治九年(1652)授河间府推官,官至汉中府同知。晚年卜居龙眠,与潘江、邓柬之、李雅、钱澄之、陈焯等人唱和。工诗文,著有《四松斋集》。《龙眠古文一集》收有《白描斋文集序》《宝树堂诗序》。《龙眠风雅》录其诗一卷314首,是《龙眠风雅》《龙眠风雅续编》中除潘江(346首)外录诗最多的诗人,由此足见其在清初桐城诗坛上的地位。《(康熙)桐城县志》曰:"少籍籍文坛,声气所通,雅推名俊。"①

从方、张姻亲的行辈上来看,方畿是方以智、方亨咸从兄,与张英同辈。从年龄上看,方畿要长张英三十多岁。两人交往较多,在《张英全集》中除潘江、张载、张杰外,方畿是收录唱酬诗最多的桐城文人,是张英的忘年交。

检索《龙眠风雅》,方畿诗中记其与张英交往的有《同芥须过敦复远峰亭》《张敦复太史见访不值》《庚戌元日阅澡青诗二首》《秋夜经三席中读敦复送其官滇南诗因忆敦复》5首。诗中表达了对张英的喜爱:"我爱张公子,人传新秘书。"②也表达了对张英人品与才华的赞扬:"良朋天外碧琅玕,表弟筵间赤玉盘。半幅风流堪映座,几行骚雅孰登坛……才子为郎吾辈少,翰林言志古人难。"③这两首诗分别作于1668—1670年、1671年,当时张英初露头角,作为桐城文坛名隽的方畿,他的喜爱与赞扬显然有鼓励与提携之意,提升了张英在桐城文坛上的名声与影响。

《张英全书》中收有《方四松先生题远峰亭长歌和之》《重九后十日木厓招同四松芥须伊蒿叔兄如三集九松分得地字》《春江积雪行寄怀四松先生》《同四松先生木厓叔兄如三游画溪得音字》《四松先生寄予古诗用昌黎赠张秘书韵从敝簏中检出益增悲感因次和之》《四秋诗四首同四松木厓三兄作》《又赋得秋荷秋莺二章次四松韵即赠之》《语菊二首同四松木厓三兄作》《送四松先生之金陵》《片野堂诗为司马孙余庵先生赋次四松原韵四首》《和四松先生见怀诗四首》《答四松先生寄怀诗即次来韵二首》《重九即事寄怀四松先生二首》26首诗。梳理这些诗可知,张

① 胡必选、王凝命等:《(康熙)桐城县志》卷四《仕绩》,第145页。
② 潘江:《张敦复太史见访不值》,《龙眠风雅全编》五,第1998页。
③ 潘江:《秋夜经三席中读敦复送其官滇南诗因忆敦复》,《龙眠风雅全编》五,第2037页。

英主要从以下三个方面称赞方畿：一是赞美其品德。如："故乡有诗人，秉心素高洁。澹荡非世情，怀抱自清悦。"①二是羡慕其生活。如："岳梦（四松别号）山水癖，明时早抽簪。看山挈好友，白云知此心……诸子互酬答，各如探异琛。一觞复一咏，临流时自斟。深林忽已暮，仰见斜阳沉。安得常相从，涤此尘嚣襟。"②三是酷嗜其诗文。如："平生酷嗜惟之子，百卷新诗定许传。"③"鉴湖先生诗绝伦，（谓四松）青莲居士今骚人。（谓嗣雅）……等闲落笔成浩歌，长歌短句奇思多。"（《方四松先生题远峰亭长歌和之》）诗尾注有曰："工诗文。"④因此，我认为，张英与方畿的交往进一步强化了他家风中所有的高洁澹荡的品德与乐山林的生活方式的追求。

（二）李雅

李雅（1607—1688），字士雅，一作嗣雅，号芥须。甲申、乙酉（1644—1645）寄籍广东，为高州籍拔贡生，授江西崇义县教谕，不久弃官携妻子归。少聪慧，性好游，有文名，同里许来惠赞曰："东皋仙李孙，吾党推畏友。读书富等身，疑义资竭叩。近来文律尊，昔在声名久。词章蔚国华，经术雅自负。同辈英俊流，指数君则拇。"⑤"所著诗古文甚富，同人为醵资，梓其《白描斋文集》什之一二。"⑥与同里何永绍辑《龙眠古文一集》。《桐城续修县志》中《人物传·文苑》有传。

检索《龙眠风雅续编》，李雅诗中记其与张英交往的主要有《初秋送张梦敦太史还朝同潘木厓方还山姚彦昭周信臣》《咏柳赠张梦敦》《读梦敦自书诸体近诗》《张梦敦书来照济孀女悲喜交集爰寄此诗》《远峰亭春望示梦敦》《初春怀梦敦隅园》《种竹寄张梦敦时客徐太史莘叟先生园亭》7首。《初秋送张梦敦太史还朝同潘木厓方还山姚彦昭周信臣》（作于1670年）有曰："是时瀛海仙人辈，谁是房公杜如晦？张绪风流冠六朝，再来身入词场内。词场旗鼓孰相当？羡君本是天人行。若言吐凤玄何贵，便是生花梦亦常……此去朝廷多制作，高文典册凭挥霍。莫将手笔推许公，燕公岿然领台阁。侧闻当年崔定州，三十作相传千秋。以君异时居政地，休羡中书此黑头。老夫白头纳子相，方干潘岳同疏放。更招姚鹄与周

① 张英：《春江积雪行寄怀四松先生》，《张英全书》中册，第27页。
② 张英：《同四松先生木厓叔兄如三游画溪得音字》，《张英全书》中册，第35页。
③ 张英：《答四松先生寄怀诗即次来韵二首》，《张英全书》中册，第283页。
④ 张英：《张英全书》中册，第23页。
⑤ 潘江：许来惠《饮东皋为李子士雅赋》，《龙眠风雅全编》九，第4495页。
⑥ 潘江：《龙眠风雅全编》八，第3734页。

郎,君家难兄共酬唱。"[1]表达了对张英人品才学的称扬、仕途顺畅的期待、友朋酬唱的留恋。《张梦敦书来照济孀女悲喜交集爰寄此诗》则表达了对张英照济孀女的感激。由此可见,他们不是一般的文友,而是感情非常深厚的文友。

《张英全书》中记载他们交往的主要有《东皋草堂诗》《东皋篇寄李芥须》《龙眠古文初集序》等。《东皋草堂诗》(作于1668年或稍后)对李雅诗文的特点有高度的概括:"诗味比孟浩,文字摹蒙庄……(李子嗣雅,名雅,一字芥须,同里人,能诗,晚年居东皋。)"[2]而《东皋篇寄李芥须》(作于1676年或稍后)则对李雅的诗文风格有较详细的描述:"吾里自昔多诗豪,澹荡磊落推东皋。平生嗜洁老成癖,等闲若浼嫌吾曹。天才排宕兼众妙,长歌短句凌风骚。净如好女对明镜,壮如碧海奔洪涛。秀如摩天阆州石,快如翦水并州刀。落笔奇气横九秋。俯视侪辈声啾嘈。"[3]《(康熙)安庆府志》又载:"发为诗文沉闳酣肆,直与古大家方驾,所至钜公名士咸折节倾倒,相国张文端公尤重之,谓如启匣之剑,映日之珠,其光芒终不可掩。"[4]无论是诗中激情的赞美,还是府志中史实的记载,都充分反映了张英非常推重李雅的诗文。

(三)钱澄之

钱澄之(1612—1693),字饮光,号田间,崇祯诸生。顺治甲申(1644)年五月,因阮大铖刊章捕捉而开始流亡生涯,后仕南明永万朝,辛卯(1651)年底归里。康熙壬子(1672)、戊辰(1688)两游京都,"晚年两至京师,一时名公卿……咸尊礼之……而晚年诗文遂擅海内",[5]诗名尤著。潘江也说:"诗如工部集,文是茂陵书。死后方知重,光芒彻太虚。"[6]至咸丰八年(1858)方宗诚《桐城文录》选其文五卷,其文名始大显。著有《田间文集》《藏山阁集》《田间诗集》《庄屈合诂》《田间诗学》《田间易学》等。《清史稿》有传。

钱澄之辛卯回乡后,初多与故旧交往,后渐融入桐城文坛。钱、张交往有确切记载的,始于康熙壬子(1672)钱澄之访张英寓所,作《过张梦敦太史寓斋有作》三首,钱氏之文大多作于其后。梳理钱澄之与张英交往的诗文,与文学相关的主要

① 潘江:《龙眠风雅全编》八,第3756—3757页。
② 张英:《张英全书》中册,第29—30页。
③ 张英:《张英全书》中册,第65页。
④ 张楷等:《(康熙)安庆府志》卷十九《文学》,江苏古籍出版社,1998年,第472页。
⑤ 钱澄之:《田间公家传》,《所知录》附四种,黄山书社,2006年,第237页。
⑥ 潘江:《夜读田间先生集》,《木厓续集》卷末三,《清代诗文集汇编》第69册,第546页。

有以下三个方面：

其一，研《易》论心，交流较为密切。钱澄之壬子初次入京，与张英“暇日思研《易》，相期共讨寻”“论心惟矢慎，砺俗独安贫”，研《易》论心，交流频繁，“应酬徒步苦，来往叩门频”。[1] 可见两人学问、心灵契合者多。离京时，张英作《送钱饮光归里门二首》为之送行。张英告假在籍期间(1682—1685)，钱氏为张英、姚文燮两人唱和集作《两园和诗引》。乙丑(1685)张英假满还朝，钱氏作《送别张敦复还朝》二首，戊辰(1688)钱氏离京时作《将出都过张宗伯梦敦话别》二首。此外钱氏还作过《与张敦复》《与张梦敦》《与张敦复学士书》等7篇书信。

其二，钱澄之向张英乞序。钱氏《与张敦复学士书》非常直白地表达出了求序的殷切之情与期望之意：“比在邑，出所著《诗学》奉览，执事许为之序，值有龙山之游，遂留蜀藻架上。弟且趋归，知阁下未尽寓目，辄略陈其大概，惟赐省览，以便属笔……倘吴中当事果付欹劂，得阁下一序，为畅其立言之旨，岂惟经学式赖，即有造于《诗》教不尠也，惟阁下留意焉。”[2]张英《田间诗学序》也多引其“大概”。在《与张敦复》中除了表达谢意之外，钱澄之还想请张英代他向大学士梁清标等人乞《诗稿》序：“《诗学》借重弁言，蜀藻代为属笔，宠施多矣。谨寄呈大教。又拙刻《诗稿》，尚未有序，欲乞真定公数语，未敢冒昧上恳，先生能为转请乎……倘近地知交，有可与言者，便致数行，以成合尖之功，公之惠也。卣臣兄另候。”[3]当然也希望张英父子为他作序。

其三，钱、张相互的诗文品评。钱氏评张英说：“吾乡张太史，端不愧词林。”“心法图中悟，文章马上成。”[4]时张英入翰林院不久，头角崭露，钱氏此时的评价虽有应酬谀赞之成分，但更多的可能是真诚地赞美与鼓励：“宦情久淡偏承宠，主眷方浓敢恋家。休沐几曾离翰墨，对扬多是吐烟霞。”[5]则除了指出张英诗歌多山林之美的风格特征之外，还有对张英居庙堂而恋林泉的艳羡。钱氏79岁所作的《与张敦复》又借徐元文之口称赞说：“每言及先生古道照人，人品心术及学问文章，皆为当今第一。”[6]张英评钱氏说：“盖先生自髫龀至暮年，于书无所不读，又晓畅义理，其识高，其笔健。识高则不为古人所欺，不为小儒曲说所惑；笔健则辞足

① 钱澄之：《过张梦敦太史寓斋有作》，《田间诗集》，黄山书社，1998年，第390页。
② 钱澄之：《田间文集》，第86—88页。
③ 钱澄之：《藏山阁集》，黄山书社，2004年，第446—447页。
④ 钱澄之：《过张梦敦太史寓斋有作》，《田间诗集》，第390页。
⑤ 钱澄之：《田间诗集》，第512页。
⑥ 钱澄之：《藏山阁集》，第473页。

以达己意,辨足以祛人疑,无骑墙模棱之见,无嗫嚅喉吻间格格不能吐之病。”①突出其“晓畅义理,识高笔健”的风格特征,实际上是对桐城共同文学风貌的张扬。

(四)左氏兄弟

左国棅(1616—1685),左光斗次子,字子直,号眠樵。崇祯末诸生。潘江说他“偕叔弟子忠、季弟子厚主盟坛坫,有‘三左’之称”,②姚文燮说他“主盟坛坫垂五十载”。③

左国材(1620—1699),左光斗四子,字子厚,号霜鹤,又号越巢。少为诸生,与陈子龙、方以智等友善。南都亡,更名栎,隐居龙眠山。“先生左图右史,矻矻穷年,自十三经、廿一史以逮汉魏三唐之歌诗,靡不讨论是正,抉摘奥窔,披露扃镝,敚华践实,卓然成一家之言。”④著有《越巢诗古文集》等。

左国治(1628—1691),左光先三子,字子周,号橘亭。副贡,考授州同。“生而夙惠,经史过目辄上口……为文千言立就。稍长,游吴下,寓白门,所吟咏见赏于夏彝仲、陈卧子两先生”。⑤ 居家与潘江等联花会,追香山洛下之游。

左氏兄弟晚年隐居龙眠山,张英请假归葬期间(1682—1685)多居龙眠,与他们有较密切的交往。姚文燮说:“眠樵先生……久同令弟霜鹤先生隐于龙眠,葺少保读书旧地三都馆……两白头翁玉山高暎。燮与宗伯敦复垂髫迄今为忘分忘年之交,顷岁卜邻构屋,每入山房,启关倚仗,梅根分坐,二老欢谭,共永朝夕。”⑥张英也说:“我亦有茅宇,结构西山陲。旦夕过溪上,邂逅欢相持。”⑦《张英全书》中收有与左氏兄弟相关的诗篇 11 首,按时间顺序依次为《过霜鹤昆弟龙眠山庄五首》(1659)《集左橘亭小圃二首》(1660)《过越巢闻读书声》(1684)《腊月八日眠樵木厓霜鹤过山庄小饮二左留宿》(1684)《越巢》(1686)《寄霜鹤》(1689 或稍后)《挽左橘亭》(1692)。从张英对左氏兄弟的评价来看,张英在《寄霜鹤》中以左思比左国材,还说:“兄弟俱才子。”⑧“淮南招客皆词赋,灵运能诗本弟兄。”⑨评价

① 张英:《田间诗学序》,钱澄之:《田间诗学》,第 4 页。
② 潘江:《龙眠风雅全编》八,第 3543 页。
③ 姚文燮:《左眠樵先生和韵诗跋》,《无异堂文集》卷十一,《清代诗文集汇编》第 106 册,第 198 页。
④ 潘江:《左霜鹤六十序》,《木厓文集》卷一,《清代诗文集汇编》第 69 册,第 584 页。
⑤ 潘江:《龙眠风雅全编》七,第 3273 页。
⑥ 姚文燮:《无异堂文集》卷十一,《清代诗文集汇编》第 106 册,第 198 页。
⑦ 张英:《寄霜鹤》,《张英全书》中册,第 130 页。
⑧ 张英:《过霜鹤昆弟龙眠山庄五首》,《张英全书》中册,第 179 页。
⑨ 张英:《集左橘亭小圃二首》,《张英全书》中册,第 184 页。

还是比较高的。

（五）陈焯

陈焯（1619—1692），字默公，号涤岑，又号越楼，晚号聱叟，私谥文洁。顺治九年（1652）中进士，授兵部主事，以耳聋不仕。工于诗，善草隶，著有《涤岑诗文前后集》，辑《古今赋汇》《宋元诗会》，又先后参与纂修《安庆府志》《浮山志》《江南通志》。《桐城文录》录其文。《桐城续修县志》卷十二《人物志·宦绩》云："国朝以拔贡入成均，诏选中翰，擢第一，一时制诰多出其手。退请与秋试，辛卯、壬辰联捷两闱，殿试读卷官共拟第一进呈，或沮之谓焯曾官舍人，属内阁，当引嫌，遂改置第五"。[①] 施闰章《答陈涤岑书兼索寿序》又称："先生文章弁冕当世，顾壮年引疾，不燃天禄之藜，坐拥君山之书，天殆将特纵其才，以传世行远。"[②]

《张英全书》中没有收录他与陈焯交往酬唱的诗文，陈焯诗文又大多已佚，现所易见的诗文只有《桐旧集》中所录《春山遣兴》十六咏与张英有关（张英和姚文燮有唱和诗《春山八咏》），但从潘江等人的诗中还是可以看出他们之间的交往的线索。如潘江《姚羹湖开化招同越楼东岑敦复集泳园》《三月晦日同越楼橘亭澡青过东来石门山庄次壁间羹湖韵四首》等，也多集中在张英请假在籍期间。

（六）姚文燮

姚文燮（1627—1692），字经三，号羹湖，张英妻兄。顺治甲午（1654）中举人，己亥（1659）中进士，授福建建宁府推官，康熙己酉（1669）改知直隶雄县，辛亥（1671）任云南开化郡丞，后升云南开化府同知，己未（1679）还家。与其兄文焱有"龙眠二姚"之称，诗、文、书、画皆工，著有《无异堂文集》《薙簏吟》《雄山草》《滇游草》等。李长祥《无异堂文集序》称其文说："近世海内古文名家，钱虞山以外，则归德侯朝宗、南昌王于一、粤西谢石耀、长洲汪苕文与毗陵四家董文友、龚介眉、邹訏士、陈赓明……经三之在诸家，不又以才学兼胜者也……吾今之得与言文者，今又在桐城与！"[③]评其文《武陵杨太傅公诗集序》又说："文字来得大，气色开霁，规模宏整，其叙事或入或出，或无端提起，或一意奔放，变变化化，尽法之妙，当今古文又有桐城一家矣。"[④]《清史稿》有传。

《张英全书》收有与姚文燮相关的诗文有《送羹湖之官开化郡丞》《题羹湖画

① 廖大闻、金鼎寿等：《（道光）桐城续修县志》，江苏古籍出版社，1998 年，第 475 页。
② 施闰章：《施愚山集》一，第 581 页。
③ 姚文燮：《无异堂文集》，《清代诗文集汇编》第 106 册，第 73—74 页。
④ 姚文燮：《无异堂文集》卷五，《清代诗文集汇编》第 106 册，第 132 页。

田家图寄孙鈫卷子》《送羹湖归里》《寄题羹湖龙眠山庄》《题羹湖画奇石修竹图四首》《春山八咏同羹湖作》《泳园》《寄题黄柏山房四首》《题羹湖画册巾车归里图四首》《题羹湖画龙眠山庄图兼寄省斋先生》《寄羹湖先生书》等,《无异堂文集》收有张英两则评语,两人有《两园和诗》。通过梳理这些材料,我发现有以下几个方面值得关注:

其一,交往密切,感情深厚。庚戌(1670)七月,张英服阕,入京补原官(庶吉士),时任雄县令的姚文燮即寄来果蔬雉兔,张英作《羹湖自雄县以果蔬雉兔见遗答之》。第二年春,姚文燮赴任云南开化郡丞,张英又作《送羹湖之官开化郡丞》为之送行,不仅为他远行万里而心怦,还希望他以其健笔记山川风俗之美,并希望以其治绩尽快升迁入朝,亲友之情、文人之怀、同僚之意一路写来,缠缠绵绵。特别是张英告假在籍期间,两人优游山水,唱和乡里,集有《两园和诗》。

其二,《无异堂文集》中不少朝廷大臣的评语,这或许是张英与他们讨论或是向他们荐引时的产物。《无异堂文集》收有 158 或 159 人(其中一人佚名,或有重)243 条评语,一是姚文然、程芳朝、潘江、方孝标、方亨咸、方以智、钱澄之、方文、江皋等桐城诸子的评语,一是钱谦益、吴伟业、施闰章、龚鼎孳、王涓来、梁清标、张玉书、陈悦崖(应是陈廷敬,字悦岩)、叶芳霭、李光地、韩菼、励杜讷、徐元文、徐乾学、汪琬、沈荃、高士奇、尤侗、朱彝尊、田雯、赵士麟、王士祯、宋琬、李天馥、宋荦、陈维崧、李长祥、余怀等非桐城籍诸子的评语,一部十二卷 109 篇文章的文集中有这多条评语,尤其是有这么多名臣的评语,据我所知,在同时的桐城文人文集中是没有的,因此这是值得关注的。在关注其作为批评文本来研究桐城文学及其传播与影响之广的同时,我还注意到,集中收有评语的高官,如梁清标、陈廷敬、叶芳霭、励杜讷、高士奇等与姚文燮几乎没有交往,而他们与张英关系却非常紧密,由此,我认为,这些评语或是张英在与他们讨论该文时或是向他们荐引该文时而留下的。

其三,张英对姚文燮生活方式、人生态度和文艺才华评价甚高。《黄柏山房和诗序》中有说:"先生……高卧龙眠一峰,有时茹斋写经,有时飞觞朗咏,辄经月不出。诗皆古调,画亦入神,林壑烟云供其驱使,山川灵气奔走腕下,豪情逸韵,健笔奇怀,足以陵轹景光,发挥幽奥。寓内而有神仙,则羹湖其人也。"①特别是姚氏晚年闲淡从容,与张英的人生和文学取向非常契合。

① 张英:《张英全书》上册,第 314 页。

（七）吴子云

吴子云（1634—1692），字霞蒸，号五崖。顺治乙未（1655）中进士，历任庐州府教授、国子监助教，勤于训课，所至人文蔚起。康熙十一年（1672）以刑部主事视榷临清。十五年（1676）任丙辰科会试同考官，彭定求、胡会恩、翁叔元三鼎甲皆出门下。① 十七年十二月，以户部郎中为河南按察使司佥事，提调学政，招同里姚文燕、陈式入幕衡文，②所拔士皆一时隽秀："其督学及同考乡、会，甚有鉴衡之誉。"③五十岁归隐林下。

吴子云与张英有姻亲关系，吴子云女嫁张英子张廷瑑，两家交往较多。《张英全书》中有《为吴五崖题王烟客太常画卷》《送吴五崖视榷临清》《四月望日同五崖南溟诸子游寄畅园遂过丰台看芍药四首》《立秋后十日同康臣五崖南溟携尊寄畅园率成二十韵》7首诗记录两人的交往，这些只部分地记录他们在京城的交往与唱酬。吴子云于1683年前后回桐城，张英也于1682年请假在籍，里居三年，两人交流唱和自然不会少，遗憾的是现在已难以找到相关资料了。此外，还有一事值得关注，《御选古文渊鉴》也收有吴子云的门生翁叔元的评语。

（八）江皋

江皋（1635—1715），字在湄，一字眉瞻，号磊斋。顺治十八年（1661）进士，观政刑部。父病，乞养归。康熙五年（1666），丧除，授瑞昌令，十二年（1673）修《瑞昌县志》。十五年（1676）擢九江府同知，三年后移守巩昌。二十一年（1682）知柳州府，二十三年（1684）以宪副视学西川，以母丧解官。服阕，补陕西延平道副使。三十四年（1695）任福建布政司参政，守兴泉道，一年后以前任事罢归。生平耽读书，好吟咏。与方孝标、钱澄之、方中发等人诗文交往较多。著有《江在湄文集》三十卷、《江在湄诗集》四十一集、《染香词》一卷。《清史稿》中有传。《桐城文录》录有其文。

江皋长张英2岁，长张廷瓒20岁，据张廷瓒《送江眉瞻太守之官柳州》（其四）"垂髫曾记拜荆州，把臂新从洛下游。两世故交推早达，廿年后进许同俦"，④江皋与张英父子两世交好；张廷瓒于辛酉（1681）授翰林院检讨，在京城，江皋应

---

① 顾湄《凤池园诗集》卷四《送吴五崖房师督学中州》其四："杏林看榜他年盛（丙辰陪校春闱，三鼎甲皆属门墙），梁苑谈经此后同。"《四库未收书辑刊》柒辑贰拾陆册，北京出版社，2000年，第258页。

② 见张度《送陈二如姚声侯赴吴五崖中州衡文幕》，《龙眠风雅全编》九，第4051—4052页；刘鸿都《己未上元前二日问斋宴集诸子将有中州之行》，《龙眠风雅全编》十，第4532页。

③ 马其昶：《桐城耆旧传》卷七《王参议陈兵部吴提学传第六十七》，第189页。

④ 张廷瓒：《传恭堂诗集》卷一，《四库未收书辑刊》柒辑贰拾玖册，北京出版社，1997年，第53页。

于壬戌(1682)春由京城赴柳州，张廷瓒为之送行。张英《江眉瞻太守为予作买花行读而赋此》也作于京城。《题江眉瞻太守秋树读书图》作于他请假里居(1682—1685)之初，“我辟龙眠烟际峰，为种青松间梅竹。待子功成返旧山，共住青溪饮黄犊”。[①] 表达了与江皋共隐山林的愿望。而张英作于休致期间的《为磊斋题小像十二册》诗注中则说：“吾与磊斋先生结数椽为邻以居，睹烟云之变幻，察卉木之荣落，如渊明所云：‘赖有素心人，相与数晨夕。’良多幸矣。”[②]终于实现了他们的愿望。

（九）方中履

方中履(1638—1690)，字素北，号小愚，又号合山，潘江、钱澄之、陈焯等人私谥文逸先生，方以智三子，张英堂叔张秉贞的女婿。著有《汗青阁全集》《古今释疑》《四诗鼓吹》等。方中德《汗青阁文集序》说：“至为人有所撰述，不肯涉笔虚美。文既不苟作，根柢忠孝，原本经术，所摅之蕴，必有系名教，非是者不出。夫古之立言不朽者，禔躬其本也，学必期于适用，考究论述皆有关于当时得失之故，乃可传诸后世，非徒采色夸声，以涂饰耳目为能事也。”[③]《桐城文录》录其文。

张英与方中履的诗文交往主要集中于张英告假在籍期间(1682—1685)，张英《古今释疑序》《式庐诗为方子合山作》作于此时，方中履《甲子仲夏信宿赐金园同四弟作》《秋日山中怀敦复》也作于此时。

方中履《甲子仲夏信宿赐金园同四弟作》说：“渔翁田父行相杂，来往何人识侍郎？”[④]张英已为礼部侍郎，告假居里期间与老百姓生活无异，显然有赞许之意。《秋日山中怀敦复》又说：“让我身闲黄叶里，知君心在碧云中。”[⑤]在与自己的比较中，可以看出方中履对张英的敬慕。张英对方中履也非常推重，《古今释疑序》说：“方子合山自束发受书以来，即不为制举业所羁羁，沉酣于六经、诸史、百家之书，寝食沐浴其中者三十余年……著为一书，名之曰《古今释疑》……为艺林之统会，正学之津梁，良非偶然也。”[⑥]并将《古今释疑》进呈康熙帝御览。张英为方中履妻子所作的《友阁遗稿序》又说：“合山离世远俗，肩荷累世之学，以著述自任，世俗可欣可悦之事，一无所介于中，高洁卓荦，自放于山巅水涯之际，故为合山之

① 张英：《张英全书》中册，第104页。
② 张英：《张英全书》下册，第287页。
③ 方中履：《汗青阁集》，《桐城方氏七代遗书》，光绪十四年刻本。
④ 潘江：《龙眠风雅全编》九，第3991页。
⑤ 潘江：《龙眠风雅全编》九，第3993页。
⑥ 张英：《张英全书》上册，第300—301页。

友者难，吾妹以贤且明者友之……予既重合山，益思吾妹有丝萝之托焉。”①可谓方氏夫妻的知音。

三、奠后辈之基

张英为人为官为文为桐城后辈文人营造了良好的政策环境、人际环境与话语环境等，奠定了后辈的发展之基。除了自己的儿孙及侄儿侄孙外，②戴名世、刘辉祖、方苞、周大璋等桐城文学名家或受其教，或蒙其恩，或延入其家教子弟，还有姚士堂、姚士藟、③姚士黉、姚士封、吴骝、吴骥等亲友多奉事其左右，这些桐城文人都或少或多地受他影响。

（一）张廷瓒

张廷瓒（1655—1702），张英长子，字卣臣，号随斋。治《诗经》。康熙十一年（1672）入京赴北闱，未售。此后一直随父居京师。十七年（1678）中举，十八年（1679）中进士，改庶吉士。二十年（1681）授翰林院检讨。二十四年（1685）分校礼闱。三十四年（1695）以翰林院侍读学士充日讲起注居官。三十八年（1699）以翰林院侍讲学士为山东乡试正考官。三十九年（1700）迁詹事府少詹事。现有《传恭堂诗集》存世。《皇清文颖》收文 4 篇。《（道光）续修桐城县志》说：廷瓒“以熟于掌故久在中秘，朝廷有大著作，多出其手。父文端前后掌院十余年，编纂之事，廷瓒尤能济美”。④ 张英在《廷瓒行略》中说：“幼而朗慧……两岁之中蒙恩超擢者六次，圣慈汪濊，咸以为荣。每奉敕作字作文，时蒙嘉奖……父子并沐殊恩，亦千古之罕遇也……分纂《三朝国史》《渊鉴类函》，皆有条理。”⑤不幸早卒。张英接讣音呜咽哽塞，不能自持。

（二）张廷瑑

张廷瑑（1676—1698），张英四子，字黼臣，治《易经》，附贡生，著有《读易楼遗

---

① 张英：《张英全书》上册，第 338 页。

② 张廷瓒、张廷瑑、张廷莹三人在张英生前去世，只属于以张英为核心的作家群，所以在此选择三人进行论述。张廷玉、张廷璐、张廷瑑等人虽在张英生前已露头角，但后来以张廷玉为核心的作家群逐渐形成与发展起来了，他们的活动多在这一作家群形成与发展期，所以放在后文论述。

③ 《江南通志》卷一百六十七《文苑》载：“士藟工诗文，深醇和雅，有刘向、曾巩遗风……所著有《瞻云草》《南归草》《余斋诗集》《泳园文集》。”影印《文渊阁四库全书》第 511 册，第 803 页。

④ 廖大闻、金鼎寿等：《（道光）桐城续修县志》卷十二《人物志・宦迹》，第 478 页。

⑤ 张英：《张英全书》上册，第 443—444 页。

诗》。“十五岁,偶令其属文,亦不加督责,颇能成篇。阅二年,归就童子试……(许)时庵大奇之,拔之前茅,出其卷示同郡七学诸生,咸以为佳……所撰制义独简严无枝叶,时有精深语”。①

(三)张廷莹

张廷莹(1668—1699),张杰长子,字秀瞻,号耘斋,治《诗经》。“年十五补府学生,工诗文,尤长于书画。游历燕、赵、齐、鲁间,所交尽当世知名士。叔父大学士文端公器重之,悉以著述进呈诸王,以教谕需次京师。卒,诸王闻而哀之,遣使赐祭,恩礼有加。事载文端家传。有《耘斋诗集》行世”。②

《张英全书》中收有《六侄秀瞻哀辞》《寄二儿兼示六侄》《六侄为予说社坛之盛赋此》《送六侄廷莹还桐城》等与张廷莹相关的诗文。张英在《六侄秀瞻哀辞》中对张廷莹的人品才学给予了很高的评价:“维莹侄之秀惠兮,洵玉质而珠胎。恂恂乎克家之子,而琅琅乎用世之才。智疏通而豁达兮,性温克而无猜。文章蔚其尔雅兮,会群艺而兼该。”对其早逝不胜悲痛与惋惜:“迸老泪之交流兮,予怀亦孔之哀……持筳篿以往卜兮,神告予以无灾。目炯炯而视予兮,何鬼伯之相催……子冥冥其何之兮,魂兮归来。鉴予心之凄惨兮,魂兮归来。”③

(四)戴名世

戴名世(1653—1713),字田有,一字褐夫,号药身,又号忧庵。至于戴氏生平、文学创作与理论及其影响,学界已有较深入的研究,毋庸多言。

戴名世与张英的交往,学界也有所提及,如钟扬据张英作于康熙丁亥(1707)《戴氏宗谱序》认为:“今从张英之序知,张、戴有两代之谊,戴居京期间是张家常客,并曾任张英之子廷璐等的‘家庭教师’……由此可知作为乡长与父亲好友张英是何等器重戴名世的。”④又如王树民认为戴名世曾师事张英。⑤ 对此,据张英与戴名世的诗文作一点补充。

康熙丁卯(1687)九月,戴名世与张英同祈梦于京城吕公堂(见戴名世《忧庵集》第146条),⑥张英作《秋夕同田有天驷甥》,诗中有曰:“客梦几人同禁漏,乡

① 张英:《第四子明经廷璂行略》,《张英全书》上册,第446页。
② 廖大闻、金鼎寿等:《(道光)续修县志》卷十六《人物志・文苑》,第546页。
③ 张英:《张英全书》上册,第425—426页。
④ 钟扬:《桐城〈戴氏宗谱〉之戴名世史料》,《安徽史学》,2002年第4期,第22页。
⑤ 戴名世:《戴名世遗文集》,第164页。
⑥ 戴名世:《戴名世遗文集》,中华书局,2002年,第132—133页。

心终夕话天涯。他年比屋云林居，莫忘村南酒共赊。"①康熙己巳(1689)至壬申(1692)十月都居京师，虽然我们没有找到戴名世与张英交流的记载，但这么长时间居京师，戴名世是不可能不去拜访已有交往的乡贤高官张英的。康熙乙亥(1695)七月戴名世至京师，又拜访了张英。②

丁卯六月张英调任礼部右侍郎兼翰林院学士，乙亥已为礼部尚书，兼翰林院掌院学士，兼管詹事府詹事事，张、戴两人这段时间的交往，对于尚未中举人的戴名世来说，无疑会产生一定的影响。戴名世说："始余之为文，放纵奔逸，不能自制；已而收视反听，务为淡泊闲远之言，缥缈之音。"③方苞也说："潜虚少时文，清隽朗畅；中岁，少廉悍；晚而告余曰'吾今而知优柔平中，文之盛也，惟有道者几此，吾心慕焉，而未能。'"④中岁指四十岁左右的年龄。方苞所说的"少廉悍"与戴名世所说的"淡泊闲远"的内涵相近。从张氏"他年比屋云林居，莫忘村南酒共赊"诗句中又可以看出，戴氏最迟于丁卯年(时戴35岁)已有"淡泊"之志。当然，从"淡泊"之志到"淡泊"之文，是需要一定的时间来转变并稳定这种风格的。戴氏康熙乙亥年(时戴43岁)入京又拜访了张英。这两次拜访张英以及康熙己巳(1689)至壬申(1692)十月居京师大致处于戴氏中岁，而且在京师的时间比较长。况且戴氏"务为淡泊闲远之言"，"中岁，少廉悍"，晚而心慕"优柔平中"，与张英的诗文相比较可知，戴氏中岁之后的文风及其趣向逐渐与张氏接近。所以，我认为，张英对戴名世文风的转变产生了一定的影响。戴名世《忧庵集》四六条又说："'和气致祥，乖气致戾。'古人此语良不我欺也。和，莫和于左氏之所谓'六顺'；乖，莫乖于左氏之所谓'六逆'。人家休咎，可于其顺逆占之。吾乡张相国家，'六顺'可谓备矣。吾友灵皋氏家，其'六顺'庶几焉。"⑤这里对张英的评价是非常高的，也是非常准确的，张英这种为人处世之"和"与其"典雅和平""原本经术，词旨温厚"诗文风格相渗相融相生，是戴名世为人为文的楷模。同时，也指出了方苞与张英在"和"上具有一致性。

① 张英：《乙亥北行日记》，《张英全书》中册，第477页。
② 戴名世：《戴名世集》，第297页。
③ 戴名世：《戴名世集》，第118页。
④ 方苞：《方苞集》，第633页。
⑤ 戴名世：《戴名世遗文集》，第99页。

(五)刘辉祖

刘辉祖(约1657—1708),字北固,一作伯顾,号练湖,[①]明崇祯戊辰科状元刘若宰孙,刘余璜子,张英堂叔张秉贞外孙。“卓荦有大志,家贫,授经于舅氏张文端公家。东海徐相国见其时文,叹为一代著作手。庚午中南闱乡试第一,名动京师,所与游者皆海内贤俊。时李公厚庵、韩公慕庐以为本朝无三元,如刘某居之,庶几无愧,以故声华赫奕,中时人之忌,卒困于礼闱。后李公己丑典试,自谓摸索可得,或曰刘某已谢世矣,李为叹息者久之。著有《北固时文稿》《藕浦诗古文集》四十卷”。[②]

张廷玉《澄怀主人自订年谱》记载自己十二岁(1683)在桐城,始“受业表兄刘伯顾先生”。[③] 因康熙二十一年到康熙二十四年(1682—1685)张英请假在籍,刘辉祖应有较多机会与张英交流。后刘氏又随张廷玉进京,住在张英家,方苞在《张严举墓志铭》中说:“余游京师,与邑子刘北固并为文端公所知。公日侍南书房,归必向晦。余与二三君子过公,必信宿。”[④]这对于参加科举的贫寒士子刘氏来说是一个非常难得的发展平台,不仅可以与和张英、张廷瓒父子交流,如《张英全书》中就有《小集用东来伯顾凫宗韵》等诗,张廷瓒《传恭堂诗集》中有《赠刘北固即送其归里》《喜刘北固举省试第一》《送刘北固楚游》等诗,还可和当时与张英父子交好的达官名人以及进京的同里名士交流,窥探科举与文坛的动向,开阔眼界,增长见识。他庚午年(1690)中解元,无疑由此获益良多。

(六)方苞

方苞(1668—1749),字凤九,一字灵皋,晚年自号望溪。不少学者认为他是桐城文派始祖,受到较多的关注,研究成果也非常丰硕,然少有关注乡先辈张英对他的影响。

《方苞集》中主要有《祭张文端公文》《张文端公墓表(代)》《张严举墓志铭》3篇涉及张英。《张文端公墓表(代)》是代李光地作,自然未涉及方、张两人的交往。而为张英的孙子张若霖所作的《张严举墓志铭》有所涉及:“余游京师,与邑子刘北固并为文端公所知。公日侍南书房,归必向晦。余与二三君子过公,必信

---

① 张廷玉《过苦水铺感旧》小序说:“丁卯(1687)腊月,同业师刘练湖先生,表兄江绍闻、姚华曾,大侄若霖,北上阻雪于此,极逆旅之苦,距今三十三年矣。”《张廷玉全集》下册,第270页.此处“刘练湖”即是刘辉祖。

② 张楷等:《(康熙)安庆府志》卷十九《文学》,第473页。

③ 张廷玉:《张廷玉全集》下册,第363页。

④ 方苞:《方苞集》,第824页。

宿。时君(按:张若霖,1673—1732)未成童……余与君交四十余年……"①又据《四君子传》小序:"余弱冠,从先兄百川求友,得邑子同寓金陵者曰刘古塘,于高淳得张彝叹;归试于皖,得古塘之兄北固,于宿松得朱字绿。辛未游京师,得四人(季高按:'四人'应作'三人')曰:宛平王昆绳,无锡刘言洁,青阳徐诒孙。"②康熙二十九年十二月张英再次被命为日讲起居注官,侍从康熙身边,那么此次拜访张英是辛未年(1691)。而方苞与李光地就是于这一年开始相识相交的,极有可能是张英推荐给他的好友李光地的。张英七世孙张绍棠说:"方公少壮时固曾奉教于先太傅,又尝奉教于李文贞……于先太傅学行风节知之最深。"③《祭张文端公文》则更多地涉及了两人的交往,因学界少有关注,现将全文抄录如下:

呜呼我公!为国宗臣。终始一节,帝用忱恂。公如元气,运物无迹。审机正轴,功无与匹。其志其事,异世可知。寸心耿耿,独承恩私。

余幼泥古,孤行自尚。病俗流从,误矫以亢。伊余先世,与公有连。众附恐后,余避不前。北试京兆,牒过礼部。公比群士,谓宜独步。凡在列者,凑公称师。余独自外,接以常仪。谓公余弃,公心以倾。始脱文貌,喻以平生。

岁在协洽,苍龙南御。公来长干,获侍旅寓。谓"国得贤,如室有木。子果能驾,吾推子毂"。余谓"公已!小人有母。衰疾相依,独身无辅"。公鉴其诚,悄然不怡。谓"子固尔,我心则违"。感公拳拳,中如有物。余岂能贤,公知恐辱。

余籍春官,由顾与陈。陈成进士,实出公门。余既南还,谒公里第。北面升堂,始正大义。公在林泉,亹亹翼翼。至忠体国,心怀宸极。私为世喜,公志未衰。孰期逾岁,遂乘东维。公自禁密,经体赞元。明农待老,人无间言。"于人无愧,在天曲全。"先儒所称,公实应焉。在公何悲?邦国之痗。况于知故,能无心刿?呜呼哀哉!④

这篇祭文主要论述了方苞与张英交往的四件事:

其一,张英评方苞落榜之文。方苞"北试京兆",考康熙三十二(1693)、三十

① 方苞:《方苞集》,第824—825页。
② 方苞:《方苞集》,第216页。
③ 张英:《张英全书》上册,第540页。
④ 方苞:《方苞集》,第468—469页。

五年(1696)他曾两试顺天乡试,然均落榜,时方苞 26 岁、29 岁,“公比群士,谓宜独步”之评,不仅是欣赏其文,提携之意也隐含其中,况且张英时任职掌科举与文章之事的礼部尚书兼翰林院掌院,其评价影响之大,可想而知。康熙三十八年(1699)江南乡试,翰林院侍读张廷枢为主考,列方苞第一,受其主管官张英评价之影响也未可知。

其二,张英欲荐举方苞,方苞谢荐。“岁在协洽,苍龙南御”即指康熙癸未(1703)康熙帝南巡。“公来长干,获侍旅寓”即指张英于南京见驾,其间方苞拜见张英于旅寓。张英欲荐举方苞,方苞以母衰疾谢荐,然感激之情溢于言表。

其三,方苞礼闱中式,为张英弟子门下士。“余籍春官,由顾与陈”,即指康熙四十五年丙戌(1706)方苞应试礼闱,中式,为同考官顾图河、陈至言门下士。而顾图河为康熙三十三年(1694)榜眼,循例入庶常馆学习三年,这三年的馆师即是张英;陈至言(字青厓)为康熙三十六年(1697)进士,时张英为会试正考官,所以说“实出公门”。据《(民国)萧山县志稿》卷十六《人物·列传三》:“桐城张文端公英游萧山,寓江寺,新(按:至言父)延之家,敬礼甚至。时至言方总角,就外傅,文端为之命名……癸未、丙戌两为会试同考官。”①又查《清秘述闻》,丙戌科会试同考官中陈姓而且是张英门生的只有陈至言一人。② 综上,两人均出于张英门下,受张英之教,熟悉张英之文及其文中所表现出来的桐城文学特征,遇方苞这样的桐城名家的文章,与自己的审美趣味一致,自然是欣赏有加。方苞特意拈出顾与陈,点明师承,显然有自列于张英门下之意。

其四,方苞归里拜谒张英,行弟子礼。康熙四十六年(1707),方苞归里省墓,时张英休致居里,方苞前往拜谒,“北面升堂,始正大义”,以弟子之礼进谒,正式入张英之门。

再结合全文可知,方苞在张英休致之后“始正大义”,是其个性所致,然终“正大义”则也可以说是其私淑之意、仰慕之情累积之所致,全文字里行间也洋溢着这样的情致。“公如元气,运物无迹。审机正轴,功无与匹。其志其事,异世可知。”是说张英影响有如元气“运物无迹”,初不自觉,是潜移默化的,随时间推移,其影响越来越明显,所以说“异世可知”,由此,其对方苞的影响也是日渐显著而深刻的。

---

① 张宗海等:《民国萧山县志稿》,台湾成文出版有限公司,1970 年,第 1408 页。

② 法式善等:《清述秘闻三种》上,中华书局,1982 年,第 417—418 页。

（七）周大璋

周大璋（1671—1738），字聘侯，号笔峰。雍正二年（1724）进士，授湖南龙阳县令。后改授江苏华亭教谕，参与纂修《江南通志》。书成后，任紫阳书院山长。著有《四书朱子大全精言》《四书正义》《左传翼》《朱子古文读本》《修凝堂文钞》等。刘声木《桐城文学渊源撰述考》说：周大璋"古文私淑归有光，自幼诵习其文。撰《修凝堂文偶录》四卷，佐修《江南通志》□卷"。[①]《广三字经》有说："曰《渊鉴》，御纂文，胥有用，宜讨论。曰《正宗》，曰《雅正》，作读本，此为胜。选朱文，周笔峰，宜先读，文之宗。"[②]清代蒙学经典将他选的《朱子古文读本》与《古文正宗》《古文渊鉴》《古文雅正》并称，影响之大可得而知。尽管《桐城文录》录其文，《桐城文学渊源考撰述考》为其作传，然而学界对这位与方苞同时的有重要影响的桐城选家与作家却少有关注。

周大璋与张英祖孙三代关系密切，互有影响。张英曾于康熙四十七年（1708）为周大璋作《四书朱子大全精言序》，序文中有"数年来与予诸子相切劘砥砺，诸孙皆执经门下，间与予论四书之旨"等语，[③]周大璋在康熙四十七年之前的数年在张英家授经，与张英及其诸子、诸孙交往频密，自然免不了与张英有学术文学上的交流。张英在担任日讲官与南书房侍从期间，为康熙帝讲论过四书，有着对四书的精深理解，有着对时代学术思潮全面的洞悉，还有着曾任帝师、庶常馆师等积累起来的丰富教育教学经验，所以他与周氏讨论朱子、四书等，对周氏的影响自不待言。雍正甲辰（1724）周大璋中进士，又出自张英二子张廷玉门下，张廷玉《鹞石周氏续修谱序》说："若夫介南、聘侯授经予宅，历有年所，子侄多出门下。甲辰礼闱，予膺任总裁，聘侯以是科联捷成进士，筮仕三楚。"[④]张英五子张廷瑑（1681—1764）《聊存草自序》说："至年二十余，身体少健，始发愤读书，所作文字悉经姚处斋、周笔峰两君点定，切劘讲贯，受益良多。余于前辈制义，独嗜金嘉鱼文。后方百川《自知集》出，读而爱之，兼嗜百川文。故稿中所存，摹仿二家处居多。"[⑤]张廷瑑康熙五十二年（1713）中举，雍正元年（1723）中进士，张廷瑑之语至少透露了这样的信息：一是他受周大璋的影响较大；二是周大璋文要早于方舟（百

① 刘声木：《桐城文学渊源考撰述考》，黄山书社，2012年，第64页。

② 王应麟原著，（清）蕉轩氏订补，（清）王晋之、张谐之修订：《广三字经》，见陆林《三字经辑刊》，安徽教育出版社，1994年，第239页。

③ 周大璋：《四书朱子大全精言》，康熙四十七年宝旭斋刻本。

④ 张廷玉：《张廷玉全集》下册，第474页。

⑤ 张廷瑑：《张思斋示孙编》卷三，《四库未收书辑刊》玖辑贰拾壹册，北京出版社，1997年，第749页。

川)文被张家乃至桐城接受。张英三子张廷璐于康熙五十二年与张廷瑑同时中举人,五十七年(1718)中进士,之前数年与周氏的切劘砥砺,受周大璋的影响是可以肯定的。《左传翼》《四书朱子大全精言》等都署有“同学张廷璐参阅”,张廷璐还为周氏作有《左翼序》,可知两人关系亲密。《左传翼》中署有“门人张若潭澄中、张若震宗约参订”。张若潭为张英四子张廷瑑的儿子,乾隆元年(1736)中进士,改庶吉士,官至翰林检讨。张若震为张廷璐的长子,雍正元年(1723)顺天乡试,伯父张廷玉为主考,依例回避,御试取中第三名,官至湖北巡抚,兼兵部侍郎右副都御史,兼署湖广总督。

四、小结

综上,通过张英与桐城文人诗文交往线索与史实的梳理,我认为以下几个方面还需要强调与突出:

(一)厘清了顺治、康熙年间张英与桐城文人的师承关系以及张英与桐城主要文人之间的关系,让我们认识到张英是在桐城文化影响下成长起来的文学家。

(二)张英在任帝师九年后,请假回里,以其任帝师期间对经学与文学的深入思考,已在自己桐城文学文化思想的基础上融入了时代的需要,又以其翰林院学士兼礼部侍郎的身份所具有的号召力与凝聚力,招同潘江、姚文燮、李雅、钱澄之、方中履等人优游山林,唱和乡里,谈诗论文,为桐城文坛带来了新鲜的时代气息,特别是这一时期所作的《龙眠古文初集序》《木厓续集序》等文章,对桐城文坛的风气有引导与规范的作用,不仅开创了桐城文派,也强化了桐城文学文化的向心力与凝聚力,共同的风格特征也因之逐渐增多增强(这从下节崇白之风中也可得到佐证),推动了桐城文学文化的新发展。

(三)张英培养、提携与引荐了不少桐城文人。特别是在假满回朝之后,曾长期执掌礼乐文章之府,有更多这样的机会与条件。虽然张英提携与引荐不让人知,①但是从相关的文章中还是可以看见其蛛丝马迹的。如方象瑛《马严冲制义序》就说:“余不识生(按:马教思,桐城人,康熙十八年进士)何如人,吴户部五崖、

① 王鸿绪《送相国桐城张公致政归里》其一有说:“泽物常不言,荐士归无形。”见《横云山人集》卷二十一,《清代诗文集汇编》第168册,第272页。韩菼《送桐城公予告归序》也说:“汲引人才如不及,而人亦不知也。”见《清代诗文集汇编》第147册,第87页。

张学士敦复诣余，称生不置口，且曰：'得名士难，得寒士更难，君独为其难者。'"①张廷玉《空明阁诗序》也说："康熙癸酉秋，别峰（按：姚士陛，桐城人，姚文熊之子）应京兆试获隽，一时名噪辇下，名卿贤士之善诗者，无不倾倒。先文端公偶携一帙至南书房，泽州陈文贞公、华亭王司农公、静海励文恪公，皆击节称赏，呼为才子。"②特别是培养与提携了他的儿子与戴名世、刘辉祖、方苞等桐城文人，提升了他们的文名，有功于桐城文学的传播，也为桐城文学发展培养了后劲。从桐城文派形成与发展的角度看，更为重要的是，不论是在朝为官的桐城文人，还是游学京城与赴京考试的桐城文人，大都聚集在张英周围，形成了一支以张英为中心的，由张廷瓚、张廷玉、戴名世、刘辉祖、方苞、姚士藟等骨干组成的桐城籍年轻作家队伍。这支队伍与张英乞假归里期间唱和交流聚拢起来的作家队伍形成了呼应。所以，在张英第二次执掌翰林院之后，一支以张英为中心的既有年龄梯次又有很高文学才华的桐城籍作家队伍逐渐实现了新老换代，为桐城文学发展注入了更多的新鲜血液。从中我们是能够看到张英建设桐城派作家队伍之用心的。

第二节　张英与桐城文坛的相互影响

——以桐城崇白效白之风为例

张英是在桐城崇白效白之风之下步入文坛的，并深受此风之影响，是崇白效白的实践者，又是崇白效白引导者与传播者，在桐城崇白效白之风的发展、演变及其传播过程中发挥了重要作用。因此，深入考察张英在这场崇白效白之风中的作用，可以更好地揭示张英与桐城文坛的关系。虽然前文在论述张英与潘江交往时对此也有所涉及，但那只是个案，这里我想着眼于整个桐城文坛来作论述，更全面、更深刻地展现张英与桐城文坛的相互影响。

① 方象瑛：《健松斋集》卷三，《清代诗文集汇编》第128册，第71页。
② 张廷玉：《张廷玉全集》上册，第189页。

一、清初桐城的崇白效白之风

大致从顺治壬辰(1652)开始,方文(字尔止,号嵞山)、潘江等在桐城诗坛上掀起了一股崇白拟白之风,后来潘江等人又在人生态度与生活方式上慕白效白。这场由桐城文坛上著名文人倡导与参与的崇白之风,因其参与人员多,绵延时间长,对桐城文坛产生了深远的影响。

(一)崇白效白的主要文人

钱澄之《潘蜀藻诗序》说:"蜀藻与方尔止学为白香山诗,因见予之诗间有似于香山者而好焉。予之于香山,非有意以似之也。"①不管是自觉的,还是不自觉的,清初桐城最著名的三位诗人在创作中表现出效白似白,无疑有示范效应,推动了桐城崇白之风的形成与发展。

方文、钱澄之诗歌宗白似白的特点,已有学者论及,毋庸赘言。其他诗人,学界少关注,为此,有必要对其中的主要诗人(张英后文再论)作一简单介绍。

潘江"其诗法白香山",②诗文集中有《偶吟白诗柬许绥人》《有假予白诗未还者索得之喜成三十韵》《济上吟》《秋夜吟白傅诗辱江向若先辈以诗见投依韵奉答》《见白傅集中屡吟苏杭之胜率尔遣怀》《读白香山诗十韵》《读白诗》《题亡儿仁树手录白诗示孙义炳》等赞白效白诗,是桐城崇白的主要倡导者与推动者。

姚孙棐(1598—1663),字纯甫,号茂生,又号樗道人、瑞隐,明崇祯庚辰(1640)进士,官至兵部主事。有《亦园全集》六卷存世。诗集中有《醉中仿乐天体》《赴席归与董繁露小酌仿长庆体》《岁暮仿长庆体四首》《雨夜饮同王申之吴婿汝绳儿麃仿乐天体》《七夕效乐天体》等仿白诗,方拱乾《亦园五集序》中有说:"久不读樗翁诗,尽此卷乃知诗力与年增也。标俊驾钱刘,疏宕胜元白。"③显然注意到了姚孙棐晚年诗中所具有的近似白诗的特点。

祝祺的集中有《江南忆》(8首)与《何处难忘酒》(4首)等效白诗。康熙庚子(1660)前后《朴巢诗集》初刻,倪士棠作《喜祝山如朴巢集成》,诗中有曰:"吾乡诗人何累累,凤跃龙翔不一体。近日风流宗乐天,往时沉郁追子美。"④

---

① 钱澄之:《田间文集》,第269页。

② 马其昶:《桐城耆旧传》,第219页。

③ 姚孙棐:《亦园全集》,《四库禁毁书丛刊》集部第86册,北京出版社,1997年,第578页。

④ 潘江:《龙眠风雅全编》六,第2417页。

张杰“自吴门归里，吟事益工，尝自托于香山、放翁之间。”①

马孝思(1632—1676)，字永公，号玉峰，方文女婿，著有《屏山诗草》。《龙眠风雅》收有《手录香山集成喜赋》一首赞白诗，徐世昌说：“《赖古居诗话》谓《屏山诗草》源出香山，在先辈中与嵞山最近，盖翁婿论诗甚相契合也。集中有《手录香山集》一诗，此其平生嗜好所在，心追手摹，颇能得其形似，而才力薄弱，不免流入平易一派。”②

潘仁树(1648—1671)，字务滋，潘江之子。《龙眠风雅续集》收有《读白氏长庆集》一首赞白诗，其子潘义炳记曰：“先君少颖悟，好读白诗，手录一本，自加丹黄……青山何公汉客，为先君执友，偶过草堂，谓大父曰：‘务滋诗若某首某首俱神似香山骨力，某藏之笥中久矣，夫子何不附诸《风雅》乎？’”③

戴名世，潘江门生。④ 他喜爱白居易诗：“庄周、列御寇之书，滉漾飘忽，若无涯际不可测。白乐天之诗，清高闲放，勃勃有真气。是二者皆余之所爱也。”⑤其大父也有香山洛水之风：“其大父古山公以异才擢江西新淦令，改调长乐令，循声异政，一时推为良吏。而古山公旷怀高致，不屑意仕进，以养亲故解组归田。时家伯祖赠光禄戊生公亦居林下，与公为姻好。两人意气甚合，花晨月夕，山巅水涯，扶筇策蹇，时相过从，俨然香山洛水之风。”⑥

桐城文人崇白效白不仅表现在白居易的诗歌上，也表现在对白居易的人生态度与生活方式上，最为突出的是潘江等人于康熙丙辰(1676)追慕白居易洛下之游举花会。

潘江《花会感怀诗七首》(癸酉1693)小序说：“花会之举始于丙辰之冬，倡自陈子默公暨予与刘子尔雅、赵子以赞、张子如三、左子子周、孙子喈公，为七人，年皆五六十以上，花时辄会，会辄有诗，见《花会七子诗刻二集》中。继得陈子二如，继又得姚子集侯、姚子经三，继又得姚子彦昭，后先踵至，觞咏无虚，十余年于兹矣。”其七诗尾注有：“方莲园在庭、何牧五永骏。”⑦《龙眠风雅续集》“李铨小传”

---

① 陈焯：《著义斋诗序》，徐璈：《桐旧集》卷二十一，民国十六年影印原刊本。

② 徐世昌：《晚晴簃诗汇》，中华书局，1990年，第1544页。

③ 潘江：《龙眠风雅全编》七，第3208—3210页。

④ 康熙戊午(1678)成书的《龙眠风雅》“总目”后“参定者”中标有“门人戴名世田有”，可知，戴名世至迟于戊午年入潘江之门。

⑤ 戴名世：《忧庵集·五》，《戴名世遗文集》，第86页。

⑥ 姚士藟：《戴氏宗谱序》，《戴氏宗谱》，民国十一年敬胜堂重修本，转引自钟扬《桐城〈戴氏宗谱〉之戴名世史料》，《安徽史学》，2002年第4期。

⑦ 潘江：《木厓续集》卷二十一，《清代诗文集汇编》第69册，第461—462页。

说:"李铨……市宅与予邻,尝邀入花会,共数晨夕……花会者,予近与姚君丹枫、陈君涤岑、张君西渠、刘君西麓、姚君盘青、羹湖辈踵九老耆英之举而起者。"①潘江《仲夏望后三日同邓朴庵刘西麓集齐秋浦宅是为良会之始诗以代约》(庚申,1680年)说:"睢阳五老寿无匹,最长王涣九十七。香山九老多高年,胡杲九十如地仙。惟有至道九老会,李运八十寿称最。朴庵邓公健且康,今秋刚举八十觞。顾语吾侪忘年友,刘子今亦五十九。齐子潘子皆逾耆,真率耆英盖兼之。"②此次聚会也应是花会,那么花会又新增邓朴庵、齐秋浦等人。综上,花会至少有潘江、陈焯、张杰、左国治、姚文燮、刘鸿都(字尔雅,号西麓)、赵襄国(字以赞,号湛斋,又号东岑)、孙中凤(字喈公,号冰压)、姚文勲(字集侯,号丹枫)、姚文焱(字彦昭,号盘青)、李铨(字当衡,号石逋)、方在庭(字既平,号莲园)、何永骏(字龙牧,号牧五)、邓森秀(字毓之,号朴庵)、齐山(号秋浦)15人先后参与其间,因岁必数举,会辄有诗,绵延时间长,成为桐城文坛上一道独特的风景。

(二)倡白的起始时间与起因

方文于辛卯(1651)所作的《初度书怀》其二曰:

> 昔闻杜陵叟,降生乃壬子。厥后香山翁,生年亦复尔。相去六十载,英名千古峙。我生幸同庚,性情复相似。酷嗜二公诗,诗成差可拟。③

可见,至迟从辛卯年开始,方文在诗歌创作上已有意识崇白效白。

壬辰(1652)秋,方文归里,曾与潘江、陈式论诗,《潘蜀藻招同陈二如夜集有赠》曰:

> 吾乡诗学自纷纭,古义深求在两君。注就杜陵真一绝,(二如注杜诗甚精。)吟成白傅浑无分。(蜀藻学长庆体最肖。)④

癸巳(1653)秋又与潘江、方里专门讨论白诗,《秋日归里饮潘蜀藻茅堂谈香山诗甚快有赠并示从弟井公》曰:

① 潘江:《龙眠风雅全编》七,第3009—3010页。
② 潘江:《木压续集》卷五,《清代诗文集汇编》第69册,第301—302页。
③ 方文:《方嵞山诗集》上,第33页。
④ 方文:《方嵞山诗集》上,第308—309页。

> 往时刻画杜工部，近日沉酣白乐天。异地何曾相告语，同心不觉自钻研……今宵偶聚黄花下，古调高歌翠竹边。长庆风光俱在眼，香山胎骨本来仙。三人叹咏知非苟，百遍过从期莫愆。①

方文与潘江等人在桐城的相聚，使“异地同心，各自钻研”的个体自觉，经相聚交流，形成共识，坚定了各自崇白的信心，进而倡长庆体以矫正里人“饾饤”“窠臼”“寒瘦”“郛郭”之诗弊：

> 犹忆廿年前，蜀藻翻阅唐人篇什，一日谓余与龠山方子曰：“长庆如元微之、白乐天舒写性灵，钩陶物类，言人所不能言，如人所欲言，极有唐诗人之变化，不可以洗近日词家之饾饤、窠臼乎？”时龠山与余亟是其言。②
>
> 壬辰、癸巳之交，余倡为长庆体，盖力惩里人学竟陵则近寒瘦，效王、李则患郛郭，耑思以矫枉。③

由此可知，清初桐城的崇白之风大致始于顺治壬辰(1652)，起因是方文与潘江等人为矫正里人诗弊。

(三)崇白效白的主要取向

1.闲淡风格的推崇

潘江《偶吟白诗柬许绥人》说：“吾爱白傅诗，闲淡有高致。本不好艰深，亦不求工致。唯取口头言，写我心中事……诗淡被人嗤，昔贤尤不避。(白云：诗成淡无味，多被众人嗤。)何况今之人，焉能免流议？谣诼徒纷纷，予益坚予志。书罢示绥人，能无发长喟？”④潘江针对里人“饾饤”“窠臼”“寒瘦”“郛郭”诗弊高扬白诗之“闲淡”，主要是强调诗歌创作不要点窜故实，蒙昧性灵，主张用平淡的语言来从容而明快地表达自己的情感。当然这种“淡”并不无味，正如他儿子潘仁树《读白氏长庆集》中所说：“架上唐诗多，吾独推白傅。语淡味弥永，辞直意微露。深

---

① 方文：《方龠山诗集》上，第370页。
② 许来惠：《木厓诗集序》，潘江：《木厓集》，《清代诗文集汇编》第69册，第6页。
③ 潘江：《许来惠小传》，《龙眠风雅全编》九，第4462页。
④ 潘江：《木厓集》卷四，《清代诗文集汇编》第69册，第46页。

得风人旨,足砭雕虫痼。”[①]由此可见,潘江所提倡的“闲淡”主要是指行文之闲,语言之淡,情感之真,意味之永。

潘江在《跋鑫山续集后》中对方文诗歌“淡”的特点给予了极高的评价:“有明著作最权奇,熙甫文章尔止诗。(予尝谓太仆古文、鑫山诗皆淡不可及。)淡处尽教耐思索,太羹元酒少人知。”[②]

韩菼《田间文集序》也注意到了钱澄之诗歌“淡”的特点:“读先生之诗,冲淡深粹,出于自然,度王孟而及陶矣,余又将以‘无色’者蔽先生之诗也。”[③]

在潘江等人掀起的崇白之风下,与潘江交往较多的桐城诗人或多或少地受白居易闲淡诗风的影响,如参与花会的姚文燮晚年的诗风就趋于平淡,钱澄之《姚经三诗序》就注意到这一转变:“间尝语经三曰:‘生老矣,作诗期适意耳,而身后名哉?’故每属一语,必摅笔尽情,博白家老婢一笑以为乐,终不矜持格律……今年乃敛华就实,渐造平淡。”[④]又如姚文然庚子年(1660)所作的《堂儿乞细论诗不答口占示之》说:“会须万紫千红过,渐见霜清叶脱时。”[⑤]也表达了“豪华落尽见真淳”“绚烂之极而归于平淡”的诗学趣向。

2.诗学统绪的构建

潘、方等人壬辰、癸巳之交倡白时,宗杜是桐城诗坛的主流。在宗杜氛围中,崇白效白的诗人因“诗淡被人嗤”而展开了辩白,由此产生了杜白之辩。

崇白效白的诗人在辩白中强调了杜白的相同性和白居易对杜甫的继承与创新。马孝思《重阅徐宄草兼赠蜀藻表兄》说:

> 今人谓白与杜殊,安知长庆风味同天宝?[⑥]

潘江《读白香山诗十韵》小序说:

> 白香山善学杜者也。杜词宛而白过直,杜意蓄而白过尽,杜用事隐约而

---

① 潘江:《龙眠风雅全编》七,第3206页。
② 方文:《方鑫山诗集》下,第915页。
③ 韩菼:《有怀堂文稿》卷三,《清代诗文集汇编》第147册,第100页。
④ 钱澄之:《田间文集》,第263页。
⑤ 姚文然:《姚端恪公诗集》卷九,《清代诗文集汇编》第75册,第100页。
⑥ 潘江:《龙眠风雅全编》六,第2633页。

白过分明,或疑学杜之过,然不如是不足见香山之杜,以为必似杜之宛之蓄之隐约,则有似有不似,有小似有大似矣……今人盛毁长庆,谬袝少陵,乌知其异世同揆也?①

康熙癸卯年(1663),方文因自己与陶渊明、杜甫、白居易俱生壬子请画家戴苍作《四壬子图》,据王士祯《渔洋诗话》:"方盦山文……以己壬子生,命画师作《四壬子图》。中为陶渊明,次杜子美,次白乐天,皆高坐,而己伛偻于前,呈其诗卷。"②孙枝蔚《题方尔止四壬子图》又说:"丹青无如戴苍好,位置不敢乱后先。列坐宛如师弟子,向往何妨为执鞭。世人尊杜或嗤白,盦山大笑看青天。王杨卢骆皆千古,何况白诗近自然。"③位置先后不敢乱,凸显了四者先后相承的师承关系。赵襄国《潘木厓招同吴无斋恂庵两先生陈问斋左霜鹤陈越楼刘西麓左橘亭诸子拈大征二字》其二也提到陶、杜、白三人:"倡和追汉魏,木厓郁崚嶒。所嗜在长庆,其源自少陵……缅彼香山老,俨然云水僧。更思栗里翁,白社得师承。"④明确指出了潘江与白、杜、陶的师承关系。那么,在杜白之辩的语境下,从崇白诗人的角度看,他们显然以白居易为中心构建了一个能为当时文坛认同的师承体系,努力地调和宗杜与宗白,以获得更好的崇白学白的话语环境。

3.快乐人生的追寻

其一,读白诗以消愁怡情。如方文《夜读白诗》说:"消愁唯有《香山集》,夜夜灯前当酒杯。"⑤又如潘江《有假予白诗未还者索得之喜成三十韵》说:"读其闲适诗,可以释忧患。"⑥再如马孝思《手录香山集成喜赋》说:"我闻《香山集》,流传至鸡林……作者虽云多,怡情无过此。"⑦

其二,仿洛下以诗酒娱乐。如潘江《涤岑寿宴同陈问斋刘西麓赵湛斋左橘亭方素伯有怀诸子拈须就二字二首》说:"昔与二三子,结伴谋清娱。良会无常日,花时酒可呼。"⑧又如姚文勋晚年曾率子孙举桃艳会、桂香会借花遣兴,诗酒

① 潘江:《木厓集》卷二十三,《清代诗文集汇编》第69册,第225页。
② 王夫之等:《清诗话》上,上海古籍出版社,1978年,第208页。
③ 孙枝蔚:《溉堂集》,上海古籍出版社,1979年,第201页。
④ 潘江:《龙眠风雅全编》八,第3927—3928页。
⑤ 方文:《方盦山诗集》下,第617页。
⑥ 潘江:《木厓集》卷五,《清代诗文集汇编》第69册,第48页。
⑦ 潘江:《龙眠风雅全编》六,第2627页
⑧ 潘江:《木厓续集》卷三,《清代诗文集汇编》第69册,第285页。

唱和。①

其三,追香山以委顺求乐。如潘江《河墅真乐篇寄敦复宗伯》说:"有时下庭阶,酹酒向桃李。名葩簇成围,妖红复姹紫。有时缘山麓,荷锄撷兰芷。采药斫黄精,斩蔓披葛藟……静中悟倚伏,颇识盈虚理……富贵亦不欣,贫贱亦不耻。疾病亦可耐,忧患亦可弭。非无儿与孙,任其自行止……天君常泰然,此乐足忘死。优哉复游哉,十有三年矣。虽不逮孔颜,亦可追黄绮。寄语金闺人,真乐或在此。"②

二、崇白效白之风对张英诗文创作与理论的影响

潘江壬辰、癸巳之交倡长庆体,甲午(1654)张英即随之学诗文,而且张英的老师祝祺、三兄张杰等都学白效白,又,张英《重晤方明农先生赋赠》(己酉,1669年)表达了对有白诗特点的方文诗歌的高度评价:"桃渡诗人宅,春水生柴门。未到已七年,相忆劳晨昏……百卷嵞山诗,古调无纤尘。"③方文的酬答诗说:"与君离别久,音问亦复疏。稍喜木厓子,时时寄我书。道君相念深,诗格常推余。"④由此可见,张英是在崇白效白之风下步入文坛的(当然与乐爱林泉的家风也有关),他与潘江、祝祺、张杰等人交往又非常密切,那么崇白效白之风无疑会对张英的诗文创作与诗文理论产生重大影响。

检索《张英全集》,诗题与小序中标明"白居易"的名、字、号与诗文集的诗就有《拟白乐天秦中吟四章》《崇勋德寿图诗》《读白乐天诗六首》《江南忆十首》《读白诗漫成三十韵》《予学圃斋前有郁李一株因见乐天集中有惜郁李花诗即次其韵》《石谷为予画赐金园图卷子复作大幅仿香山池上篇意为赋长歌》《读香山诗漫拟六首》《读白乐天四十五岁诗》《读白诗》《读白氏集》《香山集有浔阳三春诗作帝城春三首》《香山集有何处难忘酒不如来饮酒各七章亦戏为万事归田好不如农圃乐各七章以拟之》《读白诗二首》《闻友人谈吴下园亭之胜辄仿白意二首》《遗山集中有陶渊明晋之白乐天语》《读乐天诗》《闲适用乐天韵》《入夏戏作白体》《香山集中有万事平分众所知何尝苦乐不相随惟余耽酒吟诗客但有乐事无苦时因广其意得六长句》《余所居阳和坊可比白傅履道里》65 首,在诗文正文中更是反复提

① 潘江:《龙眠风雅全编》十,第 4551—4553 页。
② 潘江:《木厓续集》卷二十三,《清代诗文集汇编》第 69 册,第 489—490 页。
③ 张英:《张英全书》中册,第 30 页。
④ 方文:《张梦敦庶常见访有作赋此酬之》,《方嵞山诗集》下,第 673 页。

及。陈廷敬序张英《存诚堂集》说:“田家渔父,樵夫牧童,则储公之格高调逸,趣远情深也。在泉成珠,著壁成画,则辋川之秀词雅韵,意惬理精也。以至香山之挺出于长庆,苏、陆之各擅于南北。迹其流风,会其神解,皆超然于自得之余,此岂有意焉竞秀摛华、角一字句之荣名者哉！盖先生之所蓄积者然也。”①《四库全书总目提要》说:“至于言情赋景之作,又多清微淡远,抒写性灵。台阁、山林二体古难兼擅,英乃兼而有之。”②显然,张英诗学乐天,近似白诗,是桐城崇白效白之风的主要参与者与推动者。

作为桐城崇白效白之风的参与者与推动者,张英一方面表现出对桐城诗人推崇白之闲淡的认同,另一方面又表现出对白居易诗歌潇洒风格的偏好。他在庚子年(1660)前后序他老师祝祺《朴巢诗集》说:“诗以言志,而声与律因之,三百篇所托始也……乐天晚年志在安分守乐,饮酒坐禅,故其诗晓畅而旨人,越州、香山之胜,千载而下,犹如即乎其人,见乎其事……年来闭门息静,酒一尊,香一炉,琴一张,种一焦一桐,庭径萧然,绿阴啼鸟,先生于其中,颓然自远,尔时方志在恬退,其诗复淡以幽,玄以隽。”③“晓畅”“淡以幽,玄以隽”与潘江所推重的“闲淡”是一致的。而他在丙辰年(1676)序潘江《木厓集》则说:

> 蜀藻诗少宗少陵,中年沉酣于香山。少陵雄浑苍深,体兼众妙;香山排宕潇洒,自为一家。要皆不束缚于声律、比偶之中,独抒写其性情,务为极言竭论,穷变尽妍,凡所为忧乐欢戚之言,千古而下,犹如即乎其人、见乎其事而闻其声,此则杜与白旨趣之所以同,亦即蜀藻所以宗二家之意也。尝窃谓香山之诗务于尽,人固知之,而少陵亦未尝不务于尽也。少陵务于尽而不伤其涵蓄者,气有余也;香山务于尽而不伤其高淡者,韵有余也。子瞻、山谷皆力摹少陵而其后不得不入于香山者,才人握管,思以畅发其性情,类不乐为初唐诸子句镂字琢、比拟属对之工,而浩衍流畅,以务尽其才,故宋元以后之诗人大约不出此二家之法,少陵、香山之所以貌殊而致一者亦在此哉!④

这里,张英至少透露了以下几个方面的有价值信息:

① 陈廷敬:《午亭文编》卷三十七,《清代诗文集汇编》第153册,第379—380页。
② 张英:《张英全书》下册,第3页
③ 张英:《朴巢诗集序》,《四库禁毁书丛刊》集部145册,第438页。
④ 张英:《张英全书》上册,第304—305页。

(一)张英从认同潘江"闲淡"之说转向了突出白诗的"潇洒"特征。张英还用了与"潇洒"相近的"萧疏""萧然"来评白诗:"醉吟千首总萧疏,底事闲情苦让渠。"①"放怀天地总萧然,前数潜明后乐天。"②"潇洒""萧疏""萧然"都有不拘束、不矫揉造作的意思,显然,张英是在强调创作中要不为格律所束,抒发真情实感,让自己的才与情得到充分的舒展。这也是他家学中心学思想的反映。当然,这不是明末公安派"独抒性灵,不拘格套"的简单重提,因为张英倡扬白诗"潇洒"的场域与语境不同于公安派,他是针对清初桐城文坛的现实与杜白之辩的语境提出的,我们必须要结合当时桐城文坛重学尚理与宗杜这一场域与语境来阐释,由此,"潇洒"比倪士堂"近日风流宗乐天"中的"风流"内涵要具体,是一种情理与形式相抱相融的生命张扬,是一种"有余"的生命状态,而不是公安派之浅俗。

(二)在杜白之辩中,张英在指出"少陵亦未尝不务于尽"的同时,一方面分析了杜、白之"尽"的同中之异,并以苏轼、黄庭坚"力摹少陵而其后不得不入于香山"为例,论证杜白"貌殊而致一",另一方面针对崇杜诗人诟病的白诗之"尽",予以正面的回答,调和宗杜与宗白,直探问题的核心,有很强的说服力,这对崇白效白之风的发展有积极而重要的推动作用。

(三)如果说潘江等人多注意白居易对陶渊明、杜甫的继承,那么,张英从白居易接受史的角度关注了白居易对宋元以后诗人之影响,结合他后来的论说,可以看出,他有意识地完善了潘江等人所构建的以白居易为中心的诗学统绪:"我意营杰阁,尸祝有四公。陶白与苏陆,澹荡高人踪。"③陶渊明、白居易、苏轼、陆游所构建的诗学统绪,标志了示范性经典的变化,加之对"潇洒"风格的推崇,反映了张英诗学趣向的转变,这也引发了桐城诗坛诗学趣向由宗唐向兼宗唐宋的转变。后来在《聪训斋语》中张英有更明确地表述:"中年作诗,断当宗唐律,若老年吟咏适意,阑入于宋,势所必至。立意学宋,将来益流而不可返矣。"④

三、崇白之风对张英的生活方式与精神世界的影响

崇白效白之风下,桐城不少文人非常明显地受到了白居易乐天知命人生态度

① 张英:《读白诗二首》,《张英全书》中册,第 501 页。
② 张英:《读乐天诗》,《张英全书》中册,第 529 页。
③ 张英:《对菊四首》其三,《张英全书》中册,第 148 页。
④ 张英:《张英全书》上册,第 501 页。

和萧然自适生活方式的影响，这为张英提供了这种生活直接的感性认识，并在诗文中一再表现出对这种人生态度与生活方式的心理认同。如《跋瑞隐窝手泽后》说：

> 颂嘉岭去城四五里许，古梅数株，书屋数椽，日吟咏其间，诸郎提壶挈榼以从，萧然自适，摊书撚须，至老不衰。时乘篮舆入龙眠，遇山水佳处，辄止田家僧舍，淹数日不去，绝类康节居洛下之所为，故号其地为瑞隐窝，至今称瑞隐先生云……公偕老友数辈，设幕张宴于河之中流，子若孙数十人，群从如云，相与奉杖履，称兕觥为寿。公庞眉皓首，鹤翥鸾翔于王谢诸君子之上，被服都雅，意况超脱。旁观者如堵墙，啧啧叹为神仙中人。①

又如《寄叔兄西渠先生书》说：

> 窃尝与知交戚友纵谈故乡人，当闲放适意者，殆莫吾西渠先生若也。家不至忧饥寒，耳目视听犹健壮，市有宅，宅有园，有子可教，有田可租，有童仆可供使令，无里巷之轻侮，无当时之责备，无胸次之愧怍，无升沉之宠辱，无趋走之劳苦，无意外之风波。愚窃观内外人，富贵利达，声名炫赫，高轩大纛，过先生者则有之矣。求安稳恬旷，可以自乐其天者，举耳目间，未可一二数也……吾家湖上仲子三十年不入城，以渔自乐，每以语之公卿，辄为屈第一指，无不向往欣羡者。若论先生所遭遇，尚在湖上翁之上。是举世所难见者，吾家便有两人，益不可不自勉。木厓寄来《真乐篇》，殊可诵咏。愚之望于勺园者，且在河墅之上，当有过更无不及也。②

在桐城崇白效白之风的影响下，当然也有家学家风的影响，张英对白居易的接受在生活方式上有着更丰富的实践，特别在心理构建上有着更系统的阐发。

（一）张英居住环境白居易化。张英《聪训斋语》说："香山字乐天，予窃慕之，因号曰'乐圃'。圣贤仙佛之乐，予何敢望。窃欲营履道，一丘一壑，仿白傅之'有叟在中，白须飘然……妻孥熙熙，鸡犬闲闲'之乐云耳。"③张英不仅慕乐天而自号

① 张英：《张英全书》上册，第390—391页。
② 张英：《张英全书》上册，第402—403页。
③ 张英：《张英全书》上册，第500—501页。

乐圃，更重要的是仿白居易《池上篇》之意来设计或调整赐金园的格局，并请著名画家王翚为其作画。又，他的居处阳和坊也仿白居易履道坊，《新营阳和坊宅》说："烟霞漫拟期仙磴，竹石聊同履道坊。"①这种居住环境的白化，带来的影响是长久的、不间断的。

(二)在处理进退出处问题时，张英总是从白居易身上及其诗中寻找精神的慰藉，汲取人生的智慧。康熙辛酉年(1681)，张英比较集中地作了《读白乐天诗六首》《读白乐天四十五岁诗》《读白诗》《读白氏集》《江南忆十首》等读白诗、拟白诗，又作《康熙辛酉十二月十六日予四十五生日率尔书怀遂成四百五十字》表达自己的退隐之思，稍后他就上疏乞假，获允。张英请假归里原因可能很多，但从白诗中寻找精神力量、汲取人生智慧是可以肯定的："比岁贪吟白傅诗，乐天知命是吾师。匡庐结屋烟霞好，东洛移家水石奇。筋力每思求退早，园林常恐得归迟。惭予浪着绯衣去，恰是江州司马时。(香山年四十六时为江州司马。)"②(《登舟南归即事八首》其八)张英乙丑(1685)七月还朝，不到两年，于丁卯(1687)五月七日向康熙请告，未获康熙同意(作有《五月七日请告不允二首》)，戊辰(1688)的《夏日西郭外设幕中林避暑得诗二十首》有曰："疏拙敢言朝市隐，平生自许是清狂。""十年心事复谁知，百计求闲未有期……欧阳思颍诗空早，白傅归东计苦迟。"以及"犹记放翁诗句好，宜香宜睡不宜愁。""但教略识荣枯理，荼苦饴甘乐自如。"③己巳(1689)又作《香山集有何处难忘酒不如来饮酒各七章亦戏为万事归田好不如农圃乐各七章以拟之》《读白诗二首》。丁丑(1697)七月又上疏休致，康熙慰留，未果。辛巳(1701)十月再上疏乞休，获允。17年间，张英虽然三次降级、一次调离翰林院掌院、一次革礼部尚书，但总体还是处于上升状态，直至官大学士兼礼部尚书而休致。这17年间，与白居易、陆游等人不一样，张英深受皇帝的知遇之恩，所以张英主要纠结于报答知遇之恩与归隐山林之思。韩菼《送桐城公予告归序》说：

> 难进易退，大臣之节，然大臣之退不易也……独公所处愈高，而畏约勤慎，心益下，造膝前席，多社稷大计，而公不居也。不列密事，不讦人过，汲引人才如不及，而人亦不知也。归赐第，惟手一编，莳花鼓琴自娱。世多剥啄

① 张英：《张英全书》中册，第490页。

② 张英：《张英全书》中册，第368页。

③ 张英：《张英全书》中册，第486—487页。

之客，扫门之人嗫嚅趑趄不敢前也。身在日月之傍，可以如市朝而所求物亡其中，则易退者，非公其谁？而犹请之数年，可不谓难？然如公之退，真可谓乐而忘老矣。①

可见，张英虽倍受眷宠，但在朝堂上清廉勤慎，尽忠尽职，无欲无求，在闲暇时，门无杂宾，读书吟咏、莳花鼓琴以自娱，比较好地处理了政治生活与休闲生活、感恩与怡情之间的关系，使心不妄动，内心的冲突逐渐减少，心境逐渐平和。正因如此，“台阁、山林二体古难兼擅，英乃兼而有之”。

（三）张英告假和休致期间，适之于山水林泉，悦之于眉山剑南，寄之于吟咏唱和，享受着闲中之乐。一方面他与姚文燮、潘江等人优游乡里，聚会唱和，并与姚文燮合刻《两园和诗》；另一方面他在里期间大部分时间卜居龙眠山，在赐金园里，“日则步屧于空潭碧涧、长松茂竹之侧，夕则掩关读苏、陆诗，以二鼓为度，烧烛、焚香、煮茶，延两君子于坐，与之相对，如见其容貌须眉然。诗云：‘架头苏陆有遗书，特地携来共索居。日与两君同卧起，人间何客得胜渠？’”②写下了《初卜居龙眠山庄十一首》《山中即事十三首》《夏日山居五首》《山居二首》《山行杂诗八首》《山居杂诗九首》《山居杂诗八首》《幽居二首》《夏日山居杂诗十四首》《山居即事七首》《山居即事二首》《入山》《五亩园长夏》等闲适诗。可谓“索居则以诗相慰，同处则以诗相娱。”（《与元九书》）但是张英超越了白居易，融合陶、白、苏、陆，没有了生活之忧，少了一份苦涩，少一份尘世之累，幽淡自适也就更加放松与彻底。

（四）张英在白居易“乐天知命”基础上有自己的阐发。张英曾作过一篇《不知命无以为君子论》，在《聪训斋语》中又两次阐发“不知命，无以为君子”这一命题，张廷玉与曾国藩都有提及（前文已引）。可见，这一命题在张英的思想中占有非常重要地位，那么，他又是如何阐发这一命题的呢？

天下之欲为君子而不能为者，荣辱乱其中，得失易其虑，毁誉眩其视听，安危吉凶摇惑其素履。由是沉静者转而为竞躁矣，方直者化而为突梯矣，亢激卓立者变为缄默谨愿矣。以福利为必可趋，以灾异为必可避，苟且妄营，而君子于是乎不可为矣。圣人告之以知命，所以静其心，澹其虑，一其聪明，夺

① 韩菼：《有怀堂文稿》卷二，载《清代诗文集汇编》第147册，第87页。

② 张英：《张英全书》上册，第508页。

其智巧,而后其为之也。纯诚敦一可以历万变而不渝其正,入万物而不易其识,其进德也坚,其修业也勤,其奉职也专,其循分也恪,独居而坦坦,处群而穆穆,遇事而侃侃,利害乘之而磊磊落落,艰大投之而孜孜勉勉,中无所疑,外无所慑,先后左右无所瞻顾却虑,凡君子所当为之事皆得而为之,则由其知命者素也。进以礼,退以义。孔子之所以为孔子,非徒曰得之,不得曰有命云尔也。士大夫之持身涉世,其亦味乎斯言而已足哉。①

曩时,姚端恪公每为予言:当细玩"不知命,无以为君子"章。朱注最透,言"不知命,则见利必趋,见害必避,而无以为君子矣。""为"字甚有力。知命是一事,为君子是一事。既知命不能违,则尽有不必趋之利,尽有不必避之害,而为忠、为孝、为廉、为让,绰有余地矣,小人固不当取怨于他。至于大节目亦不可诡随,得失荣辱不必太认真,是亦知命之大端也。②

可见,张英的"知命"是以儒家价值标准取舍利害,进之以礼,退之以义,纯诚敦一,不以荣辱、得失、毁誉、安危等扰其心,"中无所疑,外无所慑";又强调主体之"为",倡扬"坚""勤""专""恪"与担当。所以知命者不一定是君子,只有知命,知取舍,并有所"为",才能成为君子。如果说白居易的"乐天知命"吸收了佛道两家的思想,乞司东都,委顺自然,表现出较多的消极,那么张英对"乐天知命"的阐发吸收了白居易的"知足知止",又贯彻了儒家的进取与担当的精神,表现出更多的积极。在此背景下,张英除了与白居易一样强调知足适意、讲安心之法之外,还提出只有道德、文章、经济、福命四者皆备才能"长享其乐,实有其乐"的思想。可见,张英一方面与白居易一样,立足现实,经营快乐,是有现实基础的快乐,而不只是超然物外的快乐,另一方面与白居易相比,他没有白居易庸俗的杂质和自矜得意之态,是一种高雅而低调的快乐。

四、张英崇白效白的影响

(一)张英引导了桐城文坛诗学取向的转变

前文已提及张英诗学宗尚的变化,这一变化发生在张英告假在籍期间

---

① 张英:《不知命无以为君子论》,《张英全书》上册,第364—365页。

② 张英:《聪训斋语》,《张英全书》上册,第537页。

(1682—1685)。这一期间张英在诗题中标明苏轼、陆游名、字、号的有《子由寄怀子瞻每讽韦苏州何时风雨夜复此对床眠之句甲子秋赋古诗五章寄吴门学博三兄以复此对床眠为韵》《读子瞻诗二首》《放翁读玄真子渔歌因思故山隐居追拟其意予读放翁诗作此贻湖上仲兄六首》《灯下读放翁诗》《桑下读放翁集》等诗。他的诗中又反复提及苏轼、陆游:“携来放翁诗一卷,秋来日对众峰吟。”(《初卜居龙眠山庄十一首》其二)“彭泽香山沦落久,此怀差许放翁知。”(《初卜居龙眠山庄十一首》其九)“短檠红烛放翁诗,窗掩梅花月上迟。”(《山中即事十三首》其十)“岂无人似放翁颠,笑插花枝意自妍。”(《山居杂诗九首》其五)“架头苏陆有遗书,特地携来共索居。”(《山居即事七首》其三)等等。乙丑(1685)春,张英又嘱潘江稽考陆游诗何年始入《剑南稿》中(《敦复宗伯属予稽放翁诗何年始入剑南稿中按放翁生乙巳其诗登稿以壬辰始盖行年已四十有八矣赋答二首》)。[①] 同年七月张英俶装归朝前夕作《木厓续集序》,序云:

> 古诗人卷帙之侈者,唐惟白傅,宋则放翁。潘子素涵泳于两家之间,故其诗以浣花为胚胎,以履道为眉目,以剑南为神髓,兼宗众妙,不名一家。[②]

在张英告假之前几年,是花会频举之时,潘江并没有有意识地学陆游,张英在里门的三年里,潘江受其影响是无疑的。张英在此点出潘江诗中所具有的陆诗特点,除了反映多少有一点影响外,我认为,张英《木厓续集序》一方面是他丙辰年“子瞻、山谷皆力摹少陵而其后不得不入于香山者……宋元以后之诗人大约不出此二家之法,少陵、香山之所以貌殊而致一者亦在此哉”思想的深化与强调,诗学苏轼、陆游是诗学香山的延续;另一方面高标陆游也是他对潘江诗歌创作趣向的期待。张英这次回里,已官至礼部侍郎,深得康熙眷宠,身份的变化,使他的强调与期待具有他以前所没有的感召力与影响力。陈焯序张杰《著义斋集》也说:乙丑他从吴门乞休归里后“尝自托于香山、放翁之间”。钱澄之的诗也“深得香山、剑南之神髓而融会之”。[③] 不管钱澄之是不是有意识地响应张英的倡导,但很难说钱澄之在此后的十余年创作中不受此倡导的影响,郑方坤对钱澄之诗歌特点的归纳在一定程度上就说明了这一点。由此,桐城文坛上张英、潘江、钱澄之等诗人

---

① 潘江:《木厓续集》卷十五,《清代诗文集汇编》第69册,第386页。
② 潘江:《木厓续集》,《清代诗文集汇编》第69册,第259页。
③ 郑方坤:《田间诗钞小传》,钱澄之:《所知录》附录,黄山书社,2006年,第243页。

合力崇陆既是崇白之风的延续(实际上是融会了白、陆),又实现了桐城诗歌由宗唐向兼宗唐宋的悄然变化。

(二)张英崇白效白改善了台阁中白居易的接受环境

首先,张英任过九年多的帝师、八年多的翰林院掌院学士和三科庶吉士的馆师,他崇白效白会或多或少地影响康熙、翰林院与他教习的庶吉士,还有受他影响的两个儿子张廷瓒、张廷玉在康熙朝先后入翰林院,这无疑改善了白居易接受和诗歌宗宋的生态环境。如他教习的乙丑科庶吉徐元正协助其父编辑的《全唐诗录》收有白居易诗 8 卷 578 首,只少于杜甫(10 卷 907 首),尊杜重白之意明显。此书于康熙四十五年(1706)进呈,得到康熙肯定并作序,以《御定全唐诗录》冠名刊印。又如他教习的甲戌科庶吉士周起渭与他的诗风就非常接近:

> 初,君在翰苑,或疑其起自遐方,未娴声律。时值馆试,君诗先成,稿置砚函下,同列者得之,谓是馆师手笔,既乃知为君作,相与敛手叹服,从此才名郁起,馆阁间无不知有桐野周先生矣。君于诗不多作,不苟作,一洗佣耳剽目、生吞活剥之弊,而归于抒写性情。故其诗不名一家,大要以清远之思运俊逸之气,或冲澹而和雅,或高洁而沉雄,无粗厉之词,无阐缓之调,视近代之模李杜、宗初盛者,捧心学步,适足以形其尘容俗状而已矣。①

又如乙丑科庶吉士许贺来的诗歌兼有白居易与陆游的诗风,王鸿绪序许贺来《赐砚堂诗稿》曰:"春兴园居之自述,昆虫草木之寄托,莫不恬淡冲和也,斯岂浮伪浅俗、怨悱暴戾者可几一二乎?"②徐文驹评其《题圣武神功诗一百韵》曰:"其舒卷流动似白香山、元微之",③孙勷评其《秋咏》曰:"意思甚露,此白太傅诗派也。"④晚年有《初夏闲居和陆放翁韵》(8 首)《遣兴用放翁韵》《秋夜用放翁韵》《幽怀步放翁韵》《睡起步放翁韵》等和陆步陆诗,王畸五评其《暮冬杂感》其三曰:"似放翁。"⑤周起渭评其《初冬病中作》曰:"逼近放翁。"⑥

---

① 陈允恭:《桐野诗集序》,周起渭:《桐野诗集》,《清代诗文集汇编》第 209 册,上海古籍出版社,2010 年,第 254 页。

② 许贺来:《赐砚堂诗稿》,《清代诗文集汇编》第 209 册,第 463 页。

③ 许贺来:《赐砚堂诗稿》卷一,《清代诗文集汇编》第 209 册,第 471 页。

④ 许贺来:《赐砚堂诗稿》卷二,《清代诗文集汇编》第 209 册,第 479 页。

⑤ 许贺来:《赐砚堂诗稿》卷二,《清代诗文集汇编》第 209 册,第 484 页。

⑥ 许贺来:《赐砚堂诗稿》卷三,《清代诗文集汇编》第 209 册,第 494 页。

其次，张英在朝中宣扬桐城文人白居易式的闲适生活，同僚颇为神往：

先生与故乡耆旧数君联花社之饮，花时则各扫亭榭相招，一觞一咏，本于性情。《东畲集》中倡和诗尤多，其他则登山临涧，种树艺蔬，尽入篇咏。盖形神无可羁靮，耳目无所震骇，则意致恬适，风神脩远，寝兴安和，謦欬芳洁，此《考槃》诗人之所谓弗告而弗过者也。其发而为肆好之音、大雅之作也宜哉。香山于归洛之诗，别为一集。放翁诗最富，而归山阴之后居十之八九。古今人情盖不相远也。予每于公卿间言及吾家湖上翁、西渠先生丘樊渔钓之迹，辄为神往者，竟日津津齿颊间，不能置若顿忘，其岩廊之贵者，固知人生之足乐在此不在彼，亦可概见矣。①

予每于公卿间述先生行事，莫不低徊欣羡者久之。大司农泽州陈公诗"平生最爱江南客，晚岁心怜湖上翁"。叔兄曾官吴门，请老归，高致相颉颃，故当时咸知吾家有湖上先生、吴门先生云。②

同时，张英多以桐城亲友的诗集与陈廷敬、王士祯等人相商榷：

余家有二公子……芸圃诗以密丽感慨胜，而南汀诗则陶写性灵，发抒天籁。其言山居幽寂与朋侪往还之诗，磊磊落落，有全首绝类放翁而读之不能辨者。余官京师，南汀寄诗一册。予寝处其间数阅月，出而与泽州陈说岩先生、新城王阮亭先生相商榷。说岩持归，细加评定，亦深以余言为然，共加激赏，因作诗寄南汀。阮亭亦称许不置。③

还有张英请同僚为桐城亲友的诗文集作序，如徐乾学应张英之请为张杰作过《桐城张西渠诗集序》，指出："龙眠诗格清高刻露，大江以北推为翘楚。"④

再次，与张英交往较多的陈廷敬与王士祯等晚年之诗近似白居易，或多或少地看到张英对他们的影响。再说他给高士奇（字澹人）所作的题、序等诗文中拈出白居易或与白居易相近的诗风，这不仅是对高士奇诗风的归纳，表明自己的诗

① 张英：《东畲集序》，《张英全书》上册，第330页。
② 张英：《湖上先生传》，《张英全书》上册，第398页。
③ 张英：《南汀诗集序》，《张英全书》上册，第315页。
④ 徐乾学：《憺园文集》卷十九，《清代诗文集汇编》第124册，第503页。

学趣向,同时也是有意识引导高士奇在以后的创作中学白居易:“自昔乐天曾有句,微之才是惜花人。”①“夫人必有冲夷恬澹之操,岑寂萧远之概,不汶汶于富贵,不戚戚于贫贱,视天壤间无一足以欣羡其心,饭糗茹草,若将终身,然后措之天下而裕如。古人之言曰:‘有道在藜藿’。吾于此知澹人之所名其诗者,意且不系之于诗,又岂可以出处喧寂区别于其间哉?”②

总之,随着张英官位的升迁,他的诗中所具有的白诗的特点,以及白居易式的生活方式与人生态度,日益凸显,逐渐为台阁诸臣所认识与认同,这无疑改善了白居易的接受环境,进而影响了台阁乃至朝廷的诗学取向。

(三)强调恬静的心态对文学创作的作用

崇白效白之风培育了桐城文人的恬静心态,在张英看来,文学主体的恬静心态对于文学创作有着非常重要的意义。

> 间尝窃叹寓内士大夫家,或一再传而止,吾里多阀阅,先后相望,或十数世,或数百年,蝉联不替,此皆由先达敦硕庞裕之气有以留之而享之者,或未之知也……能振笔为古文词者,代有传人……盖由先达之人往往安静恬裕,不汲汲于奔兢进取之途,不汶汶于声华靡丽之物,且幼而知所学习,故其为文皆有根据,不等于朝华而夕落也。③

在此语境下,张英强调了“安静恬裕”与“知所学习”是桐城文学的传统,是桐城文学发展的基础,是桐城古文长盛不衰的原因。这样的归纳与强调,不仅强化了这一基础,也为桐城文学发展指明了方向。后来,戴名世倡“质且平”、方苞倡“雅洁”也是在这传统上的发展(《广雅·释言》曰:“絜,静也。”“絜”“静”同义)。同时,我们也注意到,张英《龙眠古文初集序》作于他告假在籍期间,这时三藩之乱已平,社会趋于稳定。存世的遗民经入清后三十余年或隐或游的生活,已为垂暮之人,遗民意识逐渐淡薄,已化怨怒为平和。由科举入仕的士子们已表现出了对国家的认同。社会心理总体上已开始由躁而静,张英在桐城古文的基础上归纳出“静”,敏锐地把握了这种社会心理的转变,所以,这里的“静”不仅表达了对桐城古文的期待,实际上也表达了对整个文学创作的期待,是社会期待在文学上的

① 张英:《为澹人题梓树花图二首》,《张英全书》下册,第135页。
② 张英:《蔬香集序》,《张英全书》上册,第328页。
③ 张英:《龙眠古文初集序》,《张英全书》上册,第299页。

反映。

五、小结

通过对清初桐城崇白效白之风的发展与演变的梳理,我们发现,张英不仅推动了这场崇白效白之风的发展,引导了清初桐城诗学取向从宗唐向兼宗唐宋的转变,也让我们看到了桐城文人崇白效白所培育的恬静心态对古文创作的意义,更因张英的文学活动,改善了台阁中白居易的接受环境,进而影响了台阁乃至朝廷的诗学取向。由此,张英不仅是桐城文学的参与者和建设者,也进一步让我们认识了他是桐城文学最重要的引领者和传播者。

第五章　张英与桐城文派作家群（二）

——以台阁文坛为中心

张英开创的桐城文派不仅仅是一个地域性文学流派,也是一个全国性的文学流派。一个全国性流派,当然要有与之相称的全国性的作家群体。张英于康熙二十四年(1685)假满回朝之后,长期执掌翰林院、詹事府与礼部,他以这些部门所具有的行政资源及其约束力、强制力和影响力,以及自己的文学成就及其影响力,又打造了一支以自己为中心的台阁文学队伍。这支队伍既是文学文化建设的国家队,也或是桐城文派的主要成员,或是桐城文派的重要支持者,或是桐城文派文学思想的重要传播者。本章主要论述与这一作家群体相关的三个问题,即张英对这一作家群体的建设、张英对这一群体的外围人际环境的建设和张英门生故吏对桐城籍作家的提携与引荐三个问题。

第一节　张英与门生

张英担任过康熙皇帝与皇太子以及皇子胤禛的老师,康熙皇帝与太子以及皇子胤禛是他的门生。除此之外,他还主要通过两个途径成为某些进士和庶吉士之师:一是奉旨担任会试考官。康熙十二年(1673)分校礼闱,取岳君葱等 12 人;康熙三十六年(1697)奉旨任丁丑科会试正考官,取严虞惇、姜宸英、汪士鋐、陈至言等 150 人。二是奉旨担任庶常馆馆师。张英分别于康熙二十五(1686)、三十

(1691)、三十三(1694)年担任乙丑(1685)、辛未(1691)、甲戌(1694)三科庶吉士教习,①加上一甲3人和补选与插入下一科的魏希征、胡作梅、张禹玉、窦克勤、徐日暄、史申义、查升、陈綍、林文瑛、陈梦球10人,至少有126人受教于张英门下,其中通过康熙二十六年(1687)、三十三年(1694)、三十六年(1697)散馆考试而留在翰林院的共有72人,三十年(1691)又有7位乙丑科庶吉士通过散馆考试留在翰林院,那么在张英辞去掌院之前有79位庶吉士散馆后留在翰林院。②

庶吉士在入馆之前,他们转益多师,思想可能比较复杂,但是他们在科举考试的层层选拔过程中,文学思想必然会受到国家文学文化政策的浸染与淘洗,只有创作取向与国家文学文化政策相近者才有机会中式、仕进与升迁。而作为馆师张英代表朝廷、代表国家对他们进行培训,目的是要将他们的文学思想与文学创作引导到执行国家的文化政策的轨道上来,又因每科庶吉士要进行长达三年的学习,再加上严格的平时考核与散馆考试,以及散馆后他们比较理想的去处就是留在翰林院,这些强制性要求会使他们在馆师的教育与指引下不断修正自己的文学

---

① 康熙二十四年五月庚申,选进士张希良、宁世簪、许承家、沈辰垣、仇兆鳌、宋大业、李殿邦、徐元正、汪灏、谢陈常、宋衡、高曜、冯瑞、汪薇、许贺来、郑昆瑛、陈迁鹤、李懋、吴之瑜、魏男、俞长城、安箴、樊泽达、王之枢、吴垣、鲁瑗、宋如辰、李朝鼎、邓咸齐、刘坤、梅之珩、张明先、刘涵、刘伟、孙勷三十五人为庶吉士。见《清实录》第五册,北京:中华书局,1985年,第270页。五月乙酉,命常书、徐乾学教习庶吉士(第273页)。一甲进士陆肯堂、陈元龙、黄梦麟与是科庶吉士一同受教。二十五年四月己亥,命张英教习庶吉士(第332页)。二十六年正月壬寅,命翰林院掌院学士李光地教习庶吉士(第382页)。三十年六月乙卯,进士杨中讷、张昺、姚弘绪、陈汝咸、张瑗、姜遴、惠周惕、王奕清、狄亿、潘从律、张孝时、胡润、戴绂、金潮、江球、杨名时、王传、冉觐祖、王者臣、李燕生、阎锡爵、阿金、张寿峒、姜承爀、张曾庆、毛鹍、李象元、胡麟征、张翔凤、喀尔喀、文志鲸、刘琰、何龙文三十三员改为庶吉士,并修撰戴有祺,编修吴昺、黄叔琳分别满汉书教习。六月辛未,钦命库勒纳、张英教习庶吉士。见《清实录》第五册,第680—681页。三十三年四月庚辰,进士王倓、汪漋、李暄亨、裴之仙、龚铎、王桢、熊苇、陈成永、陈璋、张逸少、周道新、陈豫鹏、丛澍、张大有、袁钟麟、黄龙眉、杨颙、陈恂、阿锡台、岳度、朱辉珏、陈允恭、傅森、张德桂、拉都立、黄中理、周起渭、吴隆元、五哥、海宝、觉罗满保、陈守创、管灏、赵尔孙、吴甫生、高其倬、朱轼、法海、殷元福三十九人改为庶吉士。四月壬辰,以常书、张英教习庶吉士。见《清实录》第五册,第780—781页。一甲进士胡任舆、顾图河、顾悦履也与是科庶吉士一同受教。三科庶吉士教习都是一满人一汉人。

② 康熙二十六年十月散馆考试后留翰林院的有魏希征、张希良、宁世簪、许承家、沈辰垣、仇兆鳌、李殿邦、徐元正、汪灏、许贺来、郑昆瑛、陈迁鹤、胡作梅、俞长城、樊泽达、王之枢、吴垣、李朝鼎、邓咸齐、刘坤、梅之珩、张明先、刘涵、孙勷24人。见《清实录》第五册,第412页。和一甲陆肯堂、陈元龙、黄梦麟3人,共27人。康熙三十年散馆考试后留翰林院的乙丑科庶吉士有宋大业、谢陈常、宋衡、高曜、李懋、鲁瑗、宋如辰7人(第664页)。康熙三十三年三月散馆考试后留翰林院的有王传、杨中讷、喀尔喀、阿金、杨名时、张瑗、窦克勤、李象元、刘琰、胡润、王者臣、姚弘绪、王奕清、姜承爀、徐日暄、文志鲸、张曾庆、潘从律、冉觐祖、戴绂20人和一甲戴有祺、吴昺2人(第777页),共22人。康熙三十六年七月散馆考试后留翰林院的有黄叔琳、张大有、史申义、张德桂、查升、汪倓、陈恂、丛澍、岳度、汪漋、周道新、阎锡爵、周起渭、陈璋、熊苇、陈梦球、裴之仙、高其倬、觉罗满保、杨颙、海宝21人与一甲胡任舆、顾悦履2人(第972—973页),共23人。总计共79人。

思想与创作趣向,不断向国家的文化政策与要求靠近。尤其是那些散馆后留在翰林院的门生,又成为张英的下属(康熙二十五年三月至十二月和二十九年六月到三十六年十月两任翰林院掌院),不仅会经常接受张英的意图从事相关的文学文化活动,他们所写的重要文书还要经过张英的修改与润色。所以,相对于通过会试选拔的门生,张英对庶吉士的影响显然要大得多,留在翰林院的79位门生受其影响则更大。

一、庶常馆教学及其影响之考察

要弄清张英与他所教庶吉士的关系,首先我们要弄清庶常馆的教学体制。

庶常馆是明清时期朝廷办的高级职前培训学校,有一整套选拔、授业、考核和授职等制度。据中国第一历史档案馆藏顺治时期所定《庶吉士进学规条》(残本):“一、圣贤之道具在六经。旧例诸士入馆后,本经之外别治一经,必须熟读背诵。与同经者讲究,务求实有心得。俟一经既明,乃再治一经,期以三年,五经皆遍。外在古文、唐诗,悉听馆师掣签背诵;次则博观史传,考究古今得失,其他邪僻冗杂之书无益身心者,切勿入目……一、汉书诸士每月作课四篇,文二、诗二。满书诸士半之,愿全作者听。务令馆师当面看作,即日交卷,呈馆师批改……一、翰林院以文章为职,古文、诗赋俱当举法前代大家。务须典雅醇正,勿为险怪纤巧……”①庶常馆有学制,有老师,有教学目的,有较具体的教学内容,有课业,有考试,而且散馆考试以成绩优劣授职,不合格者或留馆再学习三年或照原甲第用,实际上是一个体制比较完备的朝廷办的学校,但与地方的官办书院与学校主要目的是科举应试不同,严格意义上说,庶常馆是高级职前培训学校。庶常馆的学生散馆后不管是以科道、部属、知县用,还是留在翰林院,都是政府政策的执行者,他们所受的教育无疑对他们理解政策与执行政策产生深远的影响。

康熙二十四年(1685),徐乾学任庶常馆教习时制定了《教习堂条约》,除了与《庶吉士进学规条》一样尊经重史外,还强调说:“昔人言文以气为主者,似矣而未尽也。文以理为主而辅之以气耳。立言者根柢于经学、道学,则当于理矣。不通经固不足语于文,不闻道亦不足语于文也……别裁伪体,谅诸君雅有夙心,加慎焉而已……试思经传粲陈,衢陌秩秩,有阶级可升,有津筏可济。身列朝籍,亲听至

① 转引自邸永君《清代翰林院制度》,社会科学文献出版社,2007年,第104—105页。

尊训谕。翰林清肃之地，前哲芳型具在……自相师友，必愤必悱，以求启发。望之！望之！”①对作文的要求要比《庶吉士进学规条》更为明确而具体，更重要的是融入了自己对国家政策的理解。翌年，张英任馆师，他的文学思想与此要求相契合，这一基本要求自然不会改变。张英是否与徐乾学、杨名时等人一样制订了相关的庶常馆条约，②我们不得而知。然而，在教习过程中，张英与徐乾学一样都会将自己对国家政策的理解和自己的文学文化思想(包括经其修正的桐城文学思想)融入课程安排、讲义内容、课业批改、考试评级之中，何况张英“兢兢无敢失坠”先正家学，以传承桐城之学自诫自勉。这从张英热衷于宣传桐城文学中也可以想见，如乙丑科庶吉士仇兆鳌《赤嵌集序》说：“桐城孙使君湘南，以才能丞是郡……曩者馆师桐城张相国尝言其地人文之盛，称能诗者，每首屈指使君，余向往久之。”③又如张英出其堂弟张佑诗集与陈廷敬、王士祯商榷，他们或激赏而作诗寄之，或称许不置(见《南汀诗集序》)。因此，这三科庶吉士不仅对张英的文学主张非常熟悉，同时也通过张英或多或少地了解桐城文学的状态、具体内容与特点。

再进一步说，因张英在讲筵侍从过程中形成了较为系统的文学思想，符合统治需要，得到了康熙皇帝的认同，所以庶吉士们在之前院试、乡试、会试与殿试等层层筛选的过程中，或者已与张英的文学思想相近，即使有些许差异，在庶常馆学习期间也会接受张英的文学思想，作某种程度的调整。如乙丑科庶吉士张希良“早年著述颇多亢厉之音。自选入词馆后，其体格乃一变焉。”④又如乙丑科庶吉士孙勷康熙三十六年(1697)所作的《莵青集序》说：“古之为诗文者莫不由乎其道之足于己也而后发之以为言，是以其言秩然有伦而可以为法于世。”⑤“其言之秩然有伦”是“由乎其道之足于己”，“其道”就包含有儒家之伦理，显然其言之序体现了儒家伦理之内核。辛未科庶吉士杨名时康熙五十三年(1714)所作的《典试陕西条约》又说：“一、所取。文无定格，因题取裁，要其大指，不外乎本理以命意，本意以敷词(《易》所谓‘言有物’，《论语》所谓‘辞达而已矣’)，出之有伦有序(《论语》所谓‘言中伦’，《易》所谓‘言有序’)，无蒙杂躁乱之病而已……得于心，

① 徐乾学：《憺园文集》卷三十六，《清代诗文集汇编》第124册，第741—742页。
② 乾隆元年(1736)杨名时任庶常馆教习时制定了《教习庶吉士规条》，见《清代诗文集汇编》第207册，第688—689页。
③ 南开大学古籍与文化研究所：《清文海》第23册，国家图书馆出版社，2010年，第320页。
④ 永瑢等：《四库全书总目》卷一八三，第1662页
⑤ 孙勷：《莵青集序》，《清代诗文集汇编》第195册，上海古籍出版社，2010年，第106页。

应于手,全在闲静从容与圣贤之神理相浃洽,多士其务尽心焉。"①"有伦有序"不仅与前文中张英《书经衷论》论及体性时观念一致,也与《易经衷论》中释"贲"卦所说"人文莫大于伦序,文明以止是也"②的观念一致,又在张英《御制文集恭跋》中"条理畅达,得《礼》之序"③的基础上有所拓深,还与桐城方苞所倡义法的内涵是一致的;"无蒙杂躁乱之病""闲静从容"的要求更与张英所倡导的"裕"高度一致。

二、翰林院职责与活动之考察

"翰林院总的职掌,是论撰文史,其所撰之文字,有祝文、册宝文(册立册封后妃等)、册诰文(册封王公等)、碑文、谕祭文(奉谕旨赐祭者)等项。凡纂修实录、圣训、本纪、玉牒及其他书史,或由翰林院承办,或派送编、检人员参与纂修,对书史的编辑校勘,是翰林院官的主要职务。"④庶吉士散馆留在翰林院的应是才学都非常优秀且文学造诣很高的文人。康熙二十八年(1689)五月康熙谕大学士等时说:"翰林掌院一官,职任紧要,必文学淹通、众所推服者始克胜任。凡翰林撰拟之文,亦须掌院详加删润,然后成章。"⑤况且康熙二十九年(1690)张英曾因"删润"之事革礼部尚书,因此这之后张英必然会对翰林撰拟之文更加认真细致地"详加删润",使翰林们的文章符合国家的需要与康熙皇帝的旨意,这一定会对翰林以后的撰拟起到纠偏、引导与规范的作用,使他们逐渐自觉地趋近自己的风格与要求。

在张英担任翰林院掌院 8 年多的时间里,这 79 位翰林绝大数多都在翰林院翰林岗位上,特别是张英还担任过《政治典训》《大清一统志》《渊鉴类函》《明史》等总裁官,他选用了不少门生参与了这些书籍的纂修工作,这些门生会在张英的领导与指导下通过自己的岗位工作不断磨合。下面我就以入值南书房、纂修《渊鉴类函》活动为例来考察张英对这一群体的培养。

(一)入值南书房

南书房设立之时,选取翰林入值南书房之事就交由翰林院办理。康熙三十三

---

① 杨名时:《杨氏文集 · 别集第四》,《清代诗文集汇编》第 207 册,上海古籍出版社,2010 年,第 684—685 页。

② 张英:《张英全书》上册,第 35 页。

③ 张英:《张英全书》上册,第 388 页。

④ 张德泽:《清代国家机关考略》,中国人民大学出版社,1981 年,第 158 页。

⑤ 张廷玉等:《圣祖仁皇帝实录》卷一四一,《清实录》第五册,第 545 页。

年(1694)五月,康熙帝"谕礼部尚书兼管翰林院掌院学士事张英:'翰林系文学亲近之臣,向因日讲,时时进见,可以察其言语举止。近日进见日稀少,讲官侍班不过顷刻,岂能深悉?著将翰林院、詹事府、国子监官员每日轮四员,入直南书房,朕不时咨询,可以知人之能否,以备擢用。'"①那么,张英两任翰林院掌院期间,推荐入值南书房翰林一事由张英负责。据辛未科庶吉士张曾庆《静庵草》,张英曾亲率翰林们侍值南书房,集中有相关诗篇标明了自己与文志鲸、刘琰、冉觐祖、王者臣、李象元、樊泽达等人侍值南书房,这些翰林入值南书房显然是张英安排的。入值南书房是展示自己才华而获得恩宠的最好最难得的机会,同时也可以更深入地领会康熙帝的旨意与国家的政策,更好地贯彻到自己的工作之中去。

(二)纂修《渊鉴类函》

从纂修时间上来看,从康熙三十三年(1694)张英奉旨任《渊鉴类函》总裁开始,到康熙四十年十二月进呈《渊鉴类函》结束,张英主持《渊鉴类函》纂修工作近8年。从参与纂修的人员来看,张英所教三科庶吉士中都有人参与,如乙丑科徐元正、张希良等,辛未科张瑗、杨中讷等,甲戌科汪灏、熊苇等;从参与分纂、校录人员所占该类人员总数的比例来看,都达到了40%以上(见下表),所以《渊鉴类函》的纂、录队伍的主体是张英门生;从《渊鉴类函》中的文学内容来看,涉及文学创作、文学鉴赏与文体等方面,②通过这一部分的编辑进一步加强了张英门生文学思想的趋同。因此,这些人在近8年的工作中贯彻张英的思想与意图,必然会对张英的思想与意图有更深入的理解,从而在思想上进一步磨合以至相通相融。

张英所教庶吉士纂修《渊鉴类函》情况一览表③

分工	庶吉士姓名	其他参与者(儿子、亲戚与门生)	所占比例
分纂	陈元龙、徐元正、汪灏、王之枢、宋大业、陆肯堂、张希良、胡作梅、沈辰垣、刘坤、张明先、查升、戴有祺、吴昺、张瑗、杨中讷、姚弘绪、王奕清、胡任舆、顾悦履	张廷瓒	21/46=45.7%

① 张廷玉等:《圣祖仁皇帝实录》卷一六三,《清实录》第五册,第782页。

② 参见戴建国《〈渊鉴类函〉研究》,华东师范大学2009届博士论文。

③ 本表据张英、王士祯《渊鉴类函》(中国书店1985年版)编制。

续表

校录	梅之珩、熊苇、黄龙眉、胡润、张德桂、周起渭、黄叔琳、汪瀊、许贺来、高其倬、戴绂、陈璋、宋如辰、吴垣、潘从律、徐日暄、郑昆瑛、宋衡、孙勷、史申义、张曾庆、周道新、张大有、陈允恭、管灏、张逸少、杨颙、岳度、丛澍、陈洵	姚士藟(张英内侄)、陈至言	32/67=47.8%
校勘	查升、汪灏	张廷玉、汪士鋐	4/15=26.7%

三、门生被选任学政与考官

张英执掌礼部九年多。礼部有题派乡试考官的职权,吏部开列请旨简用学政要移咨礼部。那么,张英在礼部任内自然会选派与自己思想相近的考官,也会向吏部建议简用与自己思想相近的学政。这当然是张英培养以自己为中心的文学队伍的一种途径。

学政与考官作为清政府政策的执行者,对于科举政策的理解,不仅源于皇帝的训饬,也源于庶常馆的学习,因此下表中所列学政与考官会或多或少地受到馆师张英的影响。从这个意义上说,他们熟悉、认同桐城文学思想并在衡文时作为参考,甚或表现出偏好,也就再自然不过了。由此,张英文学思想的影响无疑会不断扩大,还有学政与同门考官的叠加影响,更加深了张英文学思想的影响。

(一)学政

"学政之职,在于督察师儒,考校庠序,而康、雍时有兼观风整俗使者"。① 首先,学政有保荐与考核学校教官之责。《钦定礼部则例》卷五十六《教官事例》规定:"甄别保荐教职由督、抚会同学政先行酌商,联衔具题。"②书院师长也由学政参与延请,义学、社学的教职也要报学政查核:"书院师长由督、抚、学臣以礼相延。"③"一、顺天暨各省府州县俱设立义学,顺天由府尹慎选文行兼优之士延为馆师……每年仍将师生姓名册报学政以凭查核。一、直省府州县大乡巨堡各置社学

① 商衍鎏:《清代科举考试述录及有关著作》,百花文艺出版社,2004年,第7页。
② 萨迎阿等:《钦定礼部则例》,嘉庆二十五年刊本。
③ 萨迎阿等:《书院》,《钦定礼部则例》卷八十二,嘉庆二十五年刊本。

一区,择生员中学优行端者充补社师,免其差役,由地方官随地量给廪饩,仍报学政查核。”[1]又据《钦定学政全书》卷二十三《考核教官》之规定:“康熙十八年题准:各省教职有不由科贡出身者,题明送部别用,若部选教职未到,止许本学及别学官署事,不得滥委杂流。又题准:学政于官员贤否,例应品核……康熙三十九年议准:学臣有考试教官之例,责令学臣实力奉行。”[2]其次,学政不仅要主持录取童生入学的院试,还要主持岁、科两考。据《沈归愚自订年谱》记载:雍正八年,“学使宫詹桐城张公药斋,讳廷璐,于五月按苏,月课、岁试予名俱第一,进见时蒙许文行并高”。[3] 雍正十一年“四月学使张公月课,八月岁试,予名俱第一。评月课卷云:‘虬枝铁干,苍翠摩空,盘盘元气生云烟,千年烟髓化灵珀。此物此志也。’评岁试卷:‘古搓架险,体质苍坚,不屑与落蕊漂苹争妍斗媚。’”[4]学政不仅主持院试与岁、科两考,还亲自参与评卷。由此,从教职的录用与考核到童生的入学考试、乡试资格考试等均要学政主持或报学政查核,可见,学政掌管地方士子科举应试之路,担负地方文坛振兴与整肃之任,是地方文坛兴衰的主要责任人。

据下表所列,全国十五个考区都有张英的门生担任过学政,而且会试中式率高的主要考区顺天、浙江、江南都至少有三任学政是张英的门生。特别是张英还于“各省学使者出都时,尤以鉴拔真才、表扬节孝、培士气、正文体为拳拳”。[5] 会试中式之前首先要经学政的选拔,这必然会使他们调整自己已有的文学思想,以迎合学政的衡文标准。所以,在某种程度上,可以说张英通过他的门生将自己的文学主张扩展到了全国,传播到了基层。同时学政又延请与自己文学思想相近的饱学之士任书院掌教。如雍正二、三年江南学政法海(甲戌科庶吉士)就延请同门乙丑科庶吉士宋衡(江南庐江人)为钟山书院掌教。[6] 又如朱轼(甲戌科庶吉士)抚浙时延请同门殷元福主敷文书院。所以,张英无疑为桐城派文人活跃于书院提供了良好的政策环境与人际环境,推动了桐城派的发展壮大。

---

① 萨迎阿等:《义学社学》,《钦定礼部则例》卷八十二,嘉庆二十五年刊本。

② 素尔讷等:《钦定学政全书》,《续修四库全书》史部第828册,上海古籍出版社,2002年,第644页。

③ 沈德潜:《沈归愚自订年谱》,《清代诗文集汇编》第234册,上海古籍出版社,2010年,第10页。

④ 沈德潜:《沈归愚自订年谱》,《清代诗文集汇编》第234册,第11页。

⑤ 张英:《敦复府君行述》,《张英全书》下册,第483页。

⑥ 汤椿年:《钟山书院志》,赵所生、薛正兴《中国历代书院志》第七册,江苏教育出版社,1995年,第536—542页。

张英所教庶吉士担任学政一览表①

任命时间 / 地区	康熙 36	康熙 40	康熙 41	康熙 44	康熙 45	康熙 46	康熙 47	康熙 48	康熙 49	康熙 50	康熙 51	康熙 52	康熙 53	康熙 54	雍正元
顺天			杨名时	梅之珩				戴绂	周起渭		陈璋			张逸少	
山西		汪灏						高其倬							
山东			顾悦履				黄叔琳				陈恂		王传		
河南			张瑗												
陕西			胡作梅					朱轼		潘从律					
四川				宋衡		王奕清									
江南								杨中讷			胡润				法海
江西			刘琰	杨颙											
湖广				顾图河	吴昺										
浙江	张希良		文志鲸					吴垣				汪漋			
福建	汪薇														
广东				樊泽达				张明先							
广西				阎锡爵							龚铎		从澍		
云南		王之枢										海宝			
贵州								孙勷							

(二)考官

考官所拔的举人与贡士都是依据自己对国家科举政策的理解选拔出来。据下表,当时乡试考区都有张英的门生担任过考官,覆盖面较广,而且占考官总人数的比例也较高,担任康熙二十七年至三十九年四科会试同考官占比也较高,特别是张英执掌礼部期间(康熙三十一年至康熙四十年)他的门生担任乡试考官的比率非常高。而这些出自张英之门的考官,衡文标准基本一致,很容易形成一种文风导向。值得注意的是,康熙三十二年张英门生担任乡试考官的考区中式举人,经过康熙三十三年会试和殿试的选拔,就有一部分人又考中了进士,并有数人被选为庶吉士,如宋大业任江西乡试主考时得朱轼等,黄叔琳分校是科礼闱时得陈

① 本表依据中华书局 1985 年版《清实录》编制。康熙五十六年汪漋浙江学政任满,为时任闽浙总督满保和浙江巡抚朱轼题奏留任(三人均为张英门生),获准又任一届三年。

豫朋、法海、海宝，①后又被选为庶吉士，由他们乡试或会试时考官的馆师张英来教习。康熙三十五年乡试中张英门生担任乡试考官的8省中式举人，在康熙三十六年又由他们乡试考官的馆师张英任会试正考官和乡试考官的同门任同考官对他们进行选拔，有相当一部分人考中进士，其中又有数人选为庶吉士。经过这些选拔与培训，他们的文学思想会不断向国家的文化政策靠近，与张英的文学思想相接近。

张英所教庶吉士担任乡试考官一览表②

时间 考区	康熙 26	康熙 29	康熙 32	康熙 35	康熙 38	康熙 41	康熙 44	康熙 47	康熙 50	康熙 51	康熙 52	康熙 53	康熙 56	雍正 元	雍正 2
顺天		*魏希征*		*张希良*					*江球*		文志鲸	徐日暄		朱轼	
山西			鲁瑗	徐日暄	文志鲸	岳度					陈允恭				
山东			李朝鼎		李象元	*满保*		徐元正						王传	
河南			高曜	杨中讷	喀尔喀	*傅森*				梅之珩			海宝		
陕西			汪灏		陈元龙 *海宝*	吴甫生		顾悦履				杨名时			
四川				张瑗		高其倬							*满保*		
江南				张明先			王之枢					梅之珩		黄叔琳	吴隆元
江西	陆肯堂		宋大业		查升	*陈允恭*			周道新	胡作梅		熊苇			
湖广					陈梦球				张德桂						
浙江		张希良			*满保*		周起渭		胡作梅	汪瀶		吴垣			
福建			孙勷	王者臣	阿金										
广东			谢陈常	樊泽达	胡润	王倓 *张翔凤*									
广西			李懋	吴昺	姜承爀							文志鲸			
云南				宋衡	史申义	阎锡爵 *黄龙眉*									
贵州			宁世簪		王奕清										

① 北图社古籍影印编辑室：《乾嘉名儒年谱》第一册，北京图书馆出版社，2006年，第148页。

② 本表依据中华书局1985年版《清实录》编制。表中凡副考官其姓名字体均为斜体。康熙五十一年年底与五十二年年初任命的是恩科乡试考官。陈梦球，甲戌科进士，未与馆选，康熙特召试《圣人之本论》，称旨，补选庶吉士，康熙三十六年与甲戌科庶吉士一同参与散馆考试。

张英所教庶吉士担任会试主考官与同考官情况一览表①

时间	考官姓名	同考官姓名(每科同考官 18 人)
康熙二十七年		魏希征、张希良、黄梦麟、仇兆鳌、陈元龙、许贺来、李殿邦、陈迁鹤、胡作梅、王之枢、邓咸齐、梅之珩
康熙三十年		徐元正、郑昆瑛、许承家、吴垣、刘涵、魏男
康熙三十三年		沈辰垣、黄叔琳、宋如辰
康熙三十六年		胡任舆、潘从律、戴绂、顾悦履、张曾庆、冉觐祖、杨名时、王传
康熙三十九年		汪瀠、丛树、熊苇、周道新、张大有、俞长城、窦克勤、刘琰、傅森、张德桂
康熙四十二年		陈璋、管灏、拉都立
康熙四十五年		吴昺、顾图河、张逸少
康熙四十八年		龚铎、陈恂、朱轼
康熙五十一年		顾图河
康熙五十四年	王之枢	
雍正元年	朱轼	
雍正二年	朱轼	

四、张英门下古文名家述略

张英门下古文家除了桐城籍古文家外，还包括康熙皇帝与皇太子以及皇子胤禛、散馆后留在翰林院的庶吉士门人以及未能留在翰林院而有文名的庶吉士门人、丁丑科进士严虞惇、姜宸英、汪士鋐、陈至言等有文名之人。这些门人中不少以位重名世，如陈元龙、朱轼、高其倬等，也有不少以学问名世，如冉觐祖、杨名时、惠周惕等，也有不少以诗名世，如史申义、周起渭等，还有不少以书法名世，如查

① 本表据法式善《清秘述闻》(中华书局 1982 年版)编制。

升、戴有祺等，这或多或少地遮蔽了他们的文名，而实际上他们大多是古文家。①更重要的是他们好多古文作品是因岗位工作的需要与要求而作的，那么撰写这些作品就必须要以国家相关政策和领导意图及其要求为依据，所以他们在创作趣向上就必然会向张英所倡导的古文理论主张趋近或趋同，而且其中还有人得到了戴名世、方苞等桐城派名家的称扬。下面我根据自己掌握的材料对其中的一部分古文家作一述略。

陈元龙(1652—1736)，字广陵，号乾斋，浙江海宁人。康熙乙丑中进士第二名，授编修。以绩学工书入值南书房，凡撰拟多称旨。执掌过翰林院、詹事府与礼部，两任庶常馆教习，官至文渊阁大学士兼礼部尚书，谥文简。主持编纂《历代赋汇》，著有《爱日堂文集》等。曾应张英之请为其亡儿张廷瓒《传恭堂诗集》作序，显然陈元龙无论是他与张廷瓒的关系，还是他的写作水平与创作趣向，都是符合张英要求的。

孙勷(1657—约1740)，字子未，号莪山，又号诚斋，山东德州人。康熙乙丑中进士，选庶吉士，官至通政司参议。以时文名重天下，也工古文，有《鹤侣斋文稿》等文集存世。戴名世《孙检讨课儿草序》说："余年二十余始从事于制举之文，其为之者不与众人同……独检讨孙子未最好之，盖子未所以为制举之文者亦不同于众人，宜其好余之文不厌也……而子未之所为者，犹流传人间，则制举文案不至于亡也，故书之。"②时人评其古文说："莪山先生于文章波流泛滥之时，慨然以起衰式靡为己任，若昌黎之于唐，庐陵之于宋，而其传之于世，无不奉一莪山先生之文也者。"③"序、记、碑、铭尤简古，尝为方侍郎苞序所著书，侍郎语弼曰：'孙先生文深得曾、王遗轨，君辈好收拾，勿令散逸也。'"④

俞长城，字宁世，一字桐川，号硕园，浙江桐乡人。康熙乙丑中进士，选庶吉士，官至翰林院编修。有《俞宁世文集》《可仪堂文集》等文集存世。汪延儒在评清代古文家时说："俞长城，力求简实。"⑤李慈铭评其古文时说："宁世以制义名，

---

① 如《皇清文颖》中就收录有朱轼文5篇、陈元龙文3篇、徐元正文2篇、陈迁鹤文2篇、陆肯堂文1篇、宋大业文1篇、杨名时文1篇、王之枢文1篇、黄叔琳文1篇、刘涵文1篇、汪灏文1篇、鲁瑗文1篇、查升文1篇。

② 戴名世：《戴名世集》，第107页。

③ 方正玭：《鹤侣斋诗序》，孙勷：《鹤侣斋诗》，《四库全书存目丛书》集部第254册，齐鲁书社，1997年，第458页。

④ 宋弼：《朝议大夫通政使司右参议莪山孙公遗事》，孙勷：《鹤侣斋文稿》，《四库全书存目丛书》集部第254册，第479页。

⑤ 汪延儒：《广陵思古编》，广陵书社，2011年，第53页。

故文殊未窥堂奥,然如《读说命》……《王祥非孝子论》诸篇,议论尽有佳者,文笔务以简峭取致,乃其制义长技,然亦痛快可喜,较之芜冗者固胜矣。”①李祖陶《可仪堂文录引》则比李慈铭的评价高很多:“有《可仪堂文集》一种,亟取读之。皆解、辨、说、读、论、议之文,独抒所见,无一字寄人篱下者。行文则取法《左》《史》,其浩浩瀚瀚者如《史记》,其整整齐齐者似《左传》,而篇无滥句,句无滥字,如短兵相接,叠嶂相连,但闻戛击之声,不见堆排之迹,则又先生之所独得,所谓自成一子者也。”②

仇兆鳌(1638—1717),字沧柱,号知几子,浙江鄞县人。康乙丑中进士,选庶吉士,历官内阁学士兼礼部侍郎、吏部右侍郎。少从黄宗羲游,接受了刘宗周的学说,但著作中少称述刘氏学说。又信奉朱熹学说,以能得朱熹正脉而闻名。著有《四书说约》《杜诗详注》等。黄宗羲在《仇公路先生八十寿序》中赞其文曰:“方今沧柱之名,不下于余所称引诸君,亦以湛心经术,墨守庭诰,故文章风韵,主盟于当世而无愧。”③

宋衡(1654—1729),字伊平,号嵩南,江南庐江人。康熙戊午(1678)举乡试第一,乙丑中进士,选庶吉士,官至侍读学士。“幼从伯兄元征学为文,苕发颖竖,及入史馆,悔其少作,精研先儒传注、宦稿,尺幅简严,厌心切理,长洲韩宗伯拟之葵阳具区。纂修《三朝国史》,撰《顾宪成》《张柔》等传,俱确实不诬……年六十解组归。主钟山书院。卒年七十六。所著《啸梅斋诗文》若干卷行世。”④

张明先,字雪书,湖广安乡人。康熙乙丑中进士,选庶吉士,官至少詹事。康熙三十五年(1696)任江南乡试主考,取张廷玉等人。工文词,著有《后乐堂宦稿》《洞庭文集》等。

杨名时(1661—1737),字宾实,号凝斋,江南江阴人。康熙辛未中进士,选庶吉士,官至吏部尚书,谥文定。经学造诣较深,有《杨氏文集》等文集存世。方苞《礼部尚书赠太子太傅杨公墓志铭》说:“康熙辛未,李文贞与主礼部试,见公文而异之。”⑤张英孙张若霭说:“虚怀亮节殚公忠,一代文章四海宗。冬日和光融太

① 李慈铭:《越缦堂读书记》,上海书店,2000年,第1154页。

② 李祖陶:《国朝文录续编》,《续修四库全书》集部第1671册,上海古籍出版社,2002年,第287页。

③ 黄宗羲:《黄宗羲全集》第十册,浙江古籍出版社,1987年,第663页。

④ 钱鑅、俞燮奎、卢钰等:《光绪庐江县志》卷八《人物·文学》,江苏古籍出版社,1998年,第276—277页。

⑤ 方苞:《方苞集》,第263页。

学,春风旧泽遍滇中。(先生居滇九年,受业者数百人)"①汪延儒《国朝诸家文评》说:"杨名时,理学之文。张昺,清健有骨。张瑗,醇乎其醇。李廷枢,清真。汪倓,平正。自杨到汪为辛未五家。"②"辛未五家"除李廷枢外,都选为庶吉士。

黄叔琳(1672—1756),字昆圃,号砚北,顺天大兴人。康熙辛未中一甲第三名进士,历康、雍、乾三朝,官至吏部侍郎。著作颇丰,有《养素堂文集》等文集存世。戴名世称曰:"宛平黄君昆圃,自为童子,即以文章知名于世。"③这里称扬的是他的时文。然而他的古文也知名于世,而且他还乐于奖掖后进。钱大昕《黄昆圃先生文集序》称曰:"詹事府詹事加侍郎衔黄公昆圃,以文学政事受知三朝,敭历中外,当代推为钜儒,四方识与不识,皆曰北平黄先生……窃尝论本朝开国以来,以文章致位通显者多矣,至于主持骚雅,宏长风流,为海内所共推者,则前有新城,后有北平。"④

惠周惕(1641—1697),字元龙,号砚溪,江南吴县人。康熙辛未中进士,选庶吉士,官密云知县。通经积学,治古文有名于时,汪琬引以为入室弟子。有《砚溪先生集》《砚溪先生遗稿》等诗文集存世。张舜徽评其古文说:"读所为论文十则,知其为文取径唐、宋,效法韩、欧,得诸汪琬之指授为最深。然周惕博闻强记,于群经皆能成诵,故根柢深厚,取之左右逢源。"⑤邓之诚评其古文说:"经学名家而兼擅文采……文亦雅洁。"⑥

张孝时(1646—1708),字嘉锡,号瀹斋,江南吴县人。康熙辛未中进士,选庶吉士,散馆授滦城县令,官至宁州知州。有《筠心堂存稿》等文集存世。陶文潞《筠心堂集序》称说:"本其经济,发为文章,不事雕琢,而自能移人性情,益人智慧,宜乎为李文贞所推许矣。"⑦彭蕴章《筠心堂集序》说:"先生所著《筠心堂稿》若干卷,属予为序。发箧读之,根柢深厚,粹然儒者之言。昔先侍讲称先生文贯综经史,根据理要,真能知先生之深者矣。"⑧

朱轼(1665—1736),字若瞻,号可亭,江西高安人。康熙甲戌中进士,选庶吉

① 张若霭:《挽大宗伯杨宾实先生三首》其一,《晴岚诗存》上,《北京师范大学图书馆藏稀见清人别集丛刊》第9册,广西师范大学出版社,2007年,第645页。

② 汪延儒:《广陵思古编》,广陵书社,2011年,第52页。

③ 戴名世:《戴名世集》,第61页。

④ 钱大昕:《潜研堂文集》,江苏古籍出版社,1997年,第413页。

⑤ 张舜徽:《清人文集别录》,第121页。

⑥ 邓之诚:《清诗纪事初编》上,上海古籍出版社,1984年,第349页。

⑦ 张孝时:《筠心堂存稿》,《清代诗文集汇编》第171册,上海古籍出版社,2010年,第3页。

⑧ 张孝时:《筠心堂存稿》,《清代诗文集汇编》第171册,第4页。

士,官至文华殿大学士,谥文端。有《朱文端公文集》《朱文端奏疏》等文集存世。李祖陶《朱文端公文录引》评其文说:“文章非其意之所重,故当时不以此名。然理正词醇之中,别有风发泉流之韵,根深实遂,膏沃光华,仁义之人,其言蔼如也。拔其尤者为二卷,以继张素存、李厚庵两相国之后无愧色矣。”①

陈恂,字相宜,又字余昌,号缄庵,浙江钱塘人。康熙甲戌中进士,选庶吉士,官翰林学士。著有《打包剩语》《清照堂梦觉集》《除豪集》等。甲戌科同年黄利通《除豪集序》有曰:“同年陈缄庵先生学有本元,在史局二十余年,侍讲筵,掌制诰,骎骎通显。”②

殷元福(1662—1725),字梦五,号知非,河南新乡人。康熙癸酉(1693)河南乡试第一名举人,康熙甲戌中进士,选庶吉士,散馆授柳州知县,重农课士,后补武进知县。解组后,受浙江巡抚朱轼之邀,主讲杭州敷文书院,讲求明体达用,人才兴盛,时人称为小白鹿洞。著有《寓理集》《候鸣集》《知非草》《读易草》等。《寓理集》中邹升恒的《跋》有曰:“盖先生于归根立命之学,好之者出于天性,而非犹俗伪欲标榜以为名也。故其不得已而著之于言,无非理窟之粹精,性命之圭旨,不求工而天下之至文莫加。乃读其文,而其继往圣、开来学之意,概可见矣。”③

查升(1650—1707),字仲韦,号声山,浙江海宁人。康熙戊辰(1688)中进士,选庶吉士,丁丑(1697)散馆授翰林院编修,以工书法被荐入值南书房,官至詹事府少詹事。诗文负盛名,著有《澹远堂集》《宫詹公存稿》等。方苞《詹事府少詹事兼翰林院侍讲学士查公墓表》称:“声山以诗、词、书法、四六名,然古之人弗重也,故为《揭时论》。呜呼!其可表也已。”④

严虞惇(1650—1713),字宝成,号思庵,江南华亭人。康熙丁丑中第二名进士,官至太仆寺少卿。工诗古文词,一时馆阁文字多出其手,著有《严太仆集》等。杨绳武《严太仆先生文集序》说:“其为文原本六经,穿穴百氏,才雄气盛,实遂膏沃,光熊熊而息深深,浅根薄植者茫然不得其涯涘也。”⑤张舜徽则说:“论者或推其文章之美,可上继归有光,以绍韩、欧之绪,故其文辞始刊布,即名《严太仆集》,

---

① 李祖陶:《国朝文录》,《续修四库全书》集部第1670册,上海古籍出版社,2002年,第126页。

② 阮元:《两浙輶轩录》卷十五,《续修四库全书》集部第1683册,上海古籍出版社,2002年,第522页。

③ 李敏修、申畅:《中州艺文录校补》,中州古籍出版社,1995年,第708页。

④ 方苞:《方苞集》,第361页。

⑤ 严虞惇:《严太仆先生文集》,《清代诗文集汇编》第177册,上海古籍出版社,2010年,第205页。

盖欲以媲归太仆也。以余观虞惇之文,非特无以望归有光,抑犹不逮姜宸英。”①此论是比较客观的。

姜宸英(1628—1699),字西溟,号湛园,又号苇间,浙江慈溪人。康熙丁丑中第三名进士,官翰林院编修。以古文名重于世,著有《湛园集》《湛园未定稿》等,《湛园集》收入《四库全书》。钱澄之《湛园未定稿序》中说:“吾向者之一见其文而即叹为学韩而得宋之说为不谬矣。夫姜子必由韩子而浸淫于宋元,亦犹其书法,本诸钟王,熟而后可以为米赵也……则其穷源审流,以有是文也,亦岂易哉?”②

汪士鋐(1658—1723),字文升,号退谷,又号秋泉居士,江南长洲人。康熙丁丑会元,殿试第四名进士,选庶吉士,官至右春坊右中允。工诗古文辞,有《秋泉居士集》等存世。黄叔琳《秋泉居士集序》中说:“君少师其家钝翁先生……世之称君者,谓诗似元道州、白香山,文类李习之、欧阳六一,要其情以境迁,格随时易,凡经数变而卒归于高雅,则余之知君固有异于人人者,不待标题、年月而始能识别也。”③

陈至言(约1662—约1714),字青厓,号山堂,浙江萧山人。康熙丁丑中进士,选庶吉士,官翰林编修。工诗文,有诗文集《菀青集》等存世。韩菼《陈山堂文稿序》称:“山堂既能诗,而桐城刘君北固为余言,其有笔,不特工于古文,而于举子家言,隽永超诣,轶尘直上也。”④毛奇龄《菀青集序》极称:“予读其举文称善,因取其诗词赋并杂文诵之,知山堂古今文皆冠流辈,即诗赋诸体与杂文无不踞至巅而制其胜。”⑤他与张英关系亲密。总角时,适张英游萧山,为之命名,选庶吉士又得张英提携。“桐城张文端公英游萧山,寓江寺,新(至言父)延之家,敬礼甚至。时至言方总角,就外傅,文端为之命名。”⑥王士祯《菀青集序》说:“会丁丑成进士,钦选庶常,桐城相国特奏青厓为知名士,竟得与选。夫人往谳绌于不知己而信于知己,桐城此举何其与余平昔所言相吻合耶!”⑦陈至言《菀青集》“同学参阅姓氏”中列有张廷瓒、张廷玉兄弟。康熙四十一年(1702)张英休致还里,陈至言作

---

① 张舜徽:《清人文集别录》,第54页。
② 姜宸英:《姜先生全集》,《清代诗文集汇编》第107册,上海古籍出版社,2010年,第8页。
③ 汪士鋐:《秋泉居士集》,《清代诗文集汇编》第201册,上海古籍出版社,2010年,第3页。
④ 韩菼:《有怀堂文稿》卷五,《清代诗文集汇编》第147册,第117页。
⑤ 陈至言:《菀青集》,《清代诗文集汇编》第195册,第99—100页。
⑥ 张宗海等:《(民国)萧山县志稿》,台湾成文出版有限公司,1970年,第1408页。
⑦ 陈至言:《菀青集》,《清代诗文集汇编》第195册,第103页。

《相国桐城张夫子予告致政荣旋恭送四章》送行。

五、小结

综上所述,通过担任会试主考官、庶常馆培训、工作上的指导与磨合等途径与方法,张英实际上选拔、培养与聚拢了一支以门生为主体的作家队伍。然而张英为人为官非常低调,从不与人争门户,举荐也不让其人知,门生也多不标榜出自其门,还有就是这支队伍中不少作家相继通显,名气较大,所以研究者多关注其个体,而忽略群体的存在。但是只要我们深入到当时的台阁文坛内部,我们就不会无视以张英为中心的一支具有较强凝聚力的古文作家队伍。“文明启东观,贤哲仰陶甄……师师复济济,交修稷契邻”[①]“阆苑陶群彦,容台饬大纲。人伦收俊顾,月旦评班扬”[②]“艺苑经稽古,词林士返淳。西清披雨露,南省荷陶甄”,[③]即称赞了张英对“东观”“阆苑”“南省”(礼部)贤哲群彦的“陶甄”,可见,张英注重培养与奖掖后进,门下人才济济。张鹏翮在张英的墓志铭中说:“及任宗伯,身绾三绶,进则论思密勿,退则倡率僚属。一时典礼仪制及庙堂制诰之文,流播远近,传诸永久者,皆出公手定。又监修史局,总裁群书,兼领数十职,综斯文之柄,不动声色,百事就理。士大夫叹羡以为荣。”[④]其中“综斯文之柄,不动声色,百事就理”,则不仅反映了张英高超的领导能力与写作能力,也反映了张英手下有一支能准确领会与贯彻其意图而且写作水平与办事效率都很高的作家队伍,当然这支队伍的核心力量是他的门生。正因如此,他才能很好地领导翰林院、詹事府与礼部僚属完成岗位职责范围内的各项写作任务。此外,张英门生担任考官与学政不仅要落实引导与规范文风的政治任务,在某种程度上也推动了桐城派文学思想在全国范围内传播。因此,这支队伍不仅是桐城派文学思想的践行者,也桐城派文学思想的传播者。

---

① 徐元正:《送桐城馆师予告归里》,《修吉堂遗稿》卷下,《四库全书存目丛书》集部第246册,齐鲁书社,1997年,第303页。

② 许汝霖:《送桐城相国予告南旋四十韵》,《德星堂诗集》卷二,《四库全书存目丛书》集部第253册,齐鲁书社,1997年,第282页。

③ 张曾庆:《送相国张敦复夫子予告归桐城二十四韵》,《静庵草》卷七,《清代诗文集汇编》第132册,第165页。

④ 张英:《张英全书》下册,第506页。

第二节　张英与同僚

在考察张英执掌文章礼乐之府时得到同僚广泛支持之前，有必要厘清文柄是如何传到张英手中的。

康熙十七年(1678)之后，康熙皇帝采取了一些措施进一步打通部曹与词苑、台阁与山林的分立与阻隔，在乡会试与荐举之外更好地将当时的名士集中于朝廷，集中于翰林院。由此，翰林院逐渐成为当时文坛的核心与主流之所在，康熙皇帝也由此掌握了文学文化的话语权，从而更便于他实施文化管治，塑造统治需要的新学风与新文风。而后来的各种典籍的编纂，更强化了这一态势。康熙十七年(1678)正月，王士祯以诗文兼优，奉诏进翰林院。汉臣由部曹改词臣，由王士祯始，实为异数。本月康熙皇帝还下诏明年开博学鸿词科，翌年录取50人，其中有李因笃、冯勖、朱彝尊、潘耒、严绳孙五布衣入选。俱著纂修《明史》，分别授侍读、侍讲、编修、检讨。张云章《世恩堂集序》说"吾国家人文之萃，实自今上之十七年举用天下博学宏辞之儒始"，①代表了当时文人的普遍认知。康熙十九年(1680)王士祯任国子监祭酒之后，其神韵诗风已基本形成，诗坛正宗的地位逐渐被认同。这一年张英在《徐立斋前辈自学士擢总宪》中也说："西南将偃戈，海内无纤尘。要在涤旧俗，使我王化淳。"②这反映了塑造新学风与新文风已是朝廷上下有识之士的共识。康熙二十四年(1685)，康熙皇帝命内阁学士徐乾学主持《御选古文渊鉴》的编注工作，则是要在古文领域确立新文统、新文风的典范。那么，康熙皇帝命徐乾学主持编注，又著他与张英在朝办理文学事务而不予开列外任，则是有意让徐乾学来领导构建新文统、塑造新文风的工作。可是，康熙皇帝虽对他眷宠有加，但没有让他执掌翰林院或礼部，而是让他担任左都御史、刑部尚书。康熙二十七年(1688)五月，任刑部尚书仅三个月即以病免，但康熙皇帝仍命他总理各馆纂修，然他招权纳贿，屡被弹劾，康熙三十年(1691)，康熙皇帝权衡利弊，遂罢其官，

---

① 王项龄：《世恩堂诗集》，《四库全书存目丛书补编》第5册，齐鲁书社，2001年，第11页。

② 张英：《张英全书》中册，第86页。

让其回里修书。

现在我们再来看康熙皇帝选用翰林院汉掌院的情况。康熙十七年(1678)诏试博学鸿词后,叶方蔼、陈廷敬、张玉书、孙在丰、张英、李光地、徐元文(徐乾学弟)先后执掌翰林院,然时间都不长少,最短七个月,最长也不到三年。经过这一轮的轮岗考察,康熙皇帝于康熙二十九年(1690)六月再次选用了人品与才学都很优秀的张英,并让他在翰林院掌院这一岗位上一干就是七年多。在上述掌院中,张英是唯一一个教习过三科庶吉士的掌院,也是唯一一个同时执掌礼部与詹事府的掌院,也是《御选古文渊鉴》收录评语的 12 位大臣之一,可以说,张英与其他的掌院相比,他完完全全地掌握了文柄。

因此,基于人品、才学、岗位职责与康熙的眷宠,张英在自己前后两任掌院长达 8 年多的任期内,不仅培养了一支以门生为主体的优秀的古文作家队伍,又与台阁文人有广泛接触,并与他们建立了良好的人际关系,得到他们普遍的尊重(第二章第二节已有所论述)与广泛的支持,推荐了不少门生任学政与乡、会试考官,对当时的文风学风起了很好的规范与引导作用,比较好地推动了《御选古文渊鉴》所确立的新文统与"精纯古雅"新文风的落实。同时相对于康熙皇帝的其他宠臣,只有张英同时执掌礼乐文章之府,而且执掌时间长,可以比较全面、系统地将自己的文学文化思想贯彻到自己的工作中去,在不知不觉中建设与发展桐城文派,根本不需要争门户或举门派之旗以凝聚队伍。

一、张英与陈廷敬

陈廷敬(1638—1712),字子端,号说岩,晚号午亭,山西泽州人。顺治十五年(1658)中进士,选庶吉士,历官检讨、詹事府詹事、翰林院掌院、吏部尚书等,官至文渊阁大学士兼吏部尚书,深受康熙眷宠,死后谥文贞。主持《佩文韵府》《康熙字典》《皇清文颖》等书籍的编纂,著有《午亭文编》等。"所为古文,汪琬见而大异之,遂肆力焉……廷敬以渊雅之才,从容簪笔,典司文章,得与海内名流以咏歌鼓吹为职业,故其著述大抵和平深厚,当时咸以大手笔推之。"①其文也得康熙赞赏。

张英与陈廷敬有较多的相同与相近之处,主要表现在以下几个方面:一是他

---

① 陈廷敬:《钦定四库全书提要》,《午亭文编》,影印《文渊阁四库全书》第 1316 册,台湾商务印书馆,1986 年,第 1—2 页。

们性情相近，尚包容，不立异，不与人争门户，能为人所容。二是他们都是帝师，都深受康熙皇帝眷宠。三是他们都有文名，时人都以大手笔称之，都执掌过文柄。四是他们文学思想与创作趣向相近。陈廷敬“作为诗古文词，其标准一以河津为的。迹其立朝，公忠之大节，行己廉慎之清修，言必称先，词必己出，所谓贯文与道而一之者，先生既无愧于河津矣”。[①] “河津”即明代理学家薛瑄，他推崇程朱理学，继承与发展了程朱理学。张英也推崇程朱理学，强调文道合一，都有渊雅从容、和平深厚的风格。

基于这些相同与相近，再加上陈廷敬的儿子陈豫朋（甲戌科庶吉士）又是张英门生，张英与陈廷敬在工作与诗文方面的交往都非常频密。陈廷敬在《桐城先生挽诗四十韵》小序中说：“与公联事最久，公洊历部院，及参大政，入侍帷幄，出践台阁，予前后在官，未尝与公不相从也。”[②]他们的诗文集中都留下了比较多的两人交往记录，据我初步统计，《张英全书》至少收存 29 首诗，《午亭文编》至少收存 46 首诗文。两人相知相敬，常在一起谈诗论文，相互影响。陈廷敬评张英古文说：“余以先生之文铺陈鸿业，鼓吹斯文，敷为典诰，伸为雅颂者，能言之士必将诵说而传之。”[③]其实也是夫子自道。

二、张英与王士祯

王士祯（1634—1711），原名王士禛，字子真，一字贻上，号阮亭，又号渔洋山人，山东济南府新城县人。顺治十五年（1658）进士，授扬州推官。康熙十七年（1678）由户部郎中授翰林院侍讲，旋改任侍读。十九年（1680）迁国子监祭酒。官至刑部尚书。他以诗名世，开创了神韵诗派，为诗坛宗主，也有文名，著有《带经堂集》等。《四库全书总目》称：“士祯以诗名一时，而古文特以天姿朗悟，自然修洁，实则非所专门。”[④]孙星衍《刑部尚书王公传》称：“所为诗力追汉、魏、唐人风格，古文雅正得体，与朱检讨彝尊齐名，时称南朱北王云。”[⑤]

王士祯与张英交往中有几件事值得一提：

---

① 林佶：《午亭文编后序》，陈廷敬：《午亭文编》，《清代诗文集汇编》第 153 册，第 2 页。

② 陈廷敬：《午亭文编》卷二十，《清代诗文集汇编》第 153 册，第 214 页。

③ 陈廷敬：《存诚堂集序》，《午亭文编》卷三十七，《清代诗文集汇编》第 153 册，第 380 页。《张英全书》也收此文，题为《笃素堂文集序》。

④ 永瑢等：《四库全书总目》卷一八二，第 1647 页。

⑤ 钱仪吉等：《清碑传合集》，上海书店，1988 年，第 292 页。

一是张英举荐王士祯,两人结下深厚的友谊。"康熙十七年,圣祖问阁臣,在廷中博学能诗文者孰为最?李霨、冯溥、陈廷敬、张英交口荐户部郎中王士祯,召对懋勤殿,赋诗称旨,授翰林院侍讲。"①《啸亭杂录》卷八《张文端代作诗》曰:"王文简公士祯,诗名重于当时,浮沉粉署,无所施展。张文端公英时值南书房,代为延誉。仁皇帝亦素闻其名,因召渔洋入大内,出题面试之。渔洋诗思本迟滞,加以部曹小臣,乍睹天颜,战栗操觚,竟不能成一字。文端公代作诗草,撮为墨丸,私置案侧,渔洋得以完卷。上笑阅之,曰:'人言王某诗为丰神妙悟,何以整洁殊似卿笔。'文端公谢曰:'王某诗人之笔,定当胜臣多许。'上因命文简改官词林,因之得置高位。渔洋感激文端终身,曰:'是日微张某,余几作曳白人矣。'"②代作诗之事虽不太可信,但王士祯对张英举荐的感激之情应是有的。之后王士祯两次入值南书房与张英有过一段时间的朝夕相处。康熙二十三年(1684),王士祯奉旨祭告南海,路过桐城,拜访了请假在里的张英。康熙三十三年(1694),王士祯又与张英同时奉旨任大型类书《渊鉴类函》总裁,共事七年之久。由此,两人感情之深厚是可想而知的。

二是张英喜与王士祯论诗。张英与王士祯的诗文集中收存其唱酬诗文不多,但张英诗文中多次提及他与王士祯论诗,前文所引《南汀诗集序》中已有提及,又如《松声阁三集序》中提及庚戌(1670)张英舟次淮浦时,与王士祯纵谈桐城《清芬阁》《纫兰阁》《松声阁》。

三是康熙十五年(1676),张英以诗集属王士祯评定,王见其《梅花》诗有云:"嘉名他日传调鼎,记取蟠根在草茅。"曰:"宰相语也。"后果应验。③ 这不仅是对其诗的称扬,更是对其人由衷的赞美与期待。

然而更为重要的是王士祯与张英两人审美趣味相近:王士祯诗歌标举神韵,张英作诗论诗标举气韵,而且还以气韵论文;王士祯古文雅正修洁,与张英所代表的桐城古文的审美趣向也是一致的。

三、张英与李光地

李光地(1642—1718),字晋卿,号厚庵,别号榕村,福建泉州人。康熙九年

① 赵尔巽等:《清史稿》卷一百九,第3187页。
② 昭梿:《啸亭杂录》,中华书局,1980年,第253—254页。
③ 蒋寅:《王渔洋事迹征略》,人民文学出版社,2001年,第221页。

(1670)中进士,选庶吉士,历任翰林编修、翰林院掌院、吏部尚书等职,官至文渊阁大学士,谥文贞。以理学名世,以朱子为宗,也工文,选编有《古文精藻》,著有《榕村集》《榕村续集》等。其文也深受康熙赞赏,李祖陶《榕村全集文录引》称其文曰:“文格力取法昌黎而去其驳杂,气味近乎子厚而加以精醇。《四库全书提要》目为‘闳深肃括’,实为尽之。盖儒家淳实之文,异乎才人之放浪,亦文士苦心之作,异乎讲学家之平板者也。”①

张英因丁忧推迟了庶常馆学习,庚戌(1670)服阕后与李光地庶常馆同学,散馆同授编修。李光地与张英交往较多,相比于李光地与朝中位次相当的其他同僚的关系,他与张英的关系是比较亲密的。李光地作过《感别赋送张敦复假归》《答桐城张相公》《清诰授光禄大夫经筵讲官文华殿大学士兼礼部尚书致仕文端张公墓表》等文章,张英也作过《送李编修厚庵假归泉州序》《封太夫人李年伯母寿序》《大中丞安溪李厚庵先生寿序》《寄李厚庵中丞书》《李厚庵归省送之》《晏居啜武夷茶因怀厚庵学士》等诗文。相互评价都比较高,其中李光地评张英时说:“桐城论文最好,说‘昌明博大’是矣。但其所谓‘昌明博大’,不过多些长些便是,却不好。”②不管李光地对张英“昌明博大”的理解是否符合张英原意,但李光地“桐城论文最好”则是对张英的论文主张的认同,无疑会影响他对别人文章的评价,因投入其门下的士子众多,他的评文影响深远。

四、张英与徐乾学、徐元文兄弟

徐乾学(1631—1694),字原一,号健庵。康熙九年(1670)中进士第三名,与弟徐秉义(康熙十二年探花)、弟徐元文(顺治十六年状元)称“昆山三徐”,历任编修、日讲起居注官、侍讲学士、詹事府詹事、内阁学士等,官至刑部尚书。主持编修《明史》《大清一统志》《读礼通考》《御选古文渊鉴》等书籍,著有《憺园文集》等。韩菼《资政大夫经筵讲官刑部尚书徐公行状》说:“公常言:‘学问须有根柢,浮辞剿说,最足误人。’故所为文章,源本经史,旁通诸子百家,开阖变化,肖物命义,敛其海涵地负、出神入天之惊才,而融液于章妥句适间。内外制诸作,典雅蕴藉,得王言之体,奏疏表启,忠爱之意蔼然也。”③宋荦《憺园文集序》称:“其发而为文,

① 李祖陶:《国朝文录》,《续修四库全书》集部1669册,第744页。
② 李光地:《榕村语录榕村续语录》下,第875页。
③ 韩菼:《有怀堂文稿》卷十八,《清代诗文集汇编》第147册,第241页。

雄赡典则,学大而才足运之,故能以文章受今上知遇,每奉诏有所撰著,奏上未尝不称善……又以其余霑丐海内,一时元夫巨公与夫琳宫梵宇之碑版,争欲得公言为重。盖公之于文,其蕴植也厚矣,其致用也弘矣,可谓两得之者也……呜呼,文章至于公亦盛矣哉!"①

徐乾学与张英是庶常馆同学,这之前两人就相识,张英作于康熙十二年(1673)的《送徐健庵编修南归》中有说:"昔从吴门游,坐上识徐子。盛名三十年,文坛如岳峙……予再入长安,蹑影蓬莱趾。"②后来两人又有一段时间在康熙身边工作,接触较多,关系较为密切。《张英全书》中除上面所引之诗外,还收有《答徐健庵见寄即次来韵》《送健庵大司寇归昆山》《用健庵韵再和五首》《徐母顾夫人诔》等诗文,《憺园文集》收有《送张敦复学士》(四首)《喜张敦复学士至》(三首)《张南村先生为敦复仲兄读其书赋此遥赠》《敦复先生饷枣赋谢》《桐城张西渠诗集序》《送张敦复学士请假还桐城序》《张敦复学士四轩图记》等诗文。徐乾学编注的《御选古文渊鉴》收录张英评语 136 条,只少于他与陈廷敬,可见两人评论古文的标准相同与相近之处较多。

徐元文(1634—1691),字公肃,号立斋,江南昆山人。历任国子监祭酒、经筵讲官与日讲官、翰林院掌院、左都御史、户部尚书等职以及《政治典训》《平定三逆方略》《大清一统志》《三朝国史》等总裁,官至文华殿大学士。著有《含经堂集》《含经堂别集》等。他主张"文章自有体裁,以昌明博大、和雅纯粹为主,才气超卓、伉爽不群者次之"。③ 熊赐履《资政大夫文华殿大学士户部尚书兼掌翰林院事昆山徐公墓志铭》称:"其为文沉酣百家,而以六经为根柢,期于明理致用……受事国子监,益务以经术之文作兴鼓舞,扶植人才。"④

康熙十五年(1676)十、十一月徐元文与张英两人同时为康熙进讲《孟子》9次,韩菼《资政大夫文华殿大学士户部尚书掌翰林院事徐公行状》说:"公日与桐城张公进讲弘德殿,敷陈凯切,惟以质直自将,无浮词曲说,上每称之。"⑤曾称赞张英"人品心术及学问文章,皆为当今第一。"⑥徐元文《含经堂集》中收有《送张学士予假南还二首》《读兵部张侍郎敦复浮山诗》等诗,张英《张英全书》中收有

---

① 徐乾学:《憺园文集》,《清代诗文集汇编》第 124 册,第 257—258 页。
② 张英:《张英全书》中册,第 53 页。
③ 徐元文:《国子监条约》,《含经堂别集》卷下,《清代诗文集汇编》第 132 册,第 446 页。
④ 徐元文:《含经堂集》附录,《清代诗文集汇编》第 132 册,第 465 页。
⑤ 徐元文:《含经堂集》附录,《清代诗文集汇编》第 132 册,第 451 页。
⑥ 钱澄之:《藏山阁集》,第 473 页。

《徐立斋前辈自学士擢总宪》《题徐公肃先生小像》等诗。

五、张英与韩菼

韩菼(1637—1704),字元少,号慕庐,江南长洲人。康熙十二年(1673)中进士第一名,官至礼部尚书兼翰林院掌院学士。康熙三十九年(1700)任庶常馆教习。以文学上结主知,著有《有怀堂诗稿》《有怀堂文稿》等。朱彝尊《礼部尚书兼掌翰林院学士长洲韩公菼墓碑》说:“(天子)云:‘韩菼学问优长,文章古雅,前代所仅有也。’又说:‘韩菼所为文,能道出朕意中事。’故凡应奉文字,每进一篇辄称善。馆阁多所撰述,公必与焉……公之不朽,终当以古文辞、《孝经衍义》传也。”①

韩菼曾两次辞官,康熙十八年(1679)乞假归葬,居里五年,康熙二十六年(1687)以病乞归,居里八年,后来张英也以相同的方式乞假、乞休。两人都迷恋林泉,不乐仕进,价值观相近,心灵相契。张英《聪训斋语》载:“曾与韩慕庐宿斋天坛,深夜剧谈。慕庐谈当年乡、会考时,乡试则有得售之想,场中颇着意,至会试、殿试则全无心而得会状……故其会试、殿试文皆游行自在,无斧凿痕。予谓慕庐足下两掇巍科,当是何如勇猛!以此言告人,人决不信,余独信之。何以故?予自谕德后,即无意仕进,不止无竞进之心,且时以陨越为惧,乃由讲读学士跻学士,登亚卿、正卿,皆华膴清贵之官。自傍人观之,不知是何如勇猛精进;以予自审,则知慕庐之非妄矣。慕庐亦可以己事推之,而知予之非诳也。”②韩菼在《送相国桐城公致政归里六首》其二中有说:“莫以公归始自今,西华赐第亦山林。罢朝一亩花开径,怀古千秋壁倚琴。日月天边真大隐,经纶事外镇闲吟。金丸珍木曾何惧,退后飞鸿远更深。”③由此,两人真可谓知音。

至于《孝经衍义》编纂工作,韩菼专任搜考编辑,叶方蔼与张英是总裁官。而从张英《纂修孝经衍义告成御制序文冠于卷首镂板行世恭赋四首》及其自注看,《孝经衍义》的编纂自己花了十二年时间(1676—1687),这期间韩菼乞假归里、叶方蔼去世(1682),意即自己用力较多。④ 此书告成,康熙非常满意,进一步加深了康熙对两人的喜爱。

① 钱仪吉等:《清碑传合集》,第341页。
② 张英:《张英全书》上册,第522—523页。
③ 韩菼:《有怀堂诗稿》,《清代诗文集汇编》第147册,第56页。
④ 张英:《张英全书》下册,第112—113页。

六、张英与王顼龄

王顼龄(1642—1725),字颛士,号瑁湖,江南华亭人。康熙十五年(1676)中进士,康熙十八年(1679)中博学鸿词科,授编修,历官日讲起居注官、侍讲学士、礼部侍郎、吏部左侍郎等职,官至武英殿大学士兼工部尚书,谥文恭。著有《世恩堂诗集》等。张豫章《世恩堂集序》说:“侍从讲幄垂二十年,朝廷大著作多出其手。”①《四库全书总目》称:“项龄值文治昌明之日,奏太平黼黻之音,故一时台阁文章,迥异乎郊寒岛瘦,即早年未达时作,亦无衰飒哀怨之意,足以见其襟抱矣。”②

王顼龄与张英同时于康熙二年(1663)中举,受知于王曰高,两人交往较密切。“曾随听鹿会群仙,弹指流光三十年。(余与先生癸卯同登贤书,至今三十四年)交缔金兰怜意气,花飞茵溷隔人天。”③《世恩堂集》中收有《六月十一日座主荏平王公招同平原张亮哉桐城张敦复常熟归孝仪六安马于蕃广德陈几先维扬朱范公家仔园同郡张荆门集中顶荷亭遇雨分韵得竹字即席赋呈》《送学士张敦复前辈给假葬亲》(4首)《寿大宗伯张敦复前辈六十》《送桐城张相国予告还里》(4首)《和桐城张相国芙蓉溪诗韵》(26首)等诗篇。王顼龄在《寿大宗伯张敦复前辈六十》中对张英的道德文章给予高度的赞美:“有美生南国,维公实大贤。文章江海阔,道德凤麟全。誉协金钟贵,名同玉尺悬。吐词成黼黻,晰理辟坤乾。纪蠡精思贯,宜丸妙手圆。集贤登上第,建礼给华笺。赋奏凌云赏,诗成夺锦先。雄才真卓尔,圣眷岂徒然。”④虽是同年,但王顼龄对张英是敬重有加的。

七、张英与汤右曾

汤右曾(1655—1722),字西厓,浙江仁和人。康熙二十七年(1688)中进士,改庶吉士,三十年(1691)散馆授编修,五十一年(1712)至六十一年(1722)任翰林

---

① 王顼龄:《世恩堂诗集》,《四库全书存目丛书补编》第5册,第8页。

② 永瑢等:《四库全书总目》卷一八三,第1659页。

③ 王顼龄:《孟冬谒大宗伯张敦复前辈于赐第从容话旧欣慨交并率成三首奉柬》其二,《世恩堂诗集》卷十二,《四库全书存目丛书补编》第5册,第140页。

④ 王顼龄:《世恩堂诗集》卷十三,《四库全书存目丛书补编》第5册,第141页。

院掌院，是康熙朝执掌翰林院时间最长的掌院，曾四任庶常馆教习，官至吏部侍郎。以诗名世，是浙派领袖，与朱彝尊齐名。纳兰常安《怀清堂集序》说："今之谭诗者辄曰南施北宋，此非笃论也。北岂独荔裳？南岂独愚山？余官辙所经，北极塞，南逾岭，与其贤士大夫游，而叹西厓先生之诗穹乎为一代名家矣。"①文也有名，方苞《翰林院掌院学士兼礼部侍郎汤公墓志铭》称："始公以文学见知于上，院中拟撰祭、告、记、序之文，出公手或经改削，奏必称善。"②著有《怀清堂集》等。

汤右曾庶吉士散馆后入翰林院，三十三年(1694)被选用分纂《渊鉴类函》，康熙三十九年(1700)改刑部给事中，在张英手下工作的时间较长。他的《赐金园图歌(为桐城尚书作)》《桐城相国致政归里赋呈四首》等诗表达了对张英的敬佩与仰慕，如："三十余年禁苑来，平临紫阁领丹台。九陔天际司霖雨，五色杓南望上台。启沃心真符圣主，陶钧力为养群材。文章一代悬词律，御制诗酬日几回。"③

这一节我之所以选择了己未博学鸿词科之后康熙朝有代表性的八位台阁大家作为叙述对象，是因为己未博学鸿词科之后，清代文坛出现了朝野融合的新气象，"精纯古雅"的文风逐渐成为时代的主流，而他们则先后成为这一文风形成与发展过程中文坛领导者。前六位主要活跃于康熙前期与中期，与张英同时，后两位主要活跃于康熙中后期。八位之中有五位执掌过翰林院，是当时文坛重要的领导者与建设者，是康熙时期文化政策的重要执行者。他们在康熙皇帝统一领导下，与张英在塑造新学风与新文风的目的上是一致的，理念是相近的，都以经学为根柢，讲求经世致用；文学趣向是也相近的，都有黼黻鸿业、和平典雅的台阁文学特征。况且张英深得康熙眷宠以及他与人为善。因此，张英在执掌翰林院时，能得到了台阁大家的广泛支持，最终完成了塑造新文风的政治任务。到了康熙后期，随着张英、王士祯、陈廷敬、李光地等台阁大家相继离世，台阁文坛逐渐暗淡，王项龄、汤右曾等康熙中期成长起来的名家，多延续了中期文化管理理念、文化政策与文学发展的惯性。特别是戴名世《南山集》案后，作家创作更加谨慎，文坛渐成紧缩之势，少有开拓。然而从桐城文派的视角来看，康熙后期张英门生与张廷玉、方苞等桐城文人相继崛起文坛，到雍正元年张廷玉又执掌翰林院，文柄再次回到了桐城文人手里。

当然，张英除了与文坛领导者有较密切的交流之外，还与当时其他文坛精英

---

① 汤右曾：《怀清堂集》，《清代诗文集汇编》第195册，上海古籍出版社，2010年，第488页。

② 方苞：《方苞集》，第731页。

③ 汤右曾：《怀清堂集》卷九，《清代诗文集汇编》第195册，第562页。

有广泛的交流,如张玉书、汤斌、王鸿绪、吴琠、田雯、孙在丰、高士奇、汪琬、施闰章、宋荦、赵士麟、潘耒、汪懋麟、曹禾、毛奇龄、徐釚、汪楫、尤侗、归允肃等,这些文坛精英与张英等文坛领导者相互融合,一道塑造了统治者需要的新文风,共同推动了当时文坛的兴盛。然从文坛领导者张英以及以他为代表的桐城文派的角度来看,他们对张英的敬重、认同与支持,不仅是在落实或协助张英落实康熙皇帝的文化政策,也是对以张英为代表的桐城文学的支持与声援,有利于桐城文学思想的传播,为桐城文派形成与发展提供了良好的外部环境。

第三节　张英同僚与门生对桐城文人的提携与帮助

张英同僚除了对张英进行支持与声援之外,还为桐城其他文人提供了支持与帮助,提升他们的文名。同时,张英门生与桐城文人也有较多的交流,相互支持与帮助,实现与加强了张英门生与桐城籍古文名家这两支队伍的融合。为此,我单列一节进行阐述。

一、张英同僚对桐城文人的提携

前文述论刘辉祖时已述及李光地、韩菼等名臣对他的赏识,下文我主要以张英同僚对钱澄之、戴名世、方苞、张廷玉等人延誉与提携为例,来进一步揭示桐城文派发展的人际环境及其影响。

(一)钱澄之

徐乾学兄弟与钱澄之交往较密切,他们对钱澄之的帮助主要有两件事:一是徐乾学邀钱澄之入京纂修明史,钱澄之接受了邀请。二是钱澄之借入京纂修明史之机,出所著书,请徐乾学助资授梓。在徐乾学的帮助下,《田间诗学》《田间易学》《庄屈合诂》《田间文集》《田间诗集》五种于康熙二十九年(1690)刊行于世。徐乾学在《田间全集序》中对钱澄之评价甚高:“三十年前桐城姚经三尝手一编示余,为其同里钱饮光先生所撰《田间诗集》,余日夕讽诵,心仪其为人也。已,得读其文,则益慕之,恨不即造席奉教也……丁卯春,余在礼部,方有文史之役,即安得饮光先生北来,一切与就正乎……既至,尽出所著书所谓《田间易学》《田间诗学》《庄屈合诂》及诸诗文,读之,真定、宛平两相国及余季弟立斋皆笃好之,因谋为授梓以传……而其所为文亦犹夫凌霜犯雪之菁葱挺秀,非凡卉之可比拟也。”①

韩菼康熙十二年(1673)前后于龚鼎孳处认识钱澄之,后又在徐乾学处接触较多,韩菼诗文集中收有《赠别饮光先生》《田间先生八十寿序》《挽田间先生诗六首》等诗文,在《田间文集序》(作于1690年前后)中对钱澄之古文评价甚高:“得受而读之,广大浑涵,靡体不具,而驰骋归宿,亦得之《易》为多,要皆理之自然不可易,非碎义巧说、激荡漫羡者比……先生之文,明理而止尔,辞达而止尔,意雅而不欲附一家,绝去涂饰,单行孤诣。余得仍举《易》之一言以蔽之曰:‘贲,无色也。’无色,故无所不受,其先生之文乎!”②其中博大、理明、辞达、意雅、淡朴,不仅是钱澄之古文之特征,也是桐城派古文的共同特征。

（二）戴名世

戴名世可能因其自恋自傲自负的性格与《南山集》案等原因,他的诗文集中少有与高官交往的记载,但收有两篇写给当时的礼部尚书韩菼(1697—1704年任礼部尚书)的书信。而这两篇书信均谈论文章,一篇为求序,一篇是期望韩领袖文坛,上率下应,振起文坛。《上大宗伯韩慕庐先生书》说:“惟阁下不轻与人以序,而乃可以序不肖之文,惟不肖不求序于王公大人,而乃可以求序于阁下也……独阁下见其所为文而以为可与于斯文也者,一日偶序不肖举业之文若干篇,不肖归而刊刻之于金陵,天下读阁下之序者,往复讽诵,咏叹咨嗟,初非以阁下名位之故,而读不肖之文者谬相引重,亦初非以阁下之序故也。惟如是而阁下乃可以序不肖之文,而不肖乃可以求序于阁下矣……夫举业之文非阁下之所好而亦非不肖之所好也,阁下犹肯执笔而为之序,而况不肖之古文,固阁下素所咨赏以为可与于斯文者乎。知阁下之不与他人而一概谢绝之者,盖他人之所求者乃尚书之序,学士之序,而不肖之所求者,乃慕庐先生之序也。”③现已难考证韩菼是否为他的古文作过序,但韩菼确为他的制举文作过序,且给予了较高的评价,从乞序之信中可见,韩不轻为人作序,得其序者,多自张于朋辈,流播于文坛,所以,韩的序文对戴文的传播是有较大影响的。

康熙四十八年(1709)会试,戴名世为会元,是科会试总裁为李光地。李光地

① 徐乾学:《憺园文集》卷二十,《清代诗文集汇编》第124册,第516—517页。

② 韩菼:《有怀堂文稿》卷三,《清代诗文集汇编》第147册,第99—100页。

③ 戴名世:《戴名世集》,第8页。

拔戴名世为会试第一名,足见李对戴文的欣赏。

(三)方苞

李光地对方苞多有提携。方苞与李光地相识于康熙三十年(1691),当时方苞游太学,李光地见其文,叹曰:"韩、欧复出,北宋后无此作也。"①(苏惇元《方苞年谱》)康熙五十年(1711),戴名世《南山集》案发,方苞受牵连下狱,李光地又伸出援手。方苞《安溪李相国逸事》中有记载:"戴名世以《南山集》下狱,上震怒……他日上言:'自汪霦死,无能古文者。'公曰:'惟戴名世案内方苞能。'叩其次,则以名世对。左右闻者无不代公股栗,而上亦不以此罪公。"②方苞与李光地关系亲密,李光地门下相从问学之人,方苞大多认识,也多有交往。

韩菼对方舟、方苞的提携主要表现在两个方面,一是好其文,将方苞文推荐给自己的老师徐乾学,为方舟文作序。韩菼《方百川文序》说:"康熙庚午秋,余读方子灵皋遗卷而叹其才,谓近世无有,亟寓书健庵师京邸,刻之,录其集中。既,灵皋来见,言实师事其兄百川,而学为文有年矣。因出百川文视余,镕经液史,纵横贯串,而造微入细,无一字不归于谨,而灵皋意度波澜之所以然,皆所自出,不诬也。"③二是荐举方舟。"岁丁丑,例选贡士入太学,余言于学使者朴园学士,昔家文公荐举士于陆祠部凡十人,仆所荐者百川一人耳"。④

(四)张廷玉

据《澄怀主人自订年谱》,康熙三十五年(1696)八月,张廷玉应乡试,"九月,榜发,中式第二十五名……试卷解礼部,廷玉文传诵辇下,安溪李文贞公评为通场第一"。⑤ 第二年春闱因其父任主考而回避,康熙三十九年(1700)春闱,中第四十八名进士,虽然张廷玉为名父之子,但李光地的延誉,则有助于其文名传遍台阁与京城。

综上所述,不管是序其文,刻其集,还是荐其人,扬其名,这些台阁大臣,虽其中有人在家修书或托病归养,但以他们在文坛的地位,他们的延誉与提携的效果是显著的,影响是巨大的。我认为至少表现在以下几个方面:

一是戴名世、方舟、方苞、张廷玉等桐城文人的作品得到台阁文学大家的高度

---

① 方苞:《方苞集》,第869页。

② 方苞:《方苞集》,第687页。

③ 韩菼:《有怀堂文稿》卷五,《清代诗文集汇编》第147册,第117页。

④ 韩菼:《有怀堂文稿》卷五,《清代诗文集汇编》第147册,第117页。

⑤ 张廷玉:《张廷玉文集》下册,第365页。

赞誉,说明了他们的审美趣味与风格取向等符合时代的需要,或者说引领了当时的文坛风气,才得到这些台阁文学大家的一片赞誉。

二是徐乾学、李光地、韩菼等台阁文学大家对桐城古文名家的延誉与提携提升了桐城古文名家个人的影响力,使他们获得了更大的成长空间,也使桐城其他作家得到鼓励,争相效法,使本来就相近的审美趣味与风格取向等方面更加趋同,提升了桐城文坛的凝聚力与影响力。

三是因徐乾学、李光地、韩菼等台阁文学大家对钱澄之、戴名世、刘辉祖、方舟、方苞、张廷玉桐城古文名家的延誉与提携的时间相近,可见出桐城古文名家比较集中地显名于十七世纪九十年代的文坛,再加上张英、张廷瓒、姚士藟、马教思等活跃于当时文坛的桐城文人,实际上呈现给了当时文坛一种桐城作家群体的印象。

二、张英门生与桐城文人

张廷瓒、张廷玉兄弟中进士后,选庶吉士,散馆留翰林院,又入值南书房,与张英门生有广泛的交往,自不在话下。

检索《戴名世集》,戴名世为张英门生黄叔琳、狄亿、孙勷、宋衡分别作过《黄昆圃稿序》《狄向涛稿序》《孙检讨课儿草序》《宋嵩南制义序》,而且戴名世在序或相关文章中称狄亿、孙勷、宋衡为其友,可知他们交往较多。特别值得一提的是,康熙三十二年(1693)五月,孙勷任福建乡试主考官,而这一年夏天戴名世由京师至福建,应是孙勷招戴名世入幕衡文,戴名世《闽闱墨卷序(代)》应是代孙勷作。

检索《方苞集》《方望溪遗集》,方苞为张英门生法海、杨名时、黄叔琳、查升、窦克勤、汪薇、顾图河等作过墓表或墓志铭或祭文,分别是《兵部尚书法公墓表》《礼部尚书赠太子太傅杨公墓志铭》《赠通奉大夫刑部侍郎黄公墓表》《詹事府少詹事兼翰林院侍讲学士查公墓表》《翰林院检讨窦君墓表》《按察司佥事提督福建学政汪君墓志铭》《祭顾书宣先生文》,除窦克勤、汪薇外,文中都提及与他们生前的交往。除了一般的交流交往之外,方苞与张英门生的关系还有以下几件事需要强调:

一是黄叔琳的推荐以及与其的学术交流。据《黄侍郎公年谱》载:"康熙三十四年……桐城诸生方灵皋来谒。灵皋名苞,公一见莫逆,遂订交焉。荐以涿鹿滕氏馆,每来都辄信宿别去。”①又据《清史稿》载:“叔琳富藏书,与方苞友。苞治诸经,叔琳皆与商榷。”②

二是顾图河推重其文、擢拔其人与招其入幕。方苞《祭顾书宣先生文》中有曰:“余试礼部,实出公门。公嘉余文,或有违言。公谓:‘斯文,惟某能然。所举不遂,甘弃一官。’……老亲趣余,归装在途。公使来追,斩鞅道隅。余不反顾,惧公见督。公以书来,词温意渥。公寻使楚,命余速西。余时腹悲,冬以为期……余入太学,公实朋试。”③

三是朱轼手订其经说,尝序其书。方苞《叙交》曰:“余性钝直,虽平生道义之友,亦多疑其迂远不适于时用;志同而道合,无若朱公可亭者,而交期则近……余经说公手订者过半,尝序《周官析疑》《春秋纲领》二书。”④

综上,我以张英门生与戴名世、方苞等桐城古文名家的交往为线索,梳理了相关史料,旨在说明张英门生与桐城文人在官场与文坛上逐渐合流。这一合流进程,在张英第二次执掌翰林院时,特别是教习辛未科、甲戌科庶吉士期间,加快了速度。在张英死后也还在继续,如高其倬荐举姚焜、王奕清荐举方观承等。而这一合流的态势,不仅充分地说明了张英门生与桐城文人在审美趣味与创作取向等方面的一致性,也促进了桐城文派由此而从地方性文学流派向全国性文学流派的演进。

---

① 顾镇:《黄侍郎公年谱》,《乾嘉名儒年谱》第一册,第149—150页。

② 赵尔巽:《清史稿》卷二九〇,第10269页。

③ 方苞:《方苞集》,第467—468页。

④ 方苞:《方苞集》,第688—690页。

第六章　张廷玉文论文风对桐城文派的继承与发展

通过前面五章的梳理与论述可知，张英任帝师的九年正是清代由乱而治的过渡期，在任帝师期间，他顺应时代发展的需要与讲筵的要求，改造自己的桐城文学思想，并将它逐渐融入与康熙讲经论史之中，对康熙的创作趣向与文学思想产生了重要影响，进而对康熙文坛的价值取向与审美趣味等产生了重要影响；又在翰林院学士兼礼部侍郎任上请假回籍，与同里文人应酬唱和，为桐城文坛带来时代的新要求，并在《龙眠古文初集序》中回答了桐城文学从何处来、向何处去以及如何去等问题，为桐城文学发展指明了方向与路径，增强了桐城文学的向心力与凝聚力；在执掌礼部、翰林院、詹事府期间，其重要典籍纂修者与总裁、国家文化管理者和康熙皇帝宠臣等身份，不仅让他肩负了重塑新学风与新文风的政治使命，而且还领导与参与了盛世新学风与新文风的建设实践，将自己的桐城文学思想进一步融入国家意识形态之中，培养与凝聚了一支作家队伍，并得到了台阁大家的广泛支持，对当时的文坛有着重要的影响。可以说，张英拥有创立桐城文派的天时、地利、人和的诸多有利条件，又有立派的理论建设、队伍建设和古文创作之实践，在塑造盛世新文风的政治使命的驱动下，指导与引领了桐城文坛的发展，为桐城文学的发展创造了良好的政策环境、话语环境、人际环境、传播环境等，推动了桐城文学的新发展，让桐城文学与时代文学相融相生。因此，我认为，张英开创了桐城文派，是桐城文派的开创者与奠基者，是桐城文派古文理论最重要的建设者与传播者。在张英生前与死后，戴名世、方苞也为桐城文派发展作出了重要贡献，因而被一些学者认为是桐城文派之祖。然而在我看来，他们都曾受到张英提携和影响，与张英相比，他们主要从事的是作文、选文、授文等具体工作，不仅无立派之动机和立派的内在驱动力，也不完全具有张英所拥有的天时、地利、人和的优越条件，尽管他们也有不少门生，但因身份、性格等原因，凝聚力不够强，对当时文坛的影响相对较小，对桐城文派的贡献是难以与张英相提并论的，因此将他们归入张英门下来看待他们对桐城文派的贡献要更合理一些（方苞在《南山集》案后的文学活动及其贡献下文再论）。

张英辞去翰林院掌院至张廷玉开始执掌翰林院的二十六年间（1697—1723），虽然康熙朝翰林院掌院数次更换，但在康熙的统一领导下，文化政策与张英执掌翰林院期间没有根本性变化。况且这一时期张英门生担任乡、会试考官与学政仍占有较大的比例；戴名世、方苞等人又开始扬名于文坛；更重要的是这一时期张廷玉逐渐获得康熙的眷宠，成为当时政坛上正在冉冉升起的一颗明星，又颇有文名。所以说尽管当时文坛主帅不是桐城人，但文坛主流中桐城文脉仍在延续，并有发展后劲。《南山集》案案发后，方苞受到牵连，到雍正朝后期才得重用，而张廷玉家族及其主要桐城姻亲几乎没有受此案影响，而且还发展壮大起来（这也在一定程度上反映了戴、方不是桐城文派发展的决定力量或主导力量）。雍正登基之初即命张廷玉为礼部尚书，雍正元年又命他兼翰林院掌院，执掌翰林院二十五年，先后主持了《明史》《皇清文颖》等重要典籍的编纂工作，况且他不仅先后十六次参与科举衡文，守士子仕进之路，而且他还以大学士兼管吏部尚书事二十余年，掌官员晋升之道，这些行政权力产生了巨大的向心力与凝聚力，使他的周围集聚了大量的桐城文人与门生故吏等，形成了具有朋党性质的政治集团，桐城文派则在这种环境下得到了更充分的发展。因此，我认为，张廷玉发展壮大了桐城文派，将桐城文派带进了一个新的发展阶段，使桐城文派在文坛上的整体形象更为突出与鲜明。然而乾隆即位后与张廷玉的关系逐渐疏离，张廷玉在政坛上话语权与主导权因此逐渐削弱，桐城文派发展也因此逐渐失去了良好的政治环境、人际关系环境等，呈萎缩衰颓之势。后来姚鼐为力挽颓势、重振桐城文派而振臂高呼，可是人微言轻，响应者寥寥，①这不仅与学术风气的变迁有关，也与桐城文人在政坛与文坛

① 曾国藩咸丰八年（1858）所作的《欧阳生文集序》说："当乾隆中叶……姚先生独排众议，以义理、考据、词章，三者不可偏废。必义理为质，而后文有所附，考据有所归。一编之内，惟此尤兢兢。当时孤立无助，传之五六十年。近世学子，稍稍诵其文，承用其说……余之不闻桐城诸老之謦欬也久矣！"（《曾国藩全集·诗文》，第246—247页）也就是说，在姚鼐（1731—1815）生前，他所"倡立"的桐城派影响是不大的，即便是到了道光（1821—1850）初期，学子们也只是"稍稍诵其文，承用其说"，甚至到了咸丰八年，连标举桐城派的曾国藩自己都说"不闻桐城诸老之謦欬也久矣"。

上话语权的衰弱不无关系。

第一节　张廷玉的生平

张廷玉(1672—1755),张英次子,字衡臣,号砚斋,治《书经》。幼受刘辉祖等桐城名家之教,深受父亲影响。康熙三十五年(1696)中举人,三十九年(1700)中进士,改庶吉士。四十二年(1703)散馆,授翰林院检讨。四十三年(1704)开始入值南书房。五十五年十二月,擢内阁学士兼礼部侍郎。五十九年(1720),授刑部侍郎。六十年(1721)六月升授吏部左侍郎,管右侍郎事,兼翰林院学士。六十一年十二月擢礼部尚书。雍正元年(1723)正月,奉命为诸皇子师傅。四月,署理都察院左都御史,八月以礼部尚书兼管翰林院掌院学士,九月奉旨特授户部尚书。三年(1725)七月奉旨署理大学士事务。四年(1726)二月授文渊阁大学士,兼户部尚书。五年(1727)十月改文华殿大学士。六年(1728)三月改保和殿大学士,九月奉旨兼管吏部尚书事。八年(1730),任军机大臣。十三年(1735)八月奉旨为辅政大臣,十月免翰林院掌院学士。乾隆元年(1736)十月再兼翰林院掌院学士。十四年(1749),革伯爵衔,以大学士致仕。予告后,闭门养病,不问世事。死后配享太庙,谥文和。《四库全书存目丛书》收其《澄怀园文存》十五卷、《载赓集》六卷、《澄怀园诗选》十二卷、《澄怀园语》四卷、《澄怀主人自订年谱》六卷。《皇清文颖》收其文十二篇。

张廷玉承家学,奉刘辉祖等桐城文人之教,在古文创作上也取得了较大的成绩。其文根柢经史,崇尚实用,周通博达,昌明剀切,条理详赡,温文尔雅,有着桐城古文的基本特色,然他在坚持桐城古文基本特色的同时,又能顺应时代的发展,使自己的文风更趋于典则。他不仅是桐城派古文大家,也是当时的古文名家。其门生徐以升于雍正癸卯年(1723)所作的《上张大宗伯砚斋先生一百韵》中有说:“文澜雄史笔,学海浩汪陂。经术还淳朴,文章却纇疵。独崇台阁体,一洗露华词。既得江山助,还将道艺耔。长才倾陆海,佳句爽哀梨。掌故暗文献,音华重羽仪。”①后来

① 徐以升:《南陔堂诗集》,《四库全书存目丛书》集部第273册,齐鲁书社,1997年,第618页。

李鸿章也称其文“沨沨乎盛代之元音，斯文之正轨也”。[①] 这些赞美是符合实际的。可是他初登文坛时，为名父之子，父名对其名有所遮蔽，后来他身居高位，他的文名与他的官名相比又暗淡不少，这可能是其文少有人提及的主要原因。

张廷玉深受康熙与雍正眷宠，尤得雍正眷宠。康熙六十一年（1722）十一月，雍正即位伊始即谕张廷玉曰：“朕在藩邸时，不欲与廷臣相接，是以未识汝面。曩者，奉皇考命，会同大学士办理公事，汝以学士趋跄其间，朕见汝气度端凝，应对明晰，心甚器重之。询之旁人，知为吾张师傅之子。朕心喜曰：‘吾师有子矣。’后闻汝官刑部、吏部，皆有令名，更为喜慰。今见汝居心忠赤，办事敬诚，益知为天祖所笃生、皇考所教养，成兹伟器，以辅翊朕躬者也。汝其勉之。”[②]后来又称他为“大臣中第一宣力者”。[③] 这不仅是雍正对师门的认同与深厚情谊，也是对张廷玉的认同、肯定与期待，这当然有利于张廷玉在雍正朝各方面的发展，为桐城文派的发展提供更好的环境。特别是张廷玉执文柄、掌铨政对他聚拢大量的文学人才与传播桐城文学起到了非常重要的作用。“中朝馆局归宗匠，天下文章在掌纶。家学相仍传秘省，音华先后焕麒麟。”[④]所以有必要对张廷玉这两个方面的工作经历作更具体些叙述。

一、执文柄

执文柄主要包括执掌翰林院、科举衡文和主持典籍修纂三个方面。

雍正元年（1723）八月至雍正十三年（1735）十月、乾隆元年（1736）十月至乾隆十四年（1749）十一月，张廷玉两次执掌翰林院，前后凡25年。

科举衡文的次数达16次之多。康熙四十五（1706）年二月奉旨为会试同考官，阅《书经》卷，得吴廷案、俞兆晟、顾开陆、高攀嵩、韩允恭等16人，皆一时名士。五十一年（1712）二月奉特旨为会试同考官，阅《春秋》卷，取徐云瑞、徐杞、潘允敏、冯暠、陶贞一、鲍开、何腾三、田嘉谷等16人，皆知名士。五十四年（1715）二月奉特旨为会试同考官，阅《易经》卷，得蔡衍诰、吴应棻、沈继贤、博山、丁续曾等15

① 张廷玉：《澄怀园文存序》，《张廷玉全集》下册，第500—501页。

② 张廷玉：《张廷玉全集》下册，第380—381页。

③ 张廷玉：《张廷玉全集》下册，第395页。

④ 徐以升：《寄祝座主桐城公六十寿》，《南陔堂诗集》，《四库全书存目丛书》集部第273册，第629页。

人,皆知名士。六十年(1721)四月奉命充殿试读卷官。雍正元年(1723)四月为顺天乡试副考官。① 九月奉旨为会试正考官,取于振、陈宏谋、尹继善、郑方坤、王步青、王又朴、陈祖范、尹会一、徐以升、张廷珩、张廷瑑、张若涵等270人(张氏三人例行回避,蒙恩补试,另命大臣阅卷),十月奉旨为殿试读卷官。二年(1724)八月奉旨为会试正考官,取汪由敦、赵大鲸、吴龙应、吴应枚、周长发、周大璋、陈鬲鑑、光成采等290人。十月奉旨为殿试读卷官。五年(1727)四月奉旨为殿试读卷官。八年(1730)四月奉旨充殿试读卷官。乾隆元年(1736)三月榜后奉命与方苞会同四主考检阅落卷。九月奉命阅看博学鸿词卷,取一等刘纶等5人,二等杨度汪等10人。二年(1737)三月奉旨为会试正考官,取于敏中、钱琦、郭肇镄、张若需等317人(张若需于回避卷内蒙恩中式)。六月内阁奏请考试各省荐举续到之博学鸿词24人,奉旨与孙嘉淦阅卷,取万松龄为一等,朱荃、洪世泽、张汉三人为二等。② 七年(1742)四月奉旨充殿试读卷官。

至于主持典籍的修纂,他主持过《明史》《四朝国史》《大清会典》《治河方略》《圣祖仁皇帝实录》《皇清文颖》《玉牒》《明史纲目》《词林典故》等重要典籍的修纂工作,尤其是《明史》,历经几任总裁,纂修数十年,最终在他的主持下定稿完成,显示出他高超的统筹安排的领导能力,以及非常强的凝聚力。

由此可见,张廷玉门生众多,他们大多又被安排在张廷玉领导下的翰林院与纂修的岗位上,所以,张廷玉的门生因岗位工作的需要必须要揣摩与领会他的意图与要求,以便更好地完成自己的本职工作,另一方面张廷玉也会通过自己的指示与意见等统一他们的思想,贯彻落实了自己的思想与要求。

二、掌铨政

张廷玉于雍正六年(1728)九月奉旨以保和殿大学士兼管吏部尚书事,乾隆十三年(1748)正月罢兼吏部尚书事,以大学士兼管吏部尚书事凡二十年。

由于张廷玉深受雍正信任,又以大学士兼管吏部尚书事与翰林院掌院,所以

---

① 《澄怀主人自订年谱》卷二载:“四月初五日,回銮。将抵京师,蒙恩令履郡王传谕曰:‘已用汝为顺天乡试主考官矣,可于今晚先回,明日即入闱之期也。’”见《张廷玉全集》下册,第383页。据《世宗宪皇帝实录》,雍正元年四月乙卯,“以都察院左都御史朱轼为顺天乡试正考官,礼部尚书张廷玉为副考官。”见《清实录》第七册,第127页。

② 录取人数来源于张廷玉《澄怀主人自订年谱》,会试录取人数与江庆柏《清朝进士题名录》(中华书局,2007年版)中三科中进士人数有所差异。

他在官员的选拔、任用、考核上有更大的话语权，在任期内荐举和任用了大量文人，特别是桐城文人。据《（道光）续修桐城县志》与《张氏家谱》等记载，雍正己酉（1729）、庚戌（1730）年间，张廷玉家族及其姻亲中有张廷球、张廷璇、张廷瑚、张廷琰、张若宗、张若岩、张若崟、张若普、张若靄、张鸿绪、张机、姚孔锌等人被荐举而获任用。因此，后来胡思敬在《九朝听语》卷二《宠眷》中说："桐城张相国砚斋谦和谨密，柄国日久，姻族附青云跻膴仕者以百计。己酉、庚戌京外官各保一人，案内得官者尤多。一日引见保荐三班，籍桐城者十二人，砚斋摄冢宰，主捧绿头签，顾之，意稍不安，上微窥之，温谕相国曰：'大凡天地气机，山川灵秀，以时发越，我祖宗应运东方，一时乡里从龙者多公侯将相，今桐城有尔，即有尔之子弟姻族才尽可用，洵乎君相皆应运而生也。'相国叩头谢。"①还有张若岩、张若瀛、张若泾、张若翼、张若骕、张龄丰等人被安排在《实录》《兵部则例》《律吕正义》《平定金川方略》等典籍馆誊录的岗位上。而这些一定会产生巨大的吸引力与凝聚力，加大与加速人才向张廷玉周围集聚，自然也少不了善古文者。

然而到了乾隆五年（1740）四月，乾隆皇帝谕群臣说："从来臣工之弊，莫大于逢迎揣度。大学士鄂尔泰、张廷玉乃皇考简用之大臣，为朕所倚任，自当思所以保全之，伊等谅亦不敢存党援庇护之念。而无知之辈妄行揣摩，如满洲则思依附鄂尔泰，汉人则思依附张廷玉，不独微末之员，即侍郎、尚书中亦所不免……鄂尔泰、张廷玉乃皇考与联久用之好大臣，众人当成全之，使之完名全节，永受国恩，岂不甚善？若必欲依附逢迎，日积月累，实所以陷害之也……二臣更当仰体朕心，益加敬谨，以成我君臣际遇之美。"②这已旁敲侧击鄂尔泰、张廷玉结党之事，并发出警告。六年十二月左都御史刘统勋上《劾张姚二姓疏》，这固然是左都御史的职责所在，但也可能是刘统勋接受乾隆皇帝的授意或领会乾隆皇帝的意图而上疏弹劾的。疏中有说："大学士张廷玉历事三朝，遭逢极盛，然而晚节当慎，责备恒多。窃闻舆论，动云'张姚二姓，占却半部缙绅'。查张氏登仕版者，有张廷璐等十九人。姚氏与张氏世姻，仕宦者有姚孔鈵等十人。虽二姓本桐城巨族，其得官皆由科目、荐举、袭荫、议叙，然稍抑其迁除之路，使之戒满引嫌，即所以保全而造就之也。请

① 胡思敬：《退庐全集・诗文集》，《近代中国史料丛刊》第四十五辑，文海出版社，1966年，第2080—2081页。

② 庆桂、董诰等：《高宗纯皇帝实录》卷一一四，《清实录》第10册，第671—672页。

自今三年内,除特旨擢用外,概停升转。”[①]这相较于乾隆皇帝委婉的训谕,震慑力度更大了,对桐城文派作家的影响也更大,这之后桐城文派重要作家相继乞休、解任、予告、休致,离开了台阁文坛。方苞于次年三月以年老患病为由乞回籍调理,获允。八年(1743),张廷璐具折乞休(五年因病乞休,未允),稍后张廷瑑也乞罢,但均未允。九年(1744)三月张廷璐予告。十一年(1746)张廷瑑奉旨解任回籍。十四年(1749)十一月张廷玉予告。十五年(1750)乾隆皇帝令姚范休致(当时只有49岁)。由此可见,尽管乾隆皇帝即位不久,与张廷玉的矛盾即已出现,尽管张廷玉在台阁的话语权不如以前,但在乾隆皇帝即位后的头几年张廷玉仍有较大的话语权。可是在刘统勋上疏弹劾之后,桐城文派的重要人物相继离开朝廷,张廷玉在台阁的话语权进一步削弱,特别是张廷玉予告之后,桐城文派完全失去了台阁文坛的领导权,桐城文派影响由此进一步弱化。所以,我认为,弹劾一事是桐城文派发展的重要转折点,它宣告了桐城文派发展的第一个黄金期的结束。

张廷玉虽不以文名世,但他却因文而获眷宠,是雍正朝最优秀的公文大家。康熙六十一年(1722)十一月十三日,雍正即位,十五日即特颁恩旨,著张廷玉办理翰林院文章之事,“凡有诏旨,则命廷玉入内,口授大意,或于御前伏地以书,或隔帘授几,稿就即呈御览。每日不下数十次,皆称旨。”[②]雍正十一年(1733)雍正皇帝说:“前岁朕躬违和,凡有密旨,悉以谕之,彼时在朝臣工中只此一人。”[③](这不仅反映了张廷玉才思敏捷,善于揣度雍正旨意,也反映两人有着相同或相近的价值取向与文学趣向)称其“为有清一代公文写作家之最”,[④]也不为过誉。他虽不以文名世,但他先后十六次参与衡文,衡文次数之多在康熙、雍正、乾隆三朝却无人能及,选拔了大批优秀文人。他虽不以文名世,但他执掌翰林院二十五年,是雍正与乾隆前期文坛的领导者,主持了多部重要典籍的编纂工作,不仅聚拢了大批文人,还为他们交流、融合、提升、发展提供了非常好的机会、环境与平台,有功于文坛。此外,他以大学士兼任数职,荐举与任用了不少文人,特别是桐城文人与门生故吏,使他们得到了更好地发展。正因如此,张廷玉不仅选拔与任用了一批优秀的作家,在他的周围形成了一个较大的作家群体,而且他的文学思想对雍正

---

① 李元度:《国朝先正事略》卷十六《名臣》,《续修四库全书》史部第538册,上海古籍出版社,2002年,第359页。

② 张廷玉:《张廷玉全集》下册,第380页。

③ 张廷玉:《张廷玉全集》下册,第406页。

④ 闵庚尧:《中国古代公文简史》,档案出版社,1988年,第233页。

朝与乾隆初期文坛也产生了全面而深刻的影响，同时也极大地推动了桐城文派的发展壮大。

第二节　张廷玉对桐城派古文思想的继承与发展

张廷玉没有文论专著与专篇，为他人作的诗文序和进呈御览文集与典籍的表文等也不多，但在这不多的序、策问与表等文中，他比较清楚地表明了自己的古文主张。江小角、杨怀志两先生将张廷玉的古文思想总结为四个方面。① 我们换一个思路，通过对这些序文、策问、表文以及相关文章的梳理，我们认为，张廷玉的古文思想继承了其父张英的古文思想，主要表现在以下几个方面：

一是根柢经史。张英认为桐城之文"以六经为根源，以诸史为津梁"，而张廷玉主张"学者治经而外，急宜辅之以史。盖史之文，经之案也。圣人之言如神医立方，读者知其然，而不知其所以然。惟精于医者，因病而悟方，然后恍然于利害之未尝丝毫爽也。此史之所以案也"，②则在其父思想的基础上对文史关系有了进一步认识，强调了史对文学的价值。

二是崇尚实学。张英坚守桐城崇尚实学的传统，作文评文以有关乎身心国家之用为价值取向。他说："今是书出而学者欲从朱子之微言以求圣贤之精意，则是书可为津梁焉，使由是而融贯之，可以得身心性命之原，通家国天下之故，会天地人物之理，安起居饮食之节，明体达用，立身行道，皆于是乎在。"③张廷玉说："究之辞命、议论、论事，莫不贯于理。惟贯于理，则内有以关乎身心意知之微，而外有以备乎天下国家之用……皇上即位，作述相承，潜心道奥，纶音叠涣，以崇实学、敦名教为先务。凡以期海内文学之士，不骛声华而衷诸性命也。"④显然与其父并无

① 江小角、杨怀志两先生从四个方面论述了张廷玉的为文主张：（一）极力从政策层面引导文学发展。（二）主张"文以载道"，要作"性命""载道"之文。（三）强调学习经、史的重要性。（四）一些纪事、记人、状景之文，说理透彻明快，语言生动精炼，不失"典雅"之美。（《张廷玉全集》上册《前言》，第44—51页）

② 张廷玉：《廿一史文钞序》，《张廷玉全集》上册，第163页。

③ 周大璋：《四书朱子大全精言序》，《四书朱子大全精言》，康熙四十七年宝旭斋刻本。

④ 张廷玉：《古文雅正序》，《张廷玉全集》上册，第148—149页。

二致。

三是师法对象。张英所说的桐城先正读书之法同时也点明了学文的师法对象,即以六经、先秦两汉、八家为师。张廷玉在《丁巳恩科会试策问五道(乾隆二年)》中奉六经、两汉诸家、唐宋八家、朱熹为文之正统,与其父也基本一致。

四是追求醇雅。醇雅是宗经的表现形态,也是康熙朝力求塑造的文风,醇雅文风也是张英大力提倡与反复强调的,张英温柔敦厚、和平典雅的风格就是这种文风的具体表现。而张廷玉则在醇雅的基础上趋于典则,下文"审美趣向"中再作论述。

然而为了顺应时代的新要求与政治的新变化,更好地贯彻落实皇帝的训谕,张廷玉又在张英的思想基础上作了某些调整,除了更为重视文史关系外,我们下面再从文行关系、文理关系与审美趣向三个方面进行分析,重点揭示张廷玉对桐城派古文思想的发展。

一、文行关系

如果说从康熙十七年(1678)诏试博学鸿词之时起康熙皇帝就开始有意识地将工作重心逐渐转移到文治,那么经过二十多年的发展,康熙文坛确实繁荣了起来,但士风文风存在的问题也随着文坛的繁荣日益突出,一些士子"或蜚语流言,胁制官长;或隐粮包讼,出入公门;或唆拨奸猾,欺孤凌弱;或招呼朋类,结社要盟。""标榜虚名,暗通声气,夤缘诡遇,罔顾身家。又或改窜乡贯,希图进取,嚣凌腾沸,网利营私。"浮华荡轶之文风也逐渐发展了起来,对于这种种情弊,康熙皇帝"深可痛恨",于康熙四十一年(1702),亲制《训饬士子文》,颁发礼部,命令勒石国子监和各府州县学宫,要求士子"先立品行,次及文学、学术、事功,源委有叙。尔诸生幼承庭训,长列宫墙,朝夕诵读,宁无讲究?必也躬修实践,砥砺廉隅,敦孝顺以事亲,秉忠贞以立志。穷经考义,勿杂荒诞之谈;取友亲师,悉化骄盈之气。文章归于醇雅,毋事浮华;轨度式于规绳,最防荡轶……否则,职业弗修,咎亦难逭,勿谓朕言之不豫也,尔多士尚敬听之哉。"①从此,康熙皇帝一改以前的宽松的文化政策,开始整饬文坛,对于文人的选拔与考核,"行"的优先地位与权重得到了进一步的张扬,骄盈浮华之气自此逐渐有所收敛。

① 张廷玉等:《圣祖仁皇帝实录》卷二〇八,《清实录》第六册,第116页。

雍正延续了康熙的文化政策，继续加强对文风士风的整饬。雍正元年（1723）正月，雍正即位之初就御制《训饬士子文》，其中有说："念学校为士子进身之阶，督学一官尤为人伦风化所系，遴选各省学臣倍加郑重。尔等须廉洁持身，精勤集事，实行、文风两者当所并重。若徒事文华而不敦崇实行，犹未为尽职也……而衡文一道，专以理明学正、典雅醇洁为主。古人云：'言乃心声，气由夙养。'必士品端而后文风正。"①雍正四年（1726）四月，又谕各省乡试正副考官说："夫文行原无二理，岂有文艺优通而品行卑劣者？况国家以文章取士，尔等以文章发科。今膺鉴衡之任，若文优而行劣，使天下之人谓文章一道全无足凭，则是读书通籍之人，贻玷于名教，国法尚可容乎！"②这里"文"的"理明学正、典雅醇洁"与康熙的"醇雅"一脉相承，而"行"在康熙强调"品行"的基础上尤"敦崇实行"。

在康熙、雍正朝整饬文坛的形势之下，桐城文人是积极响应圣谕的，如戴名世就说："人之心之明暗、善恶、厚薄，其著之于辞者，皆不能掩，是故观其文而可以知其人矣。文中子曰：'谢灵运，小人哉，其文傲，君子则谨。沈休文，小人哉，其文冶，君子则典。鲍照、江淹，古之狷者也，其文急以怨；吴筠、孔珪，古之狂者也，其文狂以怒；谢庄、王融，古之纤人也，其文碎；徐陵、庾信，古之夸人也，其文诞；刘孝绰兄弟，鄙人也，其文淫；湘东王兄弟，贪人也，其文繁；谢朓，浅人也，其文捷；江总，诡人也，其文虚：皆古之名利人也。颜延之、王俭、任昉，有君子之心焉，其文约以则。'以今日之时文言之，其最著名之善者有数家：李厚庵则谨，刘大山其派别也。韩慕庐则典，储礼执则其支裔也。方灵皋则约。方文辀、方百川其古之狂者乎？胡袭参其古之狷者乎？其余知名者亦颇多有，然已不能无弊。至于众手雷同，彼钞此袭者，何从而辨其人品，然皆今之名利人也。"③显然，戴名世主张文人要做君子，有君子之心，要真实地表达自己，不抄袭他人，这样自己的见识、品德、学问就能在文章中呈现出来，这样就可以观其文而知其人。又如方苞自称"学行继程朱之后，文章介韩欧之间"，不仅是以此自勉，也是以此响应圣谕。相对来说，张廷玉在这方面有比较充分地论述与强调。

首先，从论文行的具体场合来看，张廷玉主要在以下几个场合论及了文行关系：（一）张廷玉不仅在癸卯（1723）乡试与丁巳（1737）会试其所出的策问试题中涉及文行关系，还在《癸卯恩科会试录序》中论及了文行关系。（二）乾隆三年

① 张廷玉等：《世宗宪皇帝实录》卷三，《清实录》第七册，第70—71页。
② 张廷玉等：《世宗宪皇帝实录》卷四三，《清实录》第七册，第633页。
③ 戴名世：《忧庵集》卷一六〇，《戴名世遗文集》，第137页。

(1738),兵部侍郎舒赫德奏废科举,认为“科举之制,凭文而取,按格而官,已非良法……时文徒空言,不适于用”。[①] 显然,文不适于用是舒赫德奏请废科举的理由之一。张廷玉作《议复制科取士疏》代礼部议复,论及科举之文与学、才、用的关系,疏上之后废科举之议得以作罢。(三)张廷玉在弘历为皇子时,为其《乐善堂集》作序时,提出“非言之艰,行之维艰”,希望皇子“既能言之,又允蹈之”。[②](四)张廷玉在弘历为乾隆皇帝时,为其《御制乐善堂全集》作序时,又说:“皇上本皇极之敷言,既已见诸行事,中外欣欣,文德诞被矣。而犹夙夜孜孜,因言考行。所谓圣天子建中和之极,金声而玉振之者,诚在今日。”[③]张廷玉在这些极为重要的场合反复论及文行关系,可见这一问题在张廷玉思想中的重要地位,以他的身份与地位,他的论述影响之大之深也就毋庸置疑了。

其次,从论文行的主要内容来看,张廷玉所倡导的文行一致继承了“文如其人”这一传统理论命题的内涵,又在家学重学尚用、知行合一的基础上突出了时代的要求,加强了文人实行、实功的考察,丰富了它的内涵。“文如其人”主要是指作品能真实地呈示作家的品德、思想、情感、学识、性格、气质、志趣等。与此相对的是“文不如其人”。这两种情况在现实中都同样大量存在,所以历来争议不断。然而作为政治家与文坛领导者,张廷玉当然知道文与人有着不同的评价标准,他所要思考的是如何巩固与扩大士子文与行相一致的一面,减少与防止士子文与行不一致的一面,以便更好地因文考行,并借此识人选人用人。那么张廷玉又会采取什么措施来改善文行关系呢?我认为他主要是从以下几个方面采取措施的:一是以德为本,以文为末,强调本末兼修。张廷玉在其所出的癸卯乡试策问题目中说:“自隋、唐以来,士子以文章为先资之献,而文与行违者,往往有之。论者谓行乡举里选,于今日恐滋矫伪之习。文以载道,仁义之人,其言蔼如。以此求士,拔十得五,舍是更无良模,其说然欤?抑必学校之制备,诗儒之教严,使内外交养,本末兼修,而后收制科之实效欤?”[④]虽是问句,但他的意图是非常明显的,他是赞同、肯定本末兼修的。二是强调作文必诚必明。张廷玉在其所出的丁巳会试策问题目中说:“事君先资其言,则文章亦心迹之司契也。”[⑤]在其《癸卯恩科会试录

① 赵尔巽等:《清史稿》,中华书局,1976年,第3150页。
② 张廷玉:《张廷玉全集》上册,第143页。
③ 张廷玉:《张廷玉全集》上册,第144—145页。
④ 张廷玉:《张廷玉全集》上册,第121页。
⑤ 张廷玉:《张廷玉全集》上册,第138页。

序》中又说："臣窃观虞廷官人敷奏，以言必明，试以功。"①三是如何因言观行。张廷玉在《议复制科取士疏》中说："今舒赫德所谓时文、经艺以及表、判、策、论皆为空言，剿袭而无用者，此正不责实之过耳。夫凡宣之于口，笔之于书者，皆空言也，何独今之时艺为然……今若著为令甲，非工不录，则服习讲求，为益匪浅。表、判、策、论皆加核实，则必淹洽乎辞章，而后可以为表；通晓乎律令，而后可以为判；必有论古之识，断制之才，而后可以为论；必通达古今，明习时务，而后可以为策。凡此诸科，内可以见其本原之学，外可以验其干济之才，何一不切于士人之实用，何一不可见之于施为乎？"②四是主张不仅以言为"先资"，更要以实德、实行、实功为旨归。张廷玉在《癸卯恩科会试录序》中说："愿群士无徒以言为先资，而实进其德，实励其行，实致其功，励相我国家，然后无负于圣天子求贤若渴之诚，而臣亦得藉手以稍答屡世之恩遇矣。"③综上可知，在张廷玉看来，确保文行相顾要具备四个条件：本末兼修是前提，作文诚明是关键，因言考行是手段，实行实功是目的。显然，张廷玉主要是从识人、选人、用人的实用目的来倡导文行一致的。

再次，从论文行的社会期待来看，张廷玉倡导文行一致主要表现为三个方面的社会期待：一是伦理期待。张英、戴名世、方苞等桐城文人多以君子自勉，追求君子之文。孔子说："有德者必有言。""文质彬彬，然后君子。"文行相合显然是文人立志做君子的必要条件。二是文学期待。《易经・乾卦》有："子曰：'君子进德修业。忠信，所以进德也。修辞立其诚，所以居业也。'"这里的"修辞立其诚"虽然还具有伦理期待，但文学自觉以后，被运用到文学中，成为文学创作的原则与文学批评的标准。张廷玉倡导文行一致响应了"清真雅正"审美趋向的时代要求，并以"诚"为核心对文行关系作了进一步思考与完善。三是政治期待。"文以载道"，而"道统为治统之本，心法为治法之原"，④心法又多以文的形式呈现，从这个意义上说，道与治相统一也需要以文来呈现，以文来推行与落实。实行、实功的要求充分体现了张廷玉的政治期待。总的来说，张廷玉倡导文行一致不仅充分体现了中国文人的贵真求实的价值追求，也是对桐城"崇尚实学"思想的贯彻落实，更重要的是使我们对雍正倡导的"清真雅正"之"清真"有更深入的理解，即文行一致至少是"清真"的一个具体要求。

---

① 张廷玉：《张廷玉全集》上册，第171页。
② 张廷玉：《张廷玉全集》上册，第98—99页。
③ 张廷玉：《张廷玉全集》上册，第171页。
④ 张廷玉：《张廷玉全集》上册，第136页。

二、文理关系

文道关系、文理关系是文学的重要问题，一直以来都受到文学家、经学家的关注，提出了诸如“理扶直以立干，文垂条而结繁”“言文不及理，是天下无文也”“文以载道”“作文害道”“文皆从道中流出”等观点，对文学创作与批评产生了深远的影响。张廷玉在雍正初年所作的一篇重要序文《古文雅正序》中也表达了对一问题的看法。序文在程朱理学的基础上，融入了家学中阳明心学的精华，提出了“文根之性命”“文贯于理”的观点，发展了“文源于道”“文以载道”“文以贯道”的思想，对桐城文派乃至翁方纲的“肌理”说都产生了重要影响。

> 文辞之兴，非偶然也，发天地之精华，而根之性命。《易》之道阴阳，《诗》之道志，《书》之道事，《礼》之道行，《春秋》之道名分，要而论之，皆性命之文也……昔人之论古文也，其类有四，曰辞命，曰议论，曰论事，曰论理。究之辞命、议论、论事，莫不贯于理。惟贯于理，则内有以关乎身心意知之微，而外有以备乎天下国家之用。故夫性命之文，约而达，赡而精，奥博而有体要。他若俶诡幻怪，卮词蔓衍，与夫月露风云，连篇累牍，大雅弗尚也……暇时出所选古文若干卷示予。予综观其目，上下二千年中，仅收文二百有奇，醇正典则，悉合六经之旨，而俶诡幻怪、风云月露之词不与焉，所谓合辞命、议论、论事而一贯于理者也。①

序文中的“性”“命”“理”是程朱理学与陆王心学的重要范畴，而桐城张氏精研性命之学，对理学与心学都非常熟悉，张廷玉《澄怀园语》中就有引用陆象山、王阳明之语，所以，要准确地理解这篇序文，有必要在程朱理学与陆王心学的学术语境中展开深入分析。

（一）文根之性命

刘勰《文心雕龙·原道》认为文根源于道，而张廷玉说：“文辞之兴，非偶然也，发天地之精华，而根之性命。”用“性命”来置换“道”，其理论内涵则融入了新的内容。“非偶然”即必然，必然即理。在程、朱看来，“性命”即是道，即是理。程

---

① 张廷玉：《古文雅正序》，《张廷玉全集》上册，第148—149页。

颐说:“心即性也。在天为命,在人为性,论其所主为心,其实只是一个道。”①朱熹说:“盖天道运行,赋与万物,莫非至善无妄之理而不已焉,是则所谓天命者也。物之所得,是之谓性,性之所具,是之谓理,其名虽殊,其实则一而已。故学至于不惑而又进焉,则理无不穷,性无不尽,而有以知此矣。曰:然则程子之直以穷理尽性言之,何也?曰:程子之意,盖以理也性也命也,初非二物而有是言耳。”②那么,张廷玉的这句话就包含了“文根之于理”的意涵。既然“文”根源于“理”,那么“理”自然贯于“文”的形成与形式之中。这样,下文“究之辞命、议论、论事,莫不贯于理”“一贯于理”的强调也就理顺、意顺、气顺了。

在朱熹的思想中,“理”不仅指客观必然性,也指道德法则,具有善的道德内涵。然而朱熹一方面将“理”作为自己哲学的最高范畴,一方面又提出心本体论:“心也,所以致中和,立大本,而行达道者也,天理之主宰也。”③“仁义礼智,性也;恻隐、羞恶、辞让、是非,情也;以仁爱,以义恶,以礼让,以智知者,心也。性者,心之理也;情者,心之用也;心者,性情之主也。”④蒙培元先生说:“朱熹理学与王阳明心学之间,不仅有着内在的逻辑联系,而且从哲学史的发展来看,朱熹理学直接演变成王阳明心学。”⑤王阳明继承与发展了朱熹的思想,将心理合一,以心为本,理只需在自己心上发掘与寻找,无需外求,所以说,心即理,从而解决了朱学中的“理”与“心”两个本体的问题及其矛盾。王阳明说:“经,常道也。其在于天谓之命,其赋于人谓之性,其主于身谓之心。心也,性也,命也,一也。通人物,达四海,塞天地,亘古今,无有乎弗具,无有乎弗同,无有乎或变者也。是常道也,其应乎感也,则为恻隐,为羞恶,为辞让,为是非;其见于事也,则为父子之亲,为君臣之义,为夫妇之别,为长幼之序,为朋友之信。是恻隐也,羞恶也,辞让也,是非也;是亲也,义也,序也,别也,信也;一也。皆所谓心也,性也,命也。通人物,达四海,塞天地,亘古今,无有乎弗具,无有乎弗同,无有乎或变者也,是常道也。是常道也,以言其阴阳消息之行焉,则谓之《易》;以言其纪纲政事之施焉,则谓之《书》;以言其歌咏性情之发焉,则谓之《诗》;以言其条理节文之著焉,则谓之《礼》;以言其欣喜和平之生焉,则谓之《乐》;以言其诚伪邪正之辩焉,则谓之《春秋》。是阴阳消息

① 程颢、程颐:《二程集》,中华书局,1984年,第204页。
② 朱熹:《朱子全书》第六册《论语或问》卷二,上海古籍出版社、安徽教育出版社,2002年,第641页。
③ 朱熹:《朱子全书》第二十三册《晦庵先生朱文公文集》卷六十七《太极说》,第3274页。
④ 朱熹:《朱子全书》第二十三册《晦庵先生朱文公文集》卷六十七《元亨利贞说》,第3254页。
⑤ 蒙培元:《论朱熹理学向王阳明心学的演变》,《哲学研究》,1983年第6期,第61页。

之行也，以至于诚伪邪正之辩也，一也。皆所谓心也，性也，命也。”①对比张廷玉的“《易》之道阴阳，《诗》之道志，《书》之道事，《礼》之道行，《春秋》之道名分，要而论之，皆性命之文也”这句话，从五经是“性命之文”角度来看，张廷玉所表达的意思与王阳明没有什么不同，或许可以说张廷玉从文学角度简化了王阳明的这段话。综上，在张廷玉的序文中，“性命”通过理学之“理”与心学之“心”的关联而使其内涵更为丰富，他的“性命”不仅包含必然性的内涵与道德法则，也包含与善相关的道德情感，那么，“文根之性命”就是说客观必然性、道德法则与道德情感都是文学的根源，这比“文根之理”的内涵要丰富。可见，这样合而观之，毫无矛盾，可以并行不悖，而且将这种心理相合、情理相融以及与之相关的知行合一等心学思想与前文的“文行一致”相观照，则张廷玉文学思想的内在思理豁然开朗。如果仅从程朱理学方面去理解张廷玉的文学思想，可能难以把握其思想的内在逻辑，况且他的家学中本来就有心学的成分。

（二）文贯于理

桐城文人多主张“文以明理”，如康熙四十五年（1706）戴名世在《杨千木稿序》中说：“古之论文者多矣，吾有取于荀子、文中子二家之说焉。文中子曰：‘言文而不及理，是天下无文也。’今夫天地万物莫不有理，文也者为发明天地万物之理而作者也。理之不明，是已失其所以为文之意矣，而何文之有乎。荀子曰：‘君子之言，正其名，当其辞，以务白其志义者也。愚者之言，诱其名，眩其辞，而无深于其志义者也。’夫志义者，则理之说也。”②张廷玉的“文贯于理”，看起来与“文以明理”“文以贯道”差别不大，而实际上，《古文雅正序》中的“理”除了上文所说的必然性的客观规律与道德法则及其道德情感（在文章中可称为义理）外，还指条理或文理。“文以贯道”则不包含这样的内容。《古文雅正序》中“惟贯于理，则内有以关乎身心意知之微，而外有以备乎天下国家之用”这句话所说的治己之理与治世之理，在文中就是义理之理。而紧接着说“故夫性命之文，约而达，赡而精，奥博而有体要”这句话则是说在“贯于理”前提下才有这样的表达效果，那么这个“理”在文章中就不仅仅是义理之理，还有作文之理，即文理之理，也就是“言有序”之理，这是辞达之前提。这一点，方以智、张英、杨名时等人都有论述（前文已引）。乾隆三年（1738）乾隆皇帝在《御制唐宋文醇序》中有进一步阐述：“周公曰：

---

① 王守仁：《稽山书院尊经阁记》，《王阳明全集》，上海古籍出版社，1992年，第254页。

② 戴名世：《戴名世集》，第67页。

'言有序。'孔子曰:'辞达而已矣。'无序,固不可以达,欲达其辞而失其序,则其为言奚能云粼波折,而与天地之文相似也?然使义则戋戋,而言有枝叶,妃青媲白,雕琢曼辞,则所谓八代之衰已,其咎同归于无序而不达。"①由此,"序"是"达"的必要条件,要想"达",必须先有"序",无"序"则不"达"。再对照受桐城文派影响的翁方纲(1733—1818)的"肌理"说:"理者,治玉也。字从玉,从里声。其在于人则肌理也,其在于乐则条理也。《易》曰'君子以言有物',理之本也;又曰'言有序',理之经也。天下未有舍理而言文者。"②由此看来,张廷玉"文贯于理"中"理"包含了义理与文理两层意思,与方苞"义法"所说的"言有物""言有序"异曲同工,是符合时代发展与桐城文派演变的内在逻辑的。

综上所述,张廷玉在《古文雅正序》一文中,利用程朱理学与阳明心学中"性命"与"理""心"内涵的同一性,回答了文学的根源与文学创作和批评的原则这两个重要问题。序中之所以用"性命"一词,实际上是对古文创作与接受中道德法则与道德感情作用的强调,是深受其家学影响的结果,是与张英对古文创作与接受中道德及其情感的重视是一脉相承的。同时性命之文是实用之文,也是贯理之文,既贯之义理,也贯之文理,义理之理与文理之理又是合一的,所以序中反对理与文章之学判为两途。这样理解,序中出现的"性命""理""文以载道"等范畴与命题就可以贯通起来了。"文根之性命""文贯于理"的理论主张不仅丰富了桐城文派文学理论的内涵,而且后来姚鼐论文"根极于性命,而探原于经训"③也与此一脉相承,翁方纲也是在张廷玉与方苞思想的基础上提出了"肌理"说。④

---

① 弘历等:《御选唐宋文醇》,影印《文渊阁四库全书》第1447册,台湾商务印书馆,1986年,第99页。

② 翁方纲:《杜诗熟精文选理理字说》,《复初斋文集》卷十,《清代诗文集汇编》第382册,上海古籍出版社,2010年,第102页。

③ 《清史列传》卷七十二,中华书局,1987年,第5919页。

④ 翁方纲与桐城张氏关系密切:翁方纲少时受学于同邑黄叔琳之门,而黄氏为张英的庶吉士门生。张若需乾隆十七年壬申(1752)充会试同考官,翁方纲于是年中进士,出于张若需之门。又"壬申冬,方纲初入翰林,得问字于桐城张中畯先生。时先生嗣君茳亭前辈已先读中秘书,长方纲二岁。每请业于先生斋中,退而与茳亭切磋论文,其后数年与茳亭同修起居注,晨夕共几商订者又四年,于是先生论诗之秘,前后饫积于胸者迨十年矣……故敢不揣暗昧,勉徇其请,为排辑成若干卷,而略述师门数十年中区区愿学之忱……"(《见吾轩诗集序》,《复初斋文集》卷四,《清代诗文集汇编》第382册,第42页)"盖予受业于侍讲公(张若需)之门四十余年,而与詹事公(张曾敞)共事讲筵又三十余年矣。"〔《张氏四世讲筵纪恩诗序(甲寅二月望日)》,《复初斋集外文》卷一,第631页〕

三、审美趣向

在康熙与雍正整饬官场与文坛的背景下，张廷玉在雍正初年所作的《古文雅正序》中提出了“醇正典则”的评文标准，雍正十二年(1734)前后又在《同馆课艺序》中提倡“谨而典、约以则”的君子之文，乾隆初年又在《编修储中子文集序》和《金斗曾氏宗谱序》中以“有典有则”和“典则”评文。乾隆元年(1736)他的弟弟张廷瑑在《乾隆丙辰科会试录后序》中又说：“窃幸诸士子之文清醇典则，符盛世之音，次亦有沈潜朴茂之致。”①乾隆十二年(1749)乾隆皇帝在《皇清文颖序》中又说：“今是编惟取经进之作、朝廷馆阁之篇，与诸书小异，然以观斯文风尚，当有取焉……节而不流，征之以信，有典有则，可久之道其在斯乎！”②综上可知，张廷玉在雍正初年开始就在“醇雅”的基础上大力倡导“典则”，对当时文坛产生了重要影响，文人、文章的恣放、疏放之态由此日益收敛，“醇正典则”逐渐发展成了当时文坛的主要审美趣向。

“醇正”就是纯而不杂，正而不邪，不偏僻，不肤鄙。在张廷玉看来，“醇正”主要有两个方面的指向：一是指义理本身的醇正，要求合乎六经之旨，合乎儒家正统的道德法则及其相应的道德感情。二是指“理”与“文”的源流醇正，强调学文、作文入门须正。张廷玉在《丁巳恩科会试策问五道(乾隆二年)》中说：“韩子谓‘仁义之人，其言蔼如’，李汉以文为贯道之器，将士行修而文体自正，抑文自有源流节目，而未可以一说竟欤？两京以还，文家孰为醇正？唐宋八大家并称，而朱子《语类》尤深美昌黎，又尝学子固之文，何所取欤？而八家之外，岂无有当于六经之旨，足以资博习而益风教者欤？”③出此题的目的就是想通过了解士子对“理”与“文”源流的认识来考察士子学文、作文的路径是否醇正。同时也可以看出张廷玉构建文统的强烈意愿，即构建以六经—两汉诸家—唐宋八家—朱熹为线索的正统，这实际是对《御选古文渊鉴》所构建的新文统的提纯，然在整饬文坛的背景下，有着重要的现实价值与实践意义。

“典”，《说文》解释为“五帝之书”，《尔雅》解释为“经”，引申为标准、规范、法

---

① 张廷瑑：《张思斋示孙编》卷三，《四库未收书辑刊》玖辑贰拾壹册，北京出版社，2000 年，第 739 页。

② 陈廷敬、张廷玉等：《皇清文颖》，影印《文渊阁四库全书》第 1449 册，台湾商务印书馆，1986 年，第 2 页。

③ 张廷玉：《张廷玉全集》上册，第 138—139 页。

则的意思。而“则”在《尔雅》中解释为“法”，“常”，即法度、准则的意思。由此，结合张廷玉相关论述，张廷玉所说的“典则”主要有两个方面的含义：一是以经典为准则。刘勰认为“典雅者，熔式经诰，方轨儒门者也。”张廷玉与此相同，也倡导以儒家经典为学习范本。这与前文“醇正”的内涵相同。一是文章之法。张廷玉在《同馆课艺序》中说：“扬子云有言‘诗人之赋丽以则’，又曰‘中正则雅’，而王仲淹以谨而典、约以则为君子之文。居承明著作之庭，当授简簪毫之任，固不徒以抽秘逞妍、俪白媲红为能事也。是编所录大都宫商协应，抗队得宜，藻思芊眠，首尾温丽，合纂组以成文，列锦绣而为质，要其程材效伎，按部就班，极磨砻追琢之功，有俯仰揖让之度，殆所谓诗人之赋而君子之文。学者，本之汉魏大篇以立其干，参之唐宋近体以畅其支，而以是编为之标准楷式，于以铺张盛烈，鼓吹休明，彬彬郁郁，将进而与三代同风者，其在是欤！”①实际上，学习儒家经典与学习文章之法是统一的，在张廷玉的文统中，先秦、两汉、唐宋古文大家之文是理法兼备的。张廷玉作于乾隆三年(1738)的《议复制科取士疏》说：“今徒见世之腐烂抄袭以为无用，不知明之大家如王鏊、唐顺之、归有光、胡有信等以及国初诸名人，皆寝食梦寐于经书之中，冥搜幽讨，殚知毕精，殆于圣贤之义理，心领神会，融液贯通，然后参之经、史、子、集，以发其光华；范之规矩准绳，以密其法律，而后乃称为文。”②乾隆四年(1739)五月丙寅，张廷玉等奏：“遵旨会议殿试策文……臣等细加酌定，应取历朝流传诵习之文以为成式，并饬各省学政，广行晓谕，务须贯穿古今，陶铸经史。”③可是张廷玉只提出了文章之法的原则要求，没有具体讨论文章之法具体要求，而方苞等人却在这方面有着丰富的言说，可视为对此的具体化。

通过对“醇正”与“典则”的阐释，我们可以很清楚地看到，“醇正典则”是对雍正皇帝“理明学正、典雅醇洁”“清真雅正、理法兼备”圣谕的响应，同时也让我们认识到要达到“醇正典则”，必须以模经习法为途径，以积学陶铸为工夫，非一朝一夕之事。方苞《钦定四书文凡例》中也表达了相近的观点：“欲理之明，必溯源六经，而切究乎宋、元诸儒之说；欲辞之当，必贴合题义，而取材于三代、两汉之书；欲气之昌，必以义理洒濯其心，而沉潜反覆于周、秦、盛汉、唐、宋大家之古文。兼是三者，然后能清真古雅而言皆有物。”④“清真古雅”与“醇正典则”核心意涵相

① 张廷玉：《张廷玉全集》上册，第179—180页。

② 张廷玉：《张廷玉全集》上册，第98—99页。

③ 庆桂、董诰等：《高宗纯皇帝实录》卷九十三，《清实录》第十册，第424页。

④ 方苞：《方苞集》，第581页。

同，张、方两人对达致的途径与工夫的论述也相同。由此可知，张廷玉与方苞所表达的观点都是围绕着对圣谕的理解而展开的，核心思想是相同的。

四、小结

从现实需要与思想渊源来看，张廷玉积极响应了康熙、雍正整饬官场与文坛的圣谕，在研性命、奉醇谨的家学与桐城先正训子弟读书法的基础上，以实用为旨归，构建了自己的文论话语体系。

从文论话语的内在逻辑来看，追求文行一致的君子之文是张廷玉文论思想的出发点与归宿，“文根之性命”“文贯于理”是君子之文的原则要求，而“醇正典则”则是君子之文的风格特征。

从与桐城名家戴名世、方苞相关论述的对比来看，他们都不同程度地顺应时代的需要，在自己的文论中强调文行一致，作君子之文。然而他们论述又各有侧重，张廷玉“文根之性命”“文贯于理”显然要比戴名世的“文也者为发明天地万物之理而作者也”的内涵更丰富；张廷玉的“醇正典则”与方苞关于“清真古雅”的相关论述相一致，在重法节制方面也有着一致的取向，然方苞在论“法”方面更为具体与丰富。所以，我认为，他们在新的历史条件下，顺应时代的需要，调整了文学的审美趣向，从“裕”（张英的审美理想）转向“典则”与“雅洁”（第三章第四节已论述这种转向的内在逻辑），增强了桐城文派的适应能力。从清代学术思想与文学思想的演变来看，康熙四十一年以后，官场与文坛经过康熙皇帝与雍正皇帝的整饬，文人日趋谨慎，张廷玉倡导“醇正典则”和方苞提倡“义法”“雅洁”加速文风的变化，走向了节制与严谨，文章因此多词简理明，却少了些滋味与爽畅。

总之，张廷玉身份地位使他的文学思想不仅对雍正、乾隆两朝“清真雅正”文风的形成产生了重要影响，也对桐城文派积极顺应时代的变化，在新的历史条件下转变、发展和壮大产生了重要影响。

第三节　张廷玉对桐城派文风的继承与发展

张廷玉执掌翰林院二十五年，主持编纂了多部重要典籍，有着较强的职位角色意识，他曾说：“至于执笔为文，与承学者角一篇之短长，订一言之瑕瑜，非惟才思有以限之，抑亦绌于势而无可如何者矣……徒以躬际昌时，历官华要，而又忝为词苑之长，宜率先鼓吹休明，润色鸿业，然其所以辛苦而仅有者，聊以覆瓿，委为弃物。”①由此，他执笔为文虽不能与承学者争短长，但他因词苑之长和典籍编纂总裁的角色要求，一定会很慎重与谨慎，力求以身作则，率先垂范。

既然我们认为张廷玉是桐城派古文家，那么他的文章就应该具有桐城文家本色。江小角、杨怀志两先生在《张廷玉全集》“前言”中提到张廷玉之文有“桐城文家本色”，②可惜未作具体论述，其内涵不甚清楚。我认为张英在《龙眠古文初集序》中归纳了桐城古文的基本特色：“吾闻先正训子弟读书法，以六经为根源，以诸史为津梁，以先秦两汉之文为堂奥，以八家为门户，崇尚实学，周通博达，能不为制举业所缚束。涵濡既久，能振笔为古文词者，代有传人。朝堂之文昌明剀直，性理之文深醇奥衍，传记之文条理详赡，酬答赋赠之文温文尔雅。”③这是张英对集中桐城众多古文作家作品共同特色的归纳，张英古文也具有这样的特色，所以这就是“桐城文家本色”。张廷玉古文具有这样的基本特色。然而张廷玉在康熙加强整饬文风之时筮仕翰林院，后又执掌翰林院，在坚守桐城文家本色的同时自然会调整自己的文风，更好地贯彻落实圣谕，更好地适应岗位工作的需要。下文就依张英所归纳的桐城古文的基本特色来分析张廷玉之文（《张廷玉全集》中未收性理之文），并通过与张英之文的对比来揭示张廷玉之文对桐城文风的继承与发展。

① 张廷玉：《澄怀园文存自序》，《张廷玉全集》上册，第3—4页。
② 张廷玉：《张廷玉全集》上册《前言》，第51页。
③ 张英：《张英全书》上册，第299页。

一、朝堂之文昌明剀直

张廷玉创作了大量朝堂之文,尤其是公文,是公文大家,这不仅是因为他长期担任朝廷要职(特别是内阁批本的历练),熟悉朝堂事务与公文规范,又多亲自操刀,少假手他人,而且才思敏捷,还因为他见识高远,能根据人情物理,提出切实可行的对策,并以简洁质直而有说服力的语言表达出来。朝堂之文在《张廷玉全集》中主要有赋、颂、表、奏、议、疏等文章。其《三老五更议》《议复制科取士疏》《议复京察官员议叙疏》《请定安辑棚民之法疏》《条奏行取人员疏》等奏议名篇莫不昌明剀切,有“桐城文家本色”。昌明剀直,就是气昌理明,剀切人情物理,语言质直。这里的“气昌”是指理的善、正当、合理所表现出的气之充实与昌盛。

《三老五更议》不仅是清代奏议名篇,也是最能体现张廷玉根柢经史、崇尚实用、周通博达、昌明剀直风格的古文名篇。此议缘起于乾隆三年(1738)乾隆皇帝视太学之前,同军机大臣等谈及三老五更之礼,咨询是否可行。鄂尔泰依违其间,而张廷玉认为不可行,撰文以议之。此议的主要内容是:开头点出了三老五更之名始见于《礼经》,并指出其实为养老尊贤之礼。养老之礼由来已久,而以三老五更之礼最隆。皇帝现有式稽前典之心是美好的,然“礼待人行,事因时起”,现今已不可举行,接着阐述了几条理由,再以实行不好的负面影响来予以强调,进而提出“停止举行,不必敕下廷议”的希望。此议主体是三老五更之礼不可行的理由,理由明写了四条:三老五更之礼至隆,皇上圣明,屈礼臣下不难,但作为臣子,谁敢承受?“此其事之难行,一也”。三老五更均为洞悉天地人伦的贤能之人,现今致仕之臣及居职之臣,谁克任之?即使下诏,怕也无人敢应,“此其人之难得,二也”。三是考察汉、魏、周受三老五更之礼之人,桓荣犹不免讥评,下此者何足以当巨典?“此其典之难副,三也”。四是三老五更之名虽见于《乐记》诸篇,但都未言何代,三老五更之礼疑属汉儒之附会,“此其事未可尽信,四也”。[①] 而紧接着第四条理由之后又说:唐宋以来此礼未曾举行,即使本朝世祖、圣祖、宪宗皇帝重道尊师,明经造士,事事度越前古,而于老更之礼,也未实行。这里说此礼久未实行,实是暗指此礼既无现实之需要,也无实践之经验。这实际上也是一条理由。综上,

① 《皇清文颖》所收《三老五更议》,在陈述理由时,标明了“一也”“二也”“三也”“四也”。见影印《文渊阁四库全书》第1449册,台湾商务印书馆,1986年,第835—836页。《张廷玉全集》所收《三老五更议》只标明了“一也”“二也”“三也”。

这五条理由以“礼待人行，事因时起”为理念，直面现实，根经据史，从举行三老五更之礼的难度（于臣难受、于人难得）、效果（于史有讥）、依据（于古无据）、现实之需要与实践之经验（唐后不举）等方面展开论述，不仅切中了当时好名泥古之弊，斩断泥古之依据，也切中了人情物理，剖析了现今举行之难，即便举行，也会名不副实，违背举行之初衷。理由正当、合理、充分、周全，因此，“疏入，上韪其言”。[①]从表达上来看，此议反对举行三老五更之礼的态度明确，语气坚定，以“此其……一也”“此其……二也”“此其……三也”“此其……四也”标明理由并予以阐述，不仅章法严谨，条理清晰，还构建了段落之间的排比关系，使文气更加充盈。析理明白透彻，语言质直无华，意达而言止，无冗赘。总之，此议具有桐城文家本色，并且在此基础上规范端庄的特色也较为凸显。

张廷玉长于公文，张英公文写作水平也很高。下面我们就以张英《恳恩休致疏》与张廷玉《恳辞兼摄吏部事务奏》为例来进行对比，分析他们所共有的昌明剀直的风格特征和不同的个性风格。张廷玉恳辞兼摄，张英恳恩休致，写作目的相近。呈送对象或受文者都是皇上，又是自己的门生。结构相同，他们都从深受皇恩写起，以本应报恩而有不得已之情为转折，接着申述理由，最后恳请皇上垂鉴俞允。乞恩、乞求类奏疏一般都采用这一结构类型，多无不同，然而在理由及其申述上则表现出各自的特点。

> 雍正六年冬月，因吏部满汉尚书俱无在任之人，蒙世宗宪皇帝命臣兼行署理。比时原有暂署二三年之旨。嗣后臣屡次恳辞，仍以堂官缺员未蒙俞允，且论若有差误，宽免处分。恩旨缠绵，非臣下所能承受。臣每一跪诵，涕零如雨。我皇上新政之初，臣不敢遽以私情固请。上年冬月，始敢沥抒悃忱，乃蒙温谕慰留，臣恭聆之下，惭感无地。伏念臣自兼管吏部以来，已十有一年，从来大臣兼摄别部未有如臣之久者。今犬马之齿，六十有七，自觉精神思虑迥不如前，事多遗亡，食渐减少。夫以望七之衰年而兼繁剧之巨任，又不能时常入署检阅稽查，窃恐错误担延在所不免，在臣身固无足惜，而公事所系匪轻，言念及此，汗流浃背。今满汉尚书俱备，正愚臣可以言情之时。倘蒙皇上圣慈，俯垂鉴照，保全其末路，矜惜其衰颓，载降纶音，解退部务，则减一兼官，即减一分责任，少一旷误之件，即轻一分惭惶恐惧之心，不但臣力宽徐，无忧

① 李元度：《张文和公事略》，《张廷玉全集》下册，第536页。

竭蹶，而于本职应办之事更得专心致力，不至有顾此遗彼之虞，顶戴圣主始终覆帱之仁恩，永永无极矣。为此具奏请旨。①

臣所以屡渎宸听者，臣自幼体弱，身有血疾，中年此疾举发，尚可撑持，近因年老，气血日衰，每发一次，则必甚于前，再发则虑其难支，且因此而怔忡眼昏，遗忘日甚，肢体酸痛。臣所领皆要职，旷误实多，自知难逭。臣今年六十一岁，何敢谓之甚老。但臣自念生平受皇上非常之恩，召入内庭，侍从逾二十载，倘得以残年乞休归田，调治夙疾，则保全圣恩终始，在臣实为至荣，实为至幸。今以臣精神恍惚，必有担迟错误，自取旷职之罪，在臣生平实为可惜。人有至情，必告父母。皇上，臣之父母也。此实臣之至情，故敢冒渎天听，仰求圣慈俞允休致。隆恩渥泽，更属非常。臣战栗惶恐之至。②

首先，我们来看他们申述的主要理由。张廷玉主要写了"从来大臣兼摄别部未有如臣之久""以望七之衰年而兼繁剧之巨任……恐错误担延在所不免""今满汉尚书俱备""解退部务……于本职应办之事更得专心致力"等理由。张英主要写了自己"气血日衰……虑其难支……臣所领皆要职，旷误实多，自知难逭"。他们都是结合自身实际提出了自己的恳辞理由的，都有其合理性与正当性，相对来说，张廷玉的恳辞理由似乎要充分些。

再来看他们对理由的申述。虽然他们都将理由表述得直截了当，清楚明白，有理有情，但他们又有各自的特点。这主要表现情与理的处理及诉说情感的角度与语气上。张廷玉重在说理，其情主要从自己之私情的角度来诉说："倘蒙皇上圣慈，俯垂鉴照，保全其末路，矜惜其衰颓，载降纶音，解退部务，则减一兼官，即减一分责任，少一旷误之件，即轻一分惭惶恐惧之心。"而奏中的"在臣身固无足惜，而公事所系匪轻"与"减一兼官……即轻一分惭惶恐惧之心"，写得有些过实过直，为自己考虑的成分有点过多过重，不写这些，其他理由可能反而会更容易让人接受。而张英之疏虽然看起来像在唠家常，但从文学的角度来看，他以侍从二十余载来唤醒康熙皇帝的师生之情与君臣之情，接着以"倘得以残年乞休归田，调治夙疾，则保全圣恩终始"为乞请对象康熙皇帝考虑，又诉以"以臣精神恍惚，必有担迟错误，自取旷职之罪，在臣生平实为可惜"之私情，再以"人有至情，必告父母"

---

① 张廷玉：《恳辞兼摄吏部事务奏》，《张廷玉全集》上册，第48—49页。

② 张英：《恳恩休致疏》，《张英全书》上册，第284页。

来恳请，诚敬谦逊，情意绵绵，忠爱之情溢于言表。通观全文，张英之疏重在诉情，情兼理法，朴实恳切，文短情长，自然质朴之中洋溢着蔼然之气，乞请之中不仅流露出忠爱之情，同时也向康熙皇帝呈现了其可亲可悯的一面，很好地服务了上疏乞请休致之目的。相比之下，张廷玉之奏虽然也剀切事理，质朴实在，表述上更符合公文规范，理法兼备，却少了些其父与康熙皇帝之间的那份深厚的“如家人父子”的君臣之情，语气也没有其父那么温和柔软、容易让人感动，多少有点公事公办的味道，这可能是受到了写作者的心态以及写作者与受文者之间的亲疏关系等原因的影响。就文学形象来说，《恳辞兼摄吏部事务奏》中忠爱与可亲可悯的形象也要相对模糊些。

二、传记之文条理详赡

张廷玉参与和主持《明史》《四朝国史》等史书的编纂，浸淫于史传文学，长于叙事，擅长人物传记。传记之文在《张廷玉全集》中主要有传、记、碑、墓志铭、行状等文章，主要是记人记事之文，其中《大学士谥文端张公传》《先考予告光禄大夫文华殿大学士兼礼部尚书谥文端敦复府君行述》《良弼桥记》《桐城义学记》等都体现了条理详赡的特点。“条理详赡”之“条理”指言有序，而“详赡”指内容详细、丰富、充实、完整，实质上就是言有物。

首先我们来看张廷玉的记人之文。《大学士谥文端张公传》章法谨严，内容完整充实，充分体现了“条理详赡”的特点，是张廷玉的写人佳作。文章先简述了张鹏翮的名字、籍贯、生平，再交代张鹏翮早年志向以及从名家讲学，以明其居官服政、上结主知之本，接着以时间顺序分述司刑部、守兖州、出使俄罗斯、巡抚浙江、视学江南、总督河道的功绩，再总写其忠孝，最后写其衡文得人，点明自己为传主所取士，说明作传之由。文章内容非常丰富、充实，故事完整，思路清晰，先以总分总的顺序安排结构，分述部分又按时间先后顺序来进行叙述，条理井然，同时又精心地安排了叙事的详略，以出使俄罗斯与治河为重点，叙述比较详细、具体、完整，传主的功绩由此而更加突出，形象更加鲜明，更加饱满，尽显周通博达的桐城文家本色。

> 倭罗斯者，漠北一部落也。公官兵部时，与给事中某介内大臣前往宣谕，道经喀尔喀地。初，喀尔喀与额诺德不相能，额诺德乘喀尔喀旱荒，潜师以

袭，喀尔喀败，声言王师来救。及是，我师适至，额诺德直谓为喀尔喀来也，执我先锋某，一军皆惊，帐下纷纷欲退。公曰："我深入异地，我退，彼如摄我，我士卒本无斗志，与之遇，必不支矣，不如固营垒、严卒伍为之备，而遣一使谕以来意，彼当自解。"众犹豫未决，公厉声曰："臣子奉使绝域，万一变出意外，亦捐躯效命之秋也。堂堂天使，奈何卷旂返甲作遁逃状？复何面目见至尊！公等畏事，我独当之。"众唯唯惟命，遣使往谕额诺德，果释然，来麾下顿首谢罪，归我先锋。已而至倭罗斯，亦奉命惟谨，奏凯而还。①

这一段将故事的起因、经过、结果依次写来，完整有序，语言简洁平实，叙而不议。通过与"一军皆惊，帐下纷纷欲退""众犹豫未决"的对比，张鹏翮劝说及其表情所呈现出来的那种审时度势、临危不惧、敢于决断、勇于担当、应对得当的胆识、气魄与才干，显得非常鲜明突出，传主的形象由此而更加生动饱满。

治河一段，文字尤为详赡。这一段首先交代了康熙授张鹏翮治河方略，接着叙述张鹏翮不辞劳苦，实地考察，听取土人、熟水道者意见，制定治河方案，再结合前人治河之利弊，详细叙述了治河的具体工程及其落实与成效，最后写大工次第告竣，癸未(1703)康熙南巡时予以褒扬，张廷玉也赞说："凡工所经公所阅视者，辄保固云。"②这一段也写得完整有序，对拆、疏、引、固、拓、建等工程及其线路的叙述不厌其烦，即是写工程涉及地区之广，规模之大，管理督查之难，以此来反衬张鹏翮的勤恳与才干。但文中又数次提及康熙治河之圣谕，突出康熙治河方略的正确，可见，张鹏翮的功劳在于贯彻落实圣谕，在于管理，在于协调，在于实干，在于督查，而不是制定治河方略。这样的选材与安排，故事细节显得更为丰富、全面、完整与客观，充分体现了张廷玉"不虚美"的实录精神，也体现了张廷玉对康熙皇帝由衷的崇敬。

再来看记事之文。《良弼桥记》是张廷玉的记事名篇，也体现了"条理详赡"的特点。《良弼桥记》叙述了作记缘由、修桥目的、资金来源、工程概况、桥之命名、支助者姓名等，条理井然，工程概况与支助者姓名叙述详细，存史之意明显："予为诸生时，见而心伤之，蓄愿作石桥以利行人……里人乐之，名桥曰'良弼'。盖取世宗皇帝赐书'调梅良弼'之额，以为予功……予念非圣主恩赐之便蕃，则费

① 张廷玉：《张廷玉全集》上册，第222页。
② 张廷玉：《张廷玉全集》上册，第225页。

无所资；非先太傅之崇祀，则予无由经始；非亲族子弟暨在工之人同心共力，则桥未易成，即成亦未必其坚致若此。今既讫功，而独归美于予，予实赧焉。”[①]于此，我们不仅可以深切地感受到张廷玉造福乡里之愿、广布圣恩之意、谦虚承让之怀、桥成记功之乐，还可以体会到亲族子弟好善乐施之德、同心共力之行。由此，这座利民之桥就不仅是圣恩桥、先德桥、良弼桥，也是心愿桥、乐善桥、同心桥。可见，这篇文章内涵丰富，意图清楚明白，不仅存史之意明显，其教化乡里之意也较为明显，感情内敛充实，作者的自我形象也有所呈现，所以，尽管这篇文章语言质朴平实，但仍不失为一篇佳作。

《良弼桥记》与其父张英的《赐金园记》相比，既有相同相近之处，也有不同之处，作一比较，有助于我们更好地认识张廷玉对桐城文风的继承与发展。相同相近之处主要有以下几个方面：一是资金来源相同，建园与建桥资金主要来源于赐金；二是体裁相同；三是写作目的相近，张英的写作目的是“志圣主之恩，述良友之谊，示子孙于不忘耳”，[②]《良弼桥记》与此相近；四是文章内容与结构相近，《赐金园记》叙述了建园的目的与夙愿、资金来源、园子概况、写作目的等，条理详赡，《良弼桥记》也与此比较接近。而不同之处主要表现在以下几个方面：从文章的立意与格局上来看，《良弼桥记》所记之事为利民之事，《赐金园记》所记之事为乐己之事，显然，《良弼桥记》立意也就要高些，格局也就要大些。从行文上来看，《赐金园记》在写园子布局、景色等之后，以贺季真归山阴来作比较，文势有跳脱变化，但又显得非常自然从容，而《良弼桥记》则显得有板有眼，实实在在，规范有余而灵活不足。从形象塑造上来看，《赐金园记》所写的“龙眠山去城郭五六里许，岩峦层折，溪壑深秀。过石马潭、媚笔泉，则益增水石之胜。叠嶂盘互，一径而入，中忽平衍，田庐散布……古屋素题，石阶土壁，无丹漆之饰，无台榭之观，门且触额，径不容轨。独其掩映于嘉树美箭之中，曲折于翠巇芳池之侧，平畴如绣，村落环向，皆凭轩槛可得而瞩……虽自顾文采风流不足以仿佛昔人，而揆其所遇，岂得谓古今人不相及耶……当风雨寒暑则掩关读书，时和气暄则散步畦陇，眺览云物，延赏卉木，衣粗茹淡，识分知足，期以终老如斯”，[③]将描写、议论与抒情相结合，重在言志，周围环境之幽静、山居生活之简朴、主人性格之恬淡相契相融，相映

① 张廷玉：《张廷玉全集》上册，第 214—215 页。
② 张英：《张英全书》上册，第 371 页。
③ 张英：《张英全书》上册，第 370 页。

成趣，主人山居生活的形象由此跃然纸上。[①] 而《良弼桥记》将叙事与议论相结合，重在存史与教化，相比于《赐金园记》，作者自己的形象则不够生动，给读者留下的想象空间不多。

三、酬答赋赠之文温文尔雅

酬答赋赠之文在《张廷玉全集》中主要存于序、跋、题、杂著等文体中，其中《送都御史石湖杨公予告归里序》《苹村类稿序》《矗窗诗文集序》《矗窗诗二集序》《善卷堂四六注序》《跋左省书重录宗谱》《为编修沈椒园跋蒋文肃公花卉长卷》《澄怀园语》等莫不温文尔雅。温文尔雅即情态温和有礼，辞义平和雅正。

《送都御史石湖杨公予告归里序》是张廷玉为送怀宁杨汝谷予告归里所作的一篇序。张廷玉与杨汝谷"居同乡，同举礼部，同官于朝"，[②]杨汝谷要长张廷玉七岁，而作此序时，张廷玉已 67 岁，然暮年相别于京城，却没有写离愁别绪以及垂暮之慨，也没有像同僚与门人对杨氏蒙诏引退的艳羡，而是写对杨氏历官事迹的叙赞，以及对杨氏居乡与乡里父老歌咏太平、宣扬德意的期盼，这是非常符合他大学士兼翰林院掌院的身份的。从情感上来看，予告归里时面对老友叙赞其为官政绩，离别者自然感到亲切与温暖，将这与其后的期盼合而观之，除了有"进退无愧"的劝勉，还隐隐有劝慰之意，似乎是为老友拂去予告所带来的些微伤感。可见，文中所流露出来的情感不仅雅正的，更是温厚的。从表达上来看，第一自然段在同僚与门生惜公之去、羡公之遇并歌以赠之的基础上表达了"岂徒以能退为高者哉"的态度，并以此句作为这一段的结句，第二自然段是对这种态度的具体论述，最后再以"岂徒以能退为高者哉"作为这一段的结句，使前面的"态度"倾向充实了丰富深厚的情意，又与第一自然段的结句相呼应。"吾闻之""余闻古之人"作为二四两个自然段的开头，二三自然段又以"可为完人"呼应勾连。整篇文章文思绵密，章法谨严，情意不急不躁，绵绵不断。文章在语气上也温和有礼，如以"吾闻之""余闻古之人"开启一段，谦虚有礼而不生硬。节奏上舒缓而又有所起伏，温和而不柔弱，如叙为官政绩一段，开始节奏较慢，而到了"既而晋馆卿，丞奉

---

① 张英善于写景。如《垂云亭记》《香雪草堂记》等都是写景名篇。还善于通过环境描写来塑造人物形象。如《湖上先生传》也通过描写居住环境来衬托传主的性格，凸显传主的形象。又《跋瑞隐窝手泽后》中也是通过河中设幕张宴的场景描写来塑造瑞隐公形象的。

② 张廷玉：《张廷玉全集》上册，第 175 页。

天,陟纳言,赞风宪,所至皆著声绩”,节奏明显加快,接着“其在中枢也,勾稽惟谨,七兵之政秩如。其兼摄中铨也,综叙平允,一时有简要之目”,两个“也”字不仅使前句的语势得以减缓,也使本来严整的偶句的节奏有所减缓,后面又出之以散句“己酉主顺天乡试,癸丑主会试,甄录得人,公明交颂。今天子践阼,勤求治理,慎选群僚,而尤笃眷旧臣。以南台为风纪之司,非得耆年硕德者居之,不足以整百僚持天宪也”,节奏缓慢,而结尾处“今者以偶患微疴,陈情乞休,叨沐恩纶,得返林壑。噫!进退如公,可为完人矣”,①又以四字句为主体,节奏变快。但总体来看,节奏起伏不大,语言的节奏随情感而起伏,其间赞美之情真挚而充盈,弥漫着蔼如的气息,温而厚,有着较强的感染力。

《苹村类稿序》是张廷玉应门生徐以升之请为其曾祖父徐倬所作的诗文序。徐倬曾官翰林,为张英翰林院同僚,徐以升祖父徐元正是张英的庶吉士门生,两家情谊深厚。序中称徐倬诗文根柢深厚,“才大律细,自辟畦径,追古作者不虚也”,又以徐倬之生平行事验证其言:“诗文矣,曰人有撰著,必其学术之富,道理之明,交游之广,登眺游览之远且奇,或身经一二不可磨灭之事,蓄积久而后发为文章,庶几其有成也。”②既赞其文,又赞他文如其人,这对徐倬来说,不仅非常贴切,也恭敬有礼,而对徐以升来说,又非常亲切温厚。在用生平行事验证其言说时用“虽然”“然则”“而”等连词将这一段组合成语意连贯的整体,又次第用了四个“矣”、一个“哉”、一个“也”和一个“矣”等句末虚词,虽然情感与语势有一定起伏,但都是肯定与赞美之意,起伏不大,娓娓道来,温文尔雅。

温文尔雅在张英《聪训斋语》中表现得最为充分、典型。《聪训斋语》是教育子弟的家训,但文中没有训斥之言,仿佛一位慈祥温厚的长者在不迫不躁的说理,循循善诱,充满了蔼如的气息,让人如沐春风。如开篇第一则:

> 圃翁曰:圣贤领要之语曰:“人心惟危,道心惟微。”危者,嗜欲之心,如堤之束水,其溃甚易,一溃则不可复收也。微者,理义之心,如帷之映灯,若隐若现,见之难而晦之易也。人心至灵至动,不可过劳,亦不可过逸,惟读书可以养之。每见堪舆家平日用磁石养针,书卷乃养心第一妙物。闲适无事之人,镇日不观书,则起居出入,身心无所栖泊,耳目无所安顿,势必心意颠倒,妄想

① 张廷玉:《张廷玉全集》上册,第175—176页。
② 张廷玉:《张廷玉全集》上册,第182页。

生嗔，处逆境不乐，处顺境亦不乐。每见人栖栖皇皇，觉举动无不碍者，此必不读书之人也。古人有言："扫地焚香，清福已具。其有福者，佐以读书；其无福者，便生他想。"旨哉斯言，予所深赏！且从来拂意之事，自不读书者见之，似为我所独遭，极其难堪，不知古人拂意之事，有百倍于此者，特不细心体验耳。即如东坡先生，殁后遭逢高孝，文字始出，名震千古，而当时之忧谗畏讥，困顿转徙潮、惠之间，苏过跣足涉水，居近牛栏，是何如境界？又如白香山之无嗣，陆放翁之忍饥，皆载在书卷。彼独非千载闻人而所遇皆如此？诚一平心静观，则人间拂意之事，可以涣然冰释。若不读书，则但见我所遭甚苦，而无穷怨尤，嗔忿之心，烧灼不宁，其苦为何如耶！且富盛之事，古人亦有之，炙手可热，转眼皆空。故读书可以增长道心，为颐养第一事也。记诵纂集，期以争长应世则多苦，若涉览则何至劳心疲神？但当冷眼于闲中窥破古人筋节处耳。予于白、陆诗，皆细注其年月，知彼于何年引退，其衰健之迹皆可指，斯不梦梦耳。①

文中论述读书对于养心的意义，思虑较为周全，采用了引用名言、比喻、举例、正反对比等方法来说理，分析透彻，说理圆融，情深意厚，娓娓道来，如春风化雨，语势虽然较为缓慢，但却连绵不断地滋润着读者的心田，为读者输入正能量。《聪训斋语》全文大体如此，给人留下了思虑深远、说理透彻、情意敦厚、态度亲切、语气温和、风度从容的深刻印象。

张廷玉《澄怀园语》仿《聪训斋语》而作，也温文尔雅，如："凡人得一爱重之物，必思置之善地以保护之。至于心，乃吾身之至宝也。一念善，是即置之安处矣；一念恶，是即置之危地矣。奈何以吾身之至宝，使之舍安而就危乎？亦弗思之甚矣。"②"古人以'盛满'为戒。《尚书》曰：'世禄之家，鲜克由礼。'盖席丰履厚，其心易于放逸，而又无端人正士、严师益友为之督责匡救，无怪乎流而不返也。譬如一器贮水盈满，虽置之安稳之地，尚虑有倾溢之患；若置之攲侧之地，又从而摇撼之，不但水至倾覆，即器亦不可保矣。处'盛满'而不知谨慎者，何以异是？"③等等，与其父的风格极为相似，若将它们放置于《聪训斋语》中，则难以分辨出是张廷玉所写的。然而将这两部家训进行整体观照，我们就会发现，两者最大的不同

① 张英：《张英全书》上册，第499—500页。
② 张廷玉：《张廷玉全集》上册，第318页。
③ 张廷玉：《张廷玉全集》上册，第323—324页。

在于《澄怀园语》大量引用经史与他人之言，叙及不少本朝史事与前朝典故，具有很高的史料价值。如《澄怀园语》卷二就引用了程汉舒、孔子、姚别峰、范景仁、欧阳发、欧阳修、杜甫、元好问、高青丘、白居易、邵康节等人的诗、文与言，以及《耻言》《聪训斋语》《女论语》《论语》《韩魏公遗事》《庄子》《西清诗话》《广雅》《庐山志》等书中之语。《聪训斋语》虽也有引用和叙及本朝之事等，但没有《澄怀园语》这么频繁，相对来说，《澄怀园语》博雅之风与存史之意尤为显著。

四、小结

综上所述，张廷玉精于奏议，长于人物传记，不失为古文名家。他的文章根柢经史，崇尚实用，周通博达，昌明剀切，条理详赡，温文尔雅，有“桐城文家本色”。与其父相比，总体上虽然有所逊色，但他们在“桐城文家本色”之上能表现出各自的创作趣向与特色。张英之文多称心而出，情兼理法，不仅有着沉静、自然、从容的整体风貌，而且他一般在表现对象的同时，自己的精神、意态通过语言而流溢出来，有着较为鲜明的自我形象，在创作上落实了自己的“裕”的审美理想。而张廷玉由于他入仕之后经历了康熙、雍正整饬士风与文风圣谕的逐渐贯彻落实的过程，以及适应自己执掌翰林院、主持史书编纂以及处理政务等身份变化与岗位要求，更加注意从教化、存史等实用方面立意，重于明理，情在理中，结构与表述严谨规范，博雅典则的特色较为突出，尽管他在表现对象的同时，自我形象的呈现则不如其父鲜明生动，但他仍不失为桐城派古文大家。

第七章　张廷玉与桐城文派作家群体的发展壮大

张英死后的一段时间，他开创的桐城文派虽没有了主帅，但张廷玉、张廷璐、张廷瑑、戴名世、方苞等桐城古文家活跃于文坛，而且桐城派的一些文人还得到了张英的门生朱轼、杨名时、黄叔琳等人支持与帮助，桐城文派还是坚持了下来。随着张廷玉官位的升迁，桐城文派的发展速度也随之加快，桐城籍古文作家不断向张廷玉周围聚集，张廷玉自己也培养、选拔并任用了不少古文作家，还有不少其他古文作家因种种原因追随其左右，逐渐形成了以张廷玉为中心的规模庞大的古文作家群体，而其中桐城籍古文作家群体尤为凸显。与张英领导下的桐城文派相比，张廷玉在桐城文派中的核心地位更为显著，桐城文派中桐城籍作家群体的主体地位更加突出，桐城文派的追随者也更多，影响也更明显，然又随着他的失势而逐渐衰微。所以，我认为，张廷玉是桐城文派的发展者，是他将张英开创的桐城文派推向了发展高峰。

第一节　张廷玉与桐城文派桐城籍作家群体的壮大

根据我们现在掌握的材料，张廷玉在家乡桐城没有结成以自己为中心的影响较大的古文作家群，而是在京师结成了以自己为中心的桐城籍古文作家群。聚集在张廷玉周围的桐城籍文人主要有通过科举或荐举入京为官、入张廷玉幕或课其子或佐其事、因应试或求学上京的三类人，其中大多桐城籍文人与张廷玉兄弟结成了关系比较紧密的文人群体，成为桐城文派的基本力量。为了更好地认识这些文人，有必要对他们的生平、著作及其与张廷玉的关系等一一作概述。

一、张廷玉家族科举盛况

张英死后到张廷玉休致的四十余年时间里（1708—1749），有 17 次会试，桐城有 31 人考中进士，其中张廷玉家族有张廷璐、张廷瑑、张廷珩、张若涵、张若湝、张若潭、张若霭、张若需、张若澄、张裕荦 10 人。除中进士外，这四十余年里，张廷玉家族中举人的有张从龙、张若震、张若泌、张若霍、张若霁、张若本、张若熥、张筠、张桐、张机 10 人。他们共同推动了张氏家族科举的兴盛。相比于桐城文化大族，张氏子弟科举中式人数之多，累官官位之高，其他文化大族则莫能与之比肩。

张廷璐（1675—1745），张英三子，字宝臣，号药斋。康熙五十二年（1713）中举人，五十七年（1718）中进士，殿试一甲第二名，授翰林院编修，充武英殿总裁官。六十年（1721）散馆，御试汉书一等第一名，奉旨教习辛丑（1721）科进士。六十一年（1722）奉命入值南书房，特授额外中允。雍正元年（1723）正月为福建乡试正考官；九月奉旨为会试同考官，以侍讲学士提督河南学政。三年（1725）二月奉旨为国子监祭酒（时果亲王允礼兼管监事）。五年（1727）三月充会试同考官，四月充殿试读卷官，七月升詹事府詹事，兼翰林院侍读学士。七年（1729）十月以詹事府詹事提督江苏学政。十年（1732）六月，为浙江乡试正考官。十一年（1733）六月升为礼部右侍郎，仍留江苏学政任，九月转礼部左侍郎。乾隆六年（1741）六月为江西乡试正考官。九年（1744）予告归里。现有《咏花轩诗集》存世。《皇清文颖》收文 4 篇。门生雷鋐在《清诰授通奉大夫礼部左侍郎加一级致仕张公神道碑铭》中称述了他工诗善文："九岁能诗，十五岁补博士弟子员，旋食饩，攻苦逾寒素，沉酣经史子集，为文以震川为宗……公立朝大节自当见诸国史。每上封事，自削其稿，官翰林时含毫视草，推一代巨手。著作多藏箧笥，唯《咏花轩制艺》与《诗集》行于世。"①门生沈德潜在《通奉大夫礼部左侍郎张公暨配姚夫人合葬墓志铭》中则对他的文学成绩、文学趣向、科举衡文及其贡献等方面作出较为

① 张开枚等：《张氏宗谱》卷二十八《赠言》，民国二十二年铅印本。

全面的评价:"官翰林,大制作每出公手。校文取士,理必宗宋五子,法必宗汉、唐、宋诸家,以经术胜者为上,故乡、会所得士多储国家有用材。官成均,端本树范,抑奔竞,崇端方,曰'学者当以仁谊礼乐为本',一时士风蒸蒸日上。而公之教育如入人肝脾而弗能释者,尤在江苏视学时。公之任江苏也……每试日坐堂皇,终日无倦,手定甲乙,反复慎重,惟恐偶尔疏忽,失士子摩练苦心,故每一榜发,众心贴服,被屏黜者亦感愧奋励……在礼部,承命纂修礼书,明制度,定仪则,归于至当。"①张廷玉也对他在科举衡文上的贡献给予了很高的评价:"自通籍以来,即以文学受三朝之知,闽、浙、江右三典试事,两与南宫分校,咸称得人。而任江苏学政独久。予尝谓国家根本在学校,而江左尤人文渊薮,九年敷教,陶淑至深,士皆蠲其故,方趋于正学,德行道艺隐然足备国家数十年桢干之用,则其功为尤巨。"②

张廷瑑(1681—1764),张英五子,字桓臣,号思斋。康熙五十二年(1713)中举人,雍正元年(1723)中进士,蒙恩拔擢翰林院庶吉士。三年(1725)四月授翰林院编修,充《政治典训》纂修官。四年(1726)充顺天乡试同考官。八年(1730)二月钦点会试同考官,六月升左春坊左赞善兼翰林院编修。九年(1731)八月升翰林院侍讲学士。十二年(1734)九月升詹事府詹事兼翰林院侍读学士,十月升工部右侍郎,兼办起居注事务,充《世宗宪皇帝实录》副总裁官。乾隆元年(1736)二月钦点会试副考官。五年(1740)十一月奉命提督江苏学政。九年(1744)五月转补内阁学士兼礼部侍郎,六月奉命主试江西。十一年(1746)三月以衰病具折乞休,奉旨解任回籍调理。现有《张思斋示孙编》存世。《皇清文颖》收文1篇。姚范在《资政大夫内阁学士兼礼部侍郎前工部左侍郎张公墓志铭》中说他"生有异质,文端公爱之,往往形诸诗歌。比长,读书日数千言,为文章慓鸷奔放,而必衷于经训"。③《张思斋示孙编》中收有《蒋谁庵先生集序》《重修华严寺记》两篇代父之作,可见张英不仅"爱之",让他代作也说明了张英对廷瑑创作水平的信任。姚鼐在《内阁学士张公墓志铭并序》中说:"公在翰林,常充日讲起居注官。起居注官素无条例,为者繁简任意,漏遗冗赘,不称史体。公精思为之,寒暑在馆十余年,编载详赡,上以为善于其职。"④由此,他在起居注写作的规范上是作出贡献、产生

① 沈德潜:《归愚文钞》卷十八,《清代诗文集汇编》第235册,上海古籍出版社,2010年,第48—49页。

② 张开枚等:《张氏宗谱》卷三十一《列传》,民国二十二年铅印本。

③ 姚范:《援鹑堂文集》,《清代诗文集汇编》第298册,上海古籍出版社,2010年,第104页。

④ 姚鼐:《惜抱轩诗文集》,上海古籍出版社,1992年,第169页。

影响的。

张廷珩（1680—1725），张秉哲孙，张廷玉堂弟，字苍闻，亦作玱闻，号凝斋。雍正年（1723）张廷玉为癸卯科顺天乡试主考，廷珩例行回避，御试取中第二名。本年会试张廷玉又为总裁，廷珩复回避，御试取中，殿试二甲第一名，保和殿御试第一名，奉特旨授翰林院检讨，奉命入值南书房，充日讲起居注官。雍正二年（1724）二月充顺天乡试同考官。张廷玉在其传中说："幼聪慧，九岁能属文。少长，补博士弟子。作为文章诗歌，辄惊动长者……雍正元年癸卯，予奉命主乡、会两试，弟以回避，蒙御试，两举皆获隽，殿试特擢二甲第一名。时予方读卷，面奉温语曰：'张廷珩文字佳，置二甲屈矣。'即授检讨，命入直南书房。弟以文章结主知，出入禁近，恭谨缜密，气度雍雅，上以此益契重之，承命撰拟诗文，多称旨。"① 《江南通志》称他"博学洽闻，诗古文皆渊雅，工书法"。②

张若涵③（1886—1735），十一世张挹长子（八世张秉成支下），张廷玉堂侄孙，字履绥，号灵槎。少家贫，或为人作书记，或授生徒经。雍正元年（1723）中恩科顺天乡试举人，同年中进士，改庶吉士，散馆授检讨。七年（1729）充湖北乡试副主考。八年（1730）充《一统志》纂修官。九年（1731）充日讲起居注官，升左春坊右中允，兼翰林院编修。官至翰林院侍读。

张若溎（1703—1787），张秉贞曾孙，张廷玉堂侄，字树谷，号墨庄。雍正七年（1729）中顺天乡试举人。雍正八年（1730）中进士，殿试二甲第三十名，授兵部额外主事。十年（1732）实授车驾司主事，充吏、兵两部《则例》纂修官。乾隆二年（1737）扈从圣驾恭谒泰陵，八月充《八旗则例》纂修官。十八年（1753）充顺天乡试同考官，寻转掌京畿道御史。二十五年（1760）十月复勘各省乡试卷。二十七年（1762）复勘各省乡试卷。二十八年（1763）复勘会试卷。三十年（1765）任山东学政。三十三年（1768）升都察院左副都御史，仍留学政。八月升刑部侍郎。十月学政任满回京，受乾隆皇帝称赞，充八旗教习考试官。三十四年（1769）充殿试读卷官。三十五年（1770）调工部右侍郎，旋升都察院左都御史，复勘各省乡试卷。三十六年（1771）复勘会试卷，充殿试读卷官，同年充顺天乡试正考官。三十

① 张开枚等：《张氏宗谱》卷三十一《列传》，民国二十二年铅印本。

② 赵弘恩、黄之隽等：《江南通志》卷一百六十七，影印《文渊阁四库全书》第511册，第804页。

③ 一名张涵。《澄怀主人自订年谱》中称"张若涵"为其堂侄，而张廷玉在家谱中为其作传时称"张涵"，按辈分为张廷玉的堂侄孙。为何张涵以张若涵之名应乡试、会试？张廷玉又为何称其为堂侄？待考证。

七年(1772)五月阅新进士朝考卷。三十八年(1773)三月充《四库全书》馆副总裁。四十年(1775)复勘会试卷,充殿试读卷官,阅新进士朝考卷。四十一年(1776)乞休,次年二月陛辞回籍。著有《端本堂诗存》。《桐旧集》收其诗21首。李世望序其诗集曰:"读之令人勃然以兴,悠然以远,使人矜躁鄙浅之气镕化于无何之乡,盖诗之本于性情而为宇宙之真诗也。"①《(道光)续修桐城县志》称他"尝充殿试读卷官、乡试考官、山东学政,所取士无不为舆论所归。总裁《四库全书》馆,持论严正,采择详慎,归于法度"。②

张若霭(1713—1746),张廷玉长子,字景采,号晴岚。雍正十年(1732)中顺天乡试举人。十一年(1733)中进士,殿试阅完卷启封后,雍正皇帝大喜,说:"此大学士张廷玉之子,策内议论确有识见,想其习睹习闻,禀承家训,得大臣忠君爱国之意,是以敷陈之言切当恳挚如此。"③四月同三鼎甲一体授职为翰林院编修,五月奉旨在办理军机处行走。十三年(1735)六月署日讲起居注官,九月入值南书房。乾隆四年(1739)升翰林院侍讲学士。八年(1743)补侍读学士,寻升通政使司右通政、光禄寺卿。九年(1744)升通政使司通政使。十年(1745)升内阁学士兼礼部侍郎。善画,能诗文,著有《蕴真阁诗集》《晴岚诗存》等。张廷玉在《冢子内阁学士兼礼部侍郎若霭行略》中说:"若霭侍直内廷,职司文翰,凡内府所藏法书、名画、彝鼎、尊罍,悉命题识鉴别,纂修《农书》《秘殿珠林》《石渠宝笈》诸书,皆称旨。又自著《西清纪事》,记载掌故及前辈逸事颇详,可备史乘采取。上天纵多能,藻思焕发,触景命题,千篇立就。若霭敬诵宸章,时赓睿韵,鞠跽抒词,每不加点,进呈辄嘉与焉。"④

张若潭(1695—1741),张廷玉胞弟廷瑑子,字紫澜,号鱼床。雍正二年(1724)中江南乡试举人。乾隆元年(1736)中进士,改庶吉士,授检讨,旋以疾归。他"诱掖后进,喜以师道自居,聚里中少年能文之士,亲为讲课,指授经训,评骘甲乙,学者多所成就",⑤著有《远峰亭诗文集》。

张若需(1710—1753),张廷璐次子,字树彤,号中畯。乾隆元年(1736)中江南乡试举人。二年(1737)中进士,殿试二甲第八名,钦选庶吉士,散馆考试,汉书

① 徐璈:《桐旧集》卷二十二,民国十六年影印原刊本。
② 廖大闻、金鼎寿等:《(道光)续修桐城县志》卷十三《人物志·宦绩》,第496页。
③ 张廷玉:《张廷玉全集》下册,第401页。
④ 张廷玉:《张廷玉全集》上册,第313页。
⑤ 张开枚等:《张氏宗谱》卷三十二《列传》,民国二十二年铅印本。

一等第三名，授编修。五年（1740）充礼书纂修官。六年（1741）充顺天乡试同考官，八年（1743）充武英殿纂修官。十四年（1749）充《续文献通考》纂修官。十六年（1751）充辛未科会试同考官，教习辛未科庶吉士，充日讲起居注官。十七年（1752）充顺天乡试同考官，同年充壬申科会试同考官，充庶常馆小教习。十八年（1753）升翰林院侍讲。著有《见吾轩诗集》等。刘大櫆《见吾轩诗序》说："中畯之名满天下，世之知中畯与不知中畯者，皆慕与之交，然或震其文章，或多其智能……虽然，人之终其身尽力于文字，求一言之存于后世而不可得，中畯乃独得雄直之气，以与古之作者相颉颃。然则中畯虽不得大有为于天下，而后之人读其诗，亦可以想见其蕴矣。"①在《翰林院侍讲张君墓志铭》中又说："研究诸经，而于《周礼》尤为交通午达。所为文甚富，而长于歌诗。"②

张若澄（1722—1770），张廷玉次子，字镜壑，号默耕。乾隆九年（1744）中顺天乡试举人，十年（1745）中进士，殿试二甲第十六名，钦选庶吉士。十一年（1746）奉命入值南书房。十七年（1752）授编修。十八年（1753）充顺天乡试同考官。十九年（1754）充会试同考官，充日讲起居注官。二十四（1759）充湖南乡试正考官。二十五年（1760）充会试同考官。官至内阁学士兼礼部侍郎。喜文善画，著有《潇碧轩集》，《桐旧集》收其诗三首。刘权之曰："先生虽累叶华胄，而家无长物，儒素依然，于拈韵分题之外，惟耽绘事，其胸次恬澹，有令人于春风侍坐时矜平而躁释者。"③

张裕荦（1708—1788），张英长兄张克俨玄孙，张廷玉堂曾孙，字又牧，号樊川。乾隆九年（1744）中顺天乡试举人。乾隆十三年（1748）中进士，改庶吉士。十六年（1751）散馆考试，钦取一等第二名，授编修。十七年（1752）充《五朝国史》纂修官，日讲起居注官。十八年（1753）充山东乡试副考官。十九年（1754）充会试同考官，教习本科庶吉士。二十三年（1758）充《续文献通考》纂修官。二十四年（1759）充顺天乡试同考官。二十五年（1760）教习本科庶吉士。二十六年（1761）充日讲起居注官，升国子监司业。三十二年（1767）升翰林院侍读，充《文献通考》馆纂修官。累官升右春坊右庶子掌坊事，国子监祭酒。四十五年（1780）致仕。著有《野茧园诗古文集》等，《桐旧集》收其诗28首。"裕荦少孤，好学，过目不忘，

① 刘大櫆：《刘大櫆集》，上海古籍出版社，1990年，第80页。
② 刘大櫆：《刘大櫆集》，第234页。
③ 徐璈：《桐旧集》卷二十二，民国十六年影印原刊本。

暇与诸友为诗文之会,每一篇出,人争传诵。”①

张若震(1696—1756),张廷瑑长子,字宗岳,号楞阿。雍正元年(1723)中顺天乡试举人。五年(1727)奉旨往浙江以知县用。六年(1728)实授台州府天台县知县。十二年(1734)特旨授浙江布政使。十三年(1735)特旨兼管两浙盐政。乾隆十八年(1753)奉特旨升湖北巡抚,兼兵部侍郎,右副都御史衔。著有《静春斋杂文》《奏议》《静春斋诗》等。姚范《张楞阿方伯自谱序》称其《自谱》说:“夫其声华文采,绂冕贵盛,荣映后先,既使人企慕不可及,而庀家莅官一出于笃慎敦大,要使后人率由而不逾其先矩,懿哉盛矣!”②

张若霍(1707—1763),张廷玉胞弟廷瓘次子,字景岳,号函晖。乾隆元年(1736)中江南乡试举人。十三年(1748)以九卿保送国子监学正,吏部带领引见,奉旨授国子监学正。十八年(1753)升国子监助教。二十七年(1762)以病告假回里。著有《撝谦堂诗集》。

张若霈(1709—1781),张廷瓘三子,字澄宇,号雨亭。乾隆元年(1736)中江南乡试举人。十一年(1746)拣发河南山东河工效力。十五年(1750)题补获嘉县县丞。官至武安县知县。著有《绿涛轩诗钞》。

张若泌(1705—1768),张廷瑑长子,字珊骨,号餐芋,一号芋园。雍正十三年(1735)中江南乡试举人。刘大櫆《芋园张君传》说:“少司空视学江苏,兢业自持,其所拔文章,必命君再三雠校,收弃宜当,号称得人,惟君之用力为多……应务之暇,即披览书史,其于古人成败得失、因革损益之宜,能罗列于胸中……当雍正之时,桐城张氏之贵显,震惊天下,而芋园独以乡举终其身。夫岂力不能及,盖澹泊为志,不汲汲于荣利以致然也。呜呼,岂不贤哉!”③

张从龙(1682—1744),张廷玉堂弟,字丽五,号寄轩。乾隆三年(1738)中江南乡试举人。中举人后馆于张廷玉家,长达五年之久。张廷玉说:“弟从龙,字丽五,号寄轩。乾隆甲子以病卒于京师,时为予课两儿,予哭之……公车报罢即馆予邸,于是者五年……生平酷嗜制艺,丹黄所及,不下数千篇,文成如翻水,一日可脱十数稿,醇雅谐畅,盖揣摩之功至矣。”④

张若熥(1718—1798),张夔孙,张廷玉堂侄,字庐山,号午桥。乾隆九年

① 《续修四库全书总目提要(稿本)》第36册,齐鲁书社,1996年,第24页。

② 姚范:《援鹑堂文集》卷三,《清代诗文集汇编》第298册,第87页。

③ 刘大櫆:《刘大櫆集》,第188—189页。

④ 张开枚等:《张氏宗谱》卷三十一《列传》,民国二十二年铅印本。

(1744)中江南乡试举人。十年(1745)遵例捐纳主事,旋补刑部督捕司主事。二十九年(1764)升刑事部郎中。官至广东高州府知府。

张筠(1694—1766),张秉哲曾孙,张廷玉堂侄,字渭南,号欧舫。雍正十年(1732)中顺天乡试举人。乾隆二年(1737)考取内阁中书,三年(1738)补授内阁中书舍人。十一年(1746)钦差富新仓监督。十九年(1754)告病回桐城,"告归与胡承泽、马苏臣、王洛联吟社,艺林传为盛事,拟之香山诗老。"①著有《欧舫诗存》等。曹学诗《张渭南中翰欧舫诗集序》说:"诗情蕴藉,淡似秋山;逸调孤寒,清于片月。"②与张廷玉关系较亲密。张廷玉《澄怀园语自序》说:"雍正戊申、己酉间,扈从西郊,蒙恩赐居澄怀园,五侄筠随往,课两儿读书。予退直之暇,谈论所及,侄逐日纪录,得数十条,曰:'此可继《聪训斋语》,曰《澄怀园语》也。'"③

张桐(1699—1740),张秉哲曾孙,字荆南,号蔗亭。雍正四年(1726)中顺天乡试举人,授浙江临安县知县,官至莱州府知府。"为文有才气,落笔惊人",④著有《武成日月表》一卷、《战国策年系》一卷。

张若本(1710—1770),张秉哲曾孙,张廷玉堂侄,字根实,号荫泉。乾隆元年(1736)中江南乡试举人。七年(1742)会试列名通榜,选授江苏镇江府丹徒县学教谕。后选授山东济南府新城县知县,任上建龙眠书院,复建崔公书院。二十四年(1759)充山东乡试同考官。官至湖北汉阳府同知。

张机(1692—1744),十一世张挹三子,字孝绥,号椒村。"少与兄涵读书里闬,颇著文誉。"⑤雍正七年(1729)以兄张涵保举引见,奉旨分派工部学习,中本年顺天乡试举人,仍在工部办事。乾隆五年(1740)钦差户部储济仓监督。八年(1743)告病归里。

二、张廷玉兄弟周围其他桐城籍文人概况

张廷玉兄弟周围其他桐城籍文人众多,如方苞(第八章单独论述)、周大璋(前文已论)、马朴臣、马潜、马祐、方贞观、姚焜、方正瑗等,下面选择与张廷玉兄

① 廖大闻、金鼎寿等:《(道光)续修桐城县志》卷十六《人物志·文苑》,第557页。
② 曹学诗:《香雪文钞》卷一,《清代诗文集汇编》第284册,上海古籍出版社,2010年,第114页。
③ 张廷玉:《张廷玉全集》上,第317页。
④ 张开枚等:《张氏宗谱》卷三十二《列传》,民国二十二年铅印本。
⑤ 张开枚等:《张氏宗谱》卷三十二《列传》,民国二十二年铅印本。

弟关系较为紧密且文名较大的文人进行概述，希望窥一斑以见全豹。

姚焜(1670—1739)，字伯鸾，号处斋。雍正元年(1723)中举人。二年(1724)充《明史》馆纂修官。官至宁阳知县。有文誉，著有《处斋诗稿》《处斋文稿》等。他与张廷玉家的关系较为复杂。从亲缘关系上来说，姚焜是张廷玉母亲的堂弟，又是张廷玉次子张若澄岳父。从学缘关系上来说，张廷瑑《聊存草自序》曾说，在自己二十余岁攻举业时，所作文字悉经姚焜、周大璋点定；雍正三年(1725)其子若渠又入姚氏之门学制义，他在《次男若渠哀词》中说："余成进士，馆选居京师。又二年，吾儿随母夫人来京师，受业于姚处斋先生之门，学制义文。笔意颇开朗，处斋极称之。日夜课读，切劘讲贯，数年后文词灿然可观。"①从工作关系来说，姚焜入《明史》馆，又在张廷玉的领导下从事纂修工作。重要的是，张氏兄弟对他的评价甚高。张廷瑑《送姚处斋先生南归》赞曰："圣朝征召贲元纁，名噪词坛久不群。虎观儒臣推巨笔，鳣堂弟子诵鸿文。新诗吟就萧斋寂，旧史编成百代闻。归去江南黄叶路，团圞儿女语宵分。"②张廷璐《送处斋舅南归赴广文任二首》其二说："学府书仓恣讨搜，卅年文坫拥旌斿。鸡林雅擅无双誉，蕊榜曾题最上头。绛帐谈经推博士，皋比设座胜通侯。莫耽苜蓿盘中味，好占蓬山第一流。"③表达了对姚氏的赞扬与期待之意。

方正瑗(1686—约1747)，曾改随母姓张，方中履子，方以智孙，字引徐，号方斋、连理山人。康熙五十九年(1720)举人。雍正三年(1725)御试天下举人，雍正皇帝于落卷中特拔之，授内阁中书，遂以文章诗字受知。四年(1726)七月补授内阁侍读。五年(1727)七月补授工部都水司郎中，八月授潼关守道。守道任上创关西书院，与诸生讲心性忠恕之学，士风大振。乾隆二年(1737)年底辞官归里。著《方斋补庄》《方斋小言》《白沙文集》《连理山人诗集》等。方宗诚《桐城文录》收有其文。蔡世远《京华集序》说："予初识阁读方斋先生于高安朱相国坐上……予聆其言论醇厚，容止端牧，洵足友资矣……下榻桐城张相国宅，而与予所居相望。珥笔出入，每肩随于金铺玉戺之间。暇日相与讨论九经、二十一史、诸子百家之说，罔不纵横及之。予生平最爱《左传》一书，数年以来略有考校，幸亦得与方斋相订……方斋之博洽渊深，词章典丽，无怪其然。海内明理著书无过桐城方氏，

① 张廷瑑：《张思斋示孙编》卷四，《四库未收书辑刊》玖辑贰拾壹册，第762页。

② 张廷瑑：《张思斋示孙编》卷六，《四库未收书辑刊》玖辑贰拾壹册，第777页。

③ 张廷璐：《咏花轩诗集》卷四，《清代诗文集汇编》第236册，上海古籍出版社，2010年，第572页。

而方氏之能承先以自立于坛坫者又无过方斋，而得交方斋，获益于方氏，又无过世远。”①石能言《关西讲堂客问序》说：“读先生之文，如謦欬之风落九天也，如大珠小珠之走玉盘也，不拾人牙后之慧，续古先之遗音，独弹而独和也，客含咀于字句之外而根柢乃见耳。”②他与张廷玉兄弟关系亲密，不仅两家有着亲上加亲的姻亲关系，而且方氏在京期间多居张廷玉家，还有《连理山人诗钞》中有较多他们唱和诗篇。

姚孔鈵（1700—1780），张廷玉女婿，字范冶，号三崧。康熙庚子（1720）入赘张廷玉家。雍正四年（1726）中顺天乡试举人。雍正十一年（1733）中进士，改庶吉士。乾隆元年（1736）散馆授编修，充《国史》《八旗志书》《姓氏通谱》等纂修。乾隆三年（1738）充顺天乡试同考官。乾隆六年（1741）以终养告归。十六年（1751）、二十二年（1757）、三十年（1765）乾隆皇帝巡幸江南，恭迎圣驾，献诗赋，获赐，士林称荣之。著有《小安乐窝诗集》十五卷。汪由敦《题春帆归省图送姚三崧编修》赞曰：“瀛馆文章伯，公门宅相贤。”③虽有过誉之嫌，但能文是肯定的。

姚范（1702—1771），张若霖女婿，张廷瓒孙女婿，字南青，号巳铜。乾隆元年（1736）中顺天乡试举人。乾隆七年（1742）中进士，改庶吉士。九年（1744）充顺天乡试同考官。十年（1745）散馆授编修。十五年（1750）五月十九日，乾隆谕曰：“至姚范、陈兆仑列入京察一等，则姚范人本平常，不堪超卓之选。前于引见考试人员时，令其休致。”④著有《援鹑堂诗集》《援鹑堂文集》等。

吴自高，张廷玉表侄，字若山，号慈受。家贫笃学，于书无所不读，为诗文典博华赡，尤工书法。雍正庚戌（1730），张廷玉因章奏繁剧，不能亲自缮写，于是延请工楷书的吴自高为记室，从此在张廷玉身边工作长达十余年，除缮写外，也为张廷玉代写章奏。乾隆初，以监生授翰林院待诏。历户部司务、户部主事、仓场监督、刑部奉天司员外郎。所著诗文笔记多散佚，有《善卷堂四六注释》《秋荫轩集》等。曹学诗《吴待诏若山秋荫书屋诗序》说：“仆读新诗，深知雅尚。似云林之画境，澹处偏工；知和靖之山居，静中多妙。”⑤

---

① 方正瑗：《连理山人诗钞》，《清代诗文集汇编》第313册，上海古籍出版社，2010年，第228—229页。

② 方昌翰：《桐城方氏七代遗书·关西讲堂客问》，光绪十四年刻本。

③ 汪由敦：《松泉诗集》卷十，《清代诗文集汇编》第272册，上海古籍出版社，2010年，第89页。

④ 《乾隆帝起居注》第九册，广西师范大学出版社，2002年，165页。

⑤ 曹学诗：《香雪文钞》卷二，《清代诗文集汇编》第284册，第133页。

胡宗绪(1670—1740),字袭参,号嘉遯。康熙五十六年(1717)中举人,以举人荐充《明史》馆纂修。雍正三年(1725)充《明史》馆纂修官。八年(1730)中进士,授翰林院编修。九年(1731)迁国子监司业。著有《环隅集》等。方宗诚《桐城文录》收有其文。张若溎、姚范曾奉教于其门下。《(道光)续修桐城县志》称他"自为诸生时已名动天下,及为司业,以师道为己任,立教条,严课程,笃讲谕,薰其德而成材者多知名于时者"。①《清史稿》称他"自经史以逮律历、兵刑、六书、九章、礼仪、音律之类,莫不研穷……自为诗文曰《环隅集》,古藻过大櫆"。②

王洛(?—1774),王大礽曾孙,字仲涵,号怀坡。雍正四年(1726)中举人,十一年(1733)中进士,授刑部主事。乾隆十二年(1747)、二十一年(1756)、二十五年(1760)充顺天乡试同考官,二十二年(1757)充会试同考官。"病归,主豫章书院,课读勤严,门下士多掇高第"。③ 官至吏部稽勋部郎中。有文誉,著有《沦灵集》《怀坡集》等。姚鼐《去岁吾邑丧叶花南庶子今秋丧王怀坡吏部皆文行为后学之师又皆鼐丈人行也道中念之追怆竟日作一诗以寄海峰先生》说:"吾邑平居三数贤,十年风雨地相悬。文章后死能无惧?日月东流逝每然。沧海一筇凭岳观,青山千嶂待江船。毕将宿草铭幽墓,止就先生卧短椽。"④

叶酉(1693—1773),字书山,号花南。乾隆三年(1738)中举人。四年(1739)中进士,改庶吉士,升国子监司业。九年(1744)以编修充河南乡试副考官。十二年(1747)以编修任贵州学政。十五年(1750)任湖南学政。官至翰林院侍读。其调入翰林院、充考官、任学政应与张廷玉有关。与同邑方苞、胡宗绪、周大璋等人相切劘,众人皆服其品学,时文别成一家。著有《春秋究遗》《诗经拾遗》等。方宗诚《桐城文录》收有其文。《(道光)续修桐城县志》称他"奉简命主试河南,视学贵州、湖南,凡操文衡,悉心任事,所取皆知名士……迨退归,两江制军延请主讲钟山书院十余年,乐育人才,门人士多掇巍科,成伟器"。⑤

王士凤(1669—1745),字仪九,号篔斋。幼颖异,十三岁补县学生,即有声庠序中。康熙庚子(1720)中举人。雍正戊申(1728)前后,张廷玉曾延请其课子。雍正己酉(1729)充山东乡试同考官(是科主考官为张廷玉门下士潘允敏)。雍正

① 廖大闻、金鼎寿等:《(道光)续修桐城县志》卷十五《人物志·儒林》,第534页。
② 赵尔巽等:《清史稿》,第13377页。
③ 廖大闻、金鼎寿等:《(道光)续修桐城县志》卷十六《人物志·文苑》,第560页。
④ 姚鼐:《惜抱轩诗文集》,第549—550页。
⑤ 廖大闻、金鼎寿等:《(道光)续修桐城县志》卷十五《人物志·儒林》,第535页。

九年(1731)以张廷玉保举授国子监助教,造士有方,入太学显达者半出其门。乾隆六年(1741)致仕。工诗文,著有《篔斋诗草》等。张廷玉曾应其请作《王氏族谱序》。

江有龙(约1700—约1744),字若度,号涵斋。与姚范、刘大櫆、叶酉、王洛、方泽等人称“龙眠十子”。“乾隆初,荐博学鸿词试,不售。后以优贡肄业国子监,试必冠多士。张文和相国延课其子。甲子北闱中副榜,授江宁县教谕……诗古文俱有先正典则,著有《诗经解义》《左传分注》《四书纂要》”。[①] 江巨川刻其遗稿,刘大櫆序其集。刘声木称他“与刘大櫆并为古文学,得方苞家法。大櫆称其文湛深而有本。尤熟于诸史”。[②]

三、张廷玉周围的桐城籍文人与桐城文派的关系

其一,从中式人数来看,张廷玉一门不仅科举中式人数较多,而且乡、会试连捷者也较多。雍正元年张廷瑑、张廷珩、张若涵中进士,选庶吉士,张廷玉曾自豪地说:“一门之内,三人同与清华之选,辇下相传,以为制科未有之盛事。”[③]乾隆元年九月“南闱榜发,七侄若霍、九侄若霁、十侄若需、堂侄若本俱获中式,侄孙曾敩中副榜,极一门之盛,向所罕见。”[④]还有在张廷玉执掌文柄之后,一门之内,张廷珩、张若涵、张若潍、张若霭、张若需、张若澄6人乡、会试联捷,而且张若潍、张若霭、张若需、张若澄四人中进士时都不到30岁,也属罕见。科举之路的顺畅与科举的兴盛,一方面有张廷玉在朝中的地位与影响的因素,另一方面也在比较大的程度上反映了张氏家族的文风与当时朝廷需要的文风是一致的,是符合当时科场主流文风的。由此,我认为,张氏科举因其所创下的制科未有之盛而成为一种榜样,产生巨大的社会效应,吸引桐城更多的士人习其文,摹其文,这无疑会使桐城士子的科举之文乃至古文的创作趣向不断向张廷玉兄弟所代表的文风靠近,进一步强化桐城文风的一致性。

其二,从任职岗位来看,上面所列15名进士都在朝廷任职,还有张若霈、张若霍、张若熷、张筠、张机、方正瑗、姚焜、吴自高等人也先后在朝廷任过职,特别是其

① 廖大闻、金鼎寿等:《(道光)续修桐城县志》卷十五《人物志·儒林》,第536页。
② 刘声木:《桐城文学渊源考撰述考》,黄山书社,2012年,第94页。
③ 张廷玉:《澄怀主人自订年谱》,《张廷玉全集》下册,第387页。
④ 张廷玉:《澄怀主人自订年谱》,《张廷玉全集》下册,第426页。

中有12人曾任职于翰林院、6人曾任职于国子监。这些文人进入台阁,活跃在张廷玉周围,况且张廷玉还一定程度上存在有“祖庇同乡,诛锄异己”的情况,①使桐城文人在台阁文坛中的力量日益壮大,桐城文派在台阁文坛中的话语权日益增强。同时,在张英死后到张廷玉休致的40余年间,有20人次担任过乡试考官,有10人次担任过会试考官,有8人次担任过学政(一任学政为一人次)。也就是说上述所列桐城文人大多从事过撰文、教文与衡文等与文相关的工作,还有那些在地方上担任知县、知府等官的文人们也大都有文誉,热衷文教,兴办书院,由此可见,他们大都对桐城文学的传播作出了自己的贡献。

其三,从文名大小来看,方苞、周大璋、张廷璐、张廷瑑、张廷珩、张若潍、张若需、张从龙、姚焜、方正瑗、江有龙、姚范、胡宗绪、叶酉、王洛等相对来说文名较大,特别是方苞、张廷璐、张廷瑑、张若需等在台阁中影响较大,可以说他们是张廷玉领导下的桐城文派骨干。其他进士、举人或入张廷玉幕的文人也大都是能文之士。这些桐城文人集结在张廷玉周围,自然结成了一个桐城文派作家群。

第二节 张廷玉兄弟的门生故吏与桐城文派

张廷玉、张廷璐、张廷瑑兄弟是朝廷高官,又多次充衡文之任和奉旨荐举,②又因纂修典籍的需要拣选了不少能文之士,这些人与桐城籍文人以张廷玉为中心结成了一个巨大而复杂的人际关系网络。这无疑也是一股不容小觑的政治势力,或者说是一个具有朋党性质的政治集团,具有比较强的向心力与凝聚力。在这个

① 据昭梿说:“张文和公辅相两朝,几二十余年,一时大臣皆出后进。年八十余,精神矍铄,裁拟谕旨,文采赡备。当时颇讥其祖庇同乡,诛锄异己,屡为言官所劾。”见昭梿《啸亭杂录》卷六《张文和之才》,中华书局,1980年,第183页。

② 仅《雍正朝朱批引见单》记载就可见一斑。《雍正朝朱批引见单》记载了259位被引见者。被引见者当时被保举为府道官员,其中写明张廷玉保荐、保举、保题、拣选的就有许镇、黄焕彩、陶正中、李如梓、严宗喆、王士任、耿之昌、张师载、蒋洽秀、杨锡绂、程开业、张鸣钧、廖赓融、赵晃、庄柱、杨云服、程光钜、饶鸣镐、王云铭、徐景曾、俞敦仁、李学裕、崔琳、吴龙应24位,多是张廷玉掌管的翰林院、户部与吏部的下属,除李如梓外都是进士,尤其是许镇、黄焕彩、陶正中、蒋洽秀、张鸣钧、赵晃、程光钜、王云铭、俞敦仁、李学裕、吴龙应10人庶吉士散馆后留任翰林院,那么至少这10人是能文之士。见《清代档案史料丛编》第九辑,中华书局,1983年,第44—156页。

政治集团中,除了桐城籍能文之士之外,还集中了汪由敦、陈宏谋、沈德潜、沈廷芳、于振等不少古文名家与大家。然而尽管他们相识、相交、相知大多始于诗文的相互欣赏与吸引(包括始于工作的交流①),但也有其他原因依附而来,加上古文作家本身教育经历与人生经历的复杂性,将这一集团中的古文家都归入桐城文派显然是不合理的。可是这一政治集团内古文作家众多,我们难以一一作甄别,因此下文选择几个非桐城籍且与张廷玉关系紧密的骨干作家作一述论。

一、汪由敦

汪由敦(1692—1758),初名汪良金,字师茗,号谨堂,又号松泉居士,浙江钱塘人,原籍安徽休宁。雍正元年(1723)被荐充《明史》馆纂修,时张廷玉为《明史》馆总裁官。二年(1724)中进士第四名,改庶吉士,是科张廷玉奉命充会试主考官。五年(1727)散馆授编修,仍充《明史》馆纂修。乾隆元年(1736)任山东乡试正考官。二年(1737)充读卷官。七年(1742)任会试副考官。九年(1744)任顺天乡试正考官。十年(1745)充读卷官。十一年(1746)由张廷玉荐入军机处。十三年(1748)充读卷官。十五年(1750)任顺天乡试正考官。十六年(1751)充读卷官。累官至吏部尚书。死后加赠太子太师,谥文端。汪由敦学问渊醇,文辞雅正,兼工书法。著有《松泉集》,收入《四库全书》。《皇清文颖》收其文 8 篇。《钦定四库全书提要》说:"由敦词华典雅,学问淹通,翔步玉堂,为文章宿老,鸿篇巨制,多所手裁。"②赵翼《松泉文集序》称其文说:"自为诸生即被荐纂修《明史》,纪、传诸赞悉出公手,议论平恕,文辞淳茂,已兼有班范之长。及入翰林,直禁近,阅历益深,学识益邃,经经纬史,以至丛编脞说,无所不该贯,而总以陶冶挫笼,归之雅正。故发为诗文从容和厚,不佻不迫,雍然有东荣西序、金舂玉锵之遗风,雕缋家丽矣而逊

① 张廷玉《澄怀园语》卷一说:"总裁史馆书局,凡十有余处,纂修诸公时以所疑相质问,亦大费斟酌,不敢草率。"见《张廷玉全集》上册,第 325 页。如张廷玉主持《明史》《皇清文颖》《词林典故》修纂,其下纂修官、提调校阅官、分修官人数较多,都是能文之士。具体名单如下:《明史》纂修官有杨椿、汪由敦、吴麟、乔世臣、万邦荣、韩孝基、陆奎勋、蓝千秋、姚焜、陶贞一、王叶滋、蒋继轼、金门诏、唐继祖、吴启昆、吴龙应、杨尔德、姚之骃、冯汝轼、彭廷训、梅瑴成、孙嘉淦、阎圻、郑江、胡宗绪。《皇清文颖》提调校阅官有刘纶、董邦达、赵大鲸、徐以烜、于振、周长发、林蒲封、双庆、周玉章、罗源汉、宋楠、鹤年、阮学浩、阮学浚、朱荃、郭肇镄、钱琦、经闻。《词林典故》分修官有沈德潜、于振、程景伊、周长发、于敏中、兴泰、张映斗、朱荃、郭肇镄、钱琦、吴嗣富、孙人龙、邵齐焘。这些能文之士中汪由敦、刘纶、于振、沈德潜、陶贞一、姚焜、郑江等与张廷玉关系密切,他们无疑是以张廷玉为中心的文学群体的主要成员。

② 汪由敦:《松泉集》,影印《文渊阁四库全书》第 1328 册,台湾商务印书馆,1986 年,第 390 页。

其大方，锻炼家工矣而逊其流逸，驰骋家豪矣而逊其典重，泱泱乎，沨沨乎，其斯为治世之元音，所以鸣国家之盛者乎，夫是以蔚为一代宗工。"①

汪由敦为张廷玉门下士，又多年在张廷玉手下工作，交往密切，得到张廷玉的提携，与张廷玉结下了深厚的师生情谊。他曾说："由敦为公甲辰主会试所取士，受公知最深。"②而且还以《聪训斋语》教育自己的儿子："承霈、承澍两儿当南归就学，思有以训之。因检桐城张文端公《聪训斋语》，摘其切要者节录如右，晨夕展诵，足当耳提。如以法书视之，非予意矣。"③赵翼称述其文"平恕""淳茂""雅正""从容和厚""大方""流逸""典重"，实际上这与张英、张廷玉为代表的桐城文派的文学主张和创作趣向并无二致。

二、陈宏谋

陈宏谋（1696—1771），字汝咨，号榕门，广西临桂人。雍正元年（1723）中进士，改庶吉士，散馆授检讨。四年（1726）任顺天乡试同考官，旋改吏部郎中。七年（1729）任山西乡试副考官。累官至东阁大学士兼工部尚书。谥文恭。著有《培远堂偶存稿》等。李祖陶《国朝文录续编》说："当重熙累洽之代，虽云贵亦处处出人矣，况公以中正和粹之姿，学术以朱子为宗。其所选刊之书大都有裨学术治术，序皆语长心重，口颊津津。至《五种遗规》之著，几欲胥天下之人而训正之，可称绝大胸襟矣。文存不多，大都布帛菽粟之谈，可暖可饱者。"④实际上他在地方官任上留下了大量公文，不失为公文大家。如方苞《答陈榕门书》就说："关中檄示，正救时急务，凡章奏有切于康济之实，及此类文书，并兴利除弊，折狱禁奸，可为良吏法者，宜汇辑为一书，与前明新吾吕公《实政录》并传于后，无疑也。"⑤

陈宏谋中进士出于张廷玉之门。《雍正朝朱批引见单》载："三年四月内，散馆补授检讨。四年十一月内，翰林院遵旨拣选引见，奉旨补授吏部郎中。七年正月内，本部堂官遵旨保举科道引见，奉旨补授浙江道监察御史，仍兼吏部郎中事。十月初二日，奉旨特授江南扬州府知府。朱批：点主考回来以御史衔用知府的。

① 汪由敦：《松泉文集》，《清代诗文集汇编》第272册，第238页。
② 汪由敦：《松泉文集》卷二十，《清代诗文集汇编》第272册，第401页。
③ 汪由敦：《跋手录〈聪训斋语〉》，《松泉文集》卷十八，《清代诗文集汇编》第272册，第386页。
④ 李祖陶：《国朝文录续编》，《续修四库全书》集部第1671册，第539页。
⑤ 方苞：《方望溪遗集》，第63—64页。

实心任事。吏部出色司官，张廷玉都不让的……”①可见，至少雍正三年（1725）四月至七年（1729）十月这四年多时间里都在张廷玉领导下的翰林院与吏部工作，并得到张廷玉的赏识与提携。与张廷玉、张廷璐关系也非常亲密，他在张氏兄弟祭文中不仅强调了出于他们门下，“非由党援”，还表达了对他们深厚的情感。他在《祭桐城相国张文和公文》中说：“谋实出门下，非由党援。初读秘书，得依铃阁。继掌铨选，日奉诲言。桃李无蹊，清阴不改。权衡不爽，燕雀无喧。重扬清以激浊，急推能以让贤。遂谬许为可教，秉一诚为周旋。洎乎骤膺剧郡，公虑其任事之急，旋擢观察。”②在《祭少宗伯张宝臣先生文》中说：“况乎谊重师门，情同骨肉。溯往日之追随，忆兰言之谆复，能不闻远讣而心惊，望龙眠而悲蹙……谋以通门犹子，夙感深知。当庚戌守扬之日，正先生视学之时，承风绛帐，峻节堪师，硁硁微尚，深荷维持。”③同时陈宏谋与桐城方苞交往也较多，不仅受其影响早，而且受其影响深。他在《祭阁学方望溪先生文》中说：“先生以文学受知三朝，退闲金陵，年登耄耋，学者宗之，如泰山北斗……谋忆为诸生，读二方之文，经经纬史，酝酿深厚，虽步趋之靡及，已心慕而神游。通籍以来，长安聚晤，快慰平生，往还契合，意气绸缪。校书于武英殿，相期曩哲，晦明风雨，惟道是求。嗣是宦辙南北，尺书往复，亦爰度而爰诹。自守封疆，吏疵民瘼，且时闻笃论，每一言开予，明爽寡俦。盖所注意者，常在人才之盛衰，得一善则爱之，不啻口出道之，亹亹而不休。”④

陈宏谋不仅与桐城文派有较深的渊源，他的古文创作趣向与文学主张也与桐城文派相近，所以我将他归之于桐城文派。沈德潜《培远堂偶存稿序》说：“潜尝受而读之，往往即一名一物之微，有以见精理入神之妙，其言之足以惠苍生，行久远，要皆本此诚一不欺，之推暨与古大臣公忠体国、精勤克己者何多让焉。”⑤由此，陈宏谋之文是基于诚、明于理、归于实的，这与桐城文派的创作趣向是一致的。至于陈宏谋的文学主张，他虽没有文论专篇，给他人文集所作的序有《吉水李忠肃公奏疏序》《唐介轩古文翼序》《朱文端公文集序》《王丰川先生续集序》《甘庄恪公集序》《任都督集序》等，也为数不多，但这些篇章中表达了与他创作趣向相一致的文学主张。如《吉水李忠肃公奏疏序》中主张明理、存诚与尚实：“余尝谓士

① 中国第一历史档案馆：《清代档案史料丛编》第九辑，中华书局，1983 年，第 103—104 页。
② 陈宏谋：《培远堂偶存稿》卷七，《清代诗文集汇编》第 281 册，上海古籍出版社，2010 年，第 593 页。
③ 陈宏谋：《培远堂偶存稿》卷六，《清代诗文集汇编》第 281 册，第 575 页。
④ 陈宏谋：《培远堂偶存稿》卷六，《清代诗文集汇编》第 281 册，第 581 页。
⑤ 陈宏谋：《培远堂偶存稿》，《清代诗文集汇编》第 281 册，第 421—422 页。

生天壤皆有扶植纲常、维持气化之责，苟能读书明理、存诚主敬以养夫气之浩然者，则随其身之所遭遇而或为文章，或为理学，或为经济，或为节义，皆卓然有以自见……虽有文章、理学、经济、节义托迹之不同，其有功于世道人心则一也。善乎！先生之自励也。曰讲实学，峙实用，办实心，干实事，盖举古今来圣贤、豪杰、布衣、卿相之业一以贯之矣，世之学者其亦可灼见于源流之合，而不必置论于遭遇之适然者乎。"①又如《唐介轩古文翼序》中强调文可以"内治身心，外理家国"，主张"文行合一"："然其所以为文者，要必本之天地之经，衷之圣人之道，准之当世之务，然后内可以治身心，而外可以理家国，明可以赞礼乐，而幽可以事鬼神，斯亦六经之羽翰，而人事之所赖以扶持者矣……抑余所以重唐君而并重是书者，非徒赏其选择之精，评骘之当，而尤在于文行合一也。"②所以，我认为，陈宏谋可以归入张廷玉领导下的桐城文派。

三、沈德潜

沈德潜（1673—1769），字碻士，号归愚，江苏长洲人。乾隆四年（1739）中进士，改庶吉士。七年（1742）散馆授编修。九年（1744）充湖北乡试正考官。十三年（1748）充会试副考官。累官至内阁学士兼礼部侍郎。死后赠太子太师，谥文悫。著有《归愚诗钞》《归愚文钞》《归愚文钞余集》等。他虽以诗名世，但也能文，评选的《唐宋八家文读本》流传较广。

沈德潜为张廷璐门下士，张廷玉、张廷璐对他有知遇之恩。沈德潜在《通奉大夫礼部左侍郎张公暨配姚夫人合葬墓志铭》中说："公督学江苏时，德潜为诸生，四试并冠曹偶，试古学冠两郡，荐博学鸿辞。于朝每见，侃侃温温，告以禔躬行己之道，略分位如师弟朋旧。后追随朝右，步趋履舄，时接嘉言正论，奉为仪型。"③闻张廷璐讣音，又说："惟药斋张公辞世，文章知己，失所景仰，不禁怆恨焉。"④《沈归愚自订年谱》载：乾隆四年（1739），"朝考第三。看验日，诸王大臣六人。大司寇尹公继善云：'第八名为江南老名士，极长于诗。'大学士张文和云：'文亦好。'

---

① 陈宏谋：《培远堂偶存稿》卷二，《清代诗文集汇编》第281册，第453页。
② 陈宏谋：《培远堂偶存稿》卷二，《清代诗文集汇编》第281册，第457页。
③ 沈德潜：《归愚文钞》卷十八，《清代诗文集汇编》第235册，第50页。
④ 沈德潜：《沈归愚自订年谱》，《清代诗文集汇编》第234册，第16页。

因挑选一等内”。①

沈德潜古文创作趣向与张英、张廷玉为代表的桐城文派也较为接近。郑方坤《国朝名家诗钞小传》说：“归愚积学工文，古文词跌宕夷犹，谨守尧峰家法，无敢逸出范围。”②顾诒录《归愚文钞序》说：“归愚沈先生，今之熙甫也。先生之文，其理纯，其气盛，其辞达，不雕缋而新，不恢诡而奇，不襞积故实而卷轴之气油然不可遏抑，如布帛之可以御寒，无庸诧火浣之贵也，如菽粟之可疗饥，无庸羡八珍之美也。殆所云因文见道者耶。”③李祖陶《归愚文录引》说：“先生独确守唐宋八家，评之点之，以此教人，即以此自律，故所作除谈经多陈言外，余文则高者俊伟光明，气舒神王，次亦文从字顺，不染嚣尘。”④他的古文除了“如布帛之可以御寒”“如菽粟之可疗饥”之重实用与桐城文派一致外，其“跌宕夷犹”“其理纯，其气盛，其辞达，不雕缋而新，不恢诡而奇，不襞积故实而卷轴之气油然不可遏抑”“高者俊伟光明，气舒神王，次亦文从字顺，不染嚣尘”等风格也与桐城文派非常接近。

至于他的文学主张，孟伟认为沈德潜主张“文道合一”，注重体法，追求醇雅。⑤ 这与桐城文派的文学主张也是一致的。

基于上述，再加上沈德潜筮仕后一直任职于台阁，活跃在张廷玉兄弟周围，我认为可以将其归入张廷玉领导下的桐城文派。

四、沈廷芳

沈廷芳（1711—1772），字畹叔，一字萩林，号椒园，浙江仁和人。乾隆元年（1736）由监生召试鸿博，授庶吉士。二年（1737）授编修，入值武英殿同修。三年（1738）迁《一统志》纂修官兼校勘。六年（1741）补山东道监察御史。十二年（1747）充顺天乡试同考官。累官山东按察使。著有《隐拙斋集》《文章指南》等。

沈廷芳古文学方苞，为桐城文派成员已得到学界认同，无须我多言，我在此只考察沈廷芳与张廷玉兄弟的关系。《张廷玉全集》收有《为编修沈椒园跋蒋文肃

① 沈德潜：《沈归愚自订年谱》，《清代诗文集汇编》第234册，第13页。

② 周骏富：《清代传记丛刊》第24册，明文书局，1985年，第415页。

③ 沈德潜：《归愚文钞》，《清代诗文集汇编》第234册，第378页。

④ 李祖陶：《国朝文录续编》，《续修四库全书》集部第1671册，第506页。

⑤ 参见孟伟《沈德潜散文文论探析》（《唐都学刊》2006年第1期）与《〈唐宋八家文读本〉与沈德潜的古文理论——兼及沈德潜古文理论与诗歌理论的互通与互补》〔《山西师大学报（社会科学版）》2014年第1期〕。

花卉长卷》《国朝馆选录序》两篇与沈廷芳相关的文章，前一篇是乾隆元年(1736)沈廷芳考中博学鸿词之后，到张廷玉家拜访，请张廷玉作的，后一篇是乾隆十年(1745)请张廷玉作的。沈廷芳《隐拙斋集》中收有《送张三丈约斋侍郎予告归桐城次相国夫子韵四首》《送张梪臣阁学予告归桐城步相国夫子韵二首》等诗文。张廷玉称沈廷芳为门生，而沈廷芳称张廷玉为夫子，两人互认师生关系，也进一步说明了沈廷芳是桐城文派成员。

五、陶贞一

陶贞一(1676—1743)，字骏文，又字改之，号退庵，江苏常熟人。康熙四十七年(1708)举顺天乡试。五十一年(1712)成进士，选庶吉士，散馆授编修。雍正初被荐修明史。著有《陶退庵先生集》《陶退庵先生文稿》等。陶正靖《先兄编修退庵府君行述》称他“为古文词笔力简要，指画分明，而回翔容与，无艰难态，雅近北宋诸家”。[①] 与桐城文派的风格趣向相近。况且他中进士出于张廷玉之门，张廷玉在其自订年谱中也有意标出他出于自己门下。还有他纂修《明史》又在张廷玉的领导下进行。所以，我认为，他也应归入张廷玉领导下的桐城文派。

六、郑江

郑江(1682—1745)，字玑尺，晚号筠谷，浙江钱塘人。康熙五十二年(1713)中恩科举人，五十七年(1718)中进士，改庶吉士。雍正元年(1723)充恩科顺天乡试同考官(张廷玉为主考)，充《明史》馆纂修官。十年(1732)充顺天乡试同考官。十二年(1734)升右春坊右赞善。十三年(1735)充山东乡试主考官，试归任安徽学政。乾隆三年(1738)疏荐桐城江有龙。官至侍读。著有《春秋集义》《诗经集诂》《礼记集注》《明志稿》《明纲目》《筠谷诗钞》《书带草堂诗钞》《书带草堂文集》等。杭世骏《侍读郑公行状》说：“大宗伯溧阳任公、少宗伯桐城方公总裁志局，少宗伯公见公文，深相折服，因以志事见属。时纂修者虽众，独公与常熟王侍御峻属笔为多。壬子复分校京闱。甲寅晋右春坊右赞善。桐城相国荐公能为古文，宪庙面谕，有‘郑江老实’之旨。乙卯，为典试事慎简儒学之臣，公在选，同引

---

① 陶贞一：《陶退庵先生集》，《清代诗文集汇编》第237册，上海古籍出版社，2010年，第277页。

见者皆历询履历，至公独不复问，唯询诸省文风孰优。桐城相国以山左对，即命公往，盖受知有素矣……试归，恩命复使视学安徽，躬亲校阅，标清真雅正之文为正鹄，险诡者概从斥落，风习为之一变。”①可见，张廷玉对郑江有提携之恩，况且他又在张廷玉领导下纂修《明史》，同时在安徽学政任上标举“清真雅正”之文为正鹄，试童子又以桐城文为佳，曾作《试姑熟池阳童子殊鲜佳者至桐城始有佳卷》，所以，我认为可以将他归入到张廷玉领导下的桐城文派。

七、于振、刘纶

于振（1690-1750），字鹤泉，号秋田，一号连漪，江苏金坛人。雍正元年（1723年）恩科状元，授翰林院修撰。二年（1724）任河南乡试副考官。五年（1727）任湖北学政，因误增学额降职。乾隆元年（1736）举博学鸿词，中式，列一等，授编修。三年（1738）任江西乡试副考官，乾隆五年（1740）任福建学政。累官至侍读学士。著有《清涟文钞》等。《皇清文颖》收其文五篇。周长发《周兰坡先生商订札》说：“尊公老前辈全集悉心雒诵，已卒业矣。渊雅醇茂，卓然大家。在应制则体大思精，直埒燕许手笔；在写怀则卷舒骀宕，更超白苏风裁。鸿笔之人，为国风雨，陵轹万类，含茹百家，其在斯乎！”②

刘纶（1711—1773），字如叔，一字脊涵，又字宸翰，号绳庵，又号慎涵、慎翰，江苏武进人。乾隆元年（1736）以廪生应博学鸿词科，中式列为一等，奉旨授翰林院编修。乾隆六年（1741）任陕西乡试正考官。二十五年（1760）顺天乡试正考官。三十四年（1769）会试主考官。三十五年（1770）顺天乡试正考官。三十七年（1772）会试主考官。累官至文渊阁大学士，兼工部尚书。死后，赠太子太傅，谥文定。著有《绳庵内外集》等。《皇清文颖》收其文四篇。《续修四库全书总目提要（稿本）》称他“屡柄文权，其黼黻鸿猷，固际一时之盛。而于万机丛睉之暇，性嗜诗古文辞。文则本原经史，取法六朝”。③ 钱陈群《绳庵内外集序》称他“屡枋文衡，士之游其门者咸以为斯文之的系在焉，海内想闻风采，亦如凤皇、芝草、景

① 杭世骏：《道古堂文集》卷三十八，《清代诗文集汇编》第282册，上海古籍出版社，2010年，第383页。

② 于振：《清涟文钞》，《清代诗文集汇编》第274册，上海古籍出版社，2010年，第440页。

③ 《续修四库全书总目提要（稿本）》第4册，第598页。

星、卿云,先睹为快”。①

于振、刘纶是张廷玉门下士,都以文受知于张廷玉,都长期在张廷玉手下工作,并得到了张廷玉的提携。张廷玉是于振的座师。于振在其为官生涯中,大部分时间任职于翰林院,而当时张廷玉为翰林院掌院,在张廷玉的领导下工作,特别是在张廷玉领导下从事《皇清文颖》《词林典故》等纂修工作,关系比较紧密。而刘纶深得张廷玉、张廷璐兄弟赏识,张氏兄弟对他有提携之功与知遇之恩。《听雨丛谈》卷四中有说:“丙辰一科,刘纶荐自张廷璐,而拟试题出于其兄大学士张廷玉之手,刘又年甫逾冠,一时未录未荐之士,乃谓出于宿构,造作歌诗,要之公道具在。凡应荐之士,无论取落,皆非村儒俗士侥幸得名者可比也。”②而且张廷玉等阅卷官又将刘纶列为一等。刘纶对张氏兄弟是以师相称的,与张廷玉的关系也比较紧密。刘纶作过《叠桐城师相韵送宗伯予告归里》等诗,他的《绳庵内外集自序》说:“纶不才……初补学宫弟子,出桐城药斋张师之门,既而长白望山尹师、用方顾师以制抚校士吴中,并嘉与。”③也曾在张廷玉领导下从事《皇清文颖》《词林典故》等纂修工作。

于振、刘纶与张廷玉关系亲密,又都有文名,但他们在古文创作与审美趣向上根源经史,取法六朝,和张氏兄弟有同有异,那么能不能将他们归入桐城文派呢?我认为不妨将他们归入张廷玉领导下的桐城文派,这除了“根源经史”这一共同的基础之外,还有以下三个理由:

一是刘纶二十多岁、于振三十出头就入朝为官,年纪较轻,可塑性强,为官生涯中大部分时间为朝官,在张廷玉手下工作,不仅要领会张廷玉的工作意图,还要适应张廷玉的领导方式、领导风格(包括语言风格)。

二是他们长期担任朝官,在撰文、衡文之中,除了少量休闲、应酬等写作之外,多以朝廷官员的身份从事创作与衡文,多是按朝廷的要求来从事创作与衡文的,与张廷玉为代表的文坛主流并无二致。这从《皇清文颖》收录他们的文章也可得到一定程度的证明。又如于振《江西乡试录后序》说:“臣闻之,《易》曰‘观乎人文,以化成天下’,朱子曰‘道之显者谓之文’,盖道不丽于文,则沕穆无象,文不本于道,则澶漫无归。由是言之,道也者,体也;文也者,用也。道,形而上者也;文,

---

① 刘纶:《绳庵内外集》,《清代诗文集汇编》第318册,上海古籍出版社,2010年,第6页。

② 福格:《听雨丛谈》,中华书局,1982年,第81页。

③ 刘纶:《绳庵内外集》,《清代诗文集汇编》第318册,第7页。

形而下者也。体用不可以相离,上下胥归于一致,文之所系岂浅鲜哉?我国家以经义设科,将使为士者沉潜于六经四子之蕴,发为文章,因以验其得力之浅深,察其器识之淳薄,非徒曰文而已也。”①可见,他关于文道关系的论述和桐城文派的主张与朝廷的要求是一致的。而刘纶也是如此,前文所引《听雨丛谈》中所反映的刘纶才思敏捷,我们也可以从一个侧面看出张廷玉出的试题符合他的口味,在价值取向、审美取向等方面与他较为接近。他在《乾隆辛酉陕西乡试录序》中说:“臣闻言为心声、文以载道,盖人之心必实有与几乎道者,其言乃有以足志,其文乃有以足言。《易》称‘修辞立其诚’,《书》称‘辞尚体要’,《礼》称‘安定辞’,凡以相求于敦本茂实之涂,而非仅缘饰藻缋以为工也。制科取士,将使士之怀才抱器者,本家修为廷献,则文章固其先资,平日于六经四子书殚心研思,先去夫务采色、夸声音之见,而积理养气,更蒺诸优柔餍饫,以底于深醇,庶几为自得之言,为有用之文。”②他所主张的无论“言为心声”“文以载道”“积理养气”,还是“深醇”“自得”“有用”,也都与桐城文派的价值取向、审美取向等相同。

三是桐城文学中有庄骚精神的基因(第二章第三节已有阐述),如张英注重抒发真情与表达之“有余”(第三章第五节有相关阐述),推崇白诗的“潇洒”,这些与六朝文的价值取向与审美趣向是相近的。《御选古文渊鉴》中收张英评六朝文的评语也有十一条,并在六朝文“雄隽”“激楚”的风格之外,发现了“简质”的特质和些许“醇茂”的特质,③显然,张英从时代需要的视角,发掘或放大六朝文被人忽略的某些特质。于振、刘纶在情感抒发与表现形式等方面师法六朝,也与张英等桐城文派代表性作家一样,顺应时代的需要对它进行重新发掘与深度改造,没有了魏晋的越名教而任自然,而是经经纬史,强调做真人、抒真情、求实用,追求醇雅的文风。这从时人对他们古文的评价中也可以看出,如陈世倌《清涟文钞序》说:“君于文无所不学。其应制、碑版、赠送多近于六朝。而搦管摛藻,春容醇雅,如林花初放,时鸟变声,乳泉漫流,琴筑应奏;徐庾之哀艳,鲍谢之褊激,未尝有焉。盖以生当极盛之世,涵濡陶泳,其境平,其气和,非君之不能如六朝,而六朝之不能如君也。”④其“春容醇雅”“其境平,其气和”与张英所倡导与践行的文学主张完全

---

① 于振:《清涟文钞》卷七,《清代诗文集汇编》第274册,第522页。

② 刘纶:《绳庵内集》卷十四,《清代诗文集汇编》第318册,第161页。

③ 张英评竟陵王子良《陈明政启》说:“六朝论事之文较之两汉则逊其醇茂,若下视唐宋则犹为简质耳。”见影印《文渊阁四库全书》第1417册,第532页。

④ 于振:《清涟文钞》,《清代诗文集汇编》第274册,第439页。

一致。钱陈群《绳庵内外集序》称刘纶时也说："予曩佐秋官，每直次，连茵接席，欵语移时，暇辄考评所诣，因得叩其底蕴，则渊泓澄深，未易窥测，大要求其原于经，畅其支于诸史百家，佩实衔华，弸中彪外，搜罗繁富，归于雅醇。而制义亦复步趋先正大家，有典有则，故所取士往往称得人。可知学问无二理，根深者末自遂，积厚者流愈光也。"①可见刘纶学六朝也是"佩实衔华，弸中彪外，搜罗繁富，归于雅醇"，与张英父子求醇、求雅、求实也相近。

上述所列八家皆为当时古文大家与名家，他们聚集在张廷玉周围，其影响之大可以想见，况且张廷玉兄弟的门生故吏中能文之士众多，还有不少与他们创作趣向相近者，如：

杨锡绂：雍正五年(1727)中进士，授吏部考功司主事。七年(1729)以张廷玉保举补授吏部验封司员外郎，九年(1731)五月以张廷玉保举补授考功司郎中，十一月张廷玉又保举御史引见，补授贵州道监察御史。官至漕运总督，死后谥勤悫。古文出入唐宋大家，戴衢亨称"公不以文自名，而文固卓卓可传也……蔼然仁者之言"，②著有《四知堂文集》。

雷鋐：雍正元年(1723)中举人，出于张廷璐门下，为张廷璐撰写过神道碑铭，并署"受业雷鋐顿首拜撰"。十一年(1733)中进士，改庶吉士，时方苞为馆师，向方苞学古文。著有《经笥堂文钞》。

杨椿：纂修《明史》期间多次与张廷玉讨论修史问题。著有《孟邻堂文钞》。

吴龙应：雍正二年(1724)中进士，出于张廷玉门下。庶吉士散馆后留翰林院，又在张廷玉手下工作。十一年(1733)九月，张廷玉保送御史，补授湖广道监察御史。十三年(1735)六月，徐本保举道员，因巡视通漕未回，七月张廷玉带领补行引见，奉旨补授湖广武黄道。曾在张廷玉手下充《明史》《圣祖仁皇帝实录》《皇清文颖》《词林典故》等多种典籍纂修官。

金门诏：雍正十年(1732)张廷玉荐其入《明史》馆。乾隆元年(1736)会试，张廷玉又于遗卷中拔之，张廷玉曾应其请撰《休宁金氏族谱序》。著有《金东山文集》。

沈树德：乾隆九年举人。曾作《澄怀园语跋》，跋中有说："树德幸居阁下，平日既得亲炙，公之格言至行，有在此书之外者，兹又得反复此书，复广益于曩所见

① 刘纶：《绳庵内外集》，《清代诗文集汇编》第318册，第6页。
② 杨锡绂：《四知堂文集序》，《四知堂文集》，《清代诗文集汇编》第295册，上海古籍出版社，2010年，第11页。

闻之外,抑何幸也。第自愧学、识、量三者,与公夐不相及,未能效法万一……归安门下晚学生沈树德拜跋。”①著有《慈寿堂文钞》等。张裕荦评其《张烈女传》说:“叙节烈孝义事,每奕奕有生气。于此知畏堂兄至性过人,而笔力亦足以状难显之情也。二百年来熙甫瓣香当在君处。”②《续修四库全书总目提要(稿本)》也说:“昔人谓震川归氏之文,于事阙天属者,不俟修饰,而情辞并得,使览者恻然有隐。树德之作实为近之,盖亦其瓣香所在也。”③

这些人与张廷玉兄弟有交往,得到了他们的赏识,又都有文名,创作趣向也多与桐城文派相近,也可归入桐城文派。

本章论述了张廷玉领导下的桐城文派重要成员,这些文人组成了桐城文派的核心群体,是桐城文派的主体。然而我们还应注意到,还有一些文人虽然与张廷玉交往比较少,如《明史》《皇清文颖》《词林典故》等其他纂修人员,还有其他翰林院、吏部、户部善文之下属,但他们或远或近有层次地活跃在这一核心群体周围,从而形成一个更大的文人群体。尽管他们在这一群体中不够突出,但对于壮大这一群体的声势是有着一定作用的。因人数众多,尽管其中有不少文人的文章多多少少与桐城文派的文章风格相近,但主体风格如何,一一作出判定难度较大,就本论题来说也无甚必要,上述所论已足够说明桐城文派队伍构成情况与骨干力量,因此本文也就没有进行述论,可是其作用我们不应忽视。

基于此,结合上面所列文人的述论,我想作以下总结与强调:

(一)张廷玉兄弟周围的桐城籍作家与其门生故吏中的作家是融合在一起的一个作家群体。这两类人中大多数人存在着或同门或同年或同僚的关系,有着比较多的交往。如张廷瑑、张若涵与陈宏谋等为同年进士,同入庶常馆,差不多一年半后散馆,张廷瑑、陈宏谋留在翰林院,雍正五年张若涵又与下一科庶吉士汪由敦、吴龙应等一同散馆,留在翰林院,他们有或同年或同学或同僚之谊,相处时间又较长,交往自然较多。又如雍正十一年张若霭、姚孔鈵与雷鋐等为同年进士,同入庶常馆,同奉教于馆师方苞。再如胡宗绪、姚焜与汪由敦、郑江、杨椿、吴龙应等入《明史》馆较早,充纂修官时间也较长,他们也或多或少有交流。还如汪由敦与张廷璐、张若霭、姚孔鈵等都有交往,关系也较密切。这样就形成了一支有领导、

① 张廷玉:《张廷玉全集》上册,第379页。

② 沈树德:《慈寿堂文钞》卷六,《清代诗文集汇编》第288册,上海古籍出版社,2010年,第48页。

③ 《续修四库全书总目提要(稿本)》第10册,第155页。

有骨干、成员之间有交流、有相同或相近的创作与审美趣向的作家队伍，一支桐城文派作家队伍。

（二）这一桐城文派作家群体中名家众多，影响深远。首先，张廷玉周围名家众多，群星璀璨，如方苞、张廷璐、张廷瑑、张若需、汪由敦、陈宏谋、于振、刘纶、沈德潜、沈廷芳等。其次，张廷玉执掌翰林院的二十五年间，与张英执掌翰林院之时相比，桐城籍翰林官，尤其是张氏翰林官，显著增多，连乾隆皇帝都说："便将翰苑登瀛谱，唤作卿家世系图。"①在门生翰林官的配合与支持下，张廷玉显著地改变了翰林院文学生态，桐城派文学可以说占据了当时翰林院文学的主流。随着时间的推移，这些文人中不少人成为台阁重臣，他们与张廷玉领导下的户部、吏部的文人以及台阁其他门生故吏、桐城文人相呼应，况且这一作家群体与张氏政治集团互为表里，火借风势，风助火威，桐城派文学之火照亮了台阁文坛，显著地改变了台阁文学生态。还有与张廷玉关系密切的分派到地方任职（包括乡试考官）的桐城文人和门生故吏，如张廷璐、张若震、张若本、陈宏谋、杨锡绂、吴龙应等，兴学重教，对传播桐城派文学思想作出了自己的贡献。再次，张廷玉主持编纂了《明史》《皇清文颖》《词林典故》《圣祖仁皇帝实录》等重要典籍，这不仅聚拢了数量众多的能文之士，也在编纂过程中与他们反复的沟通交流，统一了他们的思想，并将之融入了典籍之中，所以，在这些典籍中渗透了张廷玉的文学文化思想，张廷玉也由此对清代文学文化产生了重要的影响。

（三）张廷玉为人为文的榜样作用以及他执文柄、掌铨政等高官身份是这支队伍形成的主要原因。张廷玉以文学受知于康熙、雍正两位皇帝，深得眷宠，一路升迁，自然成了文人为人为文的学习榜样。自康熙五十五年（1716）张廷玉擢内阁学士兼礼部侍郎后，张廷玉家族开始科举兴盛，特别是中进士之人多选庶吉士（除张若淮外），也包括张氏女婿姚孔鋠、姚范，散馆又都留在翰林院，这除了自身的才学之外，与张廷玉在朝中的影响也不无关系。再加上执文柄、掌铨政的权力所具有的凝聚力，自然会选拔、培养、任用与自己思想相近的文人，同时随着这些文人的任用也进一步巩固与加强了自己的权力，因此他门下不仅门生故吏众多，而且居高官者也很多。这些文人聚集在张廷玉的周围，唯张廷玉马首是瞻，形成了一股不可小觑的政治势力。所以，我认为，张廷玉凭借自己的文学与权力影响

① 弘历：《御制诗二集·书词林典故序毕因以赐大学士张廷玉兼成四绝句》，《清代诗文集汇编》第320册，上海古籍出版社，2010年，第185页。

使桐城文派得到了充分的发展，与张英之时相比，桐城籍文人入朝为官者有较大幅度的增多，并在朝中获得了更多更好的发展，桐城文派整体形象要显眼很多，桐城文人的流派意识由此而更强了。可是随着张廷玉权力的削弱与失去，这个庞大的群体就逐渐分解成了一个一个的小群体，或融入其他群体之中，桐城文派也由此而进入萎缩衰微时期。

第八章　张廷玉与方苞的关系以及他们在桐城文派中的地位

方苞与张廷玉年龄相仿(方苞年长张廷玉四岁),都于康熙后期中贡士(张廷玉中贡士要早方苞早六年),都历仕康、雍、乾三朝,都对桐城文派作出了自己的贡献,然而我们又如何看待他们在桐城文派发展中的作用呢?谁的贡献要大些呢?这对于桐城文派来说是一个非常重要的问题,也是一个无法回避的问题。然而,遗憾的是,一直以来学界多是从姚鼐所构建的文统的视域来考察方苞对桐城文派的贡献,没有将他同与他同时的桐城古文家和文坛领导者张廷玉进行比较,难免一叶障目。

张英死后,在康熙朝方苞与张廷玉不管是在文学上还是在仕途上虽都有发展,但方苞不如张廷玉顺畅。方苞中贡士后因母亲生病等原因一直未参加殿试,在《南山集》案之前未入仕,出狱后以戴罪之身入仕,工作范围与影响都有限。雍正皇帝即位后遇大赦,方苞的社会地位不断提升,影响不断扩大,特别是雍正十一年后编成《古文约选》《钦定四书文》与两任庶常馆教习,将自己的思想融进了国家的意识形态之中,这才产生了较大的影响。但相比于执掌文柄与铨政的大学士张廷玉,他的影响也还是要小很多。为此,我们不能完全依赖姚鼐等人的评价,有必要回到历史之中对方苞的社会地位的变迁以及与张廷玉的关系等作一番考察,来更好地认识方苞与张廷玉在桐城文派发展过程中的作用,并给出符合历史的评价与定位。

第一节　方苞的仕宦经历

要考察方苞对桐城文派的贡献,我认为首先要考察方苞的仕宦经历。因为在康熙十七年以后台阁逐渐成为当时文坛的中心之所在,况且一般来说,古文创作相对于诗歌创作,与政治的关系要密切得多,古文名家多以官员身份从事创作或岗位写作,而且这些作品在其古文作品中的比重是比较高的,所以,在康熙十七年以后,如果作家不入朝为官,不融入台阁文坛,那么这位作家对当时的古文创作的影响,不管是影响的范围与层次还是影响群体的规模都是非常有限的,很难形成大范围、大规模、多层次的全国性影响。而桐城文派从张英开创以来就是一个全国性的文派,张英与张廷玉的高官身份都对推动桐城文派的发展起了重要作用,所以方苞对桐城文派的贡献也必须要联系他仕途上的升迁来进行考察。

方苞于康熙四十五年(1706)中贡士,榜未发,闻母病南归,未参加殿试。五十年(1711)十一月受《南山集》案牵连下狱。五十二年(1713)二月以恩宽宥免死出狱,隶旗籍。三月,下武英殿总管和素手下办事,又因李光地推荐诏入南书房。五十四年十二月母卒,丁忧,五十七年(1718)三月服阕。五十八年(1719)四月又遇疾自危。六十一年(1722)四月扈跸热河,六月,充武英殿总裁。① 可见,方苞在康熙朝只工作了五六年时间,未见大用,更谈不上重用。

雍正元年(1723)赦归原籍。二年(1724)二月请假归葬。三年(1725)三月还京,仍充武英殿总裁。九年(1731)授詹事府左春坊左中允,②这次升迁对方苞来说意义重大,是他为官生涯的重要关节点。十年(1732)五月,迁翰林院侍讲,七月迁翰林院侍讲学士。十一年(1733)三月奉果亲王允礼教约选两汉及唐宋八家古文,刊授成均诸生。其后于乾隆初诏颁各学官。四月,擢内阁学士兼礼部侍郎,

---

① 康熙年间首开武英殿书局,康熙十九年武英殿设修书处,掌管刊印、装潢书籍之事,由亲王领殿事,下设总裁、提调、总纂、纂修、协修等官,由皇帝和翰林院派充。康熙四十四年将与刻书无关的作坊划出武英殿。康熙五十七年,张廷璐中进士后即充武英殿总裁,显然,武英殿总裁不是重要岗位,官阶也不高。

② 雍正时,詹事府已不再具有作为东宫僚属的职能,仅是翰林升转之阶。春坊官掌记注、纂修之事,与翰林院职能有重叠。雍正五年七月至雍正十一年月,张廷璐任詹事府詹事(雍正七年以后以詹事府詹事任江苏学政),方苞为其下属。

因足疾辞，命他仍专司书局，不必办理内阁事务。六月教习庶吉士。[①] 八月充《一统志》馆总裁。十三年（1735）充《皇清文颖》馆副总裁。

乾隆元年（1736）春再入南书房，六月奉旨选有明及本朝诸大家四书制义。七月充《三礼》馆副总裁。二年（1737）六月以内阁学士为礼部右侍郎，诏免随班趋走，许数日一赴部，平决大事。七月教习庶吉士。[②] 十二月以老病请解侍郎任，奉旨准解，著食原俸在书馆行走。四年（1739）五月，因庶吉士散馆补请新到吴乔龄一体考试一事，著将侍郎职衔及一切行走之处悉行革去，专在《三礼》馆修书。七年（1742）春乞解书局，上许之。还有值得一提的是，十二年（1747）《皇清文颖》编纂成书，作为该书的副总裁，方苞不但没有衔名于其上，而且竟连一篇文章也未收录。

综上所述，方苞在康熙朝入南书房、任武英殿总裁官、随扈等，对方苞来说是莫大的恩宠，然而这仅仅是康熙皇帝对其文的认同与赏识，对比他年长、晚年的康熙皇帝并无多大影响，况且武英殿总裁只是负责刊印、装潢书籍的技术性工作，他在朝的五六年间与台阁群臣交往又不多，在台阁文坛上几乎没有什么大的作为，影响不大。雍正九年方苞开始进入八年的仕途黄金期（1731—1739）。在这一时期，他担任了《一统志》馆总裁、《皇清文颖》馆与《三礼》馆副总裁，奉命评选了《古文约选》《钦定四书文》，奉旨教习了两科庶吉士，融入了台阁文坛，因编书与教习而影响深远。如果说在雍正九年以前无论是为民还是为官，方苞对桐城文派的贡献主要体现在他有限的交往与授馆之中，是点上的影响，影响不是很大，那么，在这八年中，他的贡献则主要体现在编选官方教材与教习庶吉士上，在这两件

① 雍正十一年五月，张映辰、吴祖修、张湄、赵瓒、鄂容安、雷鋐、朱恒、朱泮功、鄂伦、周正峰、储晋观、陈大受、董邦达、姚孔鈵、张为仪、阮学浚、范从律、张瑗、陆嘉颖、汪师韩、徐梁栋、夏廷芝、吴学瀚、许集、肇敏、沈景澜、朱续晫、张映斗、时钧辙、王锡璋、曾丰、杨二酉、陈仁、王检、梁文山、焦以敬、程钟彦、双庆、赖翰颙、罗源汉、王文充、李修卿、查锡韩、冯元钦、李天秀、刘孔昭、刘学祖、邱玖华、唐进贤、张宗说、介福、沈齐礼、赫成峨、吴士功、王芥园、杜谧、刘元炳、胡定、张兰清、于开泰、杨琨、傅为詝、饶鸣镐、辛昌五、聂位中、陈中荣、王以昌、宋楠六十八员俱改为庶吉士。见《清实录》第八册，第698—699页。这六十八人加上已授职的一甲陈倓、田志勤、沈文镐与二甲第一名张若霭四人共七十二人都是方苞的庶吉士门生。乾隆元年四月癸未散馆。见《清实录》第九册，第441页。

② 乾隆二年六月，孙宗溥、何其睿、宋邦绥、观保、张若需、冯秉仁、黄明懿、钱琦、周玉章、王会汾、吴绂、郭肇璜、冯祁、龚学海、程廷栋、黄宫、德保、陆树本、李龙官、沈云蜚、刘炯、丁一焘、胡师孟、周礼、师家相、张九镒、卢宪观、王士瀚、白瀛、周煌、路斯道、刘慥、李质颖、苏霖润、刘天位、欧堪善、高继光、谢庭瑜、纳国栋、牛琳、杜鹤翱、辛有光、廖鸿章、蒋祖培、郑绍奎、林维雍、张日誉、陈世烈、王寯、周连登、诺敏、张元龙、莫世忠、李时勉、蒋允焄、朱若炳、孙维、彭遵泗、觉罗德成格著以庶吉士。见《清实录》第九册，第776—777页。这五十九人加上已授职的一甲于敏中、林枝春、任端书三人共六十二人都是方苞的庶吉士门生。乾隆四年四月戊戌散馆。《清实录》第十册，第401页。

工作上他不仅进一步让桐城文派文学思想朝着可操作性方向发展，而且很好地诠释、贯彻与落实了雍正与乾隆的文学思想，并由此有效地将自己的思想融入国家的意识形态，产生了面上的影响，影响要深远得多。

第二节　张廷玉与方苞交往及其对桐城文派贡献之比较

方苞与张廷玉相识较早，而相熟、相知则较迟。据《跋王箬林为方望溪书韩子五箴》《方苞年谱》等，康熙己巳（1689），方苞与张廷玉初识于皖城，两人同在皖城参加岁试，方苞列名第一，张廷玉也列名一等。当时张廷玉只有 18 岁，方苞 22 岁。然而直到康熙癸巳（1713）方苞蒙诏入南书房，两人始相熟、相知。雍正元年（1723）方苞代张廷玉为朱轼母亲作寿序《朱母冷太夫人八十寿序（代张砚斋）》，八年（1730）方苞以王箬林为自己书写的《韩子五箴》向张廷玉索跋，可见最迟到雍正皇帝即位，方苞与张廷玉两人已在文学方面相互赏识，感情上已比较亲密。十年（1732）方苞在《与鄂张两相国论制驭西边书》中说："苞荷两朝圣主如天之恩，辱两相国知爱，不以众人相视，苟知而不言，是亏仁而愆义也……欲借手于二公，以报两朝圣主如天之德，而亦以答二公夙昔知爱之深。"①可见此时两人感情进一步加深，方苞已深得张廷玉知爱。十一年（1733）或稍后张廷玉为方苞《宋元经解删要》作序时说："余始得昆山刻《宋元经解》，喜其所收之博，特苦循览难遍，又惧群言参差，学者无所取衷，欲少为别择，而未暇也……余盖于望溪是编之有成，而益知大雅之诗人善言圣人之德教焉。抑又有私喜者，其卷帙十汰七八。余虽老，苟有余闲，次第发而观之，或犹可稍偿曩者之夙志也。"②一定程度上说明了两人在经学上有共同的学术趣向与价值取向。

方苞与张廷玉还在纂修书籍与衡文时共过事，尽管时间都不长，但都有助于加深他们之间的交流。雍正十三年（1735）正月，张廷玉奉旨充《皇清文颖》馆总裁，方苞充副总裁。乾隆元年（1736）三月，会试榜发后，"命廷玉、方苞会同四主

① 方苞：《方苞集》，第 638—646 页。

② 张廷玉：《张廷玉全集》上册，第 147—148 页。

考检阅落卷，续取中三十五人，准一体殿试”。① 七月初九日，张廷玉“奉旨纂修《三礼》，著鄂尔泰、张廷玉、朱轼、甘汝来为总裁，杨名时、徐元梦、方苞、王兰生为副总裁”。②

在厘清方苞仕途经历以及与张廷玉关系等相关史实基础上，我们有必要对此进行分析，以便使我们更客观地看待两人对桐城文派的贡献。

首先，就他们的为官生涯来看，方苞仕途黄金期大致与张廷玉仕途辉煌期相重叠，这也是他们交往较多，感情较深的时期，而张廷玉与乾隆皇帝的关系日益疏离，方苞也先后解职、革职。由此，我们认为，方苞一方面是因为其才学而获得升迁的，另一方面也可以说是在张廷玉的庇护、关照与提携下而获得升迁的。如方苞任翰林院侍讲、侍讲学士时，张廷玉执掌翰林院，为其上司。又如雍正时，简选庶常馆教习由吏部开列，皇帝钦定。乾隆初也是如此。方苞两任庶常馆教习之时，张廷玉兼管吏部尚书事，那么方苞的教习一职就与张廷玉有莫大的关系。

其次，就他们的工作范围、工作职责与工作成效来看，张廷玉以大学士执掌文柄与铨政，主要负责选人与用人等工作，权倾朝野，而方苞主要承担了编写教材、教习培训与刊印书籍等工作，并无实权，为门生故吏提供升迁的机会很少。尽管方苞可以将自己的思想融入教材与培训之中，但他必须以当时的选人与用人标准为依据与导向来编写教材，展开培训。这从《古文约选》《钦定四书文》中可以看出，他比较好地诠释了圣谕，在文章评选的价值取向与审美趣味上与雍正皇帝、乾隆皇帝和张廷玉是一致的，然而我们注意到，他们的价值取向与审美趣味并不是在方苞的影响下形成的，实际上在评选两本教材时，雍正皇帝的文学思想已经形成，乾隆皇帝的文学思想也基本形成，显然，方苞承担的是一个执行者与诠释者的角色，只不过在文法上予以了细化，使学习者更容易领会与落实圣谕。当然，不可否认他不仅继承了桐城文法理论，也发展了桐城文法理论。此外，方苞除了教授一般的门生之外，还教习了两科庶吉士 134 人，这些人中有不少古文大家与名家，然而其中不少得到了张廷玉兄弟的提携，如雷鋐、沈廷芳、陈大受、江有龙、罗源汉、钱琦等，因编书等工作关系以及其他原因，他们与张廷玉兄弟关系也很紧密。

再次，就他们的性格来看，张廷玉性格温厚，不以出身名门而矫，也不以身居

① 张廷玉：《澄怀主人自订年谱》，《张廷玉全集》下册，第 424 页。
② 张廷玉：《澄怀主人自订年谱》，《张廷玉全集》下册，第 426 页。

高位而亢，比较容易结交。其门生汪由敦称说："僚友共事者阅数十辈，平心接之，多所容纳，人不见其有疾言遽色。"①张廷玉的性格更有利于他团结与聚拢更多的文人（包括方苞）。所以，"薄暮还寓，则宾客门生，车驾杂沓，守候于外舍者如鲫矣"。② 而方苞则不同。康熙五十七年（1718）方苞在《游丰台记》中说："念平生钝直寡谐，相知深者，二十年来凋零过半；其存者，诸君子居其半矣。"③文中自己说"平生钝直寡谐"，而且提到的"诸君子"只有 5 人，可见其相知者不多。雍正八年（1730）张廷玉在《跋王箬林为方望溪书韩子五箴》中也说："望溪少负气，与世寡谐，多见谓矫亢……其自视常若下于恒人，见隶圉臧获，爱亲敬长，一事一言之善，辄反躬自责，愧不能行，有以过规，则诚心以为德，而与朋友责善亦甚严。当其尽言无隐，多人所难茹，故虽与昵好者，亦窃病其迂。然与余交，自癸巳至今，凡十有七年，常以天下之公义、古贤之大节相砥淬，而未尝一及于私。虽余未与同事时，亦不知其笃实若此。"④显然在张廷玉眼里，方苞是可视为畏友的，但他"与朋友责善亦甚严。当其尽言无隐，多人所难茹"，密友、昵友不多。因此，在我看来，方苞在同辈与后辈的眼中多被视为畏友严师，其"寡谐""矫亢""严""迂"的性格，影响了他的交往，他的朋友圈不可能很大，这就使他很难成为规模较大群体的领袖。况且他虽身居内阁学士的高位，却专司书局，并无实权。而实际上，方苞虽然弟子较多，但多从其学文，不仅方苞自己无意组建弟子队伍，其弟子也没有聚拢在他周围相互呼应以张声势，多是小范围、零散的聚会交流，与张廷玉门下弟子聚集于其门的场面相距甚远。

综上，就桐城文派来说，张廷玉与方苞两人之间存在着一种主辅关系，将方苞归入张廷玉领导下的桐城文派作家队伍之中要更符合实际，更合理些。张廷玉是桐城文派的领导者，为桐城文派及其成员的交流与发展提供了机会、环境与平台，凝聚了队伍，扩大了影响，而且桐城文派的盛衰与他个人政治上的盛衰有着直接的关系，他对桐城文派的贡献主要体现在执掌权柄之时，影响大而深。而在张廷玉领导的这一支队伍中，方苞则是桐城文派的重要作家，是桐城文派的重要理论家，是桐城文派作家的重要培训师，因编选教材、教授门徒，对桐城文派的影响深而远。尽管他们对桐城文派贡献不一样，但他们却形成了互补关系，共同推动了

---

① 张廷玉：《张廷玉全集》下册，第 559 页。

② 陈康祺：《郎潜纪闻初笔二笔三笔》下，中华书局，1984 年，第 848 页。

③ 方苞：《方苞集》，第 421 页。

④ 张廷玉：《张廷玉全集》上册，第 205 页。

桐城文派的发展壮大。因此,我们不能因为方苞的文名而过高地评价他对桐城文派的贡献,更不能以方苞的文名遮蔽张廷玉在桐城文派中的领导地位,抹杀张廷玉对桐城文派作出的杰出贡献。

第九章　张英父子在清代散文史上的地位

探讨张英父子在清代散文史上的地位，需要从清代文学发展史和桐城文派创建与发展两个视角来展开讨论。因前面的八章内容主要都是从第二个视角展开的深入讨论，在此我只想对此作一番总结，并梳理一下他们对桐城文坛与桐城文派影响。从前一视角认识张英父子在清代文学史上的地位，同样有利于我们认清张英父子对桐城文派形成与发展所作出的贡献。

一、张英的古文理论及其地位

张英古文理论体系根柢六经，崇实尚雅，从文学文化建设出发，分国家、地方与家庭三个层面，来思考文学的问题，其间渗透了桐城文学传统，贯穿了自己的"裕"的审美理想。

这一理论体系以实学为统领，融合了理学与心学，折中了明代以来师古与师心的创作取向，能够有效地克服七子派饾饤、唐宋派平庸、公安派浅俗、竟陵派寒瘦之病，具有集大成的性质。

这一理论体系不仅在自己的文化管理实践中得到了贯彻执行，而且通过康熙皇帝、雍正皇帝、门生及儿孙深深地融入了国家的意识形态之中，具有官方文学思想的特性。同时这一理论体系为国家、地方和家庭的文学文化建设指明方向与路径，对康熙皇帝乃至雍正皇帝加强这三个层面的文学文化建设都产生了重要的影响。

二、张英的古文特征及其地位

在张英生前，他的同僚朋友就对他的古文风格及其地位给予了比较恰切的评价。康熙戊寅年(1698)，赵士麟在《笃素堂文集序》中说："故其为文，滃然而云雷兴，沛然而河海流，蔚然而蛟龙升，彪然而虎豹腾，煦然而百卉滋，秾丽之极，固若未易得其涯涘；及其造乎平淡渊微，则又若太羹元酒，不假调胹而至味自具也。"①指出了张英古文中秾丽与平淡两种对立风格并存，既有阳刚的一面，也有阴柔的一面。但我认为，张英的总体风格偏向阴柔。陈廷敬于康熙辛巳年(1701)所作的《笃素堂文集序》说："儒者以道德文章蒙知遇，被显擢，论思延登，济济休休者，公皆有焉，而不以自居，神明寄托，尝独在于丘中田间野云流泉岑寂之地。既操笔内庐，暨钧衡台席，以经术润色廊庙。浃辔幽遐时，以其意发为咏歌，高文清思，孤行独赏，田家渔父，樵夫牧童，则储公之格高调逸，趣远情深也；在泉成珠，著壁成画，则辋川之秀词雅韵，意惬理精也。以至香山之挺出于长庆，苏陆之各擅于南北。"②则不仅指出了张英之文台阁与山林兼有的特征，实际上也点出两者兼擅之关键在于淡泊名利之"静"与自然岑寂之"静"互为奥援，是在"静"的基础上生发出他的典雅和平与清微淡远的风格的，还以白居易、苏轼、陆游在当时文坛上的地位来类比张英，突出张英在康熙文坛上的崇高地位。

张英身后，乾隆年间成书的《四库全书》《皇清文颖》收录其文。《四库全书》收顺治至乾隆年间 40 人诗文集，张英《文端集》就收录其中，包括《笃素堂文集》10 卷；《皇清文颖》收大臣文五十卷 452 篇，收录张英文 23 篇，只少于徐乾学的 28 篇，多于韩菼的 22 篇、陈廷敬的 20 篇、李光地的 18 篇、叶方蔼的 12 篇、汤斌的 11 篇、汪琬的 10 篇。这已说明张英是文坛大家，至少是台阁大家。这是官方从众多文学家作品中遴选得出的结果，所以相对于某个人为其作序时所作的评价要更客观些。

而《四库全书总目》《皇朝文献通考》的相关评价则给予张英更明确的历史定位。《四库全书总目》评说：

① 张英:《张英全书》上册，第 220 页。
② 张英:《张英全书》上册，第 215—216 页。

英遭际昌辰，仰蒙圣祖仁皇帝擢侍讲幄，入直禁廷，簪笔雍容，极儒臣之荣遇，矢音赓唱，篇什最多。其间鼓吹升平，黼黻廊庙，无不典雅和平。至于言情赋景之作，又多清微淡远，抒写性灵。台阁、山林二体，古难兼擅，英乃兼而有之。其散体诸文称心而出，不事粉饰，虽未能直追古人，而原本经术，词旨温厚，亦无忝于作者焉。①

而上海图书馆藏提要稿本则说：

英遭际昌辰，仰蒙圣祖仁皇帝擢侍讲幄，入直禁廷，簪笔雍容，极儒臣之荣遇。矢音赓唱，篇什最多。其间鼓吹升平，黼黻廊庙，无不金相玉质，典雅和平，故馆阁诸臣皆推为词林巨手。至于言情赋景之作，又多清微淡远，抒写性灵，迥出尘壒之表。盖燕许闳丽之格，与储孟高旷之体，兼而有之。其散体诸文称心而出，不事粉饰，虽未能直追古人，而原本经术，词旨温厚，亦无忝于作者焉。②

这个评价要比《四库全书总目》要高，而收入《四库全书》史部的《皇朝文献通考》则与稿本的评语相近：

《文端集》四十六卷，张英撰……是集和平典雅，玉质金相，馆阁诸臣皆推为词林钜手。至于言情赋景之作，又多清微淡远。盖燕许闳丽之格与储孟高旷之体兼而有之者也。③

比较三者可知，《四库全书总目》中的“台阁、山林二体古难兼擅，英乃兼而有之”与稿本中的“燕许闳丽之格，与储孟高旷之体，兼而有之”，是就诗歌而言的，而《皇朝文献通考》中的“燕许闳丽之格与储孟高旷之体兼而有之”则是对《文端集》的总体评价，当然包括其中的《笃素堂文集》。结合赵士麟与陈廷敬的评价以及《笃素堂文集》所收之文，张英之文也确实具有这种特征。同时我们还要注意

① 永瑢等：《四库全书总目》，第1524页。

② 转引自陈恒舒《四库全书清人别集纂修研究》，北京大学博士学位论文，2013年，第203页。

③ 永璇等：《皇朝文献通考》卷二百三十二《经籍二十二》，影印《文渊阁四库全书》第637册，台湾商务印书馆，1986年，第405页。

“馆阁诸臣皆推为词林巨手”的评价，实际上在张英生前，此类评价在他同僚的诗文中就不绝于耳，在张英请假、予告南归时，同僚的送别诗中就有集中的呈现。结合前文的相关论述与《张英全书》所收之文，我认为，稿本与《皇朝文献通考》的相关论述要相对客观些。

我们还应该将张英与他同时的以台阁文学著称的大家进行比较，来进一步认识张英在台阁文坛上占有的极其特殊的重要地位。与张英同时而且诗文集收入《四库全书》的以台阁文学著称的大家有陈廷敬、叶方蔼、彭孙遹、张玉书四人，而《四库全书总目》对他们的评价，与张英相比，除评叶方蔼《读书偶存稿》主要论诗外，无论是评陈廷敬《午亭文编》的“文章宿老，人望所归，燕许大手，海内无异词焉，亦可谓和声以鸣盛者矣”，①还是评彭孙遹《松桂堂全集》的“今观是集，才学富赡，词采清华，馆阁诸作，尤为瑰玮绝特。知其独邀甄拔，领袖群才，不偶然也”，②还是评张玉书《张文贞集》的“大抵皆春容典雅，沨沨乎盛世之音”与“详赡”“端绪详明”“足资掌故”“足与史传相参”，③多是台阁大家共同之特征，不如张英文章个性鲜明。

再从《四库全书总目》及其他人对他与桐城名家评价的比较来看张英的文学史地位。《四库全书总目》评方苞《望溪集》说：

> 苞于经学研究较深，集中说经之文最多，大抵指事类情，有所阐发。其古文则以法度为主，尝谓周秦以前文之义法无一不备，唐宋以后步趋绳尺而犹不能过差，是以所作上规《史》《汉》，下仿韩欧，不肯少轶于规矩之外，虽大体雅洁，而变化太少，终不能绝去町畦，自辟门户。然其所论古人矩度与为文之道，颇能沉潜反覆，而得其用意之所以然，虽蹊径未除，而源流极正。近时为八家之文者，以苞为不失旧轨焉。④

撇开户门立场，客观公正地看待这些的评价，我认为四库馆臣确实指出了方苞文章的短处与不足。“太少”“终不能”“蹊径未除”等负面性评语，给人留下了非常深的缺乏创新的印象，特别是“终不能……自辟门户”，已基本否定了方苞开

① 永瑢等:《四库全书总目》,第 1522 页。
② 永瑢等:《四库全书总目》,第 1523 页。
③ 永瑢等:《四库全书总目》,第 1525 页。
④ 永瑢等:《四库全书总目》,第 1528 页。

宗立派之可能。而评价张英则用了“馆阁诸臣皆推为词林钜手”“古难兼擅，英乃兼而有之”等正面性评语，显然，四库馆臣对张英的评价总体上要高于方苞。所以，在清代前期官方的文学史话语中，张英的地位要高于方苞。而相比于刘大櫆、姚鼐，李祖陶则认为：

然予顷读张文端公、姚端恪公之文，辄觉刘海峰、姚姬传之仅为文士。今读赵忠毅公集，亦觉洪稚存、恽子居之仅为才人。何也？其文为布帛菽粟之文，坐而言可以起而行，积诸躬而后发诸外，故言立而功与德俱见也。①

这虽是一家之言，但从他编辑《国朝文录》及其续编所具有的见识与宏通的史观来看，其所言应大致不差。在我看来，李氏所言也还是较为公允的。所以，从文学史的角度看，张英在文学创作上的成就至少在某些方面是高于所谓的“桐城三祖”的。

当然，我们更应该将张英古文创作及其文学特色放在清初由乱到治的政治、社会与文学等风气变迁的背景下来认识其文学史意义。顺治与康熙初期的文坛上，主要活跃着遗民、贰臣与国朝新士人三支队伍。国朝新士人大多在遗民、贰臣及国朝新政的交互影响的环境中成长，遗民与贰臣两种人格范式及其所表现出来的出处、进退的现实选择或多或少、或深或浅、或隐或显地影响着国朝新士人。对于这种进退出处矛盾的化解也因人而异，或早或迟，或快或慢，但大多国朝新士人都有着这样的心路历程，呈现出的状态也因人而异，或进或退，或以退为进，或进退自如，或不纠结于进退。到康熙中期这些国朝新士人内心的矛盾大多得以化解。张英也是这样一位国朝新士人，他受到了遗民姚孙棐、方文等与贰臣姚文然等影响，科举入仕之后，随着官位的升迁及其所产生的压力，内心深处的出处、进退的问题开始浮现出来，纠结于心，然而在自我调适之下，张英以内心之淡泊与山水之静谧互为奥援，在工作中尽忠尽职，在休闲时以山水为乐，在康熙中期终于达到了以台阁为山林的境界，形之于文，表现出台阁、山林兼擅的特色。所以，尽管张英的心结化解与两种风格融合所达到的境界别人难以企及，但是我们不能忽视其所具有的典型意义。我们从他的诗文中可以比较完整地了解到国朝新士人成长的心路历程，也可进一步窥探清初由乱到治的过程中文风过渡性变化的痕迹以

① 李祖陶：《国朝文录续编·赵忠毅公文录引》，《续修四库全书》集部第1671册，第304页。

及构建盛世之音时所具有的包容性。

此外，张英诗文所彰显的气度风貌、人格模式与休闲方式，成为了文人（特别是官场文人）效仿的对象，对他们的文学创作、人格塑造与休闲生活产生了深远影响。对其儿孙的影响最为明显。如吴华孙序张廷玉《澄怀园诗选》时说：

> 公诗优游夷愉，俯仰揖让，如欧阳子文章，而化工肖物，超旷自然之妙，牢笼百态，无迹可求，所谓中和雅颂之音，而高山流水之韵也。读其诗，不知其为台阁之与山林，将无寄迹轩冕而天怀澹定故耶？抑赐园山水更有触于外而乐于中者耶？①

又如沈德潜序张廷璐《咏花轩诗集》时说：

> 有台阁之诗，有山林之诗。铺扬德业，典赡鸿丽，台阁之诗也；裴回景光，雕镂万象，山林之诗也……然既分擅二体，擅台阁者尠清微窈眇之韵，擅山林者又徒工于写景赋物，而于美盛德之形容、效太平之润色，或阙略焉而未之有逮。求两者之能兼，古人亦有难焉者矣，维桐城张公则不然。公为文端公哲嗣，耳濡目染，学殖自醇。②

再如曹学诗序张若霭《蕴真阁诗集》时说：

> 故其为诗也，寻幽历险，啣枚缒栈道之兵；夺隘摧坚，拔帜度井陉之谷。蹴踏则横行无敌，如万骑之巡边；精严而部勒相招，似五师之出塞……故其为诗也，清微闲远，数声鹤鸣孤云；淡荡空明，几点鸥飞曲沼。似幽人之踯躅，行歌于落叶空山；如古佛之跏趺，说偈在荒藤深洞。③

他对其他人的影响，前文在论效白之风时就论及张英对陈廷敬、王士祯、高士奇的诗风与人格模式、休闲方式的影响。兹不赘述。

---

① 张廷玉：《张廷玉全集》下册，第95页。
② 张廷璐：《咏花轩诗集》，《清代诗文集汇编》第236册，第525页。
③ 曹学诗：《香雪文钞》，《清代诗文集汇编》第284册，第112—113页。

三、张英在桐城文派中的地位与影响

通过前面几章的论述，我们已经知道，康熙二十二年(1683)《龙眠古文一集》的刊印及其张英等人为该集所作的序文标志了桐城文派的成立。张英在序文中指出了桐城人文之盛及其原因，拈出了“桐城诸先正家学”“先正训子弟读书法”等桐城传统，突出了“新进之士，于众中觇其气度，多不问而知其为桐之人”的共同气度与风貌，以及自己“十余年来，兢兢无敢失坠”桐城传统与气度的自诫自勉，确立了桐城文学纲领。况且他还以桐城文学传统为基石与核心构建了自己的古文理论体系，培养与聚拢了两支以自己为中心的创作趣向相近且具有重要影响的作家队伍。显然已具备了严格的或真正意义上的文学流派成立的条件。将这些条件以及张英从事的文学实践及其实效和戴名世、方苞、姚鼐相比较，到底是谁创立了桐城文派，也就一目了然了。在创立桐城文派与建设桐城文派的过程中，张英以帝师、馆师与掌文柄的高官身份践行与传播桐城文学思想，将自己所具有的桐城派思想融入国家意识形态，渗透到国家行政执行系统，形成了有利于桐城派发展的文化政策和科举衡文标准。这不仅使桐城文派走出一隅，流播于台阁，流播于全国，而且后来桐城派文人之所以能活跃于台阁、书院很难说不是受惠于这样的政策导向、话语环境和政府资源。所以说，张英是桐城文派的开创者与奠基者，他开创了桐城文学的新天地与新时代，实现了桐城派文学与当时政治文化的高度融合。

从桐城文坛与桐城文派的发展来看，张英的影响可以分为康熙时期、雍正至乾隆初、乾隆中期至道光初期、道光中期以后四个时期。

我们先来看康熙年间张英在桐城文坛的地位与影响。这在张英生平中也有所论述，这里再作一些补充。康熙二十二年(1683)姚琅《(康熙)安庆府志·艺文上》收张英古文《重建应沙阁案山围墙记》《臬宪薛公去思碑记》2篇。康熙六十年(1721)张楷《(康熙)安庆府志·艺文志》收张英古文《岁终汇进讲章疏》《题史阁部手札记》《重建应沙阁案山围墙记》《恭进书经衷论序》《恭进易经参解序》5篇。与张英同时姚文然、陈焯等人也有文收录两部志书中，而潘江、钱澄之、李雅、姚文燮等人的文章则没有收录，显然在府志中彰显了张英作为一个古文家在桐城文坛上的重要地位。方苞在《祭张文端公文》中说：“公如元气，运物无迹。审机正轴，功无与匹。”①

① 方苞：《方苞集》，第468页。

对张英的贡献给予了非常高的赞美，尽管没有直接论及张英之文，但张英之文自然也包含其中，那么，张英的“元气”对桐城文派自然也会有根源性与孕育性的作用。

雍正至乾隆初期，张廷玉执掌文柄，奉皇帝之谕与张英的文学思想，领导文坛，发展壮大了桐城文派，前文已论，兹不赘言。

乾隆中期及嘉庆时期，姚鼐面对桐城文派发展的颓势而竭力振起之，不过姚鼐少有论及桐城文派的开创者张英，也几乎没有称述其文，其弟子也是如此。姚鼐与张英都是桐城文学传统培育出来的古文家，有着共同的桐城文学基因，他们的创作取向与文论思想也基本相同。我想作为张家的女婿，姚鼐不称述张英父子之文，可能有政治、学术、个性以及重振姚家（摆脱依附张家）等多种原因。不过他并没有抛弃张英所总结与强调的桐城文学传统，其“义理、考据、辞章兼济”“神妙”“阴阳刚柔”等思想在张英的文集中都有相近的论述。可以说，姚鼐的文论思想是在张英文论思想的基础上发展而来的，尽管姚鼐自己没有表明这一点，但张英对姚鼐文学思想的影响是不能忽视的存在，姚鼐《游双溪记》中将自己与张英作比较也一定程度上说明了这一点。①

道光中期以后，桐城文派名家开始不断地发现与重视张英之文的价值。道光二十年（1840）邵懿辰向曾国藩称述了张英学问文章，张英的文章开始得到曾国藩的重视。如：道光二十年（1840）十一月十六日，“邵蕙西来，谈及国朝二魏、李文贞、熊孝感、张文端诸人”。② 十一月廿一日，“饭后走许师处、邵蕙西处，谈及理学。邵言：‘刘蕺山先生书，多看恐不免有流弊，不如看薛文清公、陆清献公、李文贞公、张文端公诸集，最为醇正。’自惭未见诸集，为无本也”。③ 自此，张英之文对曾国藩影响不断深入。如：同治四年（1865）六月初七日，“阅《圣祖庭训格言》。嗣后拟将此书与张文端公之《聪训斋语》每日细阅数则，以养此心和平笃实之意”。④ 同治八年（1869）五月廿八日，“阅《白香山集》。因近日胸襟郁结不开，故

① 姚鼐《游双溪记》说：“乾隆四十年七月丁巳，余邀左世琅一青、张若兆应宿同入北山，观乎双溪……当文端遭遇仁皇帝，登为辅相，一旦退老，御书‘双溪’以赐，归悬之于此楣，优游自适于此者数年乃薨，天下谓之盛事。而余不材，不堪世用，亟去，早匿于岩窦，从故人于风雨之夕，远思文端之风，邈不可及，而又未知余今者之所自得，与昔文端之所娱乐于山水间者，其尚有同乎耶？其无有同乎耶？”见《惜抱轩诗文集》，上海古籍出版社，1992 年，第 224 页。在进退、出处的问题上，姚鼐是以张英为榜样、为参照的。

② 曾国藩：《曾国藩全集 · 日记》，第 49 页。

③ 曾国藩：《曾国藩全集 · 日记》，第 50 页。

④ 曾国藩：《曾国藩全集 · 日记》，第 1156 页。

思以陶、白、苏、陆之诗及张文端之言解之也”。[1] 同治九年(1870)正月初四日，“圣祖《庭训》之‘仁厚’，张文端公家书之‘和平’。每日含咀吟咏，自有益于身心”。[2] 曾国藩还以此来劝勉朋友、教育子弟。如：咸丰九年(1859)十月初二日《复胡林翼》说：“饱看龙眠山，步张文端之后尘，自是人生至乐，第不知鄂中官绅士民肯放公远出否？《四库书目》谓张文端台阁、山林一身兼之，正恐我公山林气少耳。”[3]同治四年(1865)十月十八日《加李鸿裔片》说：“申夫新刻之《聪训斋语》与吴漕帅所刻之《庭训格言》，不特可以进德，可以居业，亦并可以惜福，可以养身却病……养内之道，第一将此心放在太平地方，久久自有功效。近将张公书告舍弟及儿侄辈，兹并以奉勖。”[4]同治四年九月晦日《谕纪泽纪鸿》说：“张文端公英所著《聪训斋语》，皆教子之言。其中言养生、择友、观玩山水花竹，纯是一片太和生机，尔宜常常省览。”[5]综上，曾国藩主要论及了张英文集的义理之“醇正”与风格之“和平”，更多的则论及了张英之文进德、养生之功用。而桐城方宗诚《桐城文录》(成书于1858年)则从桐城古文发展史的角度给予张英古文的历史地位，尽管该书收张英之文不多，没有给予张英应有的历史地位，但对于张英之文的巨大价值则给予了充分的肯定。该书“义例”说：“士君子穷则求志守道，垂诸文而为后世法，达则辅仁行义，泽及万物，而不必以文为名；然陈谟议政之言，果有关于国计民生，是虽非文家，要亦天地间之巨文也。惟近世官文书多通俗字句，不可不加择别。今附录姚端恪公文一卷，张文端公、文和公文一卷。”[6]官文书以解决现实问题为旨归，受文对象又非常复杂，受教育程度千差万别，自然以通俗明白为要，所以“多通俗字句”的指瑕显然不切肯綮，不切实际，同时在前文“天地间之巨文”之下，这样的指瑕又显得微不足道，甚至谈不上不足。然而在这样的语言张力之中，我们还是能够多少窥探到方宗诚的言外之意。同治丁卯(1867)二月，桐城萧穆在《跋聪训斋语》中说：“乡先达张文端公著有《易经衷论》《书经衷论》并《笃素堂》《存诚堂诗文集》四十六卷……穆往时读公诸书，爱其气象雍容，夷旷冲澹之趣，流溢行墨，文不求工，而世之号为老于文事者不逮焉，殆朱子赞明道先生所

---

① 曾国藩：《曾国藩全集·日记》，第1648页。
② 曾国藩：《曾国藩全集·日记》，第1714页。
③ 曾国藩：《曾国藩全集·书信》，第1078页。
④ 曾国藩：《曾国藩全集·书信》，第5382页。
⑤ 曾国藩：《曾国藩全集·家书》，第1220页。
⑥ 舒芜、陈迩冬、周绍良、王利器：《中国近代文论选》上，第94页。

谓‘元气之会，浑然天成’者也。”①对于张英之文的审美情趣表达由衷的喜爱，其所引“元气之会，浑然天成”，试想桐城文派作家中除张英之外还有谁可当此美誉。后来姚永朴在《文学研究法》（1916 年出版）卷二《诗歌》、卷三《状态》、卷四《工夫》中引用了张英《聪训斋语》中相关的文学论述，可见张英文学思想对姚永朴也有影响。

因此，张英对桐城文派的影响是多方面的，既有义理内容方面的影响，也有体裁行文方面的影响；既有作品风格的影响，也有文学思想的影响；既有学问方面的影响，也有进德修身方面的影响；等等。如果说作为一个流派，五四新文化运动之后，桐城文派已经消亡，那么，我们可以将桐城文派的存续期分为起、承、转、合四个阶段，而张英、姚鼐、曾国藩、姚永朴则分别是起、承、转、合阶段的领袖。由此，从桐城文派的发展来看，张英的影响实际上就涵盖了桐城文派发展的全过程。

四、张廷玉在清代散文史上的地位与影响

尽管张廷玉不论是在古文创作上的成就还是古文理论上的成就都要比其父张英逊色，然而他长期身居高位，执掌文柄与铨政，成就了他文坛地位，对当时主流文学与桐城文派的发展都产生了重要影响。

（一）张廷玉的古文创作成绩比较突出，是当时文坛上具有重要影响的古文名家，《四库全书存目丛书》《皇清文颖》《桐城文录》等重要选本收录了他的文集或文章。

（二）张廷玉历仕康、雍、乾三朝，直接参与了三朝的文风建设，产生了重大影响。在康熙朝，张廷玉是醇雅文风建设的参与者，而雍正即位以后他则是当时文风建设的领导者。在雍正朝，张廷玉是最能领会雍正皇帝意图的大臣，是雍正皇帝意图的忠实执行者，是雍正朝最优秀的公文大家，拥有比其他汉臣更大的权力。所以说，张廷玉不仅是雍正文坛的领导，而且是雍正朝官方文学思想的主要代表，是“清真雅正”文风建设的积极响应者、践行者、参与者与领导者。乾隆皇帝也继续加强“清真雅正”文风的建设，尽管张廷玉与乾隆皇帝的关系日渐疏离，但是他予告前依然领导、推动和参与着“清真雅正”文风的建设。显然，作为文坛的领导者，雍正朝、乾隆初期“清真雅正”文风建设的成效与他的领导是分不开的。

---

①　萧穆：《敬孚类稿》，黄山书社，1992 年，第 487 页。

（三）由于雍正皇帝的眷宠以及执掌文柄、铨政等原因，张廷玉凭借自己的权力及其影响，不仅推动了自己家族的科举兴盛，也为桐城文人（包括方苞）和门生故吏提供了更多更好的发展机会、环境与平台，聚拢了大批优秀文人，形成了以自己为中心的具有朋党性质的政治集团，特别是这一集团中集中了众多的古文大家与名家，他们与政治集团互为表里，产生了巨大的文坛名人效应与规模效应，桐城文派的整体形象因此而更加突出与鲜明，桐城文派规模更大了，影响更大了，桐城文人的流派意识也更强了。所以，张廷玉是桐城文派的领导，桐城文派的发展壮大与他有莫大的关系，"天下之文章，其在桐城乎"的盛况实际上出现在张廷玉执掌翰林院期间，方苞、刘大櫆虽在其中，但主要贡献者不是他俩，而是张廷玉。

总之，在清初由乱而治的政治进程中，张英顺应了时代的需要，将开创桐城文派与塑造统治者需要的新文风相结合，或许也可以说他将创立桐城文派作为塑造统治者需要的新文风的一个重要举措，使桐城文派与台阁文学相通相融，与时俱进，从而使桐城派文论文风逐渐影响台阁，逐渐流播天下。可以说在康熙朝的新文风建设与桐城文派的创立与发展上，张英有奠基、参与、推动之功，影响深远。而张廷玉则在康熙四十一年以后，尤其是在雍正即位以后，执掌文柄与铨政，领导台阁文坛，聚拢、团结与带领家族文人、桐城文人与门生故吏，奉皇帝圣谕，守桐城家法，推动了当时文风士风建设的开展，使文风更趋典则、士风更趋醇谨，同时也发展壮大了桐城文派，推动桐城文派进入了第一个发展高潮。

附录一　张英父子集外文辑录

江小角、杨怀志两先生整理了张英、张廷玉的诗文集，并辑录了一些集外文，后来张体云在《张英年谱》《张廷玉年谱》中辑补了一些集外文，王宣标、陈开林又分别辑补了张廷玉集外文8篇与4篇。现就我所见，再辑补张英集外文18篇、张廷玉集外文2篇。而张廷瓒与张廷璐都只有诗集存世，兹辑录张廷瓒文4篇、张廷璐文13篇。

一、张英集外文辑录

1.朴巢诗集序

诗以言志，而声与律因之，三百篇所托始也。古今来以诗专家者未易更仆数，而约略可举，若渊明志在恬适，故其诗清以旷；太白志在豪放，故其诗丽以肆；少陵志在悲时悯物，故其诗苦而多思，一篇一咏，未尝不闻其叹息；乐天晚年志在安分守乐，饮酒坐禅，故其诗晓畅而旨人，越州、香山之胜，千载而下，犹如即乎其人，见乎其事。大约古人以其志之所在而发之篇章，以直写其磊磊落落之概，而其才又足以佐之。若非其素所怀抱，虽极意言乐，极意言愁，必格格未快，安能使一人喜而人人为之发笑，一人悲而人人为之出涕，从纸背间见其貌、闻其声哉？

吾师朴巢先生集癸未以来诗，凡八卷。念英是年即执经先生，迄今无日不从先生游，窃有以窥先生之志矣。癸甲之交，先生方避乱白门，四方诸名士鹄立，无不推先生为骚坛主，雨花、桃叶之间，挂诗瓢于酒楼，六代风烟，一时生色，尔时先生方志在豪放，其为诗云绮霞丽，惊艳一世。其后兵革频仍，大江南北委诸草莱，尔时先生方志在忧悯，其诗如《建康》《猛虎》诸行，至今读之，不啻与《花门》《彭衙》同一唏嘘也。年来闭门息静，酒一尊，香一炉，琴一张，种一焦一桐，庭径萧然，绿阴啼鸟，先生于其中，颓然自远，尔时方志在恬退，其诗复淡以幽，玄以隽。合而传之，无不与渊明、少陵、太白、香山诸君子先后同工，岂非先生之志不愧古人，而先生之才亦不愧古人！故其声其律，上接建安，高揖沈谢，直窥三百篇堂奥，有以哉！若夫格格未快，以自己笔墨写他人胸臆，先生曰："此必见哂于古人之作诗者矣。"

灯下读先生诗，因敬识之，使凡读先生诗者俱有以见其志之所存。

门人张英拜题。

（辑自祝祺《朴巢诗集》，《四库禁毁书丛刊》集部第145册，北京出版社1997年版）

2.田间诗学序

余家世治《毛诗》，自先大参公用《诗》起家，先世父太常公、季父大司马公皆受《诗》，以迄余之身及余之子，亦幸以《诗》弋获，故里中号余张氏《诗》有家学云。然帖括之业，率遵考亭《集注》，不敢偭错。每博考《注》《疏》《笺》故诸书，窃谓《小序》去古较近，必非无稽，不知考亭何所见，而概摈之。尝欲与同志诸子以《小序》为职志，旁搜赜讨，折衷先儒之说，勒成一书，归于至当，而牵制于帖括未能也。今读饮光先生《诗学》，而后吾志始畅然无所遗憾。

先生尝贻余书云："《诗》与《尚书》《春秋》相表里，必考之'三礼'以详其制作，征诸'三传'以审其本末，稽之'五雅'以核其名物，博之《竹书纪年》及《皇王大纪》以辨其时代之异同与情事之疑信。而且列国之封域、山川之形势变迁不一，即今之舆志以考古之图经，而参以平生之所亲历，则《郑谱》言之不详，而图经所载亦未确也。若夫义理与文句之奥，诸儒多好以臆解，朱子置为未详，细绎经旨，本自分明，循理据实，绝无牵强，于是或发先儒之所未发，或先儒见及之而说未畅者，则极言以畅之。"太史公谓"《国风》好色而不淫，《小雅》怨诽而不乱"，先生以为皆指变风、变雅也。"若《二南》无所为好色之事，《菁莪》以上无所为怨悱之言也。""《国风》于卫宣、齐襄、陈灵之事，丑言无忌，宁讳其淫。采风者因其言之丑，而录以为淫者戒，故曰不淫……《小雅》当幽厉之世，宫闱左右肆其指斥，不谓之乱，得乎？原其心，惟冀闻之者之知所畏惧，虽得罪而无悔，故曰不乱。"诸如此说，皆有功于先儒者不少也。

盖先生自髫龀至暮年，于书无所不读，又晓畅义理，其识高，其笔健。识高则不为古人所欺，不为小儒曲说所惑；笔健则辞足以达己意，辨足以祛人疑，无骑墙模棱之见，无嗫嚅喉吻间格格不能吐之病。近今说《诗》者，言人人殊。至于先生，虽专门名家，未之或先也。余反复细绎，既叹先生《诗学》之精微博大，能见圣人删定之心于千载之下，发汉、唐、宋、元诸儒所未发，又深幸吾党宗本《小序》之意，不期与合，有以惬生平未毕之愿，故不揣而为之序。至先生之羽翼经传，于诸经多所发明，则海内士大夫知之已久，非余言所能悉其万一也。

（辑自钱澄之《田间诗学》，黄山书社 2005 年版）

3.木厓续集序

吾友潘子蜀藻，海内所称方闻有道、经术湛深之士，其先世家于木山之厓，所著诗、古文辞因题曰《木厓集》，学者称木厓先生。近于邑西北古塘之源筑河墅别业，耕读其中，故又称河墅先生。潘子顾自署曰“耐翁”。耐翁云，尝谓予：“吾少而耐孤，长而耐丧乱、耐困阨，老而耐穷、耐贱、耐诟辱。耐，吾性也。吾安之，故有取尔也。”

予自休浣里居以来，每巾车往还赐金园，必纡径过河墅。见其一水当门，板桥如带，未入门，琅琅雒诵，声出林表，既登其堂，焚香扫地，图书插架如屏，阶下嘉树文石，罗置清疏，有幽人隐居自适，翛然出尘之致。予以养疴匿影，岁才百许日山居，潘子则早春携家出郭，秋尽始返邑居，一年中卧病河墅者强半。复于其邑居之暇，载壶榼，邀胜侣，觞咏其间，视城市尘壒若涂炭然。其性又耐病、耐闲、耐寂寞如此。

盖潘子学有本原，词尚体要，向与吾党二三子同事丹黄，沾丐后学，数踏省门不收，则以其全力注之诗、古文辞，以为娱老消愁之具。丙辰岁有《木厓全集》之刊，予既序而行之。今其从游诸子又汇集丙丁后十年之诗为十五卷，梓以问世。甚矣！潘子之富于诗也。古诗人卷帙之侈者，唐惟白傅，宋则放翁。潘子素涵泳于两家之间，故其诗以浣花为胚胎，以履道为眉目，以剑南为神髓，兼宗众妙，不名一家。顷者，予将俶装北征，谓：“放翁晚年隐居三山，岁赋诗数百篇，其全集八十五卷，则七十、八十岁诗居多，愿潘子老而秉烛，益锐意吟咏，无俾放翁独有千古。”潘子闻予言而首颔者再。至其诗品之高，则刘后村所谓“惟放翁记问足以贯通，力量足以驱使，才思足以发越，气魄足以陵暴”，虽与之颉颃并轨焉可也。昔惟放翁，今则耐翁，世不乏知言者，予岂阿所好而云然？

康熙廿四年岁次乙丑孟秋月，同学弟张英拜题于赐金园之北轩。

（辑自潘江《木厓续集》，《清代诗文集汇编》第 69 册，上海古籍出版社 2010

年版)

4.龙眠风雅续集序

吾友潘木厓先生为江左道德文章之冠,曾选刊《龙眠风雅》一书,一时国门纸贵,坊间至欲翻版以传。今又辑戊午后乡梓续逝之作,重授锓人,何木厓之不惮烦也?盖其性喜汲引人才,遇人一语一篇之善,辄称诵不去口实。犹记予治举子业时,木厓与予同许子伊蒿、齐师古愚、家兄西渠辈共事选政,品藻人流,一出一入,兢兢不苟,虽艺林夙负盛名、其文字脍炙人口者,为之刮垢磨光,弗嫌点窜,宜其于扬扢风雅之间,尤勤且慎如此也。

第木厓之为人,刚肠疾恶,不能容人过,人亦以是诋諆之,岂昌黎之磨蝎守宫、子瞻之斗箕值宿,固有莫之致而至者与?姑无论其他,即如《风雅》之役,尝鬻产质田,为人父祖谋不朽之业,其苗裔非惟不知感戢,且有起而议其后者,予诚不知其为何心也。然木厓之为此选,自惟崦嵫颓景,无能再图续举,因自摭其前后诸集,附录于诸诗人之后,以待继起之删定,其用意良苦。善乎!学士方楼冈先生之贻书木厓也,曰:"吾知足下等身之著述,异日必有輶轩之采,名山之藏,珍重爱惜,亦如足下今日之于诸先正者等矣。"然则木厓得一知己如楼冈先生,可以无憾,而况宇宙之大,将来之远,其为楼冈先生者岂繄无人乎?

予独惜木厓以金华著作之手,追绮季之迹,伏处嵁岩邃壑中,老而好学不倦,双趺隐然。回思三十年前与吾辈丹黄错互,点定《文聚》《诗正》诸书,方期其握化权以进退天下之人材,而今竟以诗人老也。向使其早获枋用,珥笔承明,又奚暇晨钞夕纂,为诸诗人留身后之名哉?则谓木厓不幸,即诸诗人之厚幸也,亦胡不可?

康熙三十年岁次辛未孟春月,同学弟张英拜撰。

(辑自潘江《龙眠风雅续集》,《四库禁毁书丛刊》集部第 99 册,北京出版社 1997 年版)

5.陈检讨四六笺注序

文章之有注辑,盖依于经师之训,故逸以《骚》,善以《选》,几与马、郑同风。然大抵施于古之立言者耳,若并世之杰未遽肯降心相从,疏通证明之也。左太冲之《三都》,追配平子,为六经鼓吹,于时乃有孟阳、渊林分为之注,刘孝标则谓注即太冲自为,姑托胜流,张其光价。今读太冲赋序,其末亦云"聊举一隅,摄其体统,归诸诂训",则以注为出自一人,理或然与,岂不薄今人固难厚望于斯世与?昔北齐卢思道,少读友人刘松所作碑铭,多所不解,乃感激读书,后复为文,示松,松亦不能甚解。文人相轻,特虚气耳。张燕公去王子安未远,犹不解"帝车南指,华盖西临”之语，访于一公，仅悉其半。然则今人非不及于古，而文之成处辄难尽辨由来也。

阳羡陈其年先生，名公之孙，早有凤毛之目，以鸿词入翰苑，为检讨官，应用之体尤推独妙，好对切事，铿锵辉焕，流传人口，当世服其博，而亦苦其奥。同里程生叔才，余通家世好侄也，逸才嗜学，以三余之功恣展四部书，条缕注辑，久而后成，将遍质同嗜，先以示余。余嘉生能扫涤虚气，使孟阳、渊林之美谈真见于今日，乃不揆而为冠篇之述。世之得是书者，溯方流以穷玉水，沿圆折而讨璇源，坐获食跖，无假祭獭，检讨之沾丐不益溥乎，生之学亦自此懋矣。

康熙癸酉季冬，桐山张英书于西华之赐第。

（辑自程师恭《陈检讨四六笺注》，上海文瑞楼藏板，鸿章书局石印）

6.纫兰阁诗集叙

吾家自曾王父大参公以来，皆以《毛诗》专家，博巍科、树鸿业者五世矣。忆余髫齿即习诵《三百篇》，知古来贤媛淑女无不娴于歌咏，肇自闺门，迄于邦国，可以被之管弦，奏之朝庙，盖得其性情之正，故以《关雎》《鹊巢》为风化之原也。

伯母方夫人为名门咏絮之女，祖若父皆理学宗工。于归伯父，《鸡鸣》戒旦，不仅林下风清。中年偕伯父宦游，历闽、粤、齐、楚之境，遇景高吟，似获山川之助。其古诗乐府沉郁顿挫，出入汉魏，五七律绝句聿追盛唐，一洗纸阁柔纤之习。及守济南，伯父殉难，夫人慷慨从之，皆以性情之正发于篇章，而征于行谊如此。所著有《纫兰阁诗集》，久已增光班孟，采入选家。但沿习既久，镂板不无残缺，鲁鱼亥豕，讹舛甚多，冢孙祁度汇正而重镂之，如玉之剖璞，珠之还浦，读者为之叫绝。集成邮寄京华，俾余一唱三汉之余，益信家学渊源。夫为忠臣，妻为烈妇，而克承先志者亦可为顺孙矣。因援笔而为之叙。

康熙三十四年岁在乙亥嘉平月，愚六侄英拜撰。

（辑自方孟式《纫兰阁诗集》，张祁度康熙三十四年刻本）

7.四书朱子大全精言序

士之通经学古以明体达用，立身行道，卓然为一代伟人者，必以四子之书为根柢。盖四子之书萃六经之精华，为学问之渊海，内而身心性命之所以复其初，外而家国天下之所以得其理，精之则包函乎天地人物之大，粗之亦不遗于起居饮食之微，固圣贤终身由之而不能尽，而亦匹夫匹妇之所举足而莫能外者也。

有宋大儒蔚起，阐明义蕴，至朱子出而遂集其大成。《集注》《章句》而外，复有《或问》《语类》，而后圣贤精意朗然，如日月之丽天，江河之行地，是朱子所以接孔、曾、思、孟之真传，而为天下万世读《四书》之标准也。不有朱子，学者虽欲窥圣贤之精意，其孰从而求之？自是而后，诸儒立说虽皆以朱子为宗，而纯杂往往互见。明初集为《大全》，采录极博，而寡所裁断。至明之季年，论解烦兴，其于朱子之言或离或合，未能折衷而归于一，令学者莫知所适从，则择焉不精之故也。

吾里周子聘侯，天才隽异，而又苦心力学以研求理道之所归，方严端谅，言模行范，于世俗浮薄之习去之若浼，学邃而品高，卓然为有道之士。数年来与予诸子相切劘砥砺，诸孙皆执经门下，间与予论"四书"之旨，皆实见圣贤精意之所以然，而不为游光掠影之说。因阅其所著《四书朱子大全精言》，采辑《或问》《语类》，芟繁汰异，辨析精严，附以《大全》诸儒之说，折衷尽善，而又时出特解，扩前人所未发，而实与朱子相发明。盖聘侯于《朱子大全》诸书深思殚虑、沉潜反复于其中者垂二十余年，其择之也精，故其为是书也，理取其最真，说归于至当，渊微纯粹，无毫发遗憾，是诚至道之干城，经传之羽翼也，岂特为紫阳氏之舆卫已哉？方今圣天子崇道右文，诞敷德教，所以昌明理学、扶正人心者至详且备，取士首四子书义而以朱子为权衡，万机之暇，即翻阅《朱子文集》，又特简大臣纂辑之，以昭布海内，读书之士画然无歧趋之虑矣。今是书出而学者欲从朱子之微言以求圣贤之精意，则是书可为津梁焉，使由是而融贯之，可以得身心性命之原，通家国天下之故，会天地人物之理，安起居饮食之节，明体达用，立身行道，皆于是乎在，而不徒视为经生举业之资也，庶不负聘侯著书之苦心也夫。

康熙四十七年春王正月中浣，双溪张英撰。

（辑自周大璋《四书朱子大全精言》，康熙四十七年宝旭斋刻本）

8.梅东草堂诗序

古今庸碌者流，或自幼而履丰亨，或终身而享逸豫，或徒手而列仕宦，或拾芥而取科名，累累若若，不知凡几矣。而读书自好之士，往往厚其德者即阨其遇，丰其才者即穷其身，自少至壮，必使之潦倒流离，盘错困乏，以老死牖下也。其故何哉？

盖方正之名，既为造物所妒，而精华之气又其所深秘，未许轻泄耳。故金之蒙也以砂，玉之锢也以璞，蛟龙之蛰藏于壑，夜光之珠沉于渊，其不幸而为人所得者，必铸之琢之，薰之饰之，虽获见重于世，而其天已漓矣，其性已诡矣。嗟乎！天下之以不见用为贵者，岂独物类已哉？天之于人也亦然。唐以诗赋取士，少陵、太白，诗之圣者也，以彼其才未尝博一第，后虽列名于朝，亦不克竟其用。而少陵斥严武，太白骂禄山，皆具有刚正不阿之气、忠君爱国之心，卒致流寓巫峡，流窜夜郎，沦落以没，岂非厚其德者阨其遇、丰其才者穷其身之一验哉？虽然李、杜去今千载矣，无论贾竖樵牧，闻二公之名，莫不张目咋舌，赞叹不置，是二公自有所以不朽者，初不在乎富贵利达间也。

顾子桐村，少负隽才，名噪坛坫，执牛耳者有年矣。四十余始成进士，即以端介遭忌，不得与馆选。迨已赴南曹，选授陕华亭令，又谊敦师友，敝屣一官，患难播迁不少，尤悔入关。后登泰岱，泛彭蠡，逾岭峤。今又将度仙霞，游闽海。凡所得名山大川之助悉寓于笔歌墨舞之中，而岩岩岳岳之概至老不渝，宜乎诗、古文辞脍炙人口，而车辙所至亦靡不降心以相从矣。

戊子夏月，息影山中，桐村遣长须来，以诗索序，风格浑厚，旨远词新，当于高、岑、王、孟之间别置一座。噫！怀才抱德之士若桐村者，岂非以不见用为贵，而亦自有所以不朽者，又岂仅以诗人目之哉？桐村与儿瓒同举于乡，又皆为及门苍岩所得士，儿妇即其女侄，故知之最悉，遂书以弁其端云。

康熙四十七年清和月，桐山张英拜草。

（辑自顾永年《梅东草堂诗集》，《清代诗文集汇编》第152册，上海古籍出版社2010年版）

9.四书玩注详说序（节略）

四子之书，明白正大，未尝聱牙怪僻，费人探研。先正云："熟读白文，掩卷深思，而圣贤之神理自出。"旨哉言也！至不得已，而求之《大全》《蒙引》《存疑》《浅说》《说约》诸编，文成数万，其指数千，丛若邓林，森若武库，遂令圣贤之道昭然，如日月之经天，江河之行地，靡不仰焉，靡不归焉。后有作者，又何以加焉？顾是诸编，有同有异，有详有略，荟而粹之，使犁然成一家言。合同异之致，适详略之中，近代以来，未有善本，此中州冉子所为发愤而有《玩注详说》之作也。其说自《大全》诸儒以迄《蒙引》《存疑》《浅说》《说约》，无不博采，如披沙拣金，如聚腋成裘，而大指主于尊程、朱，黜畸说，断以己意，要于确当，为古今之所不可易，则从前诸家，直可束之高阁，洵讲义之科律，理学之津梁，盖用力为独勤，而用心亦良苦矣。

（辑自李敏修辑录、申畅总校补、李宗泉等主编《中州艺文录校补》卷五，中州古籍出版社1995年版）

10.兵部尚书两江总督润甫公世泽家藏叙

余读苏氏《三槐堂铭》而叹其善言天人之际云。夫天之佑国，必生俊伟魁垒之英；人之得天，必享贞良昌炽之庆。其理如播获，其应如桴鼓。要之，天也，实人也。自史迁列世家，唐人志氏族，代启厥祥，兹又见之扶风氏。此《世泽》一录，继美前贤而实昭我朝景运之隆也。

扶风氏由东莱，籍襄平。自别驾公以廉惠闻，学博公以经术著，积累盖非一日矣。入吾皇清，而总制公用文学遭际太宗、世祖两朝，节钺南北，绩甚高。文毅公膺今上简畀，一旦临大义，九死一心，阖门无贰，烈甚伟。兹中丞公嗣续之，赞三部而副中台，任黔抚而综飞挽，焜耀银黄，由兄及弟，望甚显。於戏！父作之于先，子承之于继，而孙昌之于后，父父子子，兄兄弟弟，绍述无穷，可谓盛欤！譬之岱山之云以嘘吸而升隮，陪尾之泉以觱沸而洪远，邓林之木又以干则轮囷、枝则扶疏而后拔地参天也，此其间不归之天不可，专归之天又不得也。人皆为扶风氏荣，乃中丞公悠然思，鳃然虑，谓："家本儒素，幸厕世臣，如有美弗传，曷以对王休光祖烈？仰承俯质，某实惧焉，爰裒而录之。首冠纶言，尊君命也；次列传记碑铭，崇纪实也；次列祠祀疏牒、公卿诔唁之文，见身为子孙于祖若考之荣衰不顷刻忘也。俾其子孙之读者，凛凛起敬，油油起孝，而录不已重乎？"顾闻之君子，以德集福，不以福侈德，录重矣。而《世泽》之名似犹以福为尚也，则何居不知？泽之象，水也，源远则派长；泽之义，润也，膏酞则物茂。今扶风忠孝启其家，源可谓衍矣；扬历艰巨、殉义捐生以贻宠，膏可谓酞矣。人之所召，天实从之，命为世德，谁曰不宜？乃不云德而云泽，谦挹也云尔，而岂与世之夸耀者等哉！

余向副秩宗，与中丞公折旋交欢。会公镌是录以弁言征，公之诗歌、墨帖留于兵燹，播之艺林者，诸传记盖详言之，不多赘，而就公之大节质言之如此。虽然，昔苏之记槐堂首言天定则胜人，而余之叙《世泽》，统言人定则合天，天与人相为应而不相为胜，又余从旧史后为扶风氏阐微意也。

（辑自辽阳《马氏家谱》不分卷，抄本）

11.嗣音公暨刘孺人双寿序

尝读《隐逸传》，以夫妇而偕隐者不少，以夫妇偕隐而偕老者，独传梁伯鸾、孟光举案齐眉一事。窃异古今甚遥，天壤甚大，贤而隐者奚仅仅独传梁孟，岂寿由天定，不可必，更不可齐耶？抑或深山穷谷，河涯水涘，正不乏人，而深自韬晦，不求闻达，其姓字行谊有传有不传耶？若嗣音周公殆其人欤！

余忆作诸生时，往候姨翁逢吉周先生，得从道问、方宇诸公问道东乡。尝登鹞石，望三公九卿浮东湖，踞牛首矣。而山之阳，河之浒，松色千章，竹阴万个，其村蔚然，乃翁高隐处也。道问偕余造其庐，登其堂，饮之食之，钦挹其高风，相得甚欢。故翁之生平始终，往来于怀，不能释，得其隐逸事最悉云。

盖翁少时力举子业，烺烺有声，值明季饥馑频仍，流寇充斥，慨然曰："安事诗书为?"德配刘孺人，名家媛也，志趣合一，弗以冠帔为荣，愿与偕隐。翁性弗喜华靡，不事游佚，以勤俭自饬。孺人安荆布，警鸡鸣，虽劳瘁不厌。两人相敬如宾，相守以老，皓首庞眉，唱随悠然，方之五味兴歌，超然高蹈，佣居庑下，操作自如案同举而眉与齐者非一辙哉？其事尊大人建老先生、母夫人王老孺人备极纯孝，雁序五人，雍雍穆穆，友于著于门内。孺人敬舅姑，和妯娌，克遂其志。且绍先人遗泽，寖炽寖昌，凡农田水利与夫宫室器用无不充美。举丈夫子二，长公宅落有经济才，负舟楫霖雨之望，次公视远学成而名立，观光上国，六馆增辉。孙复兰芽茁茁，秀满庭阶，若六御六书，俱能文章，丰羽毛而驾培风，拭目可俟。余虽冲幼，其耸壑昂霄之概，望而知为英器。尤异者，一生足迹未履城邑，并罕入市，族人以其年高德劭烦以族政，则辞而弗就也。若其佐人有无，通人缓急，然诺不欺，取与不苟，仁惠诚介，翁及孺人偕有焉。吾又不知梁孟归隐时曾全天伦否？称孝友否？迄偕老之日其家声克振否？子若孙多且贤否？处己接人之间称有道否？韩昌黎云："古今人同不同未可知也。"以翁与梁孟相拟，不洵难测欤！

夫予别翁数十年矣。记昔时相与序星纪，予少道问九龄，少翁七岁。今道问长逝，而予衰老多病，远滞天涯，鸡人报晓，则带露含香，月色满槛，乃解绅释笏，视翁扶杖林皋，逍遥泉石，偕白发，乐余年，其劳逸何如？余以梁孟方之，洵不诬焉。

今秋，翁暨孺人双晋古稀，方宇邮书其近况寄余，属一言为寿，奈何敢辞？夫东乡之某山某水，余少时所登涉者，园林竹树，余少所遨游者，高轩邃室，予少所憩息者，至今依依在梦想间，而翁之德弥高，风弥古，福弥隆。范文正之记子陵祠曰："云山苍苍，江水茫茫，先生之风，山高水长。"可为翁咏矣。是范氏知梁孟亮节清操不能详表于当时以传后世，又不若余知翁而且寿翁也。孤帨高悬之日，翁偕孺人其以芜言更进一觞乎！

同里眷弟张英拜撰。

〔辑自《鹞石周氏支谱》(残卷)卷三，清道光刻本〕

12.皋宪薛公去思碑记

皇上御极之十五年，延长薛公奉简命观察江南，驻皖阅三载，清操善政为天下最。岁己未计直省吏，江南卓异惟公一人，闻于朝，褒赐有加，风励天下，甚盛也。会楚南藩使缺，在廷清要连声公请：盖兵戈甫定，疮痍未瘳，冲邑繁郡之疲困，深山穷谷之流离，辑宁抚绥，非公不可。天子曰："然。"遂晋是秩。公案无留牍，图书、行李朝夕将扁舟行，楚南幸矣！顾公莅治以来，德惠遍大江南北，爱戴称颂、讴思不置者不独皖人士，迺皖人士沐浴歌咏更为亲切。于其行也，相与勒石，俾政绩传不朽，以邮筒走数千里问记于英。余史官也，循良美迹例得书，况重以诸君之请。

窃揆国家之大政，审近今之时务，感慨吏治之本原，推求仕学之精义，实于公揄扬恐后也。朝政之大，莫过于人之生死，内而法司取衷外台之奏谳，下而郡邑受裁总臬之平衡。数年奸宄窃发，盗贼时有，所在刁顽修衅，良善株连，凶蠢罹刑，无知波及者实繁有徒。公平易为心，宽厚断狱，哀矜之下必不使一夫含冤，谓其动关生死也。闻公尝曰："吾刻刻以活人为心。"爰书悉仁人之言解网，弘圣主之德，凡为法吏者皆当如是矣。盖公之为人，慎重静密，喜怒不形于色，引据不假于吏胥，胸无疑情，庭不留狱。其大较也，而余更有感者。古首称吏治曰廉。夫廉，美德也，顾世特借为名耳。饮冰茹蘖，诚难言之。公以风纪重臣，介节严怀，山凝玉洁，苞苴禁绝，夜可告天，有孝肃清献之风而不居。正己率属，共敦古处，挹其光颜，蔼乎如春，遇有私回，对之如铁。卓哉其人！宜封疆大臣，荐剡无双，辇下群公推举第一，懿好佥同，言非私矣。独是学古入官，古之君子出于一，后之君子分为二，自握符绾绶，即各有经典明文，谓诗书传诵不足为理，道德仁义可以无用，况刑名之官，事事期于综核簿书，案牍繁多，委压而不可究极，孰有余力寝食古人且潜及身心性命之事乎？公天姿纯粹，儒雅人宗，退食优游，手不释卷，早承濂洛之传，升堂入室。尝以吾心即是天心，天地之大德曰生。故其居官莅政，一以生人为心。由是清介之守，精明之用，坚定沉挚之力，悉由仁塾义精扩充，洋溢肆达而不悖，以畅遂其本然之天，行将辅佐尧舜，虽皋夔何以远过，岂仅太平刑措已耶？政绩美不胜书，第言其原本学问为吏治裨益，国家政务者大概如此。若夫教思之垂胶庠，膏泽之流道路，隐德之在刑书，赈恤之补荒政，人且镂之心版未有已也，余固陋，安能备述哉？诸君征余言以传公，余私幸附公以传，与荣光于不朽也。

是为记。

公讳柱斗，字梁公，关中延长人。

〔辑自姚琅《（康熙）安庆府志》卷十五《艺文上》，康熙二十二年刻本〕

13.梁敏壮功绩记略

公长安人，名化凤，字翀天，丙戌科武进士。顺治四年，授山西高山卫守备。次年，以破姜瓖贼功授大同掌印都司。公气度恢廓，运筹制敌，取决寸心而发应如神。

方授都司之明年，一岁中身经二十二战，所向皆捷，拔城拓地，斩将搴旗，而小寇剿杀，不与焉。正月，攻破大同城北窑沟，败众窜据山巅，悬柴以火燔之，生擒敌将李义、张豹而平其众。二月初十日，攻浑源州及韩村、玉合、张家三堡。二十九日，破贾庄城，擒敌帅王平。三月四日，破浑源州城，诛敌帅方三、唐虎。十三日，攻左卫之云岗、高山二城，降之。二十九日，围左卫，身先士卒，中三矢，督战益力，敌以城降。论功，越六等，加都督佥事。五月七日，破敌将刘迁万余众于佳门、忻口，迁遁走太原，依敌巡抚姜建勋。十五日，公率兵攻之。次日，敌尽出其众，以致死战，公左臂中枪，右髀中箭，奋勇亟击，敌众披靡，执姜建勋并其监军诛之，遂平太原。二十九日，引师解平阳城困。六月二日，至汾州，击敌帅沈海，败之。孝义县敌总兵张尔德来救，与战，大破之。明日，破汾州城，擒张尔德及敌平阳道张伟，驻兵北关。九月八日，沈海来袭我师，复败之，沈海遁之潞安。九月二十三日，攻曹家堡；二十五日，攻记古塞、善信堡：皆下之。于是介休、平遥、祁县、徐沟望风悉降。十月四日，攻太谷县，苏升出战，殪其前锋。明日，城破，敌守苏升成擒。十月，引军下潞安，沈海复遁之九仙台，公至，克潞安，连拔马、苏、赵氏三塞。十一月四日，攻长子县，拔之。十一日，进攻九仙台，山势突兀，骑不得上，公以火攻之，众不能支，自诛其渠郭天佑、加友、罗真、崔海川、武二等。海势蹙，遂降。以胜兵进定泽州。盖公自五年冬从端亲王用兵至此，未尝一日解甲宁居也。次岁三月，复有牛鼻寨之战，生擒其将袁忠躬，杀其援将李虎。四月四日，尽歼其众，晋地悉平。

八年，以副将借补江南芜莱营参将。莅任之日，适石血、鹭鹚二湖大盗杨万科等作乱，公擒获之，并其党管有缙、杨天生等。十一月授宁国副将。

十二年秋，海寇张名振侵犯崇明，据泊平洋沙以窥县城，公统兵迎击于高桥、洪桥，获贼魁老寿、李七等二十二人，众贼溃散。次年冬，复师以巨炮击碎贼舟，生擒许奇、潘忠等贼将，溺死无算，遂复平洋沙。十三年，授苏松总兵。因平洋沙悬隔海中，戍守不及，公就海筑坝长十余里，使平洋沙接入内地，寇患乃息。且于其壖灌田千顷，厥后洪泽尽作膏腴，生民赖焉。

十六年五月，郑成功率众号百万，舳舻蔽海，先犯崇明，遣谍疑众，公斩使焚书，督兵迎击，擒贼将侯丁秀、宫龙、陈义等，复遣诸将伏巷邀截，获贼犁艚，斩贼将陈正，缚致曾进等十一人，贼溃去。七月，成功统领大綜直抵金山，进逼瓜、仪，破镇江，围江宁，烽烟千里，南北中梗，援兵不利，声息危急。公闻，即提所部三千人，星夜抵江宁，登高审视，见贼中精锐尽屯江干；于七月二十三日统兵出仪凤门，身先巷战，拔贼巨纛，毁其木寨，命勇士乘高临下，屋瓦、利矢、飞火并发，轰如天降，贼将奔溃，自相践踏，追杀至龙江关，生获伪总统余自新，并擒伪总兵二人，贼之铁骑杀溺殆尽，甲械辎重遗弃如山。贼前锋已败，而贼帅连营尚屯满白土冈，其众犹数十万。次朝,公命开神策门,亲统诸军赴山奋击,另遣部将烧毁船只,绝其归路,贼惊扑战,我师奋勇争先,斩刈如拉枯朽,追奔逐北,血流有声,生擒伪提督甘辉。成功脱免,复逼崇明,公已先料,早遣二将回防,授以方略,及贼薄城下,二将登陴固守。而公乘胜进复瓜洲、镇江,复抵海口。贼不能得志,将为遁计,括民舟出白茆港以渡,复与公遇,绝流夺击,砲石迷空,海波为沸,贼众尽散,成功仅以身免。

十六年八月,授三等阿达哈哈番世职。十七年加太子太保,左都督。十八年十一月,授江南全省提督,授三等阿思哈尼哈番,世袭八次。嗣因海寇初平,游氛未息,朝议欲立界,迁沿海民居于界内,公谓以所弃地亩计之,当缺赋额若干,如以此益兵,添设营制,则国既足,兵民无废业。由是,江南沿海设兵以卫,桑麻鸡犬,耕凿鱼盐,民到于今受其赐焉。

(辑自钱仪吉《清碑传集》卷一百十四《武臣上》,上海书店1988年版)

14.纪都谏传

都谏纪公,讳愈,字孟起。先世自山左徙居文安,为邑中望族。父六息公积学种德,以子爵屡赠中宪大夫,母马氏赠太恭人。兄弟三人,仲为征士炅,季为太守元,而公居长。生而至性淳笃,天姿朗豁,胜国戊寅衔蓼莪之痛,哀毁骨立。奉太恭人之训,键户读书,不涉外务。瓦屋三间,机、云分座。内而揣摩文艺,外而课理田园。田亩之所出,一丝一粟悉以白母籍之,毫无浪费。

崇祯壬午,益津观察河津赵公课试阖属士子,以七艺糊名分投棘闱例,公居第二,人争目色之。一时雁行之盛,静海则推高文端,大城则美刘端敏,霸州则称郝冢宰,同里则有陈侍郎,公以文章声气颉颃其间。顾偃蹇犹未遇也,而名噪畿南。乃每式辄蹶,益复拓落。往往使酒投博,习为名侠,能急人之困,远近交称之。庚寅,丁太恭人艰,含酸茹痛,读《礼》之余,倍肆力文轴。甲午,科试冠军,随膺选贡,大为学使程公芳朝、司成冯公溥所赏识,长安贵交有劝之谒选者,公笑而谢之。迨至午未联蜚,起家内阁中书舍人,迁兵部职方司主事,考选户科给事中,晋工科掌印给事中。公回翔禁密有年,明敏笃诚,温恭练达,至今纶扉谏垣之间,称老成持重,可为同官楷模者,则必曰纪公云。为中翰时,从定南郗将军征江西,其时居民为贼所迫胁者众,几有火烈昆岗之惧,公以至诚感悟将帅,为敷陈朝廷好生之德,且言若从重典,恐坚人从贼之心,故皆得招徕安集,全活者甚夥,至还俘系之难妇,尤称长厚。其为谏官,即首言逃人株连之害,禁其妄指主家,诈陷良善。禁网得宽,永著为令。公之于事,必举其利泽久远、福及百姓者以言之,若指瑕抵隙、摭拾琐细以塞言责,公深耻不为也。典试中州,号称得人。视榷龙江,能祛积弊。历官于朝,而行若韦布。尝掖垣休沐,闭户课子,过其第者不知其为津要。

戊辰七月,体微不平,廿三日早起,犹呼从人入直,家人劝止之。日色向午,呼取棋枰,与韩子叔锦对局,子未数行而溘然瞑目赴玉京矣。深山尊宿多年薰修而不可得者,而公乃从容脱弃如许。其仲弟炅哭公诗有云:"手拈棋子端然逝,定得人天正路归。"盖实录也。没后数岁,里人思之不已,摭拾遗行,白之当事,申详各宪,允祀宫墙,而都谏亦可以不朽矣。

予与公同成丁未进士,及对大廷,同见知于高阳相国,交契最久,相知最深。公令器遴宜以甲戌进士筮仕萧县令,特来谒见,偶触目思公,而为之立传。

(辑自陈桢修、李兰增等纂《文安县志》卷九亨《艺文志》,成文出版社 1968 年版)

15.**祭吴文端公文**康熙四十四年

呜呼!公以身系天下之重,而竟溘然长逝乎哉!予与公同官于朝,辱公之知最深,而知公甚悉。一旦老成凋谢,典型陨坠,朝之名公卿大夫莫不悲哀思慕,况余平昔之向往归依,而谓能已于言耶!

惟公之仕宦为最隆,公之忠勤为最著。公之仕宦可约举者三,试之以吏,任之以官,倚之以弼亮是已。公之忠勤可约举者三,一曰立德,一曰立功,一曰立言是已。当公之宰中州,抚荆楚,即以鲁之中牟、黄之颍川自励。其于吏也,可谓良矣。已而,历铨衡,总风宪,即以山之藻镜、暴之绣斧自勖。其于官也,可谓敬矣。已而,掌邦禁,秉国钧,即以张之平允、陈之燮理为己任。其于弼亮也,可谓时叙矣。此公之仕宦之概也。至如恤刑慎狱,是即于定国之民自不冤也;发粟贷饥,是即寇莱公之存活万千也:德莫厚矣。转输挽运,是即萧相国之给足关中也;潜消反侧,是即羊太傅之肃镇荆、襄也:功莫伟矣。疏陈利病,是即陆宣公之奏议剀切也;拔擢名俊,即是欧阳公之文教振兴也:言莫大矣。此公之忠勤之概也。然而公之仕宦不足以为荣,独其膺不次之擢,受格外之知,数十年之眷顾,有加无已,遂极人臣未有之遇,而为千载一时之盛,此乃公之仕宦所以为荣也。公之忠勤不自以为至,独其竭精尽瘁于廷,而谓不足酬高厚之万一。优诏温谕屡锡,而觉不能释愧负于须臾,身有终而心不可终,此乃公之忠勤所以为至也。遭逢若彼,悃忱若此,世岂可一日无公耶!

而余向列班联,藉公之左提右挈二十余年。庚辰春,公主试南宫,次儿廷玉又幸出公之门下。两世通门,其感激知遇,真近今所希有也。

余以衰老归田,不及亲公之謦欬,方意公之勋崇钧轴,仁寿期颐,无何,而公之讣音至矣。呜呼痛哉！高山不作，流水无声，朝露易晞，西州独恸，不独善人君子难得易失，而死生盛衰之际，亦重有可悲也。挥涕临风，寓词千里，灵旗仿佛，庶其来临。尚飨。

〔辑自姚学瑛等《（乾隆）沁州志》卷十《艺文志》，乾隆三十六年刻本〕

16.坦斋李公墓志铭

康熙三十年十一月，湖北方伯李君奔其尊甫年伯之丧归于武清，衔恤苫块，哀毁至极，复以窆穸有期，潜德幽光不可不勒诸贞石，垂示后裔。以予与方伯同岁举于乡，有犹子之谊，且曩者与方伯游甚数，能言其家世德行，持状涕泣请铭，其何敢以谫劣固辞？

谨按：公讳可桢，字克生，坦斋其别号也。李氏为武清望族，世居邑东门之邱家庄里。曾祖讳良佐，祖讳从义，皆以长者称于乡。父讳登举，诰赠中大夫，积学早世。

公生而颖异过人，读书目数行下。十龄时操管为制举艺，千言立就，才思浩瀚，命意超越，而规度复尔秩然，有先正大家之风焉。年十四即受知于邑令姚公，冠童子军，补博士弟子，益肆力于揣摩，棘闱中两次入彀，皆以征疵失之，极为衡文者所叹惜，公顾处之恬然，学业益加励。洎屡试不售，喟然曰："穷达命也，得失数也，奚事劳劳占毕以终老为？"于是绝意进取，博极诗、古文词，寝食经史，探索源流，含英咀华，自成体格，一时碑版之文咸倚重焉。所著诗有《伐檀集》《宝德堂诗》，甚为艺林所推许。君胶庠食饩三十年，以明经廷对，公之数奇如此。然生平学问著作，麟麟炳炳，固不可得而韬晦也。

公至性孝友。居赠君之丧，痛深创巨，几至灭性。时年尚未弱冠，幼弟甫七龄耳，茕茕藐孤，经营拮据，含饭练虞，咸中礼法。既葬，庐于墓侧，哀思罔极，宗党莫不称孝。鞠育幼弟，教爱备至，偶不率训，则涕泗开导，或长跽赠君几筵前痛自刻责，必冀悔悟而后已。后卒克自树立，蔚为闻人，兄弟怡怡，白首如一日。母赠淑人，卒时，哀瘠骨立，孺慕之诚久而弗渝。公之内行纯笃，宁不当于古人中求之哉！

素饶经济才，有先事之识。当明季时，关陇寇起，京畿南北，所在驿骚，公卜居城西，偏为避乱计，毁家发粟，周给贫民，劝诫邑中桀骜少年辈，俾循分守法，毋蹈于非，以干罪戾。此时他郡邑多不逞煽乱之徒，而武清独帖然，公之训也。本朝初定畿辅，遣将扑灭群寇，有他邑盗扳诬武清人，蔓延者颇众。公毅然诣幕府，陈邑民无辜状，且馆弁帅于家，乘间周旋，委曲调护，咸得全活，被絷妇女皆得释还其家，公之隐德及人，讵有涯际哉？

公生平义方之训，皆名言笃论，未可以更仆数。方伯始就塾时，即教以孝弟、友爱、忠信、廉节为大防，一进退坐立之顷皆有矩矱。尝言："课子之法，全在发蒙时。教之端正，方能成就学问，不仅读书识字便称教子也。"至哉言乎！斯谓以一语该小学之精义矣。方伯筮仕以来，凡莅一官，公必熟计其职守所当为，檃括数语以训之，辄得要领。如佐饶阳，则教以勤慎将事，悉习调剂。监司东兖，则教以无畏难而自阻，毋偷安而自怠，毋纵吏胥以骫国法，毋隐贪墨而费官评。其为粤东臬司，则训以洁己爱民，实心任事。其为湖北藩司，则训以廉以律己，惠以爱民，正以率属，和以接物。其词甚夥，大旨则以有利于民生，有益于国家，不愧为人臣，即不愧为人子，语异而指同，理明而词挚。又尝语人曰："父之于子，冀其禄养，则有觊觎之心，吾敝庐足以避风雨，薄田足给饔飧，眠食优游，吟风弄月，足以误朝夕，何用以日用琐琐萦彼方寸为乎？"恬淡宁静之操，达观穷理之识，蔑以加矣。方伯奉以周旋，矢廉矢慎，以忠以勤，屡受知于圣天子，为旬宣牧伯之臣，公亦渥被纶封，齿登大耋，为乡里所矜式。良有以夫！良有以夫！

居乡好为德施。建义学以教育寒素，新黉宫以振兴风教，置公田以赡不给，设粥糜以活饥殍，施棺衾、立义冢以恤无所归者，亲戚姻党靡不周给。与人则丰，自奉则约，公之行事，彰彰如是。《易》曰："积善之家，必有余庆。"《诗》曰："君子有谷，诒孙子。"夫庆视其所积，而谋视其所诒，源远者流长，本固者枝茂，予于方伯，有以知公之所积者久，而所贻者大也。方伯显扬其亲，光大其家，服膺其训，可无遗憾，而犹以王事抱终天之痛，哀切无已，惟恐前人之休光懿德不显闻于当时，于此益觇公之世泽长而流庆远也。

公生于万历戊午年十一月初二日午时，卒于康熙辛未年七月初十日午时，享年七十有四，康熙壬子年岁贡生，诰封中大夫。元配曹太君诰封淑人，先公九年卒。以是年十二月初四日葬于邱家庄祖茔，侧之西原，曹淑人袝焉。

铭曰：雍阳之族，盘根仙李。芑秀毓奇，诞生国士。才丰遇啬，芬若兰芷。家有伟人，岳岳腾起。赤芾金舄，爰受帝祉。安敦之宅，卜言伊始。衍泽鸿长，施于孙子。

〔辑自吴翀等《（乾隆）武清县志》卷十二《墓志》，乾隆七年刻本〕

17.皇清诰封光禄大夫海公偕妻封一品夫人那氏神道碑

诰封光禄大夫海公偕妻元配封一品夫人既合葬后，其子都察院左副都御史多公告于子（按："子"应为"予"）曰："人子之道，莫大于显亲扬名。予幸蒙先人余泽，列官于朝，惟是先大夫幽宫墓门之侧，宜有辞以叙其本末，敢请为文以记之。"

余窃闻《大易》有言："积善之家，必有余庆。"盖源远者其流斯长，本固者其枝则茂，此古今之通义也。

多公之曾祖父讳图襄阿，祖父讳萨穆哈，父讳海色，皆以多公之秩封光禄大夫。曾祖母巴氏、祖母郗氏、母氏皆封一品夫人。世有令德，克昌厥后。海公孝友笃诚，慈爱忠悫，居家克俭克勤，与人以信以和，乡里姻戚皆仰其醇厚之德。夫人那氏以温庄恭俭佐之。盛德所毓，笃生伟人。今多公历任度支兼辖禁旅，皆以清勤敏练著闻，特擢副宪，为台班之长，又为内大臣总领内府事务。三代伦封，褒荣极盛，皆海公及夫人义方之训有以大启其家而衍长其泽也，安可不敬铭贞石以昭垂无斁哉？

铭曰：佳城郁郁，松栝苍苍。以安以妥，前德用光。惟昔闻人，迪诲有方。崇阶屡锡，纶綍炳煌。芝根醴源，久而逾芳。蕃衍子姓，长发其祥。

康熙三十二年癸酉冬之吉，经筵日讲官起居注、礼部尚书兼管翰林院詹事府事加二级张英顿首拜撰。

（辑自《北京档案史料》，2005年第2期，新华出版社，2005年，第234—235页）

18.寄江村先生

具疏陈乞，蒙恩俞允，衰暮得以归里，真高天厚德之恩。从此南山之南，把晤无期，未知与老先生良会当在何时。回思旧日聚首，晦明风雨，殆如河汉，难可得也。容再布，不一。

弟张英顿首，小儿瓒、玉同顿首。

附回札：公得请后即寄札相问，畴昔之雅洋溢行墨间，深可感也。士奇。

（辑自吴修《昭代名人尺牍小传一》，《清代传记丛刊030·学林类49》，明文书局，光绪戊申上海集古斋石印本）

二、张廷瓒文辑录

1.理学真伪论

且夫道之所以大明于天下万世者，赖有圣贤真儒以维系之也。三代以前，道之统肇于帝王，明于师相。尧、舜、禹、汤、文、武、周公之治法，其及天下也弘；孔子、孟子之立教，其及天下也远。是以微危精一之旨，缉熙敬止之学，道德仁义之理，体诸躬修，措诸事业，播于一时则有礼乐政刑之化，垂于后世则成纂修删定之书，煌煌乎如日月之经天，江河之纬地，靡不仰焉，靡不归焉，岂非斯道斯民之大幸欤？然当其时，已有杨墨之言、告子辨性之说潜伏于道统昌明之日，而理学真伪此其肇端也。

自汉以后董子、韩子阐发微文，屏斥异端，注疏繁兴，亦道统休明之一助。嗣是而濂、洛、关、闽诸儒出，而尧、舜、禹、汤、文、武、周公、孔、孟之道著于伦纪，明于六经，昭然于天下后世。迨今观周、张之学归本于静诚，二程之学切求乎仁敬，邵子先天之学启圣人未言之旨，朱子传注之学发圣人已言之蕴，类皆躬践实行，内外一致，而不徒托诸语言议论之间。其时宁有真伪劣之殊哉？

夫理学所以分真伪者，皆由浮夸之士徒慕乎道德之名，而欲袭取其貌以欺天下后世。其发议于廊庙之上，何尝不侃侃言忠，至问其靖共匪懈之忱，则不知其安在也；周旋于家庭之内，何尝不切切言孝，至问其服劳养志之事，则不知其何属也；以及处己接物之间、危疑艰难之际，或慷慨自言其介节，或勉强责人以难行，非不足以竦一时之听观，一旦身历其境，而其畏葸趋避之状，更有胜于常人数倍者。盖由其人务名而不务实，以欺而不以诚，此真伪之所由分，亦如孔孟时之有杨墨异端也。

夫朱子为有宋一代大儒，今观其遗集所存，味道之言发见于诗歌者不少，而翰墨之留传人间者亦往往有之。后世学者或有谓诗歌、翰墨非理学所当务，是盖无兼长游艺黼黻润色之才，故为此语以文其固陋，适足为天下后世笑而已。

（辑自陈廷敬、张廷玉等《皇清文颖》卷八，影印《文渊阁四库全书》第 1449 册，台湾商务印书馆 1986 年版）

2.夏云赋

青阳即饯，絺衣渐成。徵音协律，火德司衡。继长增高，启明堂而布令；含桃尝麦，荐清庙以将诚。阴阳所结，云气初呈。炳陆离之异色，任卷舒于太清；既从龙以徐作，亦触石而旋生。风动影移，点缀凤鸾之彩；山蒸川润，飘扬珠玉之精。助函关之紫气，斗霞标于赤城。示文章之奇丽，比岩岫之峥嵘。

若乃万象熙熙，一阳杲杲。丹心倾乎素葵，晴晖照乎碧草。始焉迴抱，映皎日以增华；渐觉纷纶，亘长空而布藻。众峰之断续相参，孤峤之棱嶒欲倒。入密林而如织，纷出岫以高搴。若澹若浓，雨丝随之而飞洒；乍离乍合，雷声乘是以回旋。散轻阴于大地，沛汪濊于高天。覆平畴以增绿，冒远树而生烟。迨乎天光欲霁，檐溜旋乾；夕阳微照，昼漏将残。苹末之风，拂轻衫而渐起；冰轮之月，挂碧落而初团。望横空之漠漠，忽片影之漫漫。轻如染黛，白若飘纨。傍疏星而缭绕，依银汉而盘桓。数朵参差，莫辨群山之何属；浮空变幻，乃知造化之无端。尔其为状也，轮囷氤氲，天章纂组。散兮若升，敛兮若俯。缓兮若锦幄之方张，疾兮若翚翼之轻举。浮沉兮若沧溟之惊涛，攒簇兮若天朝之绣黼。恍天孙之夜织兮，濯七襄之锦于明河；俨海若之春游兮，吹蜃气之楼于孤屿。况复聚散徐徐，徘徊自如。虽垂天之足览，岂定在之能拘？本无心之变化，不留滓于清虚。夏非云则炎蒸郁润，云非夏则瑰丽安舒。顺自然之时序，乃尽态而无余。是以黄帝纪官师之名，穆满有瑶池之赋。护汾阴之宝鼎，缀柏梁之甘露。拥王母之坐，则香散楼台；望沛公之营，则气成龙虎。凡史策之所载，固更仆而难数。

恭逢泰运，帝德承乾。两仪定位，七政相宣。解愠阜财，薄海洽南薰之奏；光华复旦，群臣扬纠缦之篇。值土气之方润，正离火之欲燃。腾清辉之叆叇，浮积气之蜿蜒。秀色连蜷，驱虹霓而直上；奇姿惝恍，应箕毕以开先。瞻荣光之千吕，与景星而并悬。岂不足以发乾象之炜耀，而侔睿藻之联翩哉！

（辑自陈廷敬、张廷玉等《皇清文颖》卷四十三，影印《文渊阁四库全书》第1450册，台湾商务印书馆1986年版）

3.喜雨赋有序

臣闻国家根本在农，必借雨膏之泽；帝王稼穑为宝，时深水旱之忧。盖统天下于一身，视民间若外府，为农请命，自天降康，随感能通，如响斯答。我皇上道握乾符，恩流丰蔀。捐珠抵璧，维勤黛耜于西畴；赐粟蠲租，屡出朱提于左藏。时当春日，念切田功，东作方兴，甘霖宜霈，特遣天潢之胄，致词西岳之神，斋祓精诚，辄减官庖供亿，仪文简质，无劳驿骑驰驱，岂同望祀之恒规，实属明禋之旷典。更颁丹诏，分命礼官，各励精心，肃将祀事，务使诚在幽而必格，勿谓天为远而难知。果尔至德潜孚，重苍协应，旋召离星之月，忽移贯斗之云。树色烟笼，远望西山飞瀑；柳丝风织，平添太液新波。虽降泽于紫霄，实流膏于清禁。盖山灵河伯皆奉天子之威灵，而甘雨和风咸本圣心之仁爱。臣幸居史职，敬志天庥，谨作赋曰：

节迎首夏，时届朱明。祝融秉历，赤帝司晨。炎曛自始，火德方新。搅沟塍之绣错，布原隰之龙鳞。青苗吐秀，嘉颖垂芬。需兹甘澍，黍稷生春。田父瞻云于桑陇，一人旰食于枫宸。于是发德音，下明昭，陋巫史之纷纭，殚精诚而感召。遣帝室之亲贤，肃华阴之昭告，务期挥霖雨于仙掌之峰，洒甘露于莲花之峤。更命宗伯，秩太常，修雩祀，考彝章，蠲虑静志，叩于天阊。扇微风兮沵阴壑，翳轻云兮韬阳光。乃宸衷之甫动，已上达于穹苍。

是日也，天光亭午，日影乍收。气滃霭而如暮，声飒洒而兼秋。雷阗阗而鼓急，雨霡霡而丝稠。溅珠光于绮缀，挂玉屑于龙楼。已足扫红尘而清六合，滋黄茂而卜有秋矣。越翼日之晨,涧隐晴霓,林鸣阴鸟。始攒团于天际,终萦洄于林表。其缘鸳瓦而注也,若匹练之高悬;其浮碧落而来也,若银河之欲倒。红沾上苑之花,翠湿玉阶之草;香糅宝鼎之烟,波溢昆明之沼。天子乃坐广厦,启珠扉。歌有渰之萋萋,咏兴雨之祁祁。听铜龙之响急,望金掌之云飞。忘玉衣之沾湿,乐民愿之无违。若乃观彼禹疆,眺兹尧宇。空蒙远岫,周流平楚。含爽气而迎凉,回炎曦而却暑。吐喷薄于珠泉,散纷披于冰缕。走急潦于横塘,汇奔流于洲渚。群致庆于神庥,共欢腾于华黍。是以土膏资其霡霂,嘉禾蔚其繁昌。迎金风而荐秀,挹玉露而含芳。垂颖歌夫比栉,落实积夫仓箱。结绿悬黎,充牣乎里闬;隋侯明月,错落于绮疆。夫孰非圣天子无逸以崇稼穑、一德以荐馨香而致此哉?

都邑父老,荷锄馈馌之俦,沐膏泽而咏太平者,为之歌曰:圣人在宇兮临万方,恭默潜孚兮格九光。走神龙兮舞商羊,驱云车兮洒天浆。同茎异穗兮迎青霜,芷珠金粟兮盈秋场。盘中粒粒兮君恩长,耕田凿井兮无相忘。饮且乐兮寿而康,于万斯年兮戴帝德之无疆。

(辑自陈廷敬、张廷玉等《皇清文颖》卷四十三,影印《文渊阁四库全书》第1450册,台湾商务印书馆1986年版)

4.丰泽园赋

惟紫禁之鼎建,抗燕山而启都。罗周庐之千列,设寮垣之百区。隔潇湘之缥缈,拱环卫于宸居。开薇垣之胜地,聊广览而远舒。乃有禁籞西偏,华林右掖。路盘曲而纡回,树丛密而蓊郁。日月吐纳,云烟羃䍥。平楚流青,修柯耸碧。径以幽而若远,地以静而如僻。颜丰泽之嘉名,实园林之安宅。

尔其前瞻太液,遥望广渊。贯注兰沼,发源玉泉。汇群流之浩荡,叠万顷之苍烟。眺波光之澄彻,俨冰镜之初圆。是盖天子重无逸而念民依,悯艰难而崇俭德。观稼有怀,农庄斯设。秋云亭畔则华黍飘香,嘉颖轩南则翠痕如滴。鸡声隐丛竹之篱,犊路入柔桑之宅。罗袯襫于上林,杂腰镰于华阙。隐白屋于朱扉,粲青禾于紫陌。一犁春水,连朝添时雨之波;十亩秧针,遍地散晴岚之碧。此所以蓓屋之辛勤,经四时而遍历;惟睿览之咸周,非九重之能隔者也。

至于佳卉分丛,芳草成簇。同心之花,连理之木。或绮石而纷披,或拂槛而堪掬。琼枝与碧树相依,紫萼与朱芭并属。芝场蕙圃之青葱,葵径兰阶之馨馥。长风度而五色俱飞,微雨过而百花都沐。移来凤竹,当长夏以生寒;发茁龙孙,吹筠香而凝绿。筼筜千亩,何殊渭水之滨;琳琅万竿,不数淇泉之曲。此又丽景之怡情,而芳菲之触目者也。

至于逶迤百柱，宛转层楹。琢文石以延路，架素椽以成亭。棂槛留大朴之致，栋宇无金碧之形。圣德惟俭，天道同清。岂非百代之矩矱、万世之法程哉？

我皇上万机在御，宵旰深宫。当蕤宾之协律，值炎景之方中。御迎凉之殿阁，临清沚之帘栊。沛湛思之汪濊，训珥笔之臣工。念长桥而路曲，许乘舟而御风。颁天厨之尚膳，赐旨酒于花丛。感自天而沛泽，惭无地以措躬。瞻紫霄之佳景，愧薄艺之雕虫。愿藜燃以奋志，亦葵向而抒忠。

（辑自陈廷敬、张廷玉等《皇清文颖》卷四十五，影印《文渊阁四库全书》第1450册，台湾商务印书馆1986年版）

三、张廷玉集外文辑录

1.周母王太君七十寿序

周母王太君以今年四月二十四日为七十诞辰，其子万青寓书介南乞予言以寿。万青为介南族孙，而旧游于其门，绩学种文，恂恂儒者也，予雅重之，重以介南之请，用是不敢以固陋辞。

窃谓妇人生长深闺，其以高节懿德著闻天下者，类皆所操特异，而为人情之所难。夫敬姜以下，贞女贤媛流传史册者不一人矣，其所表见皆不虚，然其得于天者各有其分，而其全于人者各极其至，非寻常巾帼可同日而语。君子之观人也，取其重者而深论之，其余固无事一二数也。予得此意以寿太君，而见其事有为人情之所难者。

太君系出太原，为前己卯亚魁石友公之女，年十七来嫔于周，作配象易公。公少失怙，门祚衰薄，母王夫人有贤行，与其季娣钱夫人各抚其遗孤，茹冰啮雪，相依为命。太君入门以孝事之，鸡鸣盥栉，立床下问寝毕，退而滫瀡，甘脆必恭承颜色，率以为常。象易事叔母无异所生，太君诚敬曲至，亦与己姑等。两母苦节数十年，得以从容俯仰优游乐豫者，太君成之也。

象易工举子业，感于末造，徙治家人生产。太君辛勤操作，身先妇婢，突有烟，纫有针，机丝有月，辟纑有霜，十指皴裂，晏如也。用是起家赢余，田园宅第相望，一丝一粒不以私，娣姒内外无间言。先是象易之父明之翁兄弟八人备极友爱，尤怜幼弟，不忍析箸者廿余年。象易又与兄叶玉同居数十年，姜被萼楼，和乐且耽，人不知其为伯叔兄弟者。此虽两人之高义哉，何莫非太君有以辅之！

是故幽贞性笃，淑慎天成，叶两间之和气，备七德而无愆，太君之女德可寿矣。

予不以是寿也。鹿车亲挽,鸿案相庄,媲少君之令则,高德耀之懿徽,太君之妇道可寿矣。予不以是寿也。剉䳅截发,画荻丸熊,植森森之玉树,启郁郁之琼枝,太君母教可寿矣。予不以是寿也。他如治家以肃,待下以和,隆亲戚以恩,厚鳏寡以惠,无一不可以寿太君。予所寿者在乎孝义独至,全孀姑之令节,佐夫子之友恭,成一门之雍睦,培百世之休和,为不可及耳。昔刘向作《列女传》,搜其行谊高卓,著于篇次,虽不专一操,要未有舍其难而详其易,略其重而取其轻者。今虽太史不采风,而郡国有志学士大夫有刘向其人者,纪而述之,修成内则为百世师,如太君何多让焉。

太君今甫七十,神气康强,天休未艾。万青已名噪文坛,为成均上舍,云标于岸,亦皆棱棱露爽,蔚为国华,行将发轫天衢、贻封褒荣以宠其亲,太君辗然色喜,必可知也。自今以往,予所以寿太君者宁有既哉?遂书以侑一觞。

时康熙五十六年岁次丁酉清和月,赐进士出身、通奉大夫、内廷供奉、日讲官起居注、内阁学士兼礼部侍郎加一级,前翰林院侍讲学士、詹事府右春坊右庶子掌坊事兼翰林院侍讲、司经局洗马掌局事兼翰林院修撰、翰林院检讨、充《亲征平定朔漠方略》《佩文韵府》《诗经》《易经》纂修官、乙未壬辰丙戌三科会试同考、翰林院庶吉士,年家眷侍生,张廷玉顿首拜撰。

〔辑自《鹞石周氏支谱》(残卷)卷二,清道光本〕

2.若洲杜君墓志铭

乾隆三年,岁在戊午,河南直隶陕州知州杜君终于家。越三年壬戌,君葬有日,其孤奉状来请铭,曰:"仰借奕世之旧,敢乞一言以光泉壤,且以垂不朽也。"余念君祖文端公与先文端公同官于朝,先后赞密勿,爰笃世好。君胚胎先业,出仕亲民,为循良吏,而未竟设施以殁。北平三世,昌黎所悲,余虽综理乏暇,隧道之铭,其奚忍辞?

按状:君讳適文,姓杜氏,字绍衣,号若洲。先世居江南金坛,明昭信校尉敬从成祖封燕,世袭千户,遂为顺天宝坻人。五世祖仁,高祖朝先,曾祖守礼,俱隐德弗耀。祖立德,由进士历官太子太傅,加太子太师,保和殿大学士,兼礼部尚书,谥文端,诰赠三世皆如其官。考恭俊,以荫补刑部郎中,迁江西广信太守。妣李恭人。

君为广信公仲子,生妣穆太宜人出也。少禀颖姿,器局不凡,十岁丧父,偕昆季居丧,读《礼》尽哀。既长,博观群书,慷慨有经世之略。事母孝,鸡鸣盥漱,韡绅维谨。尤善制举艺,每得佳句,虽老师宿儒弗如也。然而五困棘闱,益厉志不辍,方思博一第,以继前人光。

而雍正七年，岁己酉，世宗宪皇帝稽阅太常，笃念旧劳，加恩世裔，特命引见圆明园，时余在班列，望其趋入，拜墀下，既风仪都雅，及奏对又条达，甚蒙上旨嘉奖，欲畀以民社，以未足业辞。天子曰："钦！往哉。未有学养子而后嫁者。"竟发河南，以知县试用。历署内乡、郾城、西平、临颍县篆，所在有惠政。时田公为制府，政尚严明，君隐济之以宽，谳决平允，不以苛法绳民。尤留心地方利病，筑堤捍水，亲行督率，捐养廉以给，值霪雨水发，因堤守护，岁不为灾。其实心任事多类此。十二年，题擢邓州牧，引见，温旨训谕君，勉励有加。邓民五方杂处，尚气轻生，君示条教，俾知自尽无抵偿律，民始悔前之为讼牒清简。制府行开垦令，君察果欺隐者上报，未尝抑民以为己功。他若捐俸以修文庙，重建春风阁、百花洲，以存范文正公之遗迹；创造养济院，活民之无告者。一时士庶称为召杜复出。君顾自谦谢，谓我何能，惟不负此心，庶报国家延赏之恩，守前人清白之风而已。

乾隆元年，今天子嗣位，制府富公以勤敏果毅题授直隶陕州知州，入见称旨。其治大略如邓州。时陕州城中之水源引渠以济饮汲，岁久浅涸，君捐赀率民疏消，自分水岭注城三十余里，水常无竭，至今为利。州储谷万余石，发民碾米赈陕，省出入吏易为奸，君较量画一，不累民而弊绝。此皆其治行之可法者。穆太宜人春秋既高，迎养于郾城，后三迁秩皆奉板舆以从。太宜人寝疾，侍汤药、煮粥糜必手亲之，昼夜未尝脱冠带，至是疾既笃，乃卜于神，请以身代，不吉，遂殁于州署。君扶榇北归，哀毁骨立，服未阕而病，遂不起矣。

呜呼！君自为县令，迁州牧，历任九载，廉洁自持，苞苴无所入，养廉之外，时鬻产以济乏，恺悌之德及于闾阎，古循吏何以加？设天假之年，其所建树当更有可观者，惜乎其遽止此也！君友于兄弟，厚于族属，不妄交游，于所友劝善箴过，一切能沥肺腑，车马衣服与共，不少有德色，更乐成人之美，下逮臧获佃农，咸有恩意。居官侍母少暇，恒手一编，间吟咏以自适。素娴步骑射，发必中的。君之行谊，类有过人者。

君生于康熙乙亥十一月初十日，殁于乾隆戊午七月三十日，年四十有四。乾隆七年四月十二日卜葬于宁邑孟家庄之原，乃系以铭。曰：

京兆之族，宰辅发祥。世禄由礼，贻谋孔臧。帝念展勋，用光恩命。墨受花封，式敷惠政。继迁州牧，荣莅专城。荫棠留爱，酌水明清。读《礼》而归，居庐致毁。年胡不延，强仕而止？隙驹滋感，宿草增哀。声猷足述，流泽方来。郁郁佳阡，吉卜食焉。铭刊幽室，昭信千年。

〔辑自丁符九等《（光绪）宁河县志》卷十二，江苏古籍出版社 2004 年版〕

四、张廷璐文辑录

1.无极而太极论

《易》曰:“形而上者谓之道,形而下者谓之器。”夫形而上则不可以形求也,不可以形求而实为众形之所由生,而即为众形之所莫能外。夫天地之大,万物之赜,必拘拘焉执一形以求道,不可以尽道也,亦并不可以明道也。道无形也,道无形而必执形以求之,则其视道也浅矣。然则道终不可以形求乎?道无形,而天下之有形者皆道之所以形,其形至虚也,而涵天下之实至约也,而贯天下之纷至无也,而妙天下之有。此周子无极而太极之说,阐前圣未发之旨,而实为千古不易之定论也。

今夫天地,吾不知其所由始也,而道生之。有天地,然后有万物。万物,吾不知其所纪极也,而道生之。浑然一理运行于冲虚冥漠之中,无声臭之可寻,无方体之可执。然而乾坤之所覆载,日月之所以照临,风雨霜露之所以动散而凝结,山川之所以流峙,君臣、父子、夫妇、昆弟、朋友之所以耦处而类聚,以至于飞潜、动植、跂行、喙息之属所以若其性而遂其生,莫不各有自然之道以主宰乎其间,则其所谓无声臭之可寻,无方体之可执者,又岂非造化之枢纽而品汇之根柢也哉!故析而观之,物物各具一太极也;统而言之,万物同此一太极也。万殊之所以分,一本之所以合,无体而无乎不体,无在而无乎不在,故曰无极而太极也。

或疑周子于太极之外复增无极,与《易》有太极之言有未合也,不知原太极于无极,所以明其无形而有理,而太极即在无极之中;即无极而指其为太极,所以明至理不可以形求,而无极原不在太极之外。故朱子以为默识于意言之表,张子以为渊源粹精,秦汉以来所未有,则周子斯言正与《大易》形而上之旨相发明,而何疑其有未合也哉!

(辑自陈廷敬、张廷玉等《皇清文颖》卷八,影印《文渊阁四库全书》第1449册,台湾商务印书馆1986年版)

2.黄钟为万事根本论

天下之事,不得其中,则施之而有所不通;得其中,则推之而无乎不准。盖中也者,得乎天地最初之理,而调剂于阴阳动静之平。是以天下之大,事物之纷赜,虽千变万化,皆莫不由乎此而无有逾于其外者,此黄钟为万事根本之说,诚古今不易之定论也。

昔者黄帝使伶伦取嶰谷之竹生,其窍厚均者,断两节间而吹之,以为黄钟之宫，制十二筒，以听凤之鸣，雌雄各六比，黄钟之宫而皆可以生之，均其长得九寸，审其围得九分，积其实为八十一分，凡五音十二律六十调八十四声皆由黄钟而损益之，此黄钟之所以为律本也。由是以之审度而度长短，积黄钟之十分以为寸，各自其十以至于尺、丈、引，本起于黄钟之长而五度审矣。以之嘉量而量多寡，黄钟之管容黍，千二百为龠，合龠为合，各自其十以至于升、斗、斛，本起于黄钟之龠而五量嘉矣。以之谨权衡而平轻重，龠所容之黍重十二铢，二四铢为两，十六两为斤，三十斤为钧，四钧为石，本起于黄钟之重而五权谨矣。推之权与物，钧而生衡，衡运生规，规圜生矩，矩方生绳，绳直生准，而规矩、方圆、绳直之属莫不由之以定矣。夫天下之事未有外于长短、多寡、轻重者，而长短、多寡、轻重即未有能外于黄钟者，则黄钟之为万事根本不信然哉！

盖天地之间所以弥纶而无间者，理也，数也。黄钟以自然之数察自然之理，所谓纯粹中之纯粹者，惟其中而已矣。故其声则中声也，其气则中气也，法制由之以立，礼乐由之以兴，风俗由之以同，道德由之以一。《中庸》曰："喜怒哀乐，未发之谓中。中也者，天下之大本也。"知此盖可以晓然于黄钟为万事根本之义矣。

（辑自陈廷敬、张廷玉等《皇清文颖》卷八，影印《文渊阁四库全书》第1449册，台湾商务印书馆1986年版）

3.日月五星行道论

自古圣人为治皆取法于天。《尧典》始命羲和钦若昊天，首举日月星辰。《舜典》在璇玑玉衡以齐七政。张衡《灵宪》云"文曜丽乎天，其动者有七，日月五星是也"。盖经星之附于天者，终古不易，其运行之参差，而立仪制器以窥测之者，惟在日月五星耳，七政齐而经星不必言矣，顾七政之运行有迟速之分，而其所行之道亦不一。

《汉书》曰："日有中道，月有九行，中道者黄道也。"天之体圆如弹丸，北高南下，北极出地上三十六度，南极入地下三十六度，南北直径一百八十二度强，赤道当天之中央，去南北极各九十一度。黄道半在赤道内，半在赤道外。北至东井，去极近。南至斗，去极远。东至角，西至奎，去极中。日行至于斗，在赤道南二十四度，则为冬至。至于东井，在赤道北二十四度，则为夏至。东至角，西至奎，行黄赤二道之交中，则为春秋分。此日行道之大略也。月春从青道，夏从赤道，秋从白道，冬从黑道，道各有二，皆斜出于黄道之内外，其出入黄道不过六度，故合黄道而谓之九，此月行道之大略也。五星皆随日由黄道行，而盈缩迟速各异。木为岁星，故岁历一辰；火为荧惑，行列宿，司天道，出入无常；金、水附日而动，金为太白，水为辰星，常绕日旋转，或前或却；土为填星，岁行一宿。盖五星之位有高下，则度有广狭，位近地者，其度狭而易周，位远地者，其度广而难周。五星大小不同，各依其行，顺时应节，但日月则运行而前，五星则有留退、留顺之异候，天官家所谓见伏留行者是也。此五星行道之大略也。

诸说具载于历代史书，宋儒亦备论之，《诗》《书》传注皆可考，然历年既久而不能无差。即以冬至言之，尧时日躔虚，三代则躔女，春秋时在牛，自汉以后在斗，今且在箕矣。盖由岁差之故，举一冬至而其余不可类推乎？要而论之，朱子云："天无体，二十八宿便是天体。"故日月五星运行于天之下，虽所行之道不一，而同以二十八宿为次舍，刘向所谓"宿者，日月五星所宿舍也"。古今之言天者详矣。《周髀》宣夜之说已不可考，惟浑天独存。汉晋以来，代有仪器，唐李淳风更为圆仪三重，有六合三辰四游之名，皆所以测日月五星之行度，大约皆浑天之法，即璇玑玉衡之遗制也。

盖苍苍者天，虽远而无所纪极，而仪器可以推测而知，惟仪器逾密则推测逾精。而日月之运行，五纬之躔次，皆昭然可睹，不失累黍，于以佐圣人奉若祗承之道，为敬授人时之本，何可言天道远而无裨人事也哉？

（辑自陈廷敬、张廷玉等《皇清文颖》卷八，影印《文渊阁四库全书》第1449册，台湾商务印书馆1986年版）

4.日月合璧五星联珠颂有序

臣闻感应莫捷于天人，嘉祥必彰于神圣。故精诚孚格则七政均平，至治光昭则三辰式序。升扶桑之赤驭，抱珥流辉；映仙桂于银蟾，重轮叠彩。分躔次舍，五行之秀气凝精；同色顺方，列宿之庥征著兆。是皆表光华于象纬，所以昭运会之昌明。然而时不易逢，美难兼备。惟治化当郅隆之世，斯天文标萃聚之奇。钦惟我皇上大孝绥猷，至仁御极。敬天法祖，深宫严对越之诚；育物諴民，寰宇戴弥纶之泽。抚五辰而凝庶绩，道合乾坤；调二气以叙九功，业隆参赞。教崇四术，鸾旂莅而壁水香浮；礼重三推，凤辇临而青畴色润。昭武功之赫濯，远域来庭；焕文治之光辉，遐方入学。维圣祖六十余年之怙冒，既累洽而重熙；我皇上一日万机之精勤，更继志而述事。洵德化之昌隆已极，故苍穹之笃爱弥殷。祈年而甘雨应辰，秉耒而祥禾被野。寝园钟庆，灵草丛生；内殿迎薰，嘉莲并实。瑞方频见，史不胜书。今者节届中春，度推营室。日月同躔而璧合，五星聚舍以珠联。当乾宫集曜之辰，正吉裕告虔之会。层霄朗霁，耀精彩于微垣；淑气冲和，灿荣光于北极。远稽盛事，直接唐尧；载考陈编，更逾颛顼。汉初聚井，未足拟此嘉符；宋室会奎，岂能方兹珍贶！盖诚孚一气，皇上惟以继圣祖者继昊天；则庆协三光，昊天即以眷圣祖者眷皇上。诞膺多福，洵有感之必通；特著奇祥，信于兹而极盛。乃皇上孝思不匮，谦德弥光，归至善于贻谋，肃将禋祀，遍群黎而锡福，爰布德音，却称贺之虚文，励交修之实意，黼扆之钦承倍切，瀛寰之欢忭同深，敦史摛豪，辉腾汗简。小臣献颂，敬附衢歌。颂曰：

维皇御宇，体元建极。以圣继圣，重华懋德。敕天之命，寅恭严翼。惟时惟几，宵衣旰食。心周八表，昭明九区。德威遐畅，声教覃敷。文经武纬，天苞地符。泽洋恩溥，海澨山陬。庶绩咸熙，一人有道。作述同揆，猗欤大孝。通于神明，天心感召。繁祉纯禧，惟德是报。阴阳以序，风雨以时。双歧九穗，嘉颖纷披。丰年穰穰，民物恬熙。贲若草木，咸著灵奇。二月初吉，司天告瑞。娵訾之宫，营室之次。二曜同躔，五纬咸萃。规璧双符，宝珠联缀。琼霄澄湛，丽彩缤纷。祥光布濩，瑞气氤氲。焕乎垂象，蔚矣成文。冲融晨霭，绚烂晴云。位属乾宫，曰当景命。阳德方宣，春和布令。天庙荧煌，三垣辉映。万福之符，万方之庆。中天瑞应，粤在陶唐。四千余年，上元相望。欣逢泰运，重睹嘉祥。史臣载笔，焜耀缣缃。圣心弥谦，圣孝弥笃。推本前徽，庆钟诒谷。嘉与黎元，共兹介福。大美不居，皇衷渊穆。惟天眷德，惟德动天。圣祖积庆，有开必先。我皇绍统，景祐绵绵。升恒临照，亿万斯年。

（辑自陈廷敬、张廷玉等《皇清文颖》卷三十七，影印《文渊阁四库全书》第1450册，台湾商务印书馆1986年版）

5.江南通志序

粤稽《周礼》，大司徒掌建邦之土地之图，以知九州之地域广轮之数；职方氏掌天下之图，以掌天下之地。邦国之志，小史掌之；四方之志，外史掌之。班固《汉书》作十志，次八曰《地理志》，之所由来旧矣。

我国家诞膺天命，统一区宇，东渐西被，暨乎朔南，声教所敷，远逾海表，幅员之广，伊古所未有。江南夙号名都，北连齐豫，南接楚越，航海则通楫瓯闽，汎江则溯流章贡，襟带河淮，振纳泽薮，实为东南要区。提封数千里，财赋甲于天下。其间山川之包络，郡邑之罗布，城郭之经纬，户口之繁，人文之盛，以及物产民风之各因其地建置沿革之数易其规，职方所掌，舆图所纪，畿辅而外，他省固莫与埒也。

圣祖仁皇帝六十余年，涵濡渐渍，翠华屡幸，渥泽频加。世宗宪皇帝轸念河防，不惜百万帑金，以为万世永赖。广修水利，特减浮粮，造士育才，振兴学校，其加惠于江南者备至。我皇上绍缵丕基，孝隆继述，蠲逋免税，江南之被泽尤深。复念人文繁盛，分江取士，加增解额，读书士子莫不鼓舞振兴，仰承盛典。

臣于雍正七年冬奉命视学江苏，重荷皇上天恩再留兹任，八年之间，輶轩所至，每延接诸生，奉扬纶音，宣布德化，俾争自濯磨，敦行力学，以共奋于文明之世。而闾阎黎庶蒸蒸然被祖宗之休养，沐圣主之生成，民物滋丰，风俗淳厚，熙恬和乐，以安享太平之福者，既饫闻而习见之。况臣又隶籍皖桐，世承恩泽，睹勋华之继治，庆桑梓之蒙庥。兹当《江南通志》告成，督抚诸臣既慎择纂修，复详加裁定，胪为十志，犁然备举。臣以生长之邦，又为奉使之地，滥叨采风之任，适值是书之成，臣于此尤窃有厚幸焉。谨拜手稽首而序于简端。

旹乾隆元年岁次丙辰仲冬月谷旦，礼部左侍郎提督江苏等处学政臣张廷璐谨撰。

（辑自赵弘恩、黄之隽等《江南通志》，影印《文渊阁四库全书》第 507 册，台湾商务印书馆 1986 年版）

6.赵恭毅公剩稿序

先师恭毅公仕宦三十余年，所至著有政绩。后之人欲纪其实，以垂不朽。于浙中有《蘖案略存》之刻，于湖南有《实政录》暨《自治官书》之刻，最后其文孙侗敩复殚心搜辑，纂成《剩稿》八卷，以书贻廷璐而请为之序，盖距吾师没时已十八年于兹矣。吾师出任封疆，入参帷幄，清节重望，久而弥光，固已耀旂，常铭钟鼎矣，虽海内之小夫儒子莫不知公为一代伟人。而公之目营手治、竭虑殚精以求民谟而答主知者，则具见于是集中。一披是集，知皆肫然至性之所结，蔼然至情之所流，而浩然至大至刚之气之所磅礴而充塞也。

公以进士起家，为商丘令，发奸擿伏，号为神明，遂膺上考擢刑曹，迁比部。正色立朝，不狗不阿，多所建白。以忧去，在籍七年，朝野莫不想望风采。圣祖皇帝特诏起公，超授浙江布政使。甫莅任，一切陋规皆汰之。省粮袋，捐兑耗，均田亩，清地丁，宸衷嘉异，遂晋巡抚。公携幞被一肩，书卷数簏，自藩署入辕，观者太息。期年，凡有益于全省者，立奏行之。时钱塘江逼近杭城，坍刷日甚，潮汐汹涌，居民震惊。公为文以祭江神，是日狂飙扑空，吹水皆立，从吏失色，以姑避劝，公叱之，屹立不动，须臾，潮忽退，距祭所仅百余步耳。嗣后潮汐不逼塘，公相形施筑，得奏功焉。盖公之至诚感神，其见于文告间者多此类也。

是岁，公以会审红苗事往湖南。圣祖以其地积习相仍，私征无艺，欲厘剔之久矣，念非公莫可任者，遂有偏沅之命。公至则正身率属，飞檄郡县，告以大法小廉之意，私派有禁，重耗有禁，杂税有禁，歇保有禁，纠其尤无良患苦民者，他若驿站、盐引、兵饷、漕运，一经裁酌，兵民两安，工商交便，举湖南积习之蔓延者，扫除而更张之廓如也。公推诚待人，不立崖岸，而于善恶之介，义利之关，辨之甚严，凛乎其不可拔。在湖八年，所推荐多至大位，不欲使人知。其以贪黩挂弹章、以犷黠从吏议者亦往往而有至于同官，辄破除情面，不为苟同，是以忌公者争相龁龁。幸圣祖知公有素，每论天下清官，必为公首屈一指，媒蘖者不得入，卒得久于其位，以竟其设施。凡公之移风易俗，筹画于八年间者，盖有奋不顾身，濒危殆而不悔者也。

洎乎晚年，帝眷日隆，遂擢总宪。忠义之忱，老而弥笃，蹇蹇谔谔，无所依违。及晋大司农，部务纷然，卯出酉入，一切文移必手自检阅，隆冬晷短，恒剪烛坐省，漏下四鼓乃已，虽积劳成疾，不少辍。天下方谓公且旦夕入相，而公殇矣。悲夫！

廷璐尝流览《诗》《书》，至于稷契陈谟，周召作诰，未尝不叹古大臣遭逢明圣，一德一心，其所以赞襄而左右之者如是，其款曲而深至也。自汉、唐以来，名臣奏疏不为不多，卒未有如谟诰比者，抑亦所遇使然欤。惟我夫子之特立独行，荷圣祖仁皇帝之眷注，始终保全，试盘错而不疑，闻流言而不信，所遇殆与稷、契、周、召同，其迈汉、唐名臣也远矣。以汉、唐名臣之奏疏传之至今，观者犹为之动容而变色，况当吾世而有如陈谟作诰之休者哉！况其门下士也哉！

忆廷璐少时侍先文端公，教以立身行己、居官治民之道，及戊戌岁幸出大贤之门，每晋谒必以古人大节相勖，依依犹昨日事。今先文端下世已三十一年，公之没亦十有八年，世宗宪皇帝追念旧劳，频加异数，今上复重劝忠之典，公与先文端并崇祀贤良祠。而廷璐之无似，夙夜兢兢，惟恐陨越。怅望音容，邈不可得，敬披是集，蠹然不知涕泗之交颐也。爰序其梗概而书之简端，以归侗敩。侗敩方简任鹾邮，盖公旧治处也，浙中咸谓绳其祖武云。

乾隆三年岁次戊午仲冬月，桐城受业张廷璐敬识于澄江使院。

（辑自赵申乔《赵恭毅公剩稿》，《清代诗文集汇编》第164册，上海古籍出版社2010年版）

7.左翼序

吾亡友周子聘侯湛深经术，尤工《左氏春秋》。尝荟萃诸家，采撷搜猕，勒为一书，名之曰《翼》。盖不敢自列于古注疏家，而特以助其万一，扶进乎来学而已。书成于华亭学署，既卒业而病作，未及自发其凡，凡阅三年，始锓板行世。余尝相与商订，许以序其简首。

夫学者有所著述，期以垂世而行远，非第猎名鼓誉于一时已也。其托业之最尊者莫如经，孔子之删订，所以传经非以经传也，后世惟朱考亭功与孔子并。汉、唐以来，笺疏训诂，诸儒皆附经以传者也，附乎经则传也久。顾亦有不能传者，谀闻曲学，攘遗而拾沈，非庸则妄，其于覆瓿，不俟没世后矣。故学之有足传者，附乎经则传愈久；学无可传，虽附于经，犹不传也。《左氏》，经也，自晋杜氏、宋林氏、唐孔氏而外，评骘选录以名其书者，不可胜纪，然而未尝有书焉者，皆是也。以《左氏》之尊而不能附以俱存，岂非其学无所得而强为者哉！聘侯患俗学芜陋，肄业及之，积十余年之力以成是书。其为解也，根柢注疏，芟繁节要，时以己意正其未当，证嚮今古，皆有可据。于其人物臧否，事行得失，断制谨严，有读书论古之识，而大指存乎论文。凡《左氏》之规矩法度与精神意思所存，无不钩元提要，得其奥旨。扬子云："一哄之市必立之平，一卷之书必立之师。"世之读《左》者得不奉是为师乎！余有以知聘侯之与《左》并传也。

往先公延聘侯于家塾，每与余尚论《左氏》，聘侯指数旧说得失，风发泉涌，若倾囊庋。及余视学江苏，聘侯司铎松之华亭，余三至松校士，暇辄询《左氏》书成否，犹为余抵掌言之。今阅是编，洋洒千言，恍如面语，而聘侯已不幸死矣。悲夫！畹晚蹉跎，衰迟获遇，百里之宰，小草不终，而偃蹇于荒江僻邑鳣堂槐市之中，穷愁著书，汗青头白，古之所谓不朽者，其在斯乎！其在斯乎！余悲聘侯之穷，未尝不幸其传也。辍简之余，为之三叹云。

（辑自林有席《国朝文雅正所见集》卷十三，嘉庆二十一年丙子刻本）

8.五峰集序

余尝浏览唐一代诗人，其中心折者二人焉，曰司空表圣，曰陆鲁望。之二人匪独其诗足传，殆嶔崎磊落，有绝俗离尘之识者也。夫人生遇合无常，志趣各异，功名之早晚，命也，故霜菊与桃李不争时；禄位之升沉，数也，故渊鱼与云鸟不争道，各承其天，各适其性而已矣。唐之诗人往往失意则悲愤无聊，得意则侈言自喜，而两君不然，身既已不用矣，挥手谢时人，结茅天柱峰头，鼓棹吴淞江上，其为诗傲峭奇宕，有抟弄烟霞、濯缨江海之思，此其于人世利禄功名之见，岂复有一毫挂其胸次哉？嗟乎！古人不可见，若吾五峰者，其殆近之矣。

五峰承五世家学，少壮操凌云健笔，掉鞅文坛。既屡困场屋，即弃去，啸傲林泉，以吟咏自适。凡其襟抱之所蕴积，性情之所陶写，耳目之所见闻，载籍之所淹润，风云月露、山川卉木、鱼鸟飞泳之所感触而流连，皆于诗焉发之。当世宗皇帝时，命郡邑各举贤良方正之士，有司知五峰硕学隐德，交相推引以应诏，五峰坚辞不起，偃卧一室，泊如也。其为诗风调遒逸，格律峻整，一以少陵为宗，虽与表圣、鲁望所作间有不同，要其绝俗离尘之识则一也。训三丈夫子，皆克承家学，一门之内以著述为菑畬，以唱酬为梨枣，五峰顾而乐之。

今年届七十，益康强矍铄，吟筇所指，处处皆王官笠泽也。余与五峰生同岁，而衰羸善病，精力故远不逮五峰，泉石之思时萦寤寐，今荷圣慈放归田里，得与五峰诸老友逍遥林壑，步香山洛社之后尘。五峰有诗，余当援笔和之，如袭美之于鲁望，岂不快哉！

乾隆九年甲子春，同学姻弟张廷璐拜撰。

（辑自陈正璆《五峰集》，《四库禁毁书丛刊》集部第167册，北京出版社1997年版）

9.云章周先生七十寿序

尝读《大雅·绵之什》，窃异其以瓜瓞起兴。说者曰：瓜之初生，其本一尺之长耳，及其后蕃衍滋蔓，覃施中田，子母钩带，五色耀光，荐之朝廷，覆以絺绤，盖华实并茂，不同于凡卉之朝荣夕枯，故昌炽之家多取为休征，而《民生之什》且以名其篇首也。以予观同里云章周先生，其生平始于拮据艰辛，终于丰盈蕃衍，殆与瓜瓞之象有极相合者。

盖先生天性纯孝。少时家产中落，不能卒志书史。有异母弟三人，仲季悃谨自守，叔则奋帜胶庠焉，故尊大人玉瓒公怜爱特甚。先生尤笃于友爱，无闲言。居屋仅数椽，不能蔽四人风雨，自禀于尊人留旧庐为诸弟容膝地，而已筑茅于外以为家室，与德配马孺人晓风寒夜、冬雪秋霜相敏勉劳瘁，外采于山，钓于水，内绩其麻，治其丝，以勤以俭为存立计，饔飧之外，归奉二人为菽水欢。

盖门庭冷落，生计萧疏，仿佛陶穴播迁之况味，然而唪唪离离之盛，已具于丰本培基之日矣。及数十年来躬课农桑，权有无，量出入，东亩西畴，井里相望，黍稷稻粱，斯仓斯箱，而获稚敛穧，遗秉滞穗，往往遗行道之利。乃于故里肯其堂构，陾陾薨薨，有伉将将，胥宇于中。其山林竹树，花鸟园亭，傍近居而附远郊者，所在多有。且达观一切，自置生圹于庐邑之南乡，发脉黄山，由虎儿岭至凤凰山，左环右抱，过其地者俱卜为陶氏牛眠也。古诗咏东陵瓜有云"连畛距阡陌……嘉宾四面会"，先生之田畴庭宇、创造图谋不有其象欤！

《大易》曰"天道恶盈而好谦"。吾见阀阅之家敦《诗》说《礼》，子弟倨傲鲜腆，多不识父书为何物。周自神弃以播谷开基，不窟中衰，至于太王卜周原而居，寖寖乎日就昌隆。《绵》之卒章咏歌及于文王之疏附后先，盖菁莪造士，棫朴作人，灵台辟雍，文之教也，镐京辟雍，武之化也，风雅之音及于江汉而普九宇。管子曰"衣食足而礼义兴"，非其明验欤！今先生长君旦升已蜚声成均，具经国才略；

而伦升自幼奋志芸编，淡于仕进；在升朴诚谦睦，能光先绪。孙男八人，若兼两、若海、若淮辈隽异卓荦，文藻振乎艺林。曾孙玉茁兰芽，长者已入家庠，通经术矣。鸡犬桑麻，青箱玉轴，互相掩映，绵绵瓜瓞，撷其实而又取其华，他日休沐之余，步东郊而问山水，诗书礼教，沨沨有声，振汝南之箕裘，更超轶乎族中诸名宿者，必在先生之门也欤！先生多隐德。岁在戊子，里中大祲，竭橐中以赈贫乏，皆面焚其券，不取偿人。谓今之滋大，盖有本焉。

予友聘侯，先生族叔也，儿子宗约又与旦升为石交，故能悉其梗概。今值荣晋七袠之期，家嵩亭郡伯给之额，曰“风高洛社”，予因取义于瓜瓞，邮文以寿之，亦如进西母冰桃雪藕，效冈陵之祝云尔。

同里年家眷弟张廷璐顿首拜撰。

〔辑自《鵅石周氏支谱》（残卷）卷一，清道光刻本〕

10.雍正重刻双峰猥稿序记

昔诸葛武侯之言曰：“淡泊以明志，宁静以致远。”后世称为名言，而朱子以为有儒者气象。夫人之立身涉世，不外进退动静而已。知进而不知退，《文言》以之垂戒。不知退则必不能静，于是奔走于名利之途，驰逐于纷华之境，躁进妄动之念牵扰沉溺，营营焉而不知所止，此中岂复有人品？其人岂知有名节？此余所以读双峰先生之存稿，而不禁慨焉三叹也。

先生南宋淳熙进士，历官衡州录事参军，其《双峰堂记》有云：“退为进基，静为动主。进与退不锢于心。而一于动而进也，则射利抵巇，舐痔尝粪，亦恐不免。”又曰：“若轩冕之念轻，山林之意重，则倘来富贵，于我如浮云，而莅官行己，必不肯少负名教，予将植根本于斯也。”呜呼，观先生之言，可以知先生之所以自立矣！以故起家进士，历仕皆有惠政，而仅以郎官终，志芳而行洁，节高而道全，又岂肯与世之躁动者争一日之进退哉！

集中多骈俪之词，熔铸经史，杼轴予怀，天然工妙，尽化排比之迹。其致朱子、周相等篇，则皆粹然儒者之言，不独湛深经术已也。诗格高雅秀逸，抒写天机，每多事外远致。要皆得之于淡泊、宁静之余。则先生之所为植根本于斯者，其生平素位而行，不愿乎外，居易俟命之学，守之终身而不变。即其流露于笔墨之间者，皆此物此志也。

全集历久散佚，先生之裔孙兰轩遍为搜辑，重加考订，将付剞劂。兰轩才品卓荦，筮仕为奉贤宰，循声嘉绩，跐美前徽，其所以承先生之遗训而益光大之者，正未有艾。至其表章先集于数百年之后，则又可见孝子慈孙之用心，而益信文章光气之辉然特见者，虽历久而不终于泯没也夫！

雍正十年壬子夏五月望日，提督江苏学政、詹事府詹事兼翰林院侍读学士桐城张廷璐序。

（辑自祝尚书《宋集序跋汇编》第四册，中华书局2010年版）

11.周贞女传

贞女者何？桐城周先经女，许配同邑陶氏子亢宗，未嫁而以烈著者也。

未嫁者何？女生数龄即受陶子聘，至康熙己丑岁，女年十六，陶择九月念六日亲迎，而亢宗早殒于六月廿八日，相去八十余日，而周女固犹然未嫁也。

未嫁又何以烈著？周女素性贞纯，能守礼法，识道义。甫凶闻至，即入房悲号恸绝，谓家人曰："吾死期至矣。"家人见其激烈过甚，恐有意外之变，防之益密，以故十余日间欲引刃自裁不得，绝粒求死不得，请往陶宅致哀又不得。女知家人之必不容其死也，恍然有悟于中，以为吾自有从容以善其死者而不在迫也，循是忍泪收声，安常蹈旧，若渐忘夫六月廿八日之惨变者，而祖母父母兄嫂弟妹之堤防亦稍稍驰矣。女通身白衣练带，外则多方掩之，恐惊人意，依依祖母膝下，虽同宅婚娶概绝迹不往，终日手不停针纫。私谓嫂曰："吾所以制女工，当以物某寄舅姑，以某物寄诸叔，能致吾意则无憾也。"嫂以是为不经语而漫应之。九月廿六日，晨起妆服如常，神闲气静，家人俱忘此为陶之婚期，而且见女之渐已解释也而略不为意，而女乃得乘间入深闺，掩扉自经死。家人惊愕，启户视之，见其端坐凝容，白练横嗌，面目宛然若生，且痛且敬，因具缟衣素裳殡之。乡里族党哀其志，列状闻当事，锡额崇奖，岁奉祠祀不休。此周女未嫁时尽烈之大概也。

噫！女许配陶子凡十年，今婚期已在九月廿六日，天何不少延陶子之命，使得与女子合卺之缘而后死？即令陶子命不可延，又何不令陶子父母早择吉于六月念八日之前，而令周女之得见于陶子也？又何不易婚期于六月念八日，而以九月念六日为陶子死期，则周女得谐八十余日之伉俪，且得以侍陶子之病，执陶子临死叮咛之手，庶不负月牍中注此良姻，而奈何相左者止此八十余日也？造化其亦有误乎，而不知正天之所以成周女之贞也。脱令周女于归于八十日之前，则已有唱随之恩，虽殉难毕命，未免义以恩掩也，否，或誓舟歌鹄，纵极苦节，亦事理之常，谁复震而惊之？今未睹陶子一面而守妇人从一而终之义，真大块间气所钟，正欲成此奇烈以愧天下后世之寡廉鲜耻，并为人臣而怀二心者，女死岂偶然哉！吾且服其深思熟虑尽节于九月廿六日，真有过此一日，则死之无谓者。时时办一死局而绝不露一死形，而后乃得脱然以死，且不先时不后时而恰得是日以善其死，呜呼！慷慨赴死易，从容就义难，若周女者可谓两得之矣。

康熙岁次庚寅季秋月谷旦，同里约斋张廷璐拜撰。

〔辑自《鹞石周氏支谱》（残卷）卷四，清道光刻本〕

12.姚婿梁贡传

姚婿梁贡之殁，予既为文与诗以哭之，外孙兴涖书来复请为作传。呜呼！梁贡孝友正直人也，予忍不为之传。

梁贡，名孔錭，梁贡其字也，别号于巢，大舅父峡江公之第六孙，姊夫鹤山先生之叔子。

少颖异，读书目数行下，逾弱冠补博士弟子。岁丙午，督学今冢宰孙公科试，激赏其文，拔置第二，食廪饩。困省试，以明经入成均。

天性纯孝。九岁遭鹤山先生之丧，哀毁如成人。事母太恭人，婉容愉色。先意成志数十年如一日。世宗宪皇帝临御之六年，令郡县举孝廉方正之士，升之大吏，以闻之于朝，复令中外诸臣各举所知，虽亲故毋引嫌，予长男若霭为天台令，将以梁贡应诏命。是时梁贡两兄弟皆膺荐举，季弟复就甥馆于京师，梁贡慨然曰："太夫人春秋高，奈何兄弟俱违色养乎？"于是力辞不就，遂一意依膝下奉朝夕欢，经理家政，综核巨细。于先世祖茔保护尤至。峡江公墓侧为他姓地，树木葱蔚，黠僧诱之，将肆斤斧，梁贡不惜重值，百计拮据，并鬻吾女簪珥之属，以购得之，复建享堂数楹于鹤山先生墓侧。每春秋展礼，攀抚松楸，泫然流涕，徘徊不忍去。鹤山先生以孝行膺旌表，梁贡亲奉主入忠孝祠，并建坊于东郭外。故第宅稍隘，子姓繁衍，不能容，复购旁舍以恢扩之，鸠工庀材，不数月而落成。十余年来，凡所兴举，皆一身独任其劳，仔肩重巨，殚竭心力，事咸就理，俾宦游者毫无内顾忧，而梁贡亦自兹病矣。去秋太恭人晋八袠觞，象山方任漕务，羁于官，道冲以韶州守乞恩终养，范冶亦请假归里，是时梁贡已抱病数月，犹力疾偕昆弟奉觞上寿，凡里党亲串之登堂称庆，及四方僚友之驰书致祝者，酬应纷繁，绝不以劳勚稍自暇逸。三舅父花岑公未归窀穸，禄峥表兄久婴疾，未得子，梁贡既以中子为之嗣孙，病中复为舅父卜地营葬事。生平行事皆端直纯诚，绝无私曲，诸兄姊及弟妹皆爱敬之，与吾女晨夕相庄，门内无闲言，待宗族以厚，处朋友以信，遇有吉凶缓急往往废寝食以区画之，有过必正色直言，不少假借，非礼之事避之若浼，非义之财纤毫不苟取。太恭人喜周恤施与，梁贡黾勉有无，俾求者无不得其意以去，太恭人顾而乐之。

事予夫妇最谨。岁癸卯，予使闽回，梁贡省予于浙之江山，偕至武陵，予易轻舟先发，属梁贡后至，及中途大病几殆，以九月抵京师，复随予至中州。己酉，予奉使江左，辎轩所至，借赞助之力居多。已而，念太恭人年逾高，遂回里门，复为予经纪家务，一如其综理门内者。盖其才足以肆应有余，而又不辞劳瘁如此。

为文章简洁廉悍，得先正大家风骨。诗歌出入三唐，一以少陵为宗。书法规模欧褚，作擘窠大字尤有力。数不得志于场屋，而未尝介意。今上龙飞元年，特开制科，并广解额，梁贡以侍养太恭人故，遂不应举，戚友皆力劝其行，终不为动。呜呼！年逾强仕而孺慕弥笃，不萦情于宦达，并不移志于科名，洵为人之所难，而竟不获永其年，以终其志也。悲夫！经年以来，病时辍时发，入夏咳喘日加，自知不起。易箦之顷，神观清明，谈笑如平时，惟以不能终事太恭人及不见予夫妇为恨。殁后，检箧中，得所书数纸，身后之事纤悉详尽，皆中礼节。所谓达幽明之理，通死生之故，存顺而殁宁者欤！

子五人：兴逵、兴澎、兴滋、兴潍、兴液。兴滋即继禄峥后者。女二人，婚字详象山所著行略中，不复具及。

论曰：予观梁贡生平，其秉性刚介，制行方严，与夫交友接物、言笑举动无一不与鹤山先生相类。至孝友笃挚，此尤其根本大节处，所谓世济其美者邪。鹤山先生病逾年而殁，殁以午年六月，年仅四十有五，而梁贡亦无一不相合，斯亦奇矣。鹤山先生既殁，伯姊太恭人秉持家政，教诸子以义方，皆通籍仕版，监司郡守，卓有政声，少者复登馆阁，为文学侍从之臣，承鹤山先生未竟之绪而光大之。伯姊逾大耋，强健精明，叠膺纶诰，意他日梁贡之后嗣亦将踵其盛美邪。独是鹤山先生以名孝廉驰声艺苑，而梁贡仅以明经终也，是又可悲也夫！

乾隆戊午季秋月，药斋撰。

（辑自姚孔鉶《华林庄诗集》，《四库全书存目丛书》集部第 272 册，齐鲁书社 1997 年版）

13.赵柯村公传

赵君鲤诏，字俪青，一字柯村，武进大司农赵恭毅公之季子也。诞生之夕，恭毅公梦杨梦鲤先生来谒。杨故明万历戊子举人。恭毅公寤而喜曰：“是岂吾儿之前未耶？”因名曰鲤诏。渐摩家学，髫年通五经，善属文，补郡庠生，试辄冠军。为人刚正厚重，少嗜欲，寡言笑，笃于伦纪，侪辈恒严惮之。江南世家子弟多鲜衣美食，好游敖，或事驰骛以博声誉，君独褐衣蔬食，键户暗修。年家世讲满天下，未尝轻投一刺，妄交一人。方恭毅公之驻节两浙，移镇湖南也，君岁时候问起居，恒襆被附舟，往来楚越间，人未有知其为中丞公子者。年三十有五而丧偶鳏居，二十年不复娶，旁无妾媵，朝夕与一子相依倚，人以为难，或有馈遗，不问轻重，概行反璧，曰:“吾父为清白吏,不名一钱,敢违教耶!”应科目时,有欲招致门者,君毅然曰:“得不得,命也,奚以侥幸为?”却之不顾。及获隽之年,适在戊子,与梦鲤杨先生掇科第恰符,乃知天数有定,昔梦非虚也。伯仲两兄皆以科第显,君独以名孝廉兀处家巷。三人虽志操不同,而毕生友爱无间。迨至人情险巇,令原负痛,君之风节益峻整,不合时宜,至性益肫笃,不求人谅,姜桂之性,历久不渝,洵称无忝所生哉!

赞曰:自古刚大正直之气充塞宇宙,而多钟于狂狷一流。故入道之门必由狂狷,圣人亟取之,以为纯而粹之,驯致于中行不难。乃世俗以模棱为涵养,以依违为见几,直乡愿耳!中行云乎哉!若赵君柯村者,杰然自立,不同流俗,殆古所称狷者流欤!余为诸生时,遇之白下,即心钦焉,既而获出恭毅公之门,而契好尤深。方谓如君之贤,使其得位行道,风节当克继恭毅公,而不虞其竟赍志以逝也。俯仰今昔,世交零落,益重师门之感云。

(辑自沈粹芬、黄人、王文濡《国朝文汇》甲集卷四十九,《续修四库全书》集部第1674册,上海古籍出版社2002年版)

附录二　《御选古文渊鉴》中张英的古文评语辑录

安徽大学出版社2013年版《张英全书》未辑录《御选古文渊鉴》中张英的古文评语，现据台湾商务印书馆影印《文渊阁四库全书》第1417—1418册《御选古文渊鉴》将张英古文评语辑录如下：

1.评《左传·鲁臧僖伯谏观鱼》

"纳民轨物"一句为一篇之主，文全从此立论。气格端重，色泽浓缛。

2.评《左传·郑伯命大夫百里居许》

讨贰舍服，文能道情，遂若衷言。

3.评《左传·晋献公使大子申生伐东山皋落氏》

晋献公只因"寡人有子"一语遂使谗间窥伺，申生获戾。观其诸臣聚谋，惧而不怨，怨而不叛，至今读之，犹有凄风寒雨之色。

4.评《左传·秦师自郑入滑》

郑之辞杞子，意严而词婉，情迫而语闲，想见古人用笔之妙。

5.评《左传·晋楚邲之战》

先縠轻而寡谋，刚躁而愎，以致晋师败衄。《左传》数处摹写情状如画，诚《易》所谓"弟子舆尸"也。

6.评《左传·晋悼公绵上治兵》

虞廷命官，以皋、夔、益、稷之贤，犹交让其下，唐宋诸臣时有让官表，所以砥砺廉隅，奖掖恬素，莫重于此。

7.评《左传·子产论晋侯疾》

此一段苏辙引之作《汉昭帝论》以讥霍光，谓其不明于古大臣保傅之义，诚笃论也。

8.评《左传·楚薳启疆论辱晋》

春秋时各君其国，地近而势亲，故丝粟毫发之材皆见知于上，邻国之人亦能历历数之，春秋人才独盛于后世以此也。

9.评《左传·晏子谏诛祝史》

极言竭论，词采典蔚，转折挎捥处弥见古隽峭拔。

10.评《左传·卫祝佗争先蔡》

并建懿亲犹必崇贤尚德，使生而富贵者皆思束身修行以自励于善，可谓贻之以安矣。

11.评《国语·宣王即位不藉千亩》

仰观晨正，俯察土脉，瞽告协风，王乃祗祓，尊卑上下莫敢不震动，恪共于农，古人之敬民事如此。

12.评《国语·谷洛斗》

象天仪地，和民顺时，为一篇大旨，远征博引，上下千古，皆以发明斯义。

13.评《国语·桓公自莒反于齐》

管子以旷世之才，专东海之国，整齐其民人，而参伍其都鄙，功成治定，皆不出其立谈时所陈，所谓规模先定而后从事者也。

14.评《国语·叔向见韩宣子》

子产有言"人臣非无贿之患，而无令名之难"，叔向以贫为宣子贺，识亏盈益谦之理矣。

15.评《国语·斗且廷见令尹子常》

昔人以贵而能贫为贤，诸葛武侯自言"有薄田以给衣食，不使内有余帛，外有赢财，以负陛下"，正与文子同一卓见。

16.评《国语·吴王夫差还自黄池》

越之报吴，全以气胜之，其大要在于恤民以自强，彼瑕者不攻而自摧矣。

17.评《公羊传·晋赵盾卫孙免侵陈》

叙勇士及祁弥明、桑下人三段，情事如画，文家所谓写生之笔也。

18.评《战国策·黄歇说秦王》

词采络绎奔会，层折尽变，有波洄云扰之态。

19.评《战国策·冯煖客孟尝君》

叙冯煖奇，叙孟尝亦奇，以照应为波澜，龙门列传多本此。

20.评《战国策·信陵君谏魏王》

六国之失莫大于与秦而自相攻击，信陵君欲魏存韩以共拒秦，谋画至审，使当时能守其说，强秦兼并之势亦少绌矣。

21.评《驺忌子以鼓琴见齐威王》

覆绎前说，略加点缀以成文，自觉铿然有余韵。

22.评汉文帝《策贤良诏》

辞旨冲然自下，弥见蕴蓄之厚。

23.评汉武帝《复策贤良制（建元元年）》

西汉诏词以简洁胜，武帝三策尤渊邃于理。

24.评汉宣帝《首匿勿坐诏》

王制凡听五刑之讼必原父子之亲，诏言"首匿勿坐"良得斯义。

25.评汉元帝《罢甘泉建章宫卫诏》

罢宫卫，令就农，是务本实政。

26.评贾山《至言》

极言竭论中独有温醇绵密之气。西汉文继《战国策》后，一变其嚣张谲辩，归于纯正，所以开一代之风气也。

27.评贾谊《陈政事疏》

天下如大器，视乎所置之安危，汤武置天下于仁义礼乐，所谓措国于不倾之地也。遣辞命意，独见其大。

28.评晁错《贤良对》

大指主于求贤自辅，以五帝三王五伯经纬立论，末虽告文帝以躬亲，而前意实隐跃也。

29.评司马相如《谏猎疏》

绵丽之文，复饶忠爱。

30.评东方朔《化民有道对》

当武帝时即举文帝恭俭以为规劝，弥见切实。

31.评司马迁《孟子列传》

夭矫排宕，卓荦不群，此龙门之所以自为千古也。

32.评贾捐之《请弃珠厓对》

陈用兵之害，痛切感人，与淮南王《谏伐闽越书》、房乔《谏伐高丽疏》、苏轼

《代张方平谏用兵书》同为古今笃论。

33.评刘向《极谏外家封事》

吕氏强则刘章作《耕田歌》,王氏强则刘向上《外家封事》,何汉宗室之多忠贤也? 刘章能制诸吕,则以众正在列,刘向仅托诸空言,则以孤忠无偶耳。

34.评谷永《讼陈汤疏》

前博引典故,至结束处皆收摄入正意,文势益振,两汉封事多用此法。

35.评王嘉《日食论董贤奏》

论董贤事极详尽。"爱之适足以害之",达识名言。

36.评贾让《治河奏》

贾让虽陈三策,观其叙述有详略,命意亦多在中策耳,故后代率用之。

37.评明德马皇后《辞封爵诏》

谦冲谨抑,发于中诚,卓然明达之言。

38.评汉章帝《以肥田赋贫民诏》

结撰简劲,而韵致宏长,音节弥古,洵为典册高文。

39.评班彪《王命论》

上推天道,下述人事,以彰受命之符,陈运世之本,危言正论,足以折隗嚣逐鹿之谈矣。

40.评何敞《谏用窦氏疏》

盈满取害,自古为然。敞言虽直,欲令长保福佑,意固未尝不厚也。

41.评班固《公孙贺刘屈氂车千秋王䜣杨敞蔡义陈万年郑弘等传赞》

以贤良文学相形立论,意在责桑弘羊之言利、田千秋之括囊也。

42.评左雄《上顺帝陈吏事疏》

论吏治以久任责成功,以治效核名实,允为经世之言。

43.评皇甫规《举贤良方正对策》

喻君民于乘舟,喻辅弼于操楫,数语扼要,遂为一篇警策。

44.评孔融《肉刑议》

肉刑除于文帝,而史迁犹下蚕室,岂后世尚间行之乎? 宜融之恻然于兹也。

45.评陈王植《陈审举疏》

以雄隽之笔写激楚之情,风格遂与两汉顿殊矣。

46.评杜恕《谏用廉昭疏》

忠谠之言,文亦顿挫淋漓,往复自喜。

47.评吴大帝《责诸葛谨等诏》

所言披沥胸次，捐祛城府，冀达舆情，于斯为切。

48.评杜预《春秋左氏传序》

穿贯《左史》以立说，词约而该，义隐而正，元凯深嗜《左氏传》，故言之亲切如此。

49.评刘毅《陈九品八损疏》

九品中正本乡举里选之遗意，但中正不能尽贤，则选举何由得实，必然之势也，斯文檃括殆尽。

50.评陆机《辨亡论上》

叙述东吴霸业，由于英贤辐凑，及归命之后，人材凋谢，渐致倾覆，恢奇麟炳之文。

51.评干宝《晋纪总论》

前言晋积累之浅，后言晋风俗之敝，中多名论。文气犹近两汉。

52.评范晔《中兴二十八将论》

佐命之臣优以爵禄，不假以事权。说光武心事，光明洞达，可祛从来之惑。

53.评竟陵王子良《陈时政启》

六朝论事之文较之两汉则逊其醇茂，若下视唐宋则犹为简质耳。

54.评邵陵王纶《与湘东王绎书》

意在捐骨肉之忿，合兵力以诛侯景而雪国耻，其言故为可采。

55.评任城王澄《谏高祖幸豫州》

词尚简洁，而铿然余韵溢于行墨之表。

56.评韩显宗《上时事书》

意在区别四民，使伎作不与士类同处，其法本诸管子，亦渐摩风俗之一术。而行文特爽骏有致。

57.评苏绰《为周太祖作六条诏书》

田里牧畜，生业之本，故桑麻鸡豚，王政所先，有司劝课正不当以琐碎为烦。

58.评唐太宗《赐孝义高年粟帛诏》

唐诏令较两汉虽繁简质文有异，而克己宏物，意不殊于文景，此谊主之所同也。

59.评唐明皇帝《诫励风俗敕》

唐敕朝集使多以戒励风俗为重，斯独檃括诸篇大义。

60.评唐德宗《褒功臣诏》

华赡是唐诏令所长,此特纬以古穆之气。

61.评魏徵《论治疏》

好恶乃为治之本,故篇首重发斯义,娓娓特详。论德礼刑罚,其说多祖董、贾。而文则有汉唐人之别。

62.评魏徵《论十渐不克终疏》

贞观之初非无水旱,而储备有术,民无携贰,可以识天行有不齐之数,人事有补救之权也。

63.评魏徵《求贤审官疏》

分别臣品以为审官之实,竖义不刊。

64.评陈子昂《谏雅州讨生羌书》

蜀恃险为固,役简为安,用兵于羌则开险增役,失其安且固矣,足知边徼之地盖以安静为福也。

65.评张九龄《开元三十一年处分十道朝集使敕》

言成雅令,读之惠风拂人。

66.评颜真卿《论百官论事疏》

真卿骨鲠之士,其言殆凛秋霜而炳皎日矣。

67.评常衮《大历四年大赦诏》

代言之文,简质中复蕴藉乃尔。

68.评李翰《进张巡中丞传表》

表暴忠烈,其气伉激而文笔遒古。

69.评陆贽《论纳谏疏》

词清而辨,论进言纳谏之道可谓能尽上下之情矣。

70.评陆贽《请罢兵状》

首尾数千言,如飙举泉发,皆切中机要。宣公论事之文,豁达剀至,真有唐一代之杰作也。

71.评权德舆《陆贽翰苑集序》

贾生不遇于汉,宣公作相于唐,篇中援以相况,殆以长沙、忠州晚迹相同也,其致慨于宣公者深矣。

72.评李绛《请崇国学疏》

湛于经术,言成典型。

73.评韩愈《答李翊书》

波委云属,态致横溢,真昌黎之自状其文也。

74.评韩愈《南海神庙碑》

结撰闳巨,波澜壮阔,词藻瑰丽,雅足与题相配。

75.评柳宗元《段太尉逸事状》

叙太尉三事,皆刚正慈仁,《诗》所谓"不畏强御,不侮鳏寡"者欤!笔势复陡健雄迈,曲尽情事。

76.评柳宗元《裴墐崇丰二陵集礼后序》

叙裴氏家学,意重于爱礼近古,柳文之极丰赡整严者。

77.评柳宗元《剑门铭》

词既炳焕,铭亦遒古。

78.评元稹《与韩愈书》

述叙义烈,以备敦史,所谓发潜德之幽光,甄生藉不朽矣。

79.评李翱《答进士朱载言书》

言文章以六经为渊源,以诸子为支派,设辩立论不拘一辙,可谓博而该矣。

80.评皇甫湜《故吏部侍郎昌黎韩先生墓志铭》

昌黎生平风烈,独举其谏佛骨、说韩弘、使王廷凑数事,盖举其重且大者,此作文之法也。词句古奥奇崛,复戛戛陈言之务去。

81.评李德裕《赐王宰诏意》

激励将士,在感以大义,不事文饰。

82.评杜牧《战论》

论河北之势甚重,骄兵蠹饷,当时强弱之形略见矣。

83.评孙樵《孙氏西斋录》

论断唐事,词义严峻,文亦峭洁,有风霜凌厉之色。

84.评陆龟蒙《复友生论文书》

班固《汉书》以六经为六艺,此谓六籍内兼经史。《左氏传》亦称《左史》,岂始于班马哉?

85.评潘佑《代南唐主劝南汉刘鋹书》

明于顺逆之理,达于时势之言,故能爽切不浮,足以耸听。

86.评宋神宗《资治通鉴序》

变纪传为编年,使十六代事粲如指掌,涑水真史家之揔会也。崇奖扬扢,重以王言,足相辉映矣。

87.评陈靖《劝农疏》

国家承平,自当以垦田为第一义,所谓根本重计也。篇中胪列公私利弊,如亲历农家而陈述其疾苦者。

88.评蔡襄《论增置谏官》

襄于增置谏官之始即预为听纳之地,名言如屑,其分晰处皆能切中情隐。

89.评富弼《辞定策迁官奏》

慷慨淋漓,极言竭论,绝无隐避,富郑公真能言人之所难言者。

90.评司马光《应诏论体要》

和平温密之中而具真挚淳庞之气,温公论事类如此,洵端人正士之篇也。

91.评范百禄《对制科策》

古采纷错,词意激昂,宋文之以丰骨胜者。

92.评欧阳修《代人上王枢密求先集序书》

历叙前代借文词以行远者,由经迄史,以见铺扬盛德,润色鸿猷,端赖乎此也。其文情复跌荡可喜,真磊落而英多。

93.评欧阳修《五代史伶官传论》

叙唐庄宗处,倏而英俊,倏而衰飒,凭吊唏嘘,虽尺幅短章而有萦回无尽之意。

94.评程颢《论十事》

制度之损益在于因时,经纬之大纲在于复古,以标本为缓急,洵通儒之言也。

95.评程颐《上仁宗皇帝书》

罕譬明彻,文亦如八音之交畅,五色之相宣。

96.评王安石《泰州海陵县主簿许君墓志铭》

以许君之不遇,明进退得失皆非智力所能强,人当以义命自处。从志铭发议论亦一变格也。

97.评苏洵《用间》

言用间而不当,既不足以得敌情,反有此三弊,以用正为上智。苏氏父子好谈兵,此其议论文字之极醇粹者。

98.评刘敞《为兄后议》

立论划然,不为游移两端之说,可备参考。

99.评刘攽《七门庙记》

养民之泽,百姓怀之不忘,是即桐乡不忘朱邑之义也。文复波委云属,唱叹情深，可为长民者劝。

100.评苏轼《代张方平谏用兵书》

伉爽淋漓，命意圆湛，而体格端重，词气丰裕，公文之似陆宣公者。

101.评苏轼《策略五》

论西汉始末，具见要领。文则中边皆腴。

102.评苏轼《秦始皇帝论》

气既光昌，论复条达，从《礼运》《礼器》诸篇抉其精义而发为文章，宜其言之有本也。

103.评苏辙《再论分别邪正札子》

引《易》为论，深得阴阳、内外、消长、否泰之理，词气宽裕而意自诚恳。

104.评苏辙《民政策八》

盱衡古今地势，识解闳远，议论条畅，非迂阔而不切于事情者。文体前后亦结构完密，无懈可窥。

105.评苏辙《隋论》

引秦隋合论，大意与《过秦论》相类。文气灏衍宽平，有长江千里之势，亦复光芒肆映，不可逼视。

106.评曾巩《熙宁转对疏》

兼内外交养以立说，是论学术醇正处。大约曾文多平易质实，而义理自裕。

107.评曾巩《寄欧阳舍人书》

以畜道德而能文章归美欧阳公，足见作铭之不易。以此一义回旋转折，洒洒洋洋，极唱叹游咏之致，想见行文乐事。

108.评曾巩《礼阁新仪目录序》

礼因人情，能为之节而不能变，此实确论。出入经史，其言典醇浓缛，闳博渊雅，南丰之所擅长也。

109.评曾巩《邪正辨》

其言迂回澹折，绝去寻常畦径，有类于《公羊》《谷梁》《檀弓》《韩非子》之文。

110.评曾巩《上欧蔡书》

说出圣贤之用世之心如此迫切，所以激励二公者至矣。

111.评曾肇《重修御史台记》

胪叙御史职任之重，礼遇之隆，正以见胜任之不易，非苟为夸耀而已也。文亦体格雄峻，雅与题配。

112.评吕公著《请令文武致仕官依外任官给俸钱》

优致仕之臣，亦所以溥国恩、励臣节、风知止也。文亦委折，能尽其意。

113.评李清臣《议官》

反复辨驳，所言皆有宋当日之弊，亦自详尽。

114.评李清臣《固本》

湛于六籍之言，故典纯端雅，而无佻达繁缛之弊。

115.评范祖禹《迩英留对札子》

章法虽简而义蕴自深，归美仁宗可谓取法于近。

116.评张耒《敦俗伦》

以廉让为善俗之本，文势复充裕条达而无拘迫之态。

117.评王令《正命》

援阴阳推步诸家，以证言命之妄，正与孟子"修身以俟之，所以立命"之说互相发明。文势亦累累如贯珠，流转不穷。

118.评晁说之《元符三年应诏封事》

文气排宕充裕，有千夫辟易之势，宋文之似唐文者。

119.评李纲《答诏问攻战守备措置绥怀之方》

明快爽直，意存激劝，似陆宣公奏议诸篇。

120.评郑樵《通志总序》

穿贯古今，囊括史册，议论叙述，错综以成文，洵艺苑之鸿编，词林之要典也。

121.评胡宏《祭祀郊社》

高简明鬯，义指尤深。

122.评朱松《上李丞相书》

意主于伸君臣之义，以激利人心，固南宋之要言，实古今之通论。

123.评范浚《悔说》

周子《通书》谓"仲由喜闻过，令名无穷焉"，仲虺赞汤亦曰"改过"，《论语》亦言"寡过未能"，则圣贤之所重可知，斯篇能阐发其义。

124.评朱熹《辛丑延和奏札二》

紫阳之文，平直坦夷，宣朗闳阔，论心性则有委有原，谈经济则有体有用，良由其见理既明而养气素裕故也。

125.评朱熹《戊申封事》

忠正之论，伉质之词，如布帛菽粟可以供衣食、御饥寒，非仅文字之工也。

126.评朱熹《与台端书》

篇法虽简，而笔势振耸，公文之以雄健胜者。

127.评朱熹《与留丞相书》

以延纳贤能为相臣之职，自是通达之论，与狷介自守者异矣。

128.评朱熹《与王龟龄书》

舒徐委折，情文兼美，好贤之诚，诤友之义，爱国之心，济时之念，皆于此可见矣。

129.评朱熹《大学章句序》

《大学》一书为六经门户，由之者可以升堂入奥，斯文直探其底蕴矣。

130.评朱熹《建宁府崇安县学田记》

经画周详，得古人既富方谷之义。

131.评朱熹《观心说》

紫阳之学，以践履笃实为要，以致知格物为本，此文乃其探源寻委与二氏相别处。

132.评吕祖谦《代宰臣史浩等恭书御制秋日幸秘书省近体诗下方》

端重温醇，不佻不烦，是廊庙文字体裁。

133.评叶适《财计上》

究《周官·泉府》之义，字字为新法针砭。

134.评真德秀《直前奏札（嘉定四年）》

西山之文，爽快俊朗，闳中肆外，绝无枝蔓之语，言理论事皆能切中。

135.评魏了翁《赵钥夫宗藩文类序》

典醇浓缛，西京之雅音，班范之遗榘也。

136.评王柏《赋诗辨》

引经据典，古色纷披，商卣周鼎，非复耳目近玩。

主要参考文献

一、史志、家谱、年谱等历史文献与史学著作

《明史》,张廷玉等著,中华书局 1974 年版。

《清史稿》,赵尔巽等著,中华书局 1977 年版。

《钦定国子监志》,文庆、李宗昉等纂,北京古籍出版社 2000 年版。

《江南通志》,赵弘恩、黄之隽等纂修,影印《文渊阁四库全书》第 507—512 册,台湾商务印馆 1986 年版。

《(康熙)安庆府志》,姚琅等纂修,康熙二十二年刻本。

《(康熙)安庆府志》,张楷等纂修,江苏古籍出版社 1998 年版。

《(康熙)桐城县志》,胡必选、王凝命等纂修,江苏古籍出版社 1998 年版。

《(道光)续修桐城县志》,廖大闻、金鼎寿等纂修,江苏古籍出版社 1998 年版。

《(光绪)庐江县志》,钱鑅、俞燮奎、卢钰等纂修,江苏古籍出版社 1998 年版。

《(民国)全椒县志》,张其浚、江克让纂修,台湾成文出版有限公司 1974 年版。

《(民国)萧山县志稿》,张宗海等纂修,台湾成文出版有限公司 1970 年版。

《浮山志》,吴道新、陈焯等纂修,疏获校注,黄山书社 2007 年版。

《中国历代书院志》,赵所生、薛正兴辑,江苏教育出版社 1995 年版。

《张氏宗谱》,张开枚等纂修,民国二十二年铅印本。

《皖桐祝氏宗谱》，祝柏友等纂修，嘉庆二十年木活字本。

《乾嘉名儒年谱》，北京图书馆出版社 2006 年版。

《王渔洋事迹征略》，蒋寅著，人民文学出版社 2001 年版。

《康熙起居注》，中华书局 1984 年版。

《雍正起居注册》，中华书局 1993 年版。

《乾隆起居注》，广西师范大学出版社 2002 年版。

《钦定礼部则例》，萨迎阿等纂，嘉庆二十五年刊本。

《钦定学政全书》，素尔讷等纂，《续修四库全书》史部第 828 册，上海古籍出版社 2002 年版。

《清实录》，中华书局 1985 年版。

《清代职官年表》，钱实甫编，中华书局 1980 年版。

《清代进士题名录》，江庆柏编著，中华书局 2007 年版。

《清秘述闻三种》，法式善等著，张伟点校，中华书局 1982 年版。

《贡举志五种》，冯梦祯等著，鲁小俊、江俊伟校注，武汉大学出版社 2009 年版。

《翰学三书》，傅璇琮、施纯德编，辽宁教育出版社 2003 年版。

《清碑传合集》，钱仪吉等编，上海书店 1988 年版。

《清史列传》，王锺翰点校，中华书局 1987 年版。

《桐城耆旧传》，马其昶著，彭君华校点，黄山书社 2013 年版。

《皇朝文献通考》，永瑢等纂，影印《文渊阁四库全书》第 632—638 册，台湾商务印书馆 1986 年版。

《清代国家机关考略》，张德泽编著，中国人民大学出版社 1981 年版。

二、诗文集

《张英全书》，张英著，江小角、杨怀志点校，安徽大学出版社 2013 年版。

《传恭堂诗集》，张廷瓒著，《四库未收书辑刊》柒辑贰拾玖册，北京出版社 2000 年版。

《张廷玉全集》，张廷玉著，江小角、杨怀志点校，安徽大学出版社 2015 年版。

《咏花轩诗集》，张廷璐著，《清代诗文集汇编》第 236 册，上海古籍出版社 2010 年版。

《张思斋示孙编》，张廷瑑著，《四库未收书辑刊》玖辑贰拾壹册，北京出版社2000年版。

《亦园全集》，姚孙棐著，《四库禁毁书丛刊》集部第86册，北京出版社1997年版。

《朴巢诗集》，祝祺著，《四库禁毁书丛刊》集部第145册，北京出版社1997年版。

《木厓集》《木厓续集》《木厓文集》，潘江著，《清代诗文集汇编》第69册，上海古籍出版社2010年版。

《姚端恪公全集》，姚文然著，《清代诗文集汇编》第75册，上海古籍出版社2010年版。

《无异堂文集》，姚文燮著，《清代诗文集汇编》第106册，上海古籍出版社2010年版。

《浮山文集前编后编别集》，方以智著，《四库禁毁书丛刊》集部第113册，北京出版社1997年版。

《通雅》，方以智著，中国书店1990年版。

《田间诗集》，钱澄之著，诸伟奇校点，黄山书社1998年版。

《田间文集》，钱澄之著，彭君华校点，黄山书社1998年版。

《藏山阁集》，钱澄之著，汤华泉校点，黄山书社2004年版。

《田间诗学》，钱澄之著，朱一清校点，黄山书社2005年版。

《所知录》（附四种），钱澄之著，诸伟奇校点，黄山书社2006年版。

《方盦山诗集》，方文著，胡金望、张则桐校点，黄山书社2010年版。

《方孝标文集》，方孝标著，石钟扬、郭春萍校点，黄山书社2007年版。

《陪集》《续陪》，方中通著，《清代诗文集汇编》第133册，上海古籍出版社2010年版。

《汗青阁集》，方中履著，《桐城方氏七代遗书》，光绪十四年刻本。

《白鹿山房诗集》，方中发著，《四库禁毁书丛刊》集部第17册，北京出版社1997年版。

《连理山人诗钞》，方正瑗著，《清代诗文集汇编》第313册，上海古籍出版社2010年版。

《五峰集》，陈正璆著，《四库禁毁书丛刊》集部第167册，北京出版社1997年版。

《戴名世集》，戴名世著，王树民编校，中华书局1986年版。

《戴名世遗文集》，戴名世著，王树民、韩明祥、韩自强编校，中华书局2002年版。

《方苞集》，方苞著，刘季高校点，上海古籍出版社1983年版。

《方望溪遗集》，方苞著，徐天祥、陈蕾点校，黄山书社1990年版。

《四书朱子大全精言》，周大璋著，康熙四十七年宝旭斋刻本。

《环隅集》，胡宗绪著，《清代诗文集汇编》第226册，上海古籍出版社2010年版。

《援鹑堂诗集》《援鹑堂文集》，姚范著，《清代诗文集汇编》第298册，上海古籍出版社2010年版。

《刘大櫆集》，刘大櫆著，吴孟复标点，上海古籍出版社1990年版。

《惜抱轩诗文集》，姚鼐著，刘季高点校，上海古籍出版社1992年版。

《敬孚类稿》，萧穆著，项纯文点校，黄山书社1992年版。

《康熙御制文集》，玄烨著，影印《文渊阁四库全书》第1298册，台湾商务印书馆1986年版。

《佳山堂诗集》《佳山堂诗二集》，冯溥著，《清代诗文集汇编》第29册，上海古籍出版社2010年版。

《寒松堂集》，魏象枢著，《清代诗文集汇编》第60册，上海古籍出版社2010年版。

《西堂诗集》，尤侗著，《清代诗文集汇编》第65册，上海古籍出版社2010年版。

《遗山诗》，高咏著，《清代诗文集汇编》第66册，上海古籍出版社2010年版。

《心远堂诗集》《心远堂诗二集》，李霨著，《清代诗文集汇编》第97册，上海古籍出版社2010年版。

《雅坪诗稿》，陆棻著，《清代诗文集汇编》第119册，上海古籍出版社2010年版。

《憺园文集》，徐乾学著，《清代诗文集汇编》第124册，上海古籍出版社2010年版。

《健松斋集》，方象瑛著，《清代诗文集汇编》第128册，上海古籍出版社2010年版。

《含经堂集》，徐元文著，《清代诗文集汇编》第132册，上海古籍出版社2010

年版。

《静庵草》,张曾庆著,《清代诗文集汇编》第 132 册,上海古籍出版社 2010 年版。

《悔斋集》,汪楫著,《清代诗文集汇编》第 140 册,上海古籍出版社 2010 年版。

《南州草堂集》《南州草堂续集》,徐釚著,《清代诗文集汇编》第 141 册,上海古籍出版社 2010 年版。

《有怀堂诗稿》《有怀堂文稿》,韩菼著,《清代诗文集汇编》第 147 册,上海古籍出版社 2010 年版。

《百尺梧桐阁遗稿》,汪懋麟著,《清代诗文集汇编》第 151 册,上海古籍出版社 2010 年版。

《梅东草堂诗集》,顾永年著,《清代诗文集汇编》第 152 册,上海古籍出版社 2010 年版。

《午亭文编》《午亭山人第二集》,陈廷敬著,《清代诗文集汇编》第 153 册,上海古籍出版社 2010 年版。

《归宫詹集》,归允肃著,《清代诗文集汇编》第 158 册,上海古籍出版社 2010 年版。

《榕村集》《榕村续集》,李光地著,《清代诗文集汇编》第 160 册,上海古籍出版社 2010 年版。

《清吟堂全集》,高士奇著,《清代诗文集汇编》第 166 册,上海古籍出版社 2010 年版。

《横云山人集》,王鸿绪著,《清代诗文集汇编》第 168 册,上海古籍出版社 2010 年版。

《筠心堂存稿》,张孝时著,《清代诗文集汇编》第 171 册,上海古籍出版社 2010 年版。

《爱日堂诗》,陈元龙著,《清代诗文集汇编》第 183 册,上海古籍出版社 2010 年版。

《菀青集》,陈至言著,《清代诗文集汇编》第 195 册,上海古籍出版社 2010 年版。

《怀清堂集》,汤右曾著,《清代诗文集汇编》第 195 册,上海古籍出版社 2010 年版。

《杨氏文集》,杨名时著,《清代诗文集汇编》第 207 册,上海古籍出版社 2010 年版。

《桐野诗集》,周起渭著,《清代诗文集汇编》第 209 册,上海古籍出版社 2010 年版。

《赐砚堂诗稿》,许贺来著,《清代诗文集汇编》第 209 册,上海古籍出版社 2010 年版。

《砚溪先生集》,惠周惕著,《清代诗文集汇编》第 209 册,上海古籍出版社 2010 年版。

《朱文端公文集》,朱轼著,《清代诗文集汇编》第 214 册,上海古籍出版社 2010 年版。

《俞宁世文集》,俞宁世著,《清代诗文集汇编》第 222 册,上海古籍出版社 2010 年版。

《秋影楼诗集》,汪绎著,《清代诗文集汇编》第 226 册,上海古籍出版社 2010 年版。

《养素堂文集》,黄叔琳著,《清代诗文集汇编》第 229 册,上海古籍出版社 2010 年版。

《沈归愚诗文全集》,沈德潜著,《清代诗文集汇编》第 234—235 册,上海古籍出版社 2010 年版。

《陶退庵先生文集》,陶贞一著,《清代诗文集汇编》第 237 册,上海古籍出版社 2010 年版。

《孟邻堂文钞》,杨椿著,《清代诗文集汇编》第 238 册,上海古籍出版社 2010 年版。

《松泉诗集》《松泉文集》,汪由敦著,《清代诗文集汇编》第 272 册,上海古籍出版社 2010 年版。

《清涟文钞》,于振著,《清代诗文集汇编》第 274 册,上海古籍出版社 2010 年版。

《培远堂存稿》,陈宏谋著,《清代诗文集汇编》第 280—281 册,上海古籍出版社 2010 年版。

《香雪文钞》,曹学诗著,《清代诗文集汇编》第 284 册,上海古籍出版社 2010 年版。

《经笥堂文钞》,雷鋐著,《清代诗文集汇编》第 285 册,上海古籍出版社 2010

年版。

《慈寿堂文钞》,沈树德著,《清代诗文集汇编》第288册,上海古籍出版社2010年版。

《四知堂文集》,杨锡绂著,《清代诗文集汇编》第295册,上海古籍出版社2010年版。

《隐拙斋集》,沈廷芳著,《清代诗文集汇编》第298册,上海古籍出版社2010年版。

《绳庵内外集》,刘纶著,《清代诗文集汇编》第318册,上海古籍出版社2010年版。

《复初斋文集》,翁方纲著,《清代诗文集汇编》第382册,上海古籍出版社2010年版。

《德星堂诗集》,许汝霖著,《四库全书存目丛书》集部第253册,齐鲁书社1997年版。

《鹤侣斋诗》《鹤侣斋文稿》,孙勷著,《四库全书存目丛书》集部第254册,齐鲁书社1997年版。

《南陔堂诗集》,徐以升著,《四库全书存目丛书》集部第273册,齐鲁书社1997年版。

《世恩堂诗集》,王顼龄著,《四库全书存目丛书补编》第5册,齐鲁书社2001年版。

《魏叔子文集》,魏禧著,胡守仁、姚品文、王能宪校点,中华书局2003年版。

《榕村语录》《榕村续语录》,李光地著,陈祖武校点,中华书局1995年版。

《西河文集》,毛奇龄著,商务印书馆1937年版。

《施愚山集》,施闰章著,何庆善、杨应芹点校,黄山书社1992年版。

《汤斌集》,汤斌著,范志亭辑校,中州古籍出版社2003年版。

《曾国藩全集》,曾国藩著,唐浩明等整理,岳麓书社1994年版。

《二程集》,程颢、程颐著,王孝鱼点校,中华书局1981年版。

《朱子全书》,朱熹著,朱杰人、严佐之、刘永翔主编,上海古籍出版社、安徽教育出版社2002年版。

《王阳明全集》,王守仁著,吴光、钱明、董平、姚延福编校,上海古籍出版社1992年版。

《吴应箕文集》,吴应箕著,章建文校点,黄山书社2017年版。

《御选古文渊鉴》,玄烨、徐乾学等编注,影印《文渊阁四库全书》第1417—1418册,台湾商务印书馆1986年版。

《御选唐宋文醇》,弘历等编,影印《文渊阁四库全书》第1447册,台湾商务印书馆1986年版。

《皇清文颖》,陈廷敬、张廷玉等编纂,影印《文渊阁四库全书》第1449—1450册,台湾商务印书馆1986年版。

《国朝文录》《国朝文录续编》,李祖陶辑,《续修四库全书》集部第1669—1672册,上海古籍出版社2002年版。

《国朝文汇》,沈粹芬、黄人、王文濡辑,《续修四库全书》集部第1674册,上海古籍出版社2002年版。

《尺牍新钞二集》,周亮工辑,贝叶山房张氏藏版,1936年影印版。

《文瀫初编》,钱肃润辑,《四库禁毁书丛刊》集部第173册,北京出版社1997年版。

《两浙輶轩录》,阮元辑,《续修四库全书》集部第1683册,上海古籍出版社2002年版。

《清文海》,南开大学古籍与文化研究所编,国家图书馆出版社2010年版。

《龙眠古文一集》,李雅、何永绍辑,道光五年刻本。

《龙眠风雅全编》,潘江辑,彭君华主编,黄山书社2013年版。

《桐城方氏七代遗书》,方昌翰辑,光绪十四年刻本。

《桐旧集》,徐璈辑,民国十六年影印原刊本。

《晚晴簃诗汇》,徐世昌辑,中华书局1990年版。

三、提要、诗话、文话等

《四库全书总目提要》,永瑢等编,中华书局1960年版。

《续修四库全书总目提要(稿本)》,中国科学院图书馆整理,齐鲁书社1996年版。

《清人诗文集总目提要》,柯愈春著,北京古籍出版社2001年版。

《广陵思古编》,汪延儒编纂,田丰点校,广陵书社2011年版。

《昭昧詹言》,方东树著,人民文学出版社1961年版。

《越缦堂读书记》,李慈铭著,上海书店2000年版。

《清人文集别录》,张舜徽著,中华书局 1963 年版。
《清诗纪事初编》,邓之诚著,上海古籍出版社 1984 年版。
《词话丛编》,唐圭璋编,中华书局 1986 年版。
《历代文话》,王水照编,复旦大学出版社 2007 年版。

四、文学研究著作

《中国散文史》,郭预衡著,上海古籍出版社 1999 年版。
《中国文学编年史(明末清初卷)》,赵伯陶主编,湖南人民出版社 2006 年版。
《中国文学编年史(清前中期卷)》,鲁小俊主编,湖南人民出版社 2006 年版。
《中国文学批评通史》,王运熙、顾易生主编,上海古籍出版社 1997 年版。
《唐宋词流派史》,刘扬忠著,福建人民出版社 1999 年版。
《明清散文流派论》,熊礼汇著,武汉大学出版社 2003 年版。
《中国文学流派意识的发生和发展》,陈文新著,武汉大学出版社 2007 年版。
《中国文学精神》,徐复观著,上海书店出版社 2006 年版。
《明清文法理论》,陆德海著,上海古籍出版社 2007 年版。
《康熙与清初文坛》,黄建军著,中华书局 2011 年版。
《桐城文学渊源考著述考》,刘声木著,徐天祥点校,黄山书社 2012 年版。
《桐城派编年》,俞樟华、胡吉省著,人民文学出版社 2015 年版。
《桐城文派评述》,姜书阁著,商务印书馆 1933 年版。
《桐城派研究》,周中明著,辽宁大学出版社 1999 年版。
《桐城文派述论》,吴孟复著,安徽教育出版社 2001 年版。
《义法与经世:方苞及其文学研究》,许福吉著,学林出版社 2001 年版。
《桐城派文学思想研究》,赵建章著,北京图书馆出版 2003 年版。
《姚鼐与乾嘉学派》,王达敏著,学苑出版社 2007 年版。

后　记

2007年我因写一篇论文开始涉足桐城派。2009年因申报安徽省社科规划项目“明末清初皖江作家群研究”，以及随后研究的展开，而对桐城派有了更进一步的关注与思考。2014年成功以“桐城派视域下张英父子研究”为题申报了国家社科基金项目，由此真正开始了桐城派研究。桐城派研究已进行了百余年，要找到一个适合自己研究的课题是不容易的，我想我是幸运的。现已以《张英父子与桐城文派的形成和发展》为最终成果通过了结项，即将出版，研究告一段落，我想本书可以算是这段研究历程的一个总结吧。

作为研究对象，张英在清代文学史上是重要的，也是复杂的。张英长期担任帝师、馆师与执掌礼乐文章之府，是清代初期由乱而治的转型时期文坛重要代表文人之一。他的作品与思想呈现出清代学术与文学的融合，遗民、贰臣与国朝新士人所代表的三种文学的融合，台阁文学与山林文学的融合，台阁文学、地域文学、家族文学的融合，多条线索在张英这里缩结。而在当前本就存在争议的桐城文派开创者的研究语境中，要确立“张英是桐城文派的开创者”这一基本观点，不仅要与张英这个研究对象展开对话，还要与持有关于桐城文派开创者不同观点的学者展开对话，这无疑增加了研究的复杂性。然而为了避免盲人摸象或管中窥豹，我从明清易代之后清初文学文化重建的语境中考察桐城文派的创建与发展，并借鉴弗莱“往后站”的方法来考察桐城文派的历史，略去或淡化无关紧要的细节，桐城文派创建与发展的轮廓也就清晰了起来，张英父子的作用也随之清楚了。我想由此得出的结论也许要更符合历史真实。

然而在与张英父子以及相关学者的对话过程中，他们常常向我发问，促我回应，因此我不断查阅资料，深入思考，努力采用各种方法来说服他们，构建自己的话语体系。所以对我来说，课题研究的过程不仅是一个学习、受教的过程，也是一个进步的过程。当然，我也知道，以我之浅陋，企图解决长期争议的难题，有点不自量力。成果脱稿之后，一直惴惴不安，也不仅仅因为成果中的错讹与不足。当然，成果中的错讹与不足，也真诚地希望各位专家与读者指正。

在成果出版之际，我要感谢我的研究对象及其相关的作家、学者，如果没有他们的成果，我的研究则无从开始；我要感谢国家社科规划办，如果没有国家社科基金资助，我的研究则费无所资；我要感谢我的老师党圣元、丁放、胡传志等先生的鼓励、指导与扶持，方锡球教授、薛勤副总编、杨柏岭教授等亲朋的关心与帮助，以及池州学院领导与同事给我提供的良好条件，如果没有他们给予与提供的一切，我的研究则难以进行；我要感谢我的研究团队，如果没有全体课题组成员的同心共力，我的研究则难以完成；我还要感谢国家社科基金评审专家、审核专家，如果没有他们的认真细致的审核与校对，指出成果中的错讹与不足，我的成果也不可能达到现在的水平。同时也以此来追忆和承载研究过程中那一份份难以忘怀的情谊与温暖。

章建文谨记

2021 年 8 月 2 日于池州学院